U0530435

股权之道

一个民营企业家绝处逢生的
股权智慧与实践

刘国镔 ◎ 著

首创动态股权激励模型，破解企业成长困局
全球50000多位企业家正在学习应用

民主与建设出版社
·北京·

© 民主与建设出版社，2021

图书在版编目（CIP）数据

股权之道：一个民营企业家绝处逢生的股权智慧与实践 / 刘国镔著 . —北京：民主与建设出版社，2021.3
　ISBN 978-7-5139-3395-7

　Ⅰ.①股… Ⅱ.①刘… Ⅲ.①民营企业—股权管理—研究 Ⅳ.① F279.245

中国版本图书馆 CIP 数据核字（2021）第 033215 号

股权之道：一个民营企业家绝处逢生的股权智慧与实践
GUQUAN ZHIDAO: YIGE MINYING QIYEJIA JUECHU FENGSHENG DE GUQUAN ZHIHUI YU SHIJIAN

著　　者	刘国镔
责任编辑	刘树民
封面设计	国风设计
出版发行	民主与建设出版社有限责任公司
电　　话	（010）59417747　59419778
社　　址	北京市海淀区西三环中路 10 号望海楼 E 座 7 层
邮　　编	100142
印　　刷	文畅阁印刷有限公司
版　　次	2021 年 3 月第 1 版
印　　次	2021 年 3 月第 1 次印刷
开　　本	710 毫米 ×1000 毫米　1/16
印　　张	24
字　　数	400 千字
书　　号	ISBN 978-7-5139-3395-7
定　　价	68.00 元

注：如有印、装质量问题，请与出版社联系。

序一

认识国镔老师,是经一个朋友介绍,他的专业度给我留下较深的印象。

目前,我的主要工作之一,是助力青年人实现创业梦想。

创业者,除了学习创业项目本身的知识和技能外,还必须了解市场运作主体,例如独资企业、合伙企业、有限公司、股份公司等等,了解它们的法律特征和运作规律,否则,创业不会持久,也难以做大。这方面的知识,在国镔老师的这本《股权之道》里有清晰的介绍。尤其是对公司的设计、掌控及股权工具的运用,有系统而全面的阐述。

除专业知识以外,国镔老师在书中特别强调创业者的格局和使命感。

很多年轻的朋友,在创业的道路上很迷茫,不知道自己应该干点什么。其实,每个人,不要老是问"我能干点什么赚钱",而是要问一问,在这个充满机遇与挑战的时代,你能够为社会、为国家、为民族贡献什么样的价值。

就好比爬山。

不要只是看到爬山的困难,而是要想想,我为什么来爬山。否则,爬山的路上只有痛苦,感受不到快乐。

不要只看到眼前的坑坑洼洼,而是要看看,山峰在哪里,走什么样的路径,通过什么样的方法能够到达。否则,不但很难登顶,还可能面对迷路带来的生命危险。

创业也是如此,一个拥有更高格局和更强使命感的创业者,他的收获会远远大于只盯住钱的人。

类似的内容在国镔老师的书里面还有很多。例如:好的商业模式是价值交换和满足，而不是投机取巧，更不是伤天害理；宇宙间没有白占的便宜，也没有白吃的亏；公司健康发展、长治久安的关键在于创始人"分"与"舍"的智慧等等。

本书出版在即，国镔老师希望我作序推荐。以上是我欣然从命的原因。

是为序。

青创智慧集团董事长、青年创业导师、畅销书作家
张萌（萌姐）
2021年1月

序二

喜闻花满枝头的芬芳

在中国管理咨询培训行业，我算是一名老兵了。从 1996 年创办北大纵横到现在，二十多年间，有幸亲自参与和见证了中国管理咨询培训行业的发展，也见证了中国企业的发展，见证了中国经济改革开放取得的丰硕成果。

在管理咨询培训行业，有一个不算很严重却有点顽固的现象：培训师和咨询师互不买账，咨询师说培训师不会做，培训师说咨询师不会讲。

我知道，本书作者是少数既会讲又会做的老师，这在他的书里面已经体现出来。他讲，讲得很生动；他做，做得很扎实。这样做很辛苦，却给我们的同行做了一个提示：如果说不明白，如何做得明白？如果没有实践，除了知识和理论，你说什么？

全书内容：传播、传承和创新

作者在这本书中，呈现了三个层面的内容——传播、传承和创新，这给多少有些鱼龙混杂和浮华的行业注入了一股求真务实的新风。

传播部分，作者不厌其烦地讲授公司和股权方面的法律知识和基本常识，意在给对股权的认知尚处于"幼儿园"阶段的民企老板和创业者——由于种种原因，在当今中国，这是一种普遍现象——扫盲，为他们进一步理解操作思路和方法打基础。好好读完这本书，在公司和股权方面就不再外行。

传承部分，作者提出的思路和方法，满怀敬意地继承了人类优秀的文化成果，包括：已经有四百多年历史的公司股权文化，近几十年迅猛发展的企业管理文化，以及人类——尤其是中华民族——几千年积累下来的人文文化。从中我们也可以看出作者辛勤探索的脚步和由此带来的深厚积累。

创新部分，最突出的就是作者提出的"增幅同步"动态股权激励系统。

最近几年，企业界对股权问题空前关注，这是好事情。在股权问题上，说得最多的，是通过股权激励，把员工变成自己人。可现实情况却是"雷声大，雨点小"，股权激励的推进非常缓慢。究其原因，除了老板的观念一时难以转变外，实在是很多棘手的问题亟待解决。

对此，作者提出了一套全新的解决思路和方法。通过这套方法，很多股权激励难题迎刃而解。这套方法，还是对股权激励理念、目标的重新定位，对企业生存发展逻辑的重新构建，对老板人生观、价值观的一种升华。

同时，作者对市场上常见的一些做法，提出了合理的质疑和善意的批评，例如只给员工分红权（身股），员工一旦离开公司必须收回股权，滥用"AB"股权，滥用持股平台等等。

对老板迫切关心的问题，诸如害怕丧失掌控权，害怕小股东不配合，害怕小股东捣乱（如通过查账威胁公司发展）等等，作者结合现行法律法规，提出了有说服力的防控措施。

尽管，每个企业情况不同，要实施作者提出的方法，有不同的问题需要面对。但是，我大胆预言：作者提出的思路和方法，将大大加快中国企业股权激励的脚步，从而催生一大批优秀的企业和企业家。

不论是传播、传承，还是创新，作者呈现的所有内容都基于实战而存在，不讲空洞和孤立的知识或理论。例如，讲公司的特征，讲有限公司和股份公司的区别，是基于新公司组盘；讲股权转让和增资扩股知识，是基于股权流转和企业融资并购；讲股权无限，分配无限，是基于动态股权激励的实施等等。这符合本书读者学以致用的需要。

本书在专业边界上，进行了明显的突破

本书作者没有像大多数专业书籍那样自筑藩篱，把自己局限在一个狭窄的专业围墙之中。本书以股权为主，但是，为了讲清楚企业生存发展的逻辑，书的内容并没有局限于股权，而是融入了定位、商业模式、企业文化、企业管理（尤其是绩效管理）等内容。

长期以来，在管理咨询培训行业，是走专业化路线还是综合路线，存在争论。这里我们先不论对错，有一点必须肯定：企业的问题，都是整体问题。企业更需要"中医"式的系统思考，而不是"西医"式的条块分割。培训师和咨询师个人，可以走专业化道路，可以聚焦，但是最终呈现给企业的，必须是一个完整的系统，至少是带着系统化思考的成果。

作者凭借他丰富的积累，干脆直接上系统，并且在一些关键点上长驱直入，而不是蜻蜓点水。这一点，让人佩服。这样做的好处是：读者一卷在手，可以一窥全貌，收获一个立体的解决方案，而不用四处去抓取和拼凑。

因此，这本书特别适合老板阅读，老板看问题需要有全局观念和系统意识，不能只见树木不见森林。换句话讲，一个创业者或企业老板把这本书读透了，整个企业，从设计、掌控到经营管理，也就上道了。

当然，作为一部体系完备、内容涉及面较宽，并且是以创业者和民企老板为主要读者对象的作品，作者没有也不可能对每个版块的具体问题进行过于细致的讨论。按作者的话讲，老板的任务是了解常识、看清方向、看到陷阱，而不是变成专业人士。

本书在解决实战问题上触及的高度，让人意外

一般搞股权设计和经营管理咨询，往往更多关注眼前。再长远一些的最多考虑到三年五年、十年八年的企业发展战略。而本书作者，直接而大胆地关注到"如何通过更好的顶层设计让企业长盛不衰"这个话题，并且结合历史和现实，提出了非常可行的理念和思路。作者提出的理念，核心是"分"与"舍"。这两个字，虽然平实，细思之下，却是至理。

虽然，这个话题离一般读者的视界有些遥远，但是，事实上，它一直非常现实地摆在企业家面前。而且，对这个问题的回答，不是在企业成功、创业者老去的时候，而应当是在企业发展的过程中，甚至是创业伊始。再说，中国的民营企业，相当一部分已经开始了二代甚至三代的传承。因此，作者对这个话题的挑战，具有极为重要的现实意义。

在这一点上，说实话，在国内不论关注程度还是研究成果都远远不够。在此，我呼吁更多有识之士加入到这个话题的讨论和探索中来。

本书不只关注"术"的层面，更关注"道"的层面，让人感动

书中主人公从企业破产、负债累累到东山再起、事业辉煌，不只是靠一些

"招"，更是伴随着自身深层次的转变。例如，从个体户思维到企业家思维，对生命目的和意义的反思和重构，有益于国家、社会和他人的使命感和价值观的建立等等。

在这个问题上，作者不是简单提出要怎么样，而是进一步探索如何才能做到。估计这也是作者自己对如何寻找生命原动力的一种探索和思考。

在整个过程中，很明显，作者提倡和褒扬的是人性中光辉的一面——积极、向上、克己、利他……抑制和贬斥的是人性中阴暗的一面——自私自利、勾心斗角、投机取巧、歪门邪道……"世间没有白占的便宜，也没有白吃的亏。"几乎成了书中的口头禅。

实际上，这才是"王道"。这给过于强调"术"，玩弄"术"，追求"霸道"，甚至为达目的不择手段，并希望以此获得成功的人，提出了警醒和规劝。

书中主人公，虚心求教，锐意进取，勇于承担责任，自觉抵制非正常权利（包括美色）的诱惑，走向了事业和人生的顶峰。

但是，作者心目中的成功不止于此。他安排主人公在事业达至顶峰之时，功成身退，进而关注生命的本质，最后回归公益。这样的路径，给这个有些浮躁的社会送来一股清凉；给那些在物欲横流中不能自拔的人们指出了方向。

此外，这本书在形式上也有一些与众不同的创新

首先，整体构思精巧。

明明是专业书籍，但是，全书总体上在讲一个故事，通过故事，展现出了一个完整的企业成功案例。

把主人公从峨眉绝顶救下，指点他去寻找创业导师，并且他几次在梦中遇见的神秘人物空不空，指引主人公回老家祭祖的"卦"，主人公梦中出现的有当代企业家和刘邦、朱元璋参加的同学聚会，都让这个故事极具浪漫色彩。

通过讲故事，专业书放下了冷冰冰的面孔，显示出浓浓的温情。

其次，呈现形式多样。

这本书毕竟是专业书，从股权设计、掌控到股权应用，从企业组盘到经营管理，全书呈现的专业信息量是相当庞大的。

如何在讲故事的同时呈现如此系统、庞杂的专业内容呢？原来，作者把个人一对一辅导、一对多课程讲授、企业一对一咨询辅导三种管理咨询培训行业常用的工作形式全部用上，并巧妙地融入到了故事当中，大量专业知识是通过书中老师讲出来的。这不但解决了系统、庞杂的专业信息呈现问题，同时让理论与实践结合得更

加紧密。

再次，书中呈现了十多首原创诗词，这在专业书籍当中比较少见。它们的确给人耳目一新的感觉。至于读者是否喜欢，那就是"南瓜白菜"的事情了。

总而言之，作为一名老兵，我看到行业里面有这样辛勤耕耘的人，有这样高含金量的作品，仿佛看到了春天的花满枝头，非常高兴。

我更希望，作者本人与他在这部著作中展示的"道、法、术"一起，在中国企业经营管理实践中，结出更加丰硕的成果，为中华民族的伟大复兴贡献应有的力量。

目前，管理咨询培训行业面临转型，不少同行热衷于新奇的概念、特别的模式和奇妙的营销方法，而作者以他的实际行动和成果提醒我们：不忘初心，方得始终；踏踏实实做事是王道。

最后，引用一首禅诗，向作者致敬，同时就教于管理咨询培训界同仁，就教于活跃在经营管理一线的企业家，以及广大读者朋友。

终日寻春不见春，芒鞋踏破岭头云。

归来且把梅花嗅，春在枝头已十分。

祝福所有的人！

是为序。

北大纵横管理咨询集团创始人
北京纵横联合投资有限公司董事长
王璞
2021年1月

目录

引言　人类的生存、发展与困境……………………………………001

第一章　绝处…………………………………………………………003

第二章　行愿…………………………………………………………007

 第1课　你是谁——角色不能错位……………………………008
    初见大易……………………………………………………008
    企业：做公司还是个体户？………………………………009
    个人：做个体户、企业主还是企业家？…………………014
    对话空不空：企业经营的道与术…………………………019

 第2课　你要做什么——方向必须明确…………………………021
    过去为什么失败？…………………………………………021
    定位：五个要点……………………………………………023
    商业模式：三条忠告………………………………………027
    全新商业模式出炉…………………………………………030
    对话空不空：承担责任，敬畏因果………………………030

 第3课　你为什么做——寻找生命动力…………………………033
    打开心结……………………………………………………034
    重塑使命感…………………………………………………041
    直指使命：成功者的最大秘密……………………………043
    两个重要提醒………………………………………………047
    擅易者不占…………………………………………………048

　　　　对话空不空：生命之道 049

第三章　利器 053
　　　　进入股权智慧实战班 054
　　　　股权之歌 055
　　第4课　组盘秘笈（一）：预则立，不预则废——不要盲目组盘 ... 057
　　　　一、做好资金预算 057
　　　　二、慎选事业合伙人 060
　　　　三、合理选择企业组织形式 062
　　　　王小板的收获与感悟：过去，失败是正常的，成功才是怪事！ ... 074
　　第5课　组盘秘笈（二）：顺应人性——股权结构要合理 ... 075
　　　　一、股权结构：事关创业成败 075
　　　　二、需要避开的畸形股权结构 079
　　　　三、突破所谓"股权生命线" 082
　　　　四、股权结构设计建议 086
　　　　五、股权结构疑难问题解析 091
　　　　王小板的收获与感悟：原来，密码全按错了 096
　　第6课　组盘秘笈（三）：亲兄弟，明算账——股东投入要清楚 ... 098
　　　　一、正确认识出资的含义 098
　　　　二、投入不清的3种做法：直接埋下股权隐患 100
　　　　三、实战：如何做到股东投入清晰？ 101
　　　　四、特别关注：资本责任——股东的噩梦 106
　　　　王小板的收获与感悟：吃一堑，长一智 112
　　第7课　组盘秘笈（四）：先说断，后不乱——股东权责要明确 ... 114
　　　　案例：因股东权利义务不明，合作失败，兄弟反目 114
　　　　一、股东权利：保障与限制 115
　　　　二、股东义务：法定与约定 123
　　　　三、股东退出机制 128
　　　　四、处理股东关系的道与术 129
　　　　王小板的收获与感悟：告别过去，做好未来 130
　　第8课　组盘秘笈（五）：白纸黑字——法律手续要完善 ... 133

一、不重视股权法律手续的常见现象 ………………………………… 133

二、重视股东协议 …………………………………………………… 134

三、制订个性化公司章程 …………………………………………… 137

四、避免股东协议和公司章程冲突 ………………………………… 140

五、做好股权登记 …………………………………………………… 142

王小板的收获与感悟：今后做公司不能再"缺德" ……………… 147

第四章 掌盘 …………………………………………………………… 149

第9课 公司治理：企业家的必修课 ……………………………………… 150

一、法人独立：公司良治的前提 …………………………………… 150

二、公司治理机构 …………………………………………………… 153

三、决策机制：公司的事情谁说了算？ …………………………… 158

四、管控和监督机制：让公司更健康 ……………………………… 161

五、激励机制：为公司装上发电机 ………………………………… 164

六、如何召开合法、高效的股东大会？ …………………………… 166

王小板的收获与感悟：一定要从个体户做法中走出来 …………… 169

第10课 股权流转：问题与对策 ………………………………………… 171

一、两种股权变动方式：增资扩股与股权转让 …………………… 171

二、增资扩股如何操作？ …………………………………………… 172

三、股权转让风险防控 ……………………………………………… 176

四、股权继承风险防控 ……………………………………………… 179

五、夫妻共有股权分割难题 ………………………………………… 181

王小板的收获与感悟：股权流转风险应以预防为主 ……………… 185

第11课 股权融资：策略与风险 ………………………………………… 186

一、股权融资与债权融资的灵活运用 ……………………………… 186

二、股权融资中如何对赌？ ………………………………………… 190

三、股权融资中如何保持控制权？ ………………………………… 193

四、股权融资中如何防止触犯法律？ ……………………………… 195

王小板的收获与感悟：庆幸，再庆幸！ …………………………… 199

第12课 股权并购：思路和方法 ………………………………………… 201

一、认识两种企业并购方式 ………………………………………… 201

二、并购方操作要点及风险防控 203
　　三、被并购方操作要点及风险防控 210
　　四、如何进行公司估值？ 212
　　王小板的收获与感悟：知识储备，未雨绸缪 214

第五章　聚人 **215**

第 13 课　股权激励：三大魔咒，五大问题 217
　　一、让员工成为自己人，解除老板三大魔咒 217
　　二、股权激励：令人头疼的五大问题 222
　　三、四种常见的"臭招"：损伤效果还不一定安全 224
　　四、六种常见方式：五大问题依旧 227
　　王小板的收获与感悟：颠覆了的企业逻辑 234

第 14 课　"增幅同步"的原理和方法 236
　　一、增幅同步：基本原理 236
　　二、增幅同步：方案要点 240
　　三、重点、疑难问题解析 244
　　四、增幅同步扩展应用——集团公司、分公司、外部合作伙伴激励 ... 254
　　王小板的收获与感悟：豁然开朗 257

第 15 课　"增幅同步"优势及注意事项 259
　　一、增幅同步：优势 259
　　二、增幅同步：安全 262
　　三、注意事项：三要三不要 266
　　王小板的收获与感悟：势在必行 274

第 16 课　股权激励：方案落地实务 276
　　一、项目启动 276
　　二、项目调研 279
　　三、方案完善及通过 281
　　四、方案发布、培训 282
　　五、方案实施 286
　　王小板的收获与感悟：专业人做专业事 288
　　结语：破浪乘风显英雄 289

第六章　优术ㅤㅤㅤㅤㅤㅤㅤㅤㅤㅤㅤㅤㅤㅤㅤㅤㅤㅤㅤ291

第17课　组织、绩效和薪酬ㅤㅤㅤㅤㅤㅤㅤㅤㅤㅤㅤ293
ㅤㅤ一、组织设计要点：缔造一个聪明、高效的组织ㅤㅤ293
ㅤㅤ二、组织设计实际操作：人力成本降低30%ㅤㅤㅤ296
ㅤㅤ三、薪酬设计要点：关注人性，动静结合ㅤㅤㅤㅤ297
ㅤㅤ四、薪酬设计实际操作：全员动态薪酬ㅤㅤㅤㅤㅤ301
ㅤㅤ五、绩效考评机制：五项注意，正本清源ㅤㅤㅤㅤ304
ㅤㅤ六、绩效管理实际操作：一个前提，三项策略ㅤㅤ310

第18课　目标计划管理ㅤㅤㅤㅤㅤㅤㅤㅤㅤㅤㅤㅤㅤㅤ313
ㅤㅤ一、目标计划管理五大误区ㅤㅤㅤㅤㅤㅤㅤㅤㅤㅤ313
ㅤㅤ二、绩效动员：公司有希望，个人有希望，团队有信心ㅤ315
ㅤㅤ三、绩效讨论：精准目标，制订"作战地图"ㅤㅤㅤ316
ㅤㅤ四、过程管控：痛并快乐着ㅤㅤㅤㅤㅤㅤㅤㅤㅤㅤ324
ㅤㅤ五、成果分享暨下一轮目标计划管理启动ㅤㅤㅤㅤ326
ㅤㅤ六、总结和反思ㅤㅤㅤㅤㅤㅤㅤㅤㅤㅤㅤㅤㅤㅤㅤㅤ327

第七章　重生ㅤㅤㅤㅤㅤㅤㅤㅤㅤㅤㅤㅤㅤㅤㅤㅤㅤㅤㅤ331
ㅤㅤ组盘ㅤㅤㅤㅤㅤㅤㅤㅤㅤㅤㅤㅤㅤㅤㅤㅤㅤㅤㅤㅤㅤ332
ㅤㅤ忍辱ㅤㅤㅤㅤㅤㅤㅤㅤㅤㅤㅤㅤㅤㅤㅤㅤㅤㅤㅤㅤㅤ334
ㅤㅤ腾飞ㅤㅤㅤㅤㅤㅤㅤㅤㅤㅤㅤㅤㅤㅤㅤㅤㅤㅤㅤㅤㅤ336
ㅤㅤ阴阳ㅤㅤㅤㅤㅤㅤㅤㅤㅤㅤㅤㅤㅤㅤㅤㅤㅤㅤㅤㅤㅤ336
ㅤㅤ抉择ㅤㅤㅤㅤㅤㅤㅤㅤㅤㅤㅤㅤㅤㅤㅤㅤㅤㅤㅤㅤㅤ337
ㅤㅤ又见空不空ㅤㅤㅤㅤㅤㅤㅤㅤㅤㅤㅤㅤㅤㅤㅤㅤㅤㅤ342

第八章　放下ㅤㅤㅤㅤㅤㅤㅤㅤㅤㅤㅤㅤㅤㅤㅤㅤㅤㅤㅤ347
ㅤㅤ封建帝王："分"与"舍"的纠结ㅤㅤㅤㅤㅤㅤㅤㅤ349
ㅤㅤ微软："分"与"舍"的智慧ㅤㅤㅤㅤㅤㅤㅤㅤㅤㅤ349
ㅤㅤ华为：依赖英雄的尴尬ㅤㅤㅤㅤㅤㅤㅤㅤㅤㅤㅤㅤ350
ㅤㅤ阿里：隐藏于合伙人制度下的危机ㅤㅤㅤㅤㅤㅤㅤ351
ㅤㅤ大盛魁：长盛不衰的秘密ㅤㅤㅤㅤㅤㅤㅤㅤㅤㅤㅤ353

当今企业的挑战与机遇.................................358
　　　无招之招...359
　　　王小板的实践...359

尾声　入山何处白云深.................................**363**

后记　感恩的心..**367**

引言

人类的生存、发展与困境

地球人类是如何诞生的？现在还众说纷纭。

地球人类要往何处去？更是不可了知。

一直以来，许多人想当老大。当老大，可以拥有更多的财富，可以决定其他人的命运，甚至生死。

早先，谁力气大谁是老大。

渐渐地，当老大基本上不靠力气了，主要靠智力。

早先，当老大主要靠个人的力量。

渐渐地，有了"一个好汉三个帮"。

再后来，当老大基本上是靠群体的力量了。如何集众人之智、众人之力、众人之财，成了最大的能力和最大的智慧。

早先，人类没有太多规则，拳头就是规则。

到现在，人类社会的规则已经非常复杂，从规则的制定、解释到应用，非专业人士不能为之。

过去，人们之间的往来，就凭一句话。万一发生纠纷，发个誓，赌个咒，就可以解决。

现在，合同里面一个字不对，就可能导致官司败诉，几百万元收不回来。

早先做生意很单纯，我有苹果，你有梨。我想吃梨，你想吃苹果，于是我拿苹果跟你换梨。

后来，货币出现了，交易变得更加方便，也更加频繁。

现在，各种金融衍生品层出不穷，普通人已经摸不着头脑，以致出现一种被叫作"金融风险"的怪物。

早先的生产，一个人干就行了，最多带几个帮手。

现在，几十人，几百人，乃至成千、上万人组合在一起，才有竞争优势。

十年前，拥有机器、厂房的人很骄傲。

今天，拥有机器、厂房的人很痛苦。

早先，商业模式很简单：利润＝销售收入－成本费用。

现在，商业模式越来越复杂。主营产品往往免费，"羊毛出在猪身上，让狗来买单"很正常，反不正当竞争法已经不太好用。

八十年代，个体户时代，会干就行。

九十年代，暴发户时代，会钻就行。

零零年代，企业主时代，会管才行。

现今时代，企业家时代，会分才行。

其实，管仲在两千多年前就说过：天下不患无臣，患无君以使之；天下不患无财，患无人以分之。如此看来，人类社会好像也没什么进步。

过去，李白主要靠步行，游遍天下，留下无数优美的诗篇，同时还不耽误美食、美酒和美女。

现在，高铁、飞机，速度越来越快，可是人们越来越忙，快餐店上菜速度都按秒控制了，节省的时间不知都去了哪儿。至于诗篇，已近绝迹；连美女也早已加入忙碌的大军。

过去，我们拼命追求物质的富有。

现在，你得学会解决精神的空虚。

南怀瑾先生预言：对人类最大的威胁，19世纪是肺病，20世纪是癌症，21世纪是精神病。

人，越来越不知死活。

许多人挣了钱，买了别墅，建了山庄，可是谁在享受？花钱雇来的保姆——也不知他们是哪辈子修来的福！

更有，挣了钱，把自己玩到监狱里去的，落下一身病的，家破人亡的，不在少数……

至于那些债务缠身的，破产倒闭的，兄弟反目的，江湖仇杀的，更是噩梦缠身，生不如死……

这不，我们的主人公王小板，他已经不想活了，他为自己挑选了一个结束生命的地方——峨眉山舍身崖！

看，他在那儿——

第一章　绝处

知常曰明，不知常，妄作，凶。
　　　　　　　　　——老子《道德经》

天行健，君子以自强不息
　　　　　　　　　——《周易·象传》

王小板闭上眼睛：一切都将结束了。

他的脚下是著名的峨眉山舍身崖，他的面前是万丈深渊。他只要往前轻轻一跨，便不再有痛苦，不再有烦恼……

他是专门跑到这里来结束自己生命的。

他创办的企业濒临破产，自己债务缠身、亲情离散、苦不堪言，更重要的是，他已经找不到人生的意义和方向，生亦何欢，死亦何苦？

真正让他放心不下的是6岁的女儿，自己的贴心小棉袄："乖女儿，爸爸无能，没有尽到责任，爸爸对不起你了，你跟你妈妈好好过，好好长大，幸福一生，再别像你爸——也别像你妈……"

还有母亲。想到母亲，王小板身体微微一颤："娘，儿子实在活不下去了，儿子对不起您了，您跟姐姐好好过日子，来生我再做您的儿子，报答您老人家……"

念头闪过，王小板把心一横，纵身就要跳下……

这时，他突然全身震颤了一下，一个声音传来："一死了之，岂是大丈夫所为！"

这个声音，好像很遥远，又好像在耳边；像来自遥远的天边，又像来自自己的灵魂深处。

王小板一阵眩晕：是谁？这是跟谁说话？跟我？谁跟我说话？

死，非大丈夫所为，这个道理，近段时间，王小板已经想过无数次了。可是，自己是大丈夫吗？不死又能如何？

没等王小板反应过来，那个声音继续说道："像你这样的人多了，如果都一死了之，这舍身崖下的白骨，早堆到山顶了。王小板，你此生不是没有希望，你还可以做很多事情，追寻属于你的成功！"

那个声音明白无误地喊出自己的名字，肯定是在对自己说话，这一点毋庸置疑。

王小板懵了：究竟是谁在跟我说话？听他的意思，自己此生还有希望？王小板有些欣喜，好像有一根救命稻草在眼前晃动了一下。

要知每个求死之人，其实亦在强烈地求生。王小板心中突然升起一种强烈的对生的渴望。

那个声音似乎十分理解他，对他说道："王小板，你想死，很简单，再往前一步就行了。你想活，活得成功，活得精彩，虽不容易，但也不难，我可以给你指条明路！"

听到这里，王小板好像打了一针兴奋剂，他迅速转身，走下岩石，绕过树丛，来到游人正常行走的路面。

经过刚才的生死一线，王小板感觉到，自己脚下的大地从来没有像现在这样坚实。

他游目四顾，所见都是游人。他们不是忙着给人拍照，就是摆各种姿势被拍，根本没有人搭理他。更没有人注意到，刚才，在树丛的那一边，一个生命差点陨落。

看样子，大千世界，芸芸众生，一个人离开这个世界，跟他从来就没有来过，好像真没什么差别。

王小板不住地四处寻找，没发现什么可疑之人。只听那个声音说："你不用找了，我在，也不在。你现在最大的问题，是企业破产，债务缠身。"

王小板心里说："是的。"

那个声音说："我给你介绍一位老师，你下山去找他，他会教你如何让企业起死回生。当然，最终结果如何，还得看你自己。"

接着说了一些话，可是王小板听得不是很清楚。那个老师的名字好像叫什么"大易"，似乎是个股权专家。说到后来，那个声音越来越远，直到消失。

王小板回过神来，努力检索自己的记忆，这位"大易"老师，他好像在哪儿听说过。这一点现实中隐隐约约的记忆，让他的信心增强了不少，前面的路，似乎更加实在。

但是，那个声音究竟是谁？他是人还是神仙鬼怪？又或者是自己的潜意识？真是不可思议。

不论如何，经此一出，王小板已经彻底打消了自杀的念头。他满脑子的思维，都开始跟企业有关：瘫痪的市场，四散的员工，逼债的客户……如何扭转乾坤、出人头地？

此时，夕阳已渐西下，金顶上面的天空中呈现出万道霞光，十分迷人。可是王小板无心停留，他急着要下山，去寻找那位能够让他的企业起死回生的大易老师。

王小板转身，朝那高高耸立的菩萨金像看了一眼。他不知道，这是现今世界上最大、最高的十方普贤像。

只见菩萨顶戴花冠，面容圆满，威仪具足，一派庄严。王小板心中一动：莫非刚才是菩萨在跟我说话？这怎么可能？

从来不信佛的王小板，不由自主的双手合十，鞠了一躬。

下山途中，王小板始终回味自己听到的话，在死亡线上走过一回的人，更容易深入思考生死问题。

最让王小板难以忘记的是山顶的菩萨法像。安静、慈祥、庄严，似乎无所不知，无所不包，让人震撼。过去，逛寺院，曾多次看到过菩萨像，但是从来没有今天这种感觉。

王小板拿出手机，查了一下，得知这是普贤菩萨。普贤菩萨代表行践，道场就在这四川峨眉山。

王小板壮志未酬，但已走投无路。想自杀，又想找一个特别的地方自杀，于是想到了峨眉山舍身崖。

峨眉山舍身崖，曾经被称为"自杀圣地"。前些年，好多青年男女，千里迢迢跑到这里来自杀，据说曾让管理部门很是头疼。

也许，他内心深处是想找一点儿平衡——活没活好，死也要死得壮烈一点儿，为他这充满坎坷和不幸的一生增添一抹最后的颜色。

想不到自己居然跑到普贤菩萨的道场来了。

通过进一步查询了解到，普贤菩萨，又称"大行普贤菩萨"。大行，是指他在实践佛法宏旨、普度众生方面极为尽心尽力，再难也不中断，再苦也不停止。

了解到这些，王小板突然感到很惭愧：抛开佛教的教理不谈，普贤这种精勤行愿、勇于实践的精神，难道不值得学习吗？如果有这种精神，我的企业还会一败涂地吗？

想到这里，他竟然有些同情那些已经从舍身崖跳下去的人，他们在普贤菩萨的道场寻死，而对普贤菩萨这种大行大愿的精神一无所知，不但遗憾，更显滑稽。

感谢上苍，感谢那个声音，不管那是谁，总算把自己从死亡的边缘救了下来。

那个大易老师是真是假，学识如何，不得而知。那个声音说他是股权专家，我的企业能不能起死回生，跟股权有什么关系？

想到自己的前途，虽然迷茫，但也充满希望。于是，王小板加快了下山的脚步……

第二章 行愿

> 嗟夫,燕雀安知鸿鹄之志哉!
>
> ——司马迁《史记》

> 北冥有鱼,其名为鲲。鲲之大,不知其几千里也;化而为鸟,其名为鹏。鹏之背,不知其几千里也。怒而飞,其翼若垂天之云……绝云气,负青天,然后图南……鹏之徙于南冥也,水击三千里,抟扶摇而上者九万里……
>
> 蜩与学鸠笑之曰:"我决起而飞,抢榆枋而止,时则不至,而控于地而已矣,奚以之九万里而南为?"……
>
> 斥鷃笑之曰:"彼且奚适也?我腾跃而上,不过数仞而下,翱翔蓬蒿之间,此亦飞之至也。而彼且奚适也?"……
>
> ——庄子《逍遥游》

第1课　你是谁——角色不能错位

回来以后，王小板通过各种渠道了解大易。看来，大易的确是一位股权专家，不过似乎并不太出名。

王小板好不容易查到了大易助理的联系电话，可是打了几次电话，总是被告知，大易老师不在家，而且行程排得很满，无法腾出时间见他。这让王小板度日如年。目前，这个大易老师，似乎已成为他事业、人生唯一的救命缆绳。

初见大易

3周以后，他终于等到了跟大易老师见面的机会。

大易的住处不算难找。

这是一个位于城市郊区的村庄，北面靠山，南边是一个半天然半人工的水库，东西两侧长满了各种果树。一条弯弯曲曲的柏油小路，绕过库区，穿过几个村庄，与通向市区的快速路相连。村里散落着一些高高矮矮的民房，大易的住房，便隐在其中。

大易四十岁上下，一身半商务半休闲的装束，瘦高，头发有些长，脸显得有些大，有些方，且有些圆，看起来不像是传说中的高人，但也不像是普通人。

看到王小板，大易面带微笑，目光中透出一份平和。他好像明白王小板的来意，在和暖的目光背后，似乎隐藏着王小板渴望得到的所有答案。

不知为何，见到大易，王小板有一种强烈的久违了的感觉。他真想哭，同时，双腿一弯，不由自主地就要跪下。

大易连忙伸出双手，拉住他，口中说："不可，不可，请坐！"

落座之后，大易微笑着对王小板说。"告诉我你的名字和来意吧！"

"大易老师，我叫王小板，我是来求您帮助的，我希望您能救救我。"王小板急切地说，"我实在是活不下去了，我现在已经破产，而且负债累累。员工们一哄而散，结婚8年的老婆，也离我而去了。黑白两道，到处都是追债的。那个法院还好，发传票，你去也好，不去也好，他总不会打人。那些江湖讨债的，发短信，打电话,甚至骚扰亲朋好友。平常,老跟踪我,威胁我。好几次,半夜,窗户玻璃哗啦一下被打碎,出门看,连鬼影都没有。有天晚上,我母亲在家看电视,女儿正在写作业,进来几个彪形大汉,满身纹身,噌,一把刀插在餐桌上,转身就走。给派出所打电话,警察问,打人了吗?没有。伤人了吗?没有。他们人呢?跑了——下次他们要是再来,早点打报警电话啊!电话挂了。你说,这还是人过的日子吗?"

自成年以来,王小板还从来没有向人这么倾诉过。

"好了,理解,这是你的现状,要不是这样,你也不会到我这里来。"大易安慰道,"问题是,你想要我帮助你什么?你该不是想请我去给你打官司,或者是当保镖吧?"

王小板:"当然不是,我是希望你帮助我,把企业重新搞起来。"

企业:做公司还是个体户?

看似公司,实则个体户

"我可以帮你,但是能不能帮到你,最终还是要看你自己。"大易说。"我且问你,你说要把企业搞起来,你所说的企业,是想真正做成公司呢,还是个体户?"

"当然是想做公司了。"王小板觉得大易问得有些奇怪。他不太清楚,大易老师口中的公司与个体户究竟有什么区别。

"你原来做的是公司还是个体户?"

"公司。"

"你破产的时候,有几个员工跟你一起并肩战斗?"

王小板一时语塞……

他回想,自己破产的时候,称得上跟自己并肩战斗的,一个也没有。

消息传出,大概不到一个星期,人都走光了。就连平时最忠诚、关系最好的几个人,也来跟他说,老大,你先忙着,你看,我们家里面都有事情,得先去料理一下……你放心,只要你有事,打个电话,我们还来——这已经让他热泪盈眶了。

更多的员工,不要说并肩战斗了,每个人都着急自己尚未拿到的工资,有几个还诉诸法律,就连平时不大计较的,什么加班加点啦,社保啦,也一并算总账。

更有甚者,当确认公司没有钱的时候,办公室里凡是值几个钱又方便拿走的,什么电脑、饮水机,都被席卷一空……

想到这里，王小板小声说："一个也没有。"

"为什么会这样？"大易问。

王小板一时不知如何回答。

大易说："我来帮你回答。你平时当老板的时候，企业是你一个人的，员工全是打工的。假如企业干得好，你吃香的、喝辣的、开豪车、住别墅，子子孙孙几辈子都吃不完。而员工呢？他们在你这里能期待的，就是每月还信用卡、还房贷、养家糊口……

企业垮掉呢？跳楼的是谁？当然只是你自己了。企业垮掉，跟员工有很大关系吗？没有，换个工作而已。有能耐的员工，换个工作，说不定薪酬更高。

你的财富梦想，甚至身家性命，跟你这个企业休戚相关，而员工呢？他的那点需求，在哪个企业都能实现。

你说，他们为什么要跟你并肩战斗？"

王小板点点头，不知道怎么搭话。他觉得，大易老师的话，虽然有些尖锐，却也是实情。可是，市场上，这不很正常吗？

"当你公司有难的时候，有没有人跟你并肩战斗，这是检验你做的是公司还是个体户的试金石。"大易总结道。

公司的力量

"可是，要什么样的企业才算是公司呢？"王小板问。

"这得从公司的起源说起。"大易指着墙上几幅画说："你看这组图画，前面是个体户生产方式，这是公司的诞生过程。"

王小板看到，墙上的图片有手工作坊、海上的船队和社会化大生产场面。

对着挂图，大易向王小板讲述了人类工商业主体形态的演变。

整个人类，不论东方还是西方，所谓企业，一开始都是个体户模式。以家庭为单位，或者一个师父带几个徒弟，不论是什么业态，作坊、店铺、商贩等等，都是如此。

随着航海技术的发展，欧洲人发现了到达东方的新航道，海上贸易日益活跃，浩瀚的大洋成为人们追逐财富的赌场。公司就起源于这个大赌场。

海上贸易，利润很高，难度和风险也很大。组建一支船队，到东印度群岛、印尼、美洲等地，无异于今天筹措一次月球旅程。船太小太少都不行，这不是一般的个体能够承受的，要靠许多人凑钱、举债才能完成。

在航行途中，船只可能会遇到风暴，葬身海底。

还有，那时候的所谓海上贸易，其实也可以说是海上打劫。船队要对抗海盗，要跟当地的土著作战，还要跟其他的打劫者作战。

这样，一旦船队回来，赚的钱几辈子都花不完；要是船队回不来，欠下的债可能几辈子都还不完。

公元 1600 年，几十个伦敦商人聚集在一起，向英国女王请愿。他们希望女王特许他们一项权利，如果他们把一笔钱投入公司，去冒险做海上贸易，即便船回不来，最多也就是损失这笔钱，公司欠债再多，也不要牵连他们的其他财产。

这就是今天举世皆知的"有限责任"，但在当时可谓石破天惊。自古以来，欠债还钱，天经地义，甚至父债子还也理所应当。而"有限责任"的意思等于说：在某种情况下，欠债可以不还！

奇妙的是，当时的英国女王——就是那个著名的伊丽莎白一世，居然批准了这项请求。于是，英国成立了世界上第一家公司——英国东印度公司，有限责任制度横空出世！

女王同时赋予英国东印度公司的另一个特权，那就是代表英国与海外其他国家做生意，包括开战。不过这不是今天我们要讨论的话题。

有限责任制度，等于以国家强制力切断了债权人向出资人无限追索的权利。这极大地刺激了商人们投资的积极性，英国东印度公司因此取得了长足发展。

很快，号称"海上马车夫"的荷兰，也成立了自己的"东印度公司"。

英国东印度公司只在特定人群中筹集资金，荷兰东印度公司则面向普通人发行股票，投资多少不限。而且，它的股票还可以在市场上自由转让。因此，许多小商人、水手、技工，甚至市长的女仆，都成了公司的股东。

据说，荷兰东印度公司的融资额是英国东印度公司的 10 倍。

"小板，不知道你是否看出来，英国东印度公司有点像我国现行公司法规定的有限责任公司，而荷兰东印度公司，有点像股份有限公司，而且是上市公司。"讲到这里，大易问王小板。

王小板正听得入迷。见大易老师发问，他机械性地点点头。其实，他并不太清楚有限责任公司和股份有限公司是怎么回事。

大易继续讲解：

此后，欧洲列强，法国、德国、意大利、比利时等等，都纷纷成立了自己的"东印度公司"。这些"东印度公司"掠夺美洲、抢劫印度、勒索中国、贩卖鸦片和黑奴，干了不少坏事。同时，客观上讲，也推动了人类社会的发展。

有限责任制度的建立，意义十分重大。它把自私自利与互利合作进行了精巧的结合，把追求利润跟规避风险进行了妥善的兼顾，极大地促进了人类工商业的发展。它可以广泛整合企业经营要素——资金、人力和资源，做个体户想都不敢想的事情。

因此，美国哥伦比亚大学校长巴特勒说："有限责任制公司，是人类历史上最伟大的发明，它比蒸汽机和电更推动人类文明的发展和进步。如果没有公司，蒸汽机和电也不能发挥其威力。"

最后，大易总结道："因此，公司是人类迄今为止发现的最好的企业组织形式，是个人实现财富梦想和人生价值的最好工具。公司制度的核心是股权，因此，股权是老板的第一专业。"

听大易侃侃而谈，王小板兴味盎然。他不知道公司这个再熟悉不过的名词，背后隐藏着这么丰富的渊源。

如何把企业做成真正的公司？

接下来，大易告诉王小板，要把企业做成真正的公司，用到公司的力量，在组建和运作公司时，必须注意以下几点。

第一，组建公司时，要用股权整合更多的人和资源，而不是股权独占，做独行侠。

第二，要学会运用股权工具促进公司快速发展。股权融资、股权并购等等都是可能用到的手段。

第三，要构建科学的公司治理机制。如何决策、如何管控、如何监督、如何激励等等，需要用机制做出回答，否则公司这部"机器"不能正常转动。

第四，也是最重要的，你要打开股权天花板，让追随你的人有希望持股，成为股东和"自己人"，这也就是人们常说的股权激励。

大易告诉王小板，以上几点涉及很多专业基础知识和具体操作方法[①]，需要专门抽时间系统学习。

历史原因，当老板要尽快补课

王小板说："大易老师，公司如此伟大，股权如此重要，但是，据我所知，不单是我，很多老板对这方面都不太了解，这是为什么？"

大易说："这很正常，也不怪你们，这是历史造成的。我国的公司起步晚，中

[①] 关于公司组建、公司治理、股权工具运用以及股权激励等，请参见本书第三章、第四章、第五章相关内容。

间又被中断，造成了今天股权文化奇缺的状况。"

接下来，大易回顾了我们国家公司发展的历史。

清朝末期的鸦片战争，第一次我们失败。第二次我们还是失败，而且败得一塌糊涂，败得无可争议。这让"天朝上国"从上到下大为惊恐。于是，许多有识之士转而学习西方，所谓"师夷长技以制夷"，就是那个时候提出来的。

其中有一个代表人物，对西方列强强大的原因，看得最为透彻。他是晚清的一个大臣，江苏人，叫薛福成。他曾任大清朝驻英国、法国、意大利、比利时四国公使。他在进入仕途之前，本身就是成功的商人，因此有这方面的头脑。

在欧洲，经过详尽考察，薛福成发现，人家有一种东西，这种东西，"尽其能事，移山可也，填海可也，驱驾风电、制御水火，亦可也……西洋诸国，所以横绝四海，莫之能御者，其不以此也哉？"

意思是说，这种东西，可以移山填海，驱驾风电，制御水火，无所不能。那些西方国家，之所以在全世界横行霸道，谁也挡不住，就是因为有这个东西。

"小板，你猜，这是什么东西？"大易问。

"是公司吧？"王小板不敢肯定。

"不错，他说的正是公司。"大易说。

公司为什么这么厉害？根据薛福成的观察，公司能够"纠众智以为智，众能以为能，众财以为财"。也就是说，公司可以把众人的智慧、才能、资金集合到一起，威力奇大无比。

即便在今天看来，薛福成的见解依然非常精辟。

人家凭着公司，一个小玩意儿可以做到全世界，比如，一个汉堡包能够成就麦当劳，一块炸鸡可以成就肯德基。

而我们国家，从古至今，人们发明的东西还少吗？可是，这些东西在村里面出不来。一个师父带几个徒弟，有的连徒弟都不愿意带，因为，教会了徒弟，可能饿死师父。于是只能带着自己的子女做，甚至连子女都有所保留，例如，那时候有"传媳不传女"之说，女儿以后是别家的人。

国与国的战争，最终打的是经济。我们靠的是小农经济、手工作坊，人家靠的是有组织的公司，就好比你用镰刀，人家开收割机，你跟人家对战，如何能胜？

清末民初，公司制度传入我国。也就是说，我们国家公司的出现，比西方晚了将近三百年。

有人说中国人轻商，不对，轻商是官府的事情。其实，多数中国人"重商"，且天生是做生意的料。

公司传入我国后，很快取得了长足的发展。当时，江南一带的纱厂、面粉厂，长江的航运，北方的化工、采矿等等，搞得如火如荼。

值得注意的是，那时候做得好的企业，虽然有家族背景，但基本上都是公司化运作，而且公司化运作的水平，比现在绝大多数民营企业要高出很多。

但是，抗日战争爆发后，工商业发展基本停滞。抗战结束后是解放战争，工商业也不可能正常发展。

新中国成立后，我国实行计划经济，没有了真正意义上的公司。

改革开放初期，国家主要发展个体经济，整个八十年代，等于是个体户的天下。直至1993年，我国才颁布第一部《公司法》。

我们国家的富强，民族的腾飞，都跟公司的发展休戚相关哪！而我们搞企业的，多数人对公司、股权的理解尚处于"幼儿园"水平。我们得赶紧补上这一课啊！

讲到最后，大易语气凝重，内心似乎有一团火，要喷发而出。王小板虽然债务缠身，满脑子如何翻身，也深受感染，心中似乎生发起一种为国家民族贡献力量的豪情。

个人：做个体户、企业主还是企业家？

从拳头到智慧：人类生存发展的进化逻辑

大易对王小板说："要把公司做成真正的公司，你个人要想明白，做好角色定位。你先看看这些图片。"大易指着墙上的另外几组图片说。

墙上的几组图片，反映了人类从蒙昧、野蛮时代到现代社会的进化。人们从个体生存、打斗，到群体协作、争斗，乃至大规模的生产、统治和战争。

看到王小板有些疑惑，大易问道："你看，这边，在人类的蒙昧和野蛮时期，一个人，要生存，要出人头地，主要靠什么？"

"靠力气大！"王小板看着画面说。

"没错。后来呢？"

"后来，不光需要自己力气大，还得有人帮忙才行。"王小板若有所悟。

"再后来呢？"

"再后来，个人力气大小已经不重要了，必须能够集中群体的智慧和力量。"

说到这里，想到自己企业的情况，王小板觉得心中一痛：他的企业，从头到尾，几乎都是靠自己的力量在生存和发展。客户自己谈，技术自己搞定，管理自己操心，所有压力自己扛……

他突然意识到，虽然身处现代社会，但是自己在市场上的生存发展逻辑，还停留在蒙昧和野蛮时代！

他惭愧，屈辱，不觉大汗淋漓……

企业家、企业主和个体户的区别

大易说："在我看来，创业者有三种定位：企业家，企业主，个体户。"

王小板不明所以。大易继续说："我们来看看，他们有什么区别。小板你说，个体户有没有梦想？"

"有啊，养家糊口，送孩子上大学，家人生活富足等等。"

"个体户的梦想如何实现？"

"当然是自己起早贪黑实现啰。"王小板想起了自己创业初期的情形。

"企业主呢，有没有梦想？"

"有，发大财，买大房，买豪车，移民……多了。"

"企业主的梦想，如何实现？"

"除了自己干以外，希望更多的人在公司服务，帮助自己实现梦想。"

"那你说，企业家有没有梦想？"

"那还用说啊？没有梦想，那还是企业家吗？"

"说得对，有梦想不见得成为企业家，但是没有梦想，肯定成不了企业家。在你看来，企业家的梦想如何实现？"

王小板不知道如何回答，除了通过更多人努力去实现梦想以外，他想不出还有什么途径，但是这跟企业主有何区别？

大易接着说："企业家，不但自己会做梦，还会把梦传递给更多的人，带领他们，做同一个梦，共同创造，共享终极成果！要做到这一点，必须要用到股权工具，因为不论任何人，只有通过持股，才能够享受到企业的终极成果。"

王小板点点头，陷入深思。仔细想想，的确有道理，那些真正称得上企业家的，马云、任正非、比尔·盖茨似乎都有这个共性。

但是，他心里还有一点不服气，他问："企业主在实现自己梦想的同时，那些员工不也在实现自己的梦想吗？"

"那不一样。企业主的梦想，往往是豪车、别墅、出国，还有几辈子花不完的财富，而员工呢，在一般的企业里，能实现的梦想，往往是养家糊口而已，最多是过上小康生活。企业主的梦想和这个企业生死相关，而员工的梦想，在这个企业或者在其他企业都一样实现，和企业生死无关。"

"我明白了，企业家跟员工做的是同一个梦，而企业主跟员工，有点像是同床异梦。"

大易赞许地点点头，继续说："其实，个体户、企业主、企业家，只是我借用的代号。这些词，从不同角度，有不同的解读。而且，这其中没有对错，只有选择。"

王小板觉得有道理，同时，他有一点迷糊，照这么说，在自己的经历中，个体户角色和企业主角色都没错？那自己为什么败得这样惨？

角色错位，努力白费

看着王小板低头不语，大易接着说："话虽如此，关于角色选择，不能错位，否则必然会失败。常见的角色错位有三种。

第一种：角色选择跟竞争环境错位。

如果你在一个小的市场环境，做点小生意、小买卖，个体户模式是最好的选择。如果你参与的是大市场、大竞争，个体户就很难生存，企业主也没有竞争力。

你与对手激烈的市场竞争，就好比两军对垒。打个比方，你的对手带着一群狼，他们为自己而战，你带着一群狗，他们为你打工，眼睛随时盯着外面的机会，时不时还相互撕咬，你这不是死路一条吗？

第二种，角色选择跟市场发展阶段不相容。一般来说，在市场经济发展的早期，个体户更容易生存和发展。在工业化时代，生产要素以资本为主，我有土地、厂房、机器，一般人，你不打工也得打工，这时候是企业主的天下。但是信息化时代，竞争激烈，生产要素中，'人'的要素越来越重要，个体户和企业主的生存空间就越来越窄。

第三种：角色选择跟企业规模错位。

如果企业越做越大，你还是用个体户和企业主的逻辑在运作，你会力不从心，企业管理混乱，竞争乏力，甚至股东大战，企业分崩离析。"

听完大易老师的话，王小板好像有些明白了。他从个体户起家，几乎是以一己之力带着公司发展。后来，他的公司越来越大，但是里里外外还只停留在"企业主"的层面，角色严重错位。

从大易老师的话里，他似乎找到了失败的原因，这个原因，是深层次的，他以前从来没有朝这方面想过。

今天，大易老师仿佛给他打开了一扇窗，窗外阳光明媚、鸟语花香、春意盎然，失败的阴霾一扫而光。

临别赠诗——《商魂》

想到过去，王小板很惭愧，说："大易老师，搞了半天，我之前做的，真的就只是个体户。"

"小板，我只是用个体户这个词，统称那些权利全部归自己、责任也都自己扛的经营形态。我们国家法律上的市场经营主体，除了公司和个体工商户，还存在个人独资企业、个人合伙企业。这些经营主体的责任形式和法律意义[①]，你以后要抽时间好好了解一下。一方面，自己要做选择，要学会区隔；另一方面，你要跟不同类型的经营主体打交道。"

王小板恨不得马上就搞明白，说："要不您现在就给我讲一讲吧。"

大易说："这不是简单能讲清楚的，今天我们先明确思路和方向，不然就只见树木不见森林了。"

大易看了看时间，说："时候不早了，我还有别的事情，今天就到此为止吧。"

王小板觉得时间过得好快！大易的话语，既高屋建瓴，又非常接地气，他实在是受益匪浅。他觉得不舍，但是又不便强求，因为时间的确是不早了。

王小板站起来，向大易深深地鞠了个躬，说："大易老师，今天真是太感谢了，我王小板三生有幸，能碰上您这样的导师。您让我心里面亮堂多了，我决心跟您学习，做公司，做企业家。您看，下一次，我们讨论什么话题？"

"下一次啊，我们得看看，你究竟要做什么？这是你公司生存和发展的前提和基础，离开这个，公司也好，股权也好，一切都将毫无意义。"

临走的时候，王小板看到大易书桌上有一幅字，上面是一首诗，题目叫《商魂》。才看几句，王小板就被吸引住了，挪不开脚步。

大易笑着说："诗是我随意而作，字是一个书法家学员书写的，你要是喜欢，就送你吧。"

王小板大喜，谢过，小心卷起字幅，走出了房屋。

此时，又是夕阳西下。王小板想起了峨眉金顶的夕阳，想起了巨大的普贤雕像。而此时，他的心情已是大不相同。那时如在空中，现在，则是脚踏大地。

他忍不住拿出那幅字，朗诵起来。从大易老师的诗里，王小板感到了温暖、骄

[①] 关于各种经营主体的责任形式和法律意义，请参见本书第三章相关内容。

傲、责任还有万丈豪情……

商魂
——创业者礼赞

那一天，
你离开家门，
望不断商途漫漫，
说不完苦辣酸辛……

你心中有梦，
你眼里有情——
为了孩子天真的微笑，
为了母亲期待的眼神，
为了追随者的不离不弃，
为了中国梦的五彩缤纷！

你回首凝望：
中华商脉，树大根深——
管夷吾的财智，
陶朱公的商论，
乔家大院的承兑票，
茶马古道的马蹄痕……

你面对现实：
江湖险恶，狼烟滚滚——
"兄弟"反目，
"君臣"离心，
"后院"起火，
牢狱森森……

你展望未来——

义无反顾，肩负重任：
　　找一片蓝海，
　　造一艘巨轮，
　　引一套机制，
　　练一支铁军……

　　倚天在手，
　　遥指昆仑——
　　开百年老店，
　　铸时代商魂！

对话空不空：企业经营的道与术

当天晚上，王小板做了一个梦。

梦中，峨眉山上的那个声音响起："小板，你在大易老师那里学得怎么样？"

"收获太大了。他没教我怎么做事情，但是教了我如何做老板，如何做公司。"王小板语气中带着兴奋，说："我原以为大易老师会指导我如何开展业务，如何搞好经营管理，但是他没有，而是站在更高的角度，引导我探寻成功者的思维模式，探索把企业做大的逻辑。"

"你想的是招式，是'术'，大易先教你练内功，是'道'。道不明，术没用，甚至有害。"那个声音说。

"对对对，就是这样，企业家思维就是内功心法，是道。经营管理公司的具体策略和方法，是术。"王小板说。

"有信心吗？"那个声音问。

"有，但是做公司，股权设计和股权运用有点复杂，我怕搞不懂，也做不好。"

"要不，你还是回去当个体户吧。"那个声音调侃道。

"不不不，我决不能再当个体户，那不是我想要的，也解决不了我的问题。"

"其实，做公司，也没有你想象的那么难，只是你过去不懂罢了。有一点你必须注意：作为企业经营者，你不学习很可怕；但是，凡事你都要学成专业人员更可怕。你的任务是：通过学习，熟悉常识，弄清原理，看清方向，识别陷阱。至于具体操作，最好让专业的人做专业的事。凡事亲力亲为，成本很高，风险极大，得不偿失。"

听到这个说法，王小板感觉轻松了不少。他心中一动，问："请问，你究竟是谁？叫什么名字？"

"我是谁，叫什么名字，不重要，重要的是你是谁，叫什么名字。"

对这样貌似无厘头的话，王小板一时回不过神来，他冲口说道："你是普贤菩萨！"

"我不是普贤，普贤也不是普贤。如果非要问一个名字，你就叫我空不空吧！"

王小板回味：空不空，既空，又不空，究竟是空，还是不空？如同"普贤也不是普贤"，还是打哑谜。算了，再问也问不出一个所以然，至少知道了个名字——空不空。

"空不空，我没有告诉大易老师是你让我去找他的这个情况。"王小板说。

"其实，告不告诉都一样，不告诉也好。你就把握机会，好好跟他学吧。现在能帮你的，除了你自己，也就是他了。"空不空说着，声音逐渐远去。

第 2 课　你要做什么——方向必须明确

从大易老师那里离开后,王小板处于兴奋和忙碌之中。他一方面要面对过去企业破产的麻烦事,另一方面信心百倍地规划着未来。

王小板是一个有激情,并富于行动力的人。当孤独绝望的时候,他可以大老远跑到峨眉山自杀,而一旦决定东山再起,他很快便热情、勇敢地投入工作。

他还有许多问题要向大易请教。通过第一次谈话,他已经成为大易的"铁粉"。按照约定的时间,王小板又一次来到大易住处。

过去为什么失败?

简单招呼之后,大易直奔主题:

"今天,我们来讨论一下,想要东山再起,你究竟要做什么。你过去都做过什么行业?"

"前面做了三个行业。"

"以后呢?"

"以后,都想看看,继续做,或者选择做。"

"说说看,你的三个行业分别是什么情况?"

通过对话,大易了解到,其实王小板涉足了四个行业。

最重要的一个,是中国传统文化产业——花灯行业。这是王小板曾经的主业,他对这个行业有兴趣,也有一定的知识储备和经验积累,赚到过钱,败得也最惨。

另外三个行业,两个是自己主动投资的,另一个是朋友牵头组建的公司,成立半年多后邀请他出资参股。

两个主动投资项目,一个是因为有某些现成的资源,似乎不做白不做。这个项目王小板全额投资,总经理是自己原来的部下,王小板给他发工资,同时送给了他 10% 的股权。

另一个项目,王小板认为,它代表着某种市场趋势。这个项目,王小板自己投资 90%,项目操作人投资 10%。考虑到项目操作人全面负责公司经营管理,还带点专业技术，王小板和项目操作人的股权比例确定为51%和49%。

至于参股企业，完全是碍于朋友面子，投了50万元，持股30%。据朋友讲，盈利前景很好，就是缺乏资金。原来，创业团队共5人，王小板朋友持股60%，其余4人加起来持股40%。王小板投资进来后，牵头的朋友持股42%，王小板持股30%，其余4人加起来持股28%。

结果是，三个投资项目全部出了问题。

现成资源项目，已有的资源支撑不起一个企业，其他方面全是短板，加上管理混乱，倒闭很正常。但是，王小板认为，如果自己亲自操作，也不是没有希望。

市场趋势项目，先前的投资预算远远不够，项目操作人缺乏实际经营管理企业的经验，当总经理并不称职，要撤他的职，他还抗拒。在初始投资花完后，王小板又垫付了相当于初始投资两倍的资金，但企业仍然没有起色。不但不盈利，资金需求更是个无底洞。王小板和项目操作人之间的矛盾和分歧越来越大，几乎反目成仇。目前，企业处于瘫痪状态。但是王小板认为，项目本身是有希望的，只是人不行。

参股项目，开始看起来不错，很快，几个创始人打起来了，最终，公司分崩离析，还负了许多债。债主把包括王小板在内的股东都告上了法院。现在，几个创始人各干各的，那个牵头的朋友，已经联系不上了。

王小板的主业惨败，除了经营管理问题，投资失败导致资金不继也是重要原因。

针对这些情况，大易评价，王小板的失败是必然的。失败的原因，可归纳为三个方面。

首先，多点出击，分散精力，分散资源，形不成核心竞争力。

"不要把鸡蛋放到一个篮子里"，这句话过去曾经很流行，放到今天来看，实际上是经营者缺乏战略自信的表现。

任何一个人，或者企业，资源都是有限的，而市场竞争越来越激烈，因此必须集中资源，把一件事情做好。

开始王小板不太理解，他说，这几个项目，一开始的时候，似乎并没有占用他太多的资源。

大易对他讲，先不说别的资源，你的时间和精力就是最大的资源，你一天可供支配的时间只有24小时！这几句话对王小板有所触动。

其次，盲目投资，盲目参股，风险极大，多数是笑着进去，哭着出来。

投资、参股主要有两大风险，一是项目本身的风险，二是创业者道德风险。

看看风投公司，案桌上的商业计划书，堆积如山。创业型公司，能够把商业计划书放到风投公司案桌上的，只是少数；这些案桌上的项目，能够真正进入投资人视野，展开尽职调查的，又是少数；尽调之后，实际投资的，仍是少数；实际投资项目，真正赚钱的，还是少数。项目风险，可见一斑。

有很多创业者，缺钱的时候，找同学，找朋友，说得很好听。可是一旦企业真正做好了，巴不得把投资人一脚踹飞。明的不行，就暗中来：屏蔽股东知情权，隐瞒收益，暗中侵占，甚至干脆另起炉灶等等，不一而足。股权文化和契约精神，正是我们国家创业土壤中最缺乏的。因此，创业者道德风险不可小觑。

第三，不注重公司顶层设计，一开始就预示着结束。

股权结构畸形，投资、占股不清，股东权益失衡，股东约定不明，法律手续瑕疵，治理机制缺乏……错到这个份儿上，公司不垮台才是怪事。

因为时间关系，大易只是对王小板参与的几个项目进行了简单点评，没有作深入的讲解。但是，这番话让王小板彻底醒了过来。

失败之后，他自己也在总结，但是总结来总结去，无非是运气不好，或者遇人不淑之类。始终没有找到真正的原因。

听了大易的分析，王小板认识到，过去，的确是错在自己，自己败得一点都不冤。

想到自己居然跑到峨眉山去自杀，王小板感到不值和后怕。对那个把他拉回现实的空不空，他心里面再次升起一种深深的感激。

定位：五个要点

想不明白，很难做明白

回到"做什么"的问题，大易跟王小板继续对话。

"这些项目，如果只让你选一个，你想做哪个？"

王小板想了想，说："还是做自己最拿手、最感兴趣的那一个，也就是自己的老本行——花灯行业。"

"你想做到多大？"

"怎么也得在行业里占到一席之地吧。"

"一席之地？你所在的行业共有几席啊？"大易笑问。

王小板有些不好意思，说："怎么也得做到前三名吧。"

"目前，第三名，每年的利润大约是多少？"

"差不多 2000 万吧。"

"你在破产之前，最好的时候，一年的利润是多少？"

"不到 600 万。"

"你确信，一定要做到行业前三不可？"大易盯着王小板的眼睛，一字一顿地问。

"……这个，应该是的。"王小板目光游离，语气不定。

"究竟要还是不要？！"大易语气加重，目光凌厉。

王小板背心冒汗——他企业最好的时候，跟第三名也相去甚远，更何况，就现在的境况，能不能活过来还不知道呢……

他抬眼看大易，大易就像一个主审官，直盯着他不放。

这时，他想起了从小到大受过的蔑视和奚落，想起了懂事以后必须出人头地的决心，想起了创业时的艰辛，想起了事业顺利时的豪气，想起了躲债时的窝囊，想起了妻子离去时的决绝，想起了母亲期待的目光，想起了峨眉山舍身崖下的万丈绝壁……

"我要！必须要！一定要！不是前三名，而是第一名！第一名！第一名！"王小板胸脯起伏，声音急促，情绪激动，最后几句，他几乎是喊出来的。

"很好。我理解你。你的激情，是你创业最宝贵的东西。"大易目光中流露出赞许，等王小板平复了一下情绪，接着说："做到行业第一，非常重要。只有第一名才有市场穿透力和号召力。"

接着，大易问："你们行业第一名，目前的年利润大约是多少？"

"七八千万吧，说不定今年会上亿。"王小板回答。

"这个行业第一名，他的资本规模、人员规模、生产能力、销售能力等等，大概是什么情况？"

这些情况，王小板有的清晰，有的模糊。

大易表示理解。同时追问："你确信你要做到行业第一名？"

说实话，王小板心里面直打鼓——他跟第一名之间，实有天壤之别。不过，看到大易老师炯炯的目光，他顿了顿，肯定地说："确信。但是得给我时间。"

"多久？"

"至少十年吧。"

"我没有理由怀疑你，我也不是认为十年太长。关键是，很明显，你自己都没有任何把握。小板，仗，不能懵懵懂懂地打。想不明白的事情，很难做明白。"

王小板心里面的确没底，他看着大易，期待着大易进一步的指点。

定位的五个要点

大易接着说:"你看,你能不能跟那个第一名不一样?"

接下来,大易跟王小板详细讲解了如何定位的问题,大致要点如下:

1. 究竟解决谁的问题?什么问题?

把整个产业链上的客户、用户全部纳入考虑,不论是直接的还是间接的,看看他们有什么样的问题,你究竟准备解决什么问题。

2. 分析竞争态势

有哪些直接或间接的竞争对手,整个竞争态势如何?

3. 分析自身的优势

自己目前有什么核心竞争力,未来可能打造出什么样的核心竞争力。

4. 寻求差异化

进行市场细分,寻求差异化,与竞争对手进行区隔,力求成为细分市场第一名,进而成为这个区间的代名词。必要时,创造新的市场或者品类,占据该市场和品类的制高点。

差异点有很多,从客户角度分析,有终端客户、中间客户;有直接客户、间接客户;有高端、中端、低端用户;有个人用户、家庭用户、行业用户等等。还可以从其他角度寻找差异点,例如市场区域、产品形式、功能、价位、产品形象等等。

5. 像激光一样聚焦

小就是大,少就是多。犹如打水井,宁要直径0.5米打100米,不要直径10米打5米。后者可能干涸如故,前者可能水如泉涌。

聚焦,必须懂得放弃,有所为有所不为。当然,这个过程会很痛苦。

只有聚焦,才更有可能将产品或服务做到极致,让人"尖叫"。

在以上要点中,大易特别强调差异化和聚焦。历史上,每次社会化大分工,都是人类的一次进步。在一个产业链里面,不要什么都做,相反,能不做的就尽量不做。把某些环节的钱让出去,让别人去赚。自己变小、变轻,才能快跑,才能做出高品质,才能成其大。

短缺经济时代,只要能做,做什么都赚钱。现在,什么都多,必须做得特别好才能赚钱。

工业化时代,找到一个市场空白点,扎进去,就能成功。信息化时代,这样的机会越来越少,就算找着了,竞争对手很快蜂拥而至,最终拼的是实力。

任正非关于"挣小钱,不要挣大钱"的理论,说到底,就是拼实力。

在激烈竞争的市场环境下，你的产品或品牌，好像被装在一个麻布口袋里，只有像针尖一样聚焦，才能钻出来。一开始很尖，钻出来之后，带出一个面还有可能；一开始就是一个面，很难钻得出来。

王小板的初步定位

除了对常识性和规律性的东西进行阐释外，大易对王小板的辅导，更多的时候是大易问，王小板答。

当王小板没有答案的时候，大易通过发问启发他寻找答案，当出现答案之后，大易又通过发问进行质疑和敲打，帮他精炼答案。

通过讨论，王小板对"做什么"逐渐清晰。初步结论如下。

1. 彻底放弃竞争激烈的国内市场，全力拓展海外市场

国内的客户主要是政府，也有少数大企业。花灯企业的主要业务是设计、生产，通过产品销售盈利。这些年，同行企业越来越多，竞争日益同质化、白热化。销售难和收款难成了行业最大的痛点。要解决这两个问题，客户关系显得非常重要，而这一点恰好是王小板相对欠缺的。

随着中国在世界上的影响力逐步扩大，中华文明逐渐崛起，花灯产品在海外的市场越来越大。海外客户更加看重产品特色、产品质量，这是王小板相对擅长的。

其实，早在几年前，王小板已经开始尝试拓展海外市场，但是因为准备不够、经验不足、战略错误造成折戟而归。海外市场拓展失败，直接加速了王小板的破产。

现在，当王小板重新面对这个行业的时候，之前在海外市场交的学费，恰恰成了王小板的优势。行业里面再没有谁比王小板更了解海外市场情况。

2. 海外市场，又以北美市场为主，在北美市场成功、稳定后再逐步扩展到其他市场

之前，他们在澳洲、欧洲、北美都做过，盘算着东方不亮西方亮，最好能遍地开花。但是，每个国家的商业文化、消费者喜好、法律规定等大不相同，四处出击的成本极大，到最后哪个市场都没有做好。

3. 在产品差异上，突出设计感

市场上的花灯产品，大多以形式上的华丽为主。自己要加强设计，为花灯注入灵魂——文化内涵。

公司力争用三到五年时间快速占领北美市场，做到绝对第一，年利润做到

3000万元到5000万元。进而用三到五年的时间，通过直接拓展或收购，控制其他市场，做到海外市场第一名，年利润1个亿以上。

"如此，其他两个行业还做吗？"大易故意问。

"不做了，如果做其他两个行业，这个肯定做不到第一名。反过来，如果这个做到第一名，其他两个就没有必要做了。"

商业模式：三条忠告

华丽的事业，糟糕的盈利前景

他们继续讨论。

大易说："关于行业选择和市场定位的问题，还没说透，不过先到这里。要知道，即便只是在你选择的细分市场，要做到第一，也是很不容易的。那些数字，3000万元也好，5000万元也好，其实都是'神仙'数字。因此，必须要有好的商业模式才能实现。现在我们来看看，在商业模式方面，你准备如何创新？"

今天主要谈"做什么"，商业模式问题，多数人会把它归到"怎么做"上去。但是，在大易看来，现代商业模式，尽管从模式上在回答"怎么做"，但其实更偏重于"做什么"。

同时，定位和商业模式密不可分，思考商业模式，会反过来检验你的市场定位是否正确。

从"大商业模式"的角度上讲，也可以说，定位是商业模式的一个组成部分。

王小板想了想，说："要是我自己招人进行销售，很难。像国内一样，靠人际关系销售也不现实。我打算在当地发展代理商，做代理销售。当然，我自己也要建立销售队伍，进行宣传。生产这边，加强成本控制，以提升利润率。"

"你的客户是谁？"大易问。

"从过往的经验上看，跟国内差不多，政府、大企业、大单位、公园、动物园。"

"他们为什么要买？"大易问。

王小板回答说："政府购买我们的花灯产品，节假日安装在特定场所，比如城市广场，让人们免费参观，可以吸引游客，提升城市形象。大企业、大单位购买，主要是为了提升自己的形象和知名度。公园、动物园购买，可以增加人流，甚至可以直接单独销售门票获利。"

"一次购买，大约多少金额？"

"一次，就相当于一个项目，换算成人民币，几十万元到几百万元不等。"

"你们的产品有什么特点，或者说魅力，可以让你的客户达到上述目的？"大易继续问。

"带有中国文化特色，好看、好玩，设计得好，甚至让人震撼。"说起这些，王小板眼里闪耀着一丝兴奋的光芒。

"小板，根据你说的，在我看来，你的盈利前景还是很暗淡。你的产品对客户来说，不是刚需，单价还不低。尤其在国外，采购决策者的认知、接受都是问题。发展代理商难度不小，即便发展了代理商，他也不是非卖你的产品不可。总的来讲，市场不在你手里，你的盈利非常被动。"大易说道。

大易的话犹如当头一棒，让刚刚有些兴奋的王小板陷入了沉默。他不得不承认，这些问题过去就让他头痛，现在缺钱又缺人，问题更加严峻。

关于商业模式的三条忠告

"小板，如果找不到答案，硬做，大概率是失败，不如不做。答案肯定是有的。天下没有现成的、放之四海而皆准的商业模式，我也没有办法取代你，给你答案。但是，我可以给你三条忠告，助你获取答案。"

接下来，大易向王小板讲授了关于商业模式设计的三条忠告。

第一，商业模式要解决行业痛点

你的视野不能狭窄，不能只考虑自己。要站在行业的角度，对产业链条里面的不同角色进行分析，生产者、销售者、消费者、供应商和其他利益相关者，他们哪儿疼、哪儿痒、哪儿爽，尤其要深入、细致地考察终极消费者的需求，从你提供的产品的用途、功能、附加值、方便程度、偏好、顾虑等等进行改善，甚至革新和颠覆，给到让别人选择你的理由。

通过整体分析，你需要明确，究竟谁是你的主要客户？谁是你的合作伙伴？他们有什么问题？你想解决他什么样的问题？如何解决这些问题等等。

在思考的时候，你最好拿一张白纸，一一写出来，加以分析，别偷懒。不要模棱两可，也不要自我局限，把自己困在某个角色位置上出不来。

第二，商业模式，核心是要把钱分好

商业模式，其实也是利益相关者的分钱模式。钱从哪里来？你有哪些利益相关者？他们为什么要跟你玩？

他们之所以跟你玩，一定是因为你给他们带来利益，这个利益，钱是最主要的。你把钱分给谁，谁就有动力助你实现梦想。你必须把整个链条上的利益相关者纳入通盘考虑，而不能只考虑自己。

第三，好的商业模式是价值交换和满足，不能投机取巧，更不能伤天害理

投机取巧的东西，容易被竞争对手模仿，不能长久。

只要是伤害，就必然会遭到反弹。俗话说，善有善报，恶有恶报，不是不报，时候未到。出来混，终究是要还的。伤害别人，一定会给自己带来伤害。更何况，你做海外市场，你的行为，代表中国。

大易认认真真地对王小板说："小板，伤天害理的事情，你肯定不会做。但企业做好了，规模可能很大，涉及面可能很广，一定切记'不以恶小而为之。'"

大易老师这几句话，说得语重心长，王小板听得不住点头。他感觉到，不单是商业模式设计，这应该成为他整个人生的忠告。

他站起来，毕恭毕敬向大易鞠了一躬，说："大易老师放心，小板谨遵教诲！"

大易很是欣慰，说："好了，相信你能做到。刚才我讲的要点，带有普遍性，你要把握精髓，灵活运用。具体到你的行业，你比我更熟悉。进一步找准定位，进行商业模式的设计，是你今天的课后作业。还是那句话，找不到'解'，就不要做。"

一首小诗

王小板临走的时候，不知道是有意还是无意，大易的办公桌上又放着一幅字，上面是大易的一首小诗。凭借"贪婪"的目光，他又得到了这幅字。

闻"新商业模式"有感

×年×月×日，受一个企业商学院邀请讲授股权及法律风险防控课程。到后发现，主办方所谓的新商业模式疑似非法集资。现场人潮汹涌，群情激昂。左右为难之余，决定不按主办方意图授课，而是进行一次正规的股权加法律风险防控培训。是夜，浮想联翩，夜不能寐，因成句。

商海营营鬼魅多，
鱼肉能奈刀俎何？
正道走来嫌路远，
贪图卖铁喜砸锅！

全新商业模式出炉

回去后，王小板做了不少功课。三周之后，经预约，王小板与大易通了一次电话。他们讨论了上次留下的作业——关于商业模式的思考。

经过讨论，王小板基本确定了以下几点。

1. **市场**：专注北美市场，暂时放弃其他市场（上次已有讨论）

2. **核心产品**：从花灯产品转变为花灯展会

在公园、动物园、体育场举办花灯文化展会，每次展期30~60天。一座城市每年举办一次，力争把展会办成当地的"庙会"，成为当地人文化生活的一部分。

3. **客户**：从政府、企业机构变为彩灯展会观众

将政府、公园、动物园等由过去的客户变成合作伙伴，以租赁或者合作经营的方式解决场地问题。

4. **盈利模式**：从过去的花灯产品销售收入转变为展会门票销售收入

过去通过代理商向机构客户卖花灯，现在通过票务网站等渠道向消费者卖门票。

5. **后期，产品转平台，从赚取服务产品利润到赚取平台利润**

当一个地区每年的展会达到一定数量——也就是说人流达到一定数量——之后，平台价值便显现出来。延伸产品销售、广告、赞助、招商、合作等等会成为主流，门票收入比例会下降，甚至最终免费。正应了那句流行语——做什么的不是做什么的。因此，必须集中力量做大某一个市场，而不是在全球天女散花，四处出击。

6. **有抓有放**：抓品牌、产品设计、市场；放生产、安装、拆卸等环节

生产、安装、拆卸是最笨重、最耗费精力，又最没有附加值的部分，而且行业里面谁都会干，竞争非常激烈。这部分采取业务外包的形式解决，让竞争对手为自己打工。

对话空不空：承担责任，敬畏因果

在王小板的心目中，大易既不像传说中的高人隐士，也不像社会上的成功人士，但是，很明显，大易不是普通人。他待人诚恳、热情、温和，但是在原则问题和关键问题上肯定、坚决、毫不含糊。市面上说他是股权专家，但是很显然，他引导自己思考和解决的问题，更主要的是经营问题。他好像什么都懂，但并不越俎代

庖，涉及具体选择，总是提问，引发你去思考，得出自己的答案。

企业就好像一个封闭的工场，过去，王小板完全把自己置身于工场里面，当工头和救火队长。今天，大易把他从工场里面拽了出来，站在工场之外，去审视这个工场，究竟干什么用，设计是否合理。

过去，他自己是企业里面的一根轴，只知道不停地旋转。现在，他感觉到，应该把企业当成一个工具，去设计和掌控它，让企业转动起来。

与大易讨论出的全新商业模式，让他对未来充满了希望。他甚至有一种摩拳擦掌、跃跃欲试的感觉。

一天晚上，王小板又与空不空相会在梦中。

"空不空，我记得你说过，大易老师是股权专家，但是，他跟我讨论的，似乎不只是股权问题啊？"王小板问。

"离开企业经营管理，股权有意义吗？"空不空反问，"本位主义，条块分割，只见树木不见森林，这恰恰是多数所谓专业人士的通病。"

王小板点点头，这个道理，很容易懂。他很庆幸遇到了大易这样的老师。

有一个问题，让他倍感沉重。上次临走的时候，大易问他一个问题：小板，有一个问题，比前面讨论的问题都重要。那就是：你究竟为什么要做这些事情？

王小板的回答，无非是赚很多钱，把账还清，让一家人过上富足的生活，有时间到处旅游一番等等。其实，当时他还想到了豪车、别墅，甚至庄园，但是，大概是因为看到大易简易的居处，没好意思说出口。

当时，大易的目光里透露出明显的失望。他对王小板说："小板，你的这些想法，都很正常。不过，实现这些想法，做个个体户足矣，不用做企业家。如果只是抱着这些想法，也做不了企业家。"

王小板当时非常尴尬，身上直冒冷汗。

于是，关于"为什么要做"，成了他的另一个课后作业。看大易老师的意思，如果没有什么突破，就不要去找他了。

这时候，正好请教空不空。

"大易问到我的梦想，我的回答，连自己都不满意，大易老师好像也有些不高兴。"王小板对空不空说。

"大易没把你赶出来，已经算是客气得很了！你啊，长着一张自私自利的脸，心里面只有自己，没有别人，你过去的失败，跟这个有很大关系。你的确应该好好想想了！"空不空说话毫不客气。

王小板承认，自己格局太小，目光太短。不过，他还是有些不服——一个人，想通过自己的努力,让自己和家人过上幸福的生活,有错吗?

他只是想了想,没有说出来,但是空不空似乎已经知道了,对他说:"这里没有对错,只有选择。鸿雁志在千里,须搏击万米长空;麻雀嬉戏百米,只用在蓬间跳跃。你想通过努力,让自己和家人幸福,没有错。不但没有错,这也是你应尽的责任。可是,要做大事,只有这个,远远不够。记住,一个人,责任有多大,成就有多大。"

"责任有多大,成就有多大。"王小板在心里重复着这句话。

"你可以好好回顾一下,从你出生到现在,内心深处真正的诉求,尤其是童年时期,那时候的梦想没有被环境污染,更接近你生命的真实。"

"我知道了。空不空,大易老师说的善恶因果问题,你如何看?"

"这个你不用质疑。大易对你的告诫,看似小题大做,实则非常重要。因果循环,是天地间的最重要的法则。要注意,善有善报,恶有恶报,这个报,不是等量回报,而是加倍、数倍、数十倍的回报。同时,我们对因果,还应该有更高一个层次的理解:做恶事,不只是所谓事后的报,在做的当下,自己已经受到伤害,这就是佛家讲的'即因即缘即果'。这一点,你自己慢慢去领会。"

说到这里,空不空再无声息。

第 3 课　你为什么做——寻找生命动力

这段时间，真正困扰王小板的，是关于个人终极目标的思考。

他想起上次大易跟他讲的一个流传甚广的段子。

一个富翁在海滨度假，见到一个垂钓的渔夫。

富翁：你一天钓鱼，能挣多少钱？

渔夫：能挣 50 元。

富翁：要不要我来告诉你赚更多钱的方法？

渔夫：洗耳恭听。

富翁：首先，你需要借钱买条船，出海打鱼，这肯定赚得比你现在多，赚了钱之后，雇几个帮手，增加产量，这样才能增加利润。

渔夫：那之后呢？

富翁：你可以买条大船，打更多的鱼，赚更多的钱。

渔夫：再之后呢？

富翁：你可以再买几条船，搞一个捕捞公司，再投资一家水产品加工厂。

渔夫：然后呢？

富翁：然后把公司上市，用圈来的钱再去投资房地产，如此一来，你就会和我一样，成为亿万富翁了。

渔夫：成为亿万富翁之后呢？

富翁略加思考之后，说：成为亿万富翁，你就可以像我一样，到海滨度假，晒晒太阳，钓钓鱼，跟家人享受生活了。

噢，原来如此。渔夫说：可是，我现在正是在海滨度假，晒太阳，跟家人享受生活啊！

富翁无言以对。

一般人讲这个段子，是为了表明渔夫的智慧和超脱，而富翁则显得有些愚蠢和俗气。

而大易的问题是：在当今这个时代，渔夫的观念对还是不对？对渔夫的说法，富翁为什么会无言以对？

其实，王小板明白大易和空不空的意思，人，不能只是为了自己，要建立起对社会、对他人的责任感。但是，他实在是做不到，他不能欺骗自己。

作业没有完成，他便无法来见大易。

打开心结

王小板心灵深处的症结

王小板的纠结，跟他的童年经历有关。

在王小板的记忆中，曾经有一段幸福的童年时光。那时，他有一个温暖、和睦的家——忙碌、能干的父亲，勤劳、善良的母亲，事事让着他的姐姐，还有慈祥的奶奶。那时，他们家生活富足，让人羡慕。

直到现在，他心底深处，还存着这样的记忆：

清晨，一家人吃完早饭，父母做事去了，姐姐上学去了。在冬日的暖阳下，奶奶带着他，坐在稻草堆旁，给他讲故事。

奶奶那些故事，或亲身经历，或道听途说，或现实，或玄幻，都让王小板着迷。天地间，仿佛就只祖孙二人，他们不用关注大山外的新鲜事，也不用理会对面山上的砍柴声。

夜晚，不论春夏秋冬，一家人总会围坐在火塘边，嗑几颗瓜子，烤两个红薯，或家长里短，或闲谈杂论，或谆谆教诲，这是一家人最为温馨的时刻。

后来，他们家在村里率先有了电视机，晚上，一家人坐在堂屋看电视。冬天冷，还要在屋里生上一盆炭火。

那时候，他的梦想是五彩斑斓的，教师、警察、科学家、宇航员、企业家都曾是他的向往。

噩梦是从小学三年级开始的。那一年，父亲生意破产，家里经济状况一落千丈。父亲几经努力，左冲右突，意欲东山再起，但均以失败告终。

渐渐地，父亲爱上了杯中之物。

他时常喝醉，醉后不是打人就是骂人。母亲、姐姐和他都是父亲打骂的对象。

对父亲的打骂，母亲也曾反抗，但招来的是父亲更加凶狠的拳脚。渐渐地，母亲学会了打不还手，骂不还口。同时，母亲一天到晚加紧劳作，支撑着这个风雨飘摇的家。

好几次，王小板看到母亲在角落里偷偷地流泪。他知道，母亲没文化，生性懦弱，但是之所以逆来顺受，最主要的还是想维护这个家，保障他和姐姐的基本生活。

奶奶开始还说父亲两句，到后来，父亲连奶奶也骂，说你们当年要是有出息，我也不至于连初中都没毕业，落到今天这个地步。奶奶也就不说话了。过两年，奶奶连气带病，去世了。这对王小板又是一个沉重打击，为此，他好多天不说话，也不吃饭。

酒精让父亲变得异常乖僻、暴戾。他对王小板事事高标准、严要求，常常因为一点小事就挖苦、讽刺、嘲笑和打击，时不时还暴揍一顿。父亲的咆哮和棍棒，成了王小板挥之不去的噩梦。

在相当长的时间里，王小板恨父亲。他想过离家出走，但是想到母亲，他留了下来。在他幼稚的心灵里，父亲是他的敌人，他要尽快长大，打败父亲，解救母亲和姐姐。

在王小板初二那年，父亲被查出胃癌，仅仅半年，便去世了。家庭从此宁静，但也更加贫穷。

"敌人"没有了，王小板怅然若失。他想，等到哪一天，他功成名就的时候，他要到父亲坟前，向他宣示：你儿子比你强！

在王小板成长、工作、创业的整个过程中，他始终没有摆脱父亲对他的影响。他为人既热情又冷漠，既骄傲又自卑。他可以跟人狂欢，但是更乐意享受孤独。他内心深处跟任何人都有距离，有时候又容易轻信于人。它容易跟没有任何利害关系的朋友相处，却处理不好和同事，尤其是和上司的关系。

与人交往，比他位置高的，他不愿意巴结，常常敬而远之；跟他差不多的，内心总想一较高下；比他弱的，他又瞧不上，看不惯。因此，尽管他喜欢帮助人，但是他很少得到别人的帮助。而他喜欢帮助人，细究起来，更多的还是为了面子和虚荣，为了别人的赞美和感激。

对这个社会，他有拥抱的热情，但更多的是逃离的冷漠，甚至有一种莫名的恨意。在这种情况下，他内心深处，谈何对他人、对社会的责任和使命感？

这次，空不空提醒他回到童年时期去寻找自己的梦想，当他再次想到自己童年的时候，内心隐隐作痛。他分明感觉到，自己对社会、人生有些扭曲的看法，正好与自己的童年有关。

王小板不知道，从心理学上讲，他无法跟这个世界和解，源于无法跟父亲和解，实质上是无法跟自己和解。

孔夫子用过的卦

这天，经过再三犹豫，王小板终于拨通了大易的电话。

开始，他欲言又止。后来在大易的鼓励下，他倾诉了自己的经历，表示不知道应该如何面对父亲的阴影。

大易问："你确定自己不知道如何面对父亲？"

"我确定。"

"你确定这个问题对你很重要？"

"是的，这个问题很重要。"

"这个问题，很棘手，我也不知道该如何跟你说。"稍停，大易以玩笑的口吻说："小板，要不我们玩个游戏吧。"

"游戏？"

"是的。别那么严肃，世间的很多事情，越是太严肃，越容易陷进去，问题无法解决。我们不妨轻松一点，玩个游戏。"

"好吧。这个游戏怎么玩呢？"王小板感觉到，电话那头，大易好像很兴奋的样子，连声音都充满了童趣，有些受到感染，心里面不那么凝重了。

"你知道易经吧？我们就用易经64卦，玩个猜卦的游戏。"

"易经我听说过。可是，我不会猜卦啊。"

"其实我也不会，不过玩起来很简单。你说一个字，根据这个字，我帮你起个卦，至于卦上的意思，网上到处是，你自己去查。最后，卦上说什么，你参照着做就是了。"

王小板说："那就以我父亲名字的最后一个字吧，'文章'的'章'字。"

大易想了一下，说："章，正好可以拆成两部分，上面是立，是5画，下面是早，是6画，5为巽，为风，6为坎，为水，组成风水涣卦。这个涣卦，究竟什么意思，你自己查去。"

王小板进入一个网站，果然找到了涣卦。他不懂易经，于是恶补了一通，上5下6，似乎就是这个涣卦。再数了几遍"章"的笔画数，没错，总共11画，上面5画，下面6画。再看涣卦的卦辞：亨，王假有庙。象曰：风行水上，涣。先王以享于帝，立庙。

他在网上查了半天，了解到这几句话的大体意思是：君王观此卦象，亲自去宗庙祭祀，尊天孝祖，禳灾祈福。

"这是什么意思？难道让我也去祭祖吗？"王小板向大易求证。

大易说:"正是。你该回乡祭祖了。"

王小板沉吟不决。大易笑道:"这可是咱们的游戏规则哦。"

王小板隐隐觉得,所谓游戏,不过是大易的一种手段而已。可是,大易似乎真的希望自己回乡祭祖,这是什么意思?莫非这个易经上的卦,真有什么玄虚?

大易继续说:"后面,在你重新开业之前,你需要学习的内容还很多,我没有时间再对你进行一对一辅导,因此打算让你参加我讲授的一个实战班,集中学习,现在离上课正好有一段时间。你回一趟老家吧,去祭祀一下老祖宗,试着跟他们对话。最主要的,去你父亲的坟头看一看,跟他做一个沟通,甚至了断,也许你会有意想不到的收获。"

话到这里,王小板不再犹豫,他打算回一趟老家。做出这个决定,其中很大一部分原因,是他真的感觉到,易经被称为百经之首,中华文化的源泉,说不定真有神奇的功用。

人是最奇怪的动物。很多人看似什么都信,跑庙子、拜道观、入教堂,其实心里面什么都不信。又有很多人,看似天不怕地不怕,什么都不信,其实什么都怕,什么都信,甚至容易迷信。王小板属于后者。

与父亲和解,与自己和解

王小板回乡祭祖,听乡亲们说起太爷爷和爷爷周济乡邻的故事,为自己的先辈自豪,家族荣誉感油然而生。王小板认真地跪在地上,向祖宗们磕了几个头。

离开家族集中墓地,王小板前往父亲的坟地。

他曾暗暗发誓,要等出人头地之后,来向父亲宣示胜利。因此父亲下葬后,王小板再没有来过。

这次来,王小板的心情十分复杂。今天,自己不但没有出人头地,还差点自杀。目前虽欲东山再起,但前路茫茫,结果如何,尚未可知。虽然,现在的王小板,向父亲宣示胜利之心已渐渐淡去,但是对父亲的恨意却未消除。

他真的不知道自己该如何面对父亲。

这次回老家,王小板先去看望了几个亲族长辈。闲谈中,长辈们不免又说到父亲。

据长辈们讲,父亲从小很聪明,读书成绩很好,辍学是因为家庭原因。他那时才十二三岁,可是已经开始下地干活,挣工分,养家糊口。身为地主子女,他常常受到歧视和虐待,吃了不少苦。

改革开放后,父亲学做生意,也曾赚了不少钱。后来,生意惨败,几经挣扎,无力回天，才开始酗酒。

"你爸爸啊，可惜了，要是他再多读几年书，不得了的。"一个亲戚评价道。

"你爸爸，人很好的，在他有钱的时候，他是很舍得的哟。"另一个亲戚言道。据说，他爸爸有钱的时候，也是经常接济亲朋四邻的。

"都是酒害的。你爸爸以前是不喝酒的。"还有一个亲戚评论道。

"但是，你爸爸直到去世，也没有放手的哦。"一个长辈说。

所谓没有放手，是没有丢掉养家的责任。这句话对王小板产生了极大的触动。

今天，自己也饱尝失败的滋味。至少，在失败这个问题上，他与父亲有了共同语言。

但是，父亲失败后一直没有放弃，一直在尽自己的责任。而自己呢？居然跑去自杀！当最终决定跳下悬崖的时候，事实上等于抛弃了自己应该承担的责任，包括母亲和孩子。在这一点上，自己远不如父亲。

还有，前妻为什么离他而去？之前，他一直认为主要责任在对方。在他看来，前妻猜疑、乖戾、掌控欲强，甚至庸俗、势利，尤其是自己事业失败后，更是变本加厉。现在想来，责任主要还是在自己。自己事业不成，性情阴郁，凡事较真，还缺乏耐性。虽然没有打人骂人，但是有时候恐怕比打人骂人更让人难受。

他的员工，在企业有难的时候选择背离，王小板一度认为他们忘恩负义，现在想来，也是人之常情。而且，平时，他们也一定受够了王小板的简单粗暴。

在让人难受这一点上，他跟父亲其实没有两样……

王小板一边想，一边走，几经寻找，终于来到了父亲坟前。

父亲的坟墓，孤零零地坐落在一个山坡上。由于年久失修，坟茔周围长满了灌木和荒草。有几棵小树，甚至都长到了坟头上。

站在这几乎被荒草树木淹没的孤坟面前，王小板一直存在于心底的、对父亲的敌意顿时消失了大半，取而代之的是油然而生的同情，还有隐隐的愧疚。

"阴宅喜阳，阳宅喜阴。"王小板偶然想起不知从哪儿听来的这句话。草木属阴，阳宅，也就是人住的地方，树木多一点好；但是阴宅，也就是坟地，应该阳光充足，长太多的树木不好。

王小板记得，父亲去世后，母亲每年至少要来一次，只是近些年，自己把母亲接到城市里去住，离得远了，才没有再来。而自己，作为父亲唯一的儿子，却从未来过。起初，母亲都要叫上他和姐姐一起来，姐姐听话，总跟着来，而他则坚决不来。母亲叫了几次，也就不再叫了。

现在想来，母亲对父亲的态度也有点奇怪。

过去，王小板一直认为，母亲恨父亲，只是因为懦弱，为了保全他们姐弟，才逆来顺受。但是这么多年过去，从母亲谈到父亲时的言语表情中，从母亲每年一次对父亲的祭奠中，王小板隐然感觉到，母亲对父亲的感情，不是自己理解的那么简单。

王小板想起，回老家前，当母亲听说自己想回去拜祭一下父亲的时候，脸上划过一丝欣慰，甚至欣喜的表情。

虽然，母亲不知道自己差点自杀的事情，但是，很显然，自己生意失败，意志消沉，近来又意气风发，母亲都看在眼里。

现在，母亲的欣慰和欣喜，是因为这预示着父子俩的和解，还是母亲从儿子身上看到了丈夫的身影，并且产生更多的希望？

看来，父亲、母亲这部书，自己还读得太少啊。

父亲的坟茔怎么会荒芜成这样，不是还有姐姐在老家吗？哦，对了，王小板想起来了，他们老家有个说法，除非这家人没有儿子，否则出嫁的姑娘是不负责打理娘家祖坟的，否则娘家人会变穷。再说，姐姐文化程度不高，一直在农村里面，听说这些年生活得也很艰辛。自己忙碌着生意，这几年，姐弟俩联系得也少了。

王小板动手将父亲坟前的杂草拔去，打理平整，摆上祭品，打开一瓶酒，倒了满满一碗，摆在地上，再倒一碗，捧在手里。

这酒，父亲曾经嗜之如命；这酒，曾让王小板一家如染梦魇……

王小板端着酒，跪在父亲坟前，刚叫了声"爸——"便趴在地上，失声痛哭起来……

本来，王小板是准备了一套说辞的，但是，这时候，他一个字也说不出来，只是痛哭。

在痛哭中，王小板眼前像放电影一样，浮现出许多画面。

小时候，抱着自己举高高，然后狂亲，胡子扎在自己脸上的父亲……

酗酒之后凶神恶煞、打人骂人的父亲……

对王小板挖苦、讽刺、嘲笑、打击、恨铁不成钢的父亲……

不喝酒的时候，沉默寡言，唉声叹气的父亲……

查出癌症之后，背着人偷偷流泪的父亲……

去世前，躺在病床上，又黑又瘦，双目失神的父亲……

王小板边哭边想，边想边哭。不但哭父亲，还哭过早去世的奶奶，哭母亲，哭姐姐，哭自己……

他想到，父亲去世后，母亲的艰辛，自己和姐姐的困窘……

想到这些年，自己左冲右突，上下求索，受尽磨难，可是想要的总得不到……

甚至，他延伸想到，大千世界，芸芸众生，有多少生活困窘的人，有多少渴求机会的人，有多少等待帮助的人……

不晓得过了多长时间，王小板止住了哭，回到现实。

王小板这些年滴酒不沾，而此时，他捧起手中的烈酒，喝了一大口，把剩下的酒全部倒在地上，说："爸，你想喝就喝吧，但愿你在那边再没有失败，没有痛苦！"

经此一哭，王小板好像突然间全部理解了父亲。

王小板开始明白，为什么父亲对他要求这么高，甚至是苛刻。

显然，当现实与自己的目标越来越远之后，父亲是把希望寄托在了王小板身上。

于是，王小板开始从心里原谅父亲。

再转念一想，其实自己没有资格原谅父亲。父亲比自己起点更低，命运更加悲惨。在那个年代，父亲事业失败之后，更加孤独无助……自己大学毕业，起点比父亲高，条件比父亲好，可是做得还不如父亲！

这么多年，自己并没有尽到一个儿子的本分，这荒芜的坟茔就是证明。

想到这里，他的眼泪忍不住又流了下来。他放任着自己的情绪，没有擦拭，而是让眼泪尽情地流下，淌到脸上，淌到衣服上，淌到脚下的泥土里……

王小板似乎开始理解母亲。

一直以来，在王小板的心中，自己跟母亲是融洽的，跟父亲才是对立的。现在看来，本质上，自己跟父亲有着深层次的对话和碰撞，而跟母亲恰恰缺乏真正的理解和沟通。他对母亲，更多的是同情、怜悯，再有就是道义上的责任。

今天，他似乎开始了对母亲的体察——懦弱中的坚强，顺从中的坚持，平凡中的伟大……

现在，父亲已经离去，子欲孝而亲不在，留下的只是懊悔和遗憾。而母亲还在，她需要的不仅仅是吃和穿，还有陪伴，还有精神上的慰藉，这是今后自己能够做的，也是必须做的。

想到自己差一点就抛弃母亲而去，王小板的眼泪禁不住又流淌下来……

内心稍微平复后，王小板从附近的人家借来斧头、镰刀，开始打理父亲的坟茔。经过两个多小时的奋战，父亲的坟茔焕然一新，王小板则痛快地出了一身大汗。

此时的王小板，感觉到前所未有的轻松。举目望去，天更蓝、水更绿、山更青，整个世界充满了爱！

重塑使命感

望楼高耸，人杰何在？

王小板来到大易住处，还没进屋，就听得大易在朗诵一首诗：

……
飞云顶上听风雨，
望烟楼前悼先贤。
安得妙计识人杰，
俯仰乾坤话股权。

"大易老师，什么诗啊？还跟股权相关，肯定又是您的大作。"王小板笑着说。
"哦，这是我去年在深圳登凤凰山的时候写的。名字就叫《登凤凰山》。"
"给我看看行吗？"
"有什么不行的，拿去看吧！"说着递过一张纸。
王小板接过，边看边读：

登凤凰山

× 年 × 月 × 日，在深圳，得半日清闲，游凤凰山，登望烟楼，有感而作。
　　浮生偶得半日闲，只身往顾凤凰山。
　　浓荫障目才思短，险路齐眉步履艰。
　　飞云顶上听风雨，望烟楼前悼先贤。
　　安得妙计识人杰，俯仰乾坤话股权。

"其他勉强能看懂，这个'先贤'，是指谁啊？怎么又说到股权了呢？"王小板问。
对此，大易做了一番解释：

此人名叫文应麟，是文天祥的后人。

相传，文天祥在大都英勇就义，他的后人不甘为元朝子民，同时要躲避朝廷追杀，于是一路南逃，逃到了今天深圳北边的凤凰山下，隐居下来，种地，做生意。

不愧是文天祥的后人，到了文应麟这一代，便发达了。于是经常周济周边的穷人，谁家没粮了，派人送点粮去，实在缺钱，送点钱去。

但是，有一件事情比较苦恼，那就是，那时候通信落后，信息不发达，无法准确判断谁家需要接济。有时候送过去，人家并不缺，而真正缺的又没有送到。

一天下午，文应麟去爬凤凰山。到了山顶，正值夕阳西下，举目望去，山下一户户人家，屋顶上升起袅袅炊烟。他心生一计——只要到这个时候，站在山顶往下看，哪家房顶上不冒烟，就表明那户人家断粮了，需要送粮。照此施行，果然一送一个准。后来，干脆在山顶上建了一座楼，名为"望烟楼"。

听了大易的解释，王小板说道：

"哦，明白了。大易老师，您前面写偶得半日清闲，说明忙；只身，说明某种孤独；后面的浓荫障目，险路齐眉，风雨，暗喻外部环境障碍；才思短，步履艰，一方面自谦，一方面反映做事情的不易。直到望烟楼前凭吊，由前人的风尚、智慧触发自己心中的难题——如何找到'人杰'话股权？老师写得真好！"

说完，王小板面露得意。毕竟，自己当年也是学霸级的人物。

"理解得不错。小板，你有没有感觉到，任何人，要做点事情，都不容易。"

"是啊，我深有体会啊。"稍停，王小板问，"大易老师，上次你讲到我们国家股权文化奇缺，我就感觉到了，您这样成天飞来飞去，马不停蹄，到处讲课，做咨询，而收入又不会很多，如果我没有理解错的话，传播股权文化，助力企业发展，为中华民族的腾飞贡献力量，正是您的使命。对吗？"

"没错，但这只是一部分。现在，我关心的是，你是不是诗里面所说的人杰？"

"人杰倒是不敢当，不过，我不会让您失望的。"王小板直面大易的目光，坚定地说。

王小板的梦想和使命

自与大易见面以来，今天的王小板，比任何时候都显得自信和沉稳。

大易猜到发生了什么。他对王小板说："哦，不错啊。来，说说看，你回老家，都经历了些什么？"

王小板讲述了回家祭祖、到父亲坟头拜祭的经过。

最后说："大易老师，真的非常感谢您，要不是您，我真不知道什么时候才能解开与父亲的心结。当我从内心深处与父亲和解以后，我仿佛跟整个世界和解了，自己也不再纠结。我现在很清楚，这一生，一定要成功，一定要做一些有益于社会和他人的事情，以无愧于祖宗，同时延续我父亲的梦想！"

"很好，祝贺你！具体说说看，你有什么想法。"大易说。

接下来，王小板向大易详细阐述了他的梦想：

第一，将中国优秀的传统文化推向世界，为提升中华民族文化自信做出贡献。

第二，在公司这个平台上，成就更多优秀员工，实现公司的辉煌。

也就是说，公司是自己追逐财富梦想和自我实现的平台，同时也是更多人实现财富梦想和人生价值的平台。最终，公司不是他王小板一个人的，是社会化的。

第三，可能的情况下，再多做一些有益于社会的事情。

"小板，这是你真实的想法？"大易问。

"是我真实的想法。"王小板道。

"不错，小板。你的梦想里不但有自己，还有了他人，有了社会，这非常了不起。尽管有些模糊，也许还有那么一点点言不由衷，但是没有关系，随着时间的推移，你的梦想会越来越清晰，越来越坚定，并且终会实现。"

王小板点头。大易继续说："小板，你要知道，这里隐藏着人生成功的最大秘密……"

直指使命：成功者的最大秘密

成功者直奔高层次需求，顺便满足低层次需求

王小板听到"人生成功的最大秘密"，眼睛发亮，一脸渴求。

"你知道马斯洛的需求层次论吧？"大易问。

王小板说："知道，大概是说，人的需求，大概有五个层次：生理需要、安全需要、社交需要、尊重需要和自我实现需要。"

大易说："是的，这是西方的需求层次论。我今天要跟你说一个东方的需求层次论。"

接着，大易说出了一番王小板从未听闻过的需求层次论。

一个人的追求，有五个层次：生存、生活、生命、生死、使命。

一般人，一开始是为了生存，要解决衣、食、住、行等基本的生存问题。

生存问题解决了，便会想把生活过得更好一些，吃点有机食品，养点花花草

草，换个大房子，买个好车等等。

接下来会考虑生命的质量，这是更丰富、更深层次的追求。

生死问题，考虑的是自己从哪儿来，要到哪儿去，如何离开这个世界，如何在走的时候保持宁静。解答这些问题，宗教是强项。

前面，从生存到生死都是个人的事情，但是使命跟他人、跟社会有关。也就是说，一个人能够为他人、为社会带来点什么，留下点什么，这便是使命。使命，决定了一个人存在于这个世上的真正价值。

不论东方需求层次论还是西方需求层次论，都认为，人只有在低层次的需求满足之后，才会考虑高一个层次的需求。反过来说，低层次的追求没有实现之前，是不可能去考虑高层次需求的。

可是，这是对普通人而言，成功者恰恰相反！

成功的人，往往对低层次的需求不屑一顾，而直奔最高层次的需求，在满足高层次需求的过程中，顺便满足低层次的需求。恰恰是这种顺便的满足，让普通人羡慕和仰视。

把低层次需求作为目标、一步一步向上爬的人，绝大多数，终其一生，也就在第一、二个层次打转。你可以看到，社会上大量的人，连生存都成问题，生活一直不如意，生命质量不高，对生死问题漠不关心，使命感更是影子都没有，实为可悲。

古人云："取法乎上，得其中也；取法乎中，得其下也。"

这里的上、中、下，常人仅仅理解为量的问题，比如说你的目标是1000万，最后可能得600万，你的目标是500万，最后可能得200万。其实更是质的问题，是需求层次问题。

对低层次的需求不屑一顾，直奔最高层次的需求，带着使命去工作，过程中，低层次的需求顺便得到满足，这正是人生成功最大的秘密！

王小板点着头，陷入了思考。

富翁的出息

大易继续说：

还记得上次说到的渔夫和富翁的故事吗？

渔夫一辈子都在海滨钓鱼、晒太阳，跟家人享受生活，可是他的生命质量高吗？他对社会的贡献大吗？

再看富翁，在成为亿万富翁的过程中，他的人生是不是会更加精彩？同时，企业发展壮大的同时，他必定会对社会有所贡献——提供有价值的产品或服务，解决就业，贡献税收等等。显然，他的层次比渔夫更高。

但是，他的终极目标只是到海滨度假，晒晒太阳，钓钓鱼，跟家人享受生活，又倒转来停留在生活的层次，生命质量上不去，生死问题，边都没摸着，使命更谈不上。因此，面对渔夫的反问，他哑口无言。

如果他胸怀使命，立志有益于他人，有益于国家和社会，面对渔夫，他便会像陈胜一样叹息："嗟乎，燕雀安知鸿鹄之志哉？"

刘邦和项羽的格局

具有使命感的人，格局是大不一样的。这个话题，非常重要，今后我要教给你的许多方法，都跟格局和使命感有关，因此今天跟你好好聊聊。

据《史记》记载，刘邦和项羽都曾看到秦始皇出游，可是他们的感慨不同。

刘邦说：嗟乎，大丈夫该当如是！

项羽说：彼可取而代也！

两个人的话都很大气，都有雄心。可是，从刘邦的话语里面，透露出的是一种对秦始皇的崇敬和肯定，崇敬什么？除了个人身份、地位的显赫以外，还包含一统天下的功业。项羽的话语里面隐含着极度的自负和对秦皇的蔑视，同时，其出发点是自己的地位，而非天下。刘邦说的话语里透出更多的是愿景和使命，项羽的话语里透出更多的是个人目标。

这种格局，会融入他们的行为中，从而影响他们的成败。

入咸阳后，有人劝项羽定都关中，他不肯，非得回自己的老家彭城。他的话很有意思：富贵不归故乡，如衣锦夜行，谁知之者？

意思是，发了财不回乡显摆显摆，就好比穿着很好看的衣服在晚上走路，谁知道呢？

刘邦不一样，他当时想定都洛阳——实话说，也有向天下显摆之意，当然，这比项羽的显摆要高出一大截。可是他最终还是听从了娄敬的建议，以稳定局势为重，定都关中。

项羽入咸阳，杀降王子婴，把咸阳宫劫掠一空，并且一把火烧了，十足的暴发户行径。中华文化在某些方面的断绝，跟这把火大有关系。

刘邦先项羽入咸阳，接受子婴投降，没有杀他，咸阳宫也保存得好好的，还废除了苛刻的秦律，与关中父老"约法三章"，一副王者之相。

刘邦经历的失败和困窘，比项羽多得多，可是始终不屈不挠。

项羽兵败垓下，回到江东卷土重来，不是不可能，可是他选择了自杀。

因此，项羽最终失败，一点都不冤。

正如清朝才子王昙诗云：

> 秦人天下楚人弓，枉把头颅赠马童。
> 天意何曾袒刘季，大王失计恋江东。
> 早摧函谷称西帝，何必鸿门杀沛公？
> 徒纵咸阳三月火，让他娄敬说关中。

他们二人，项羽是从下往上满足需求的，当然，他的层次比一般人要高出许多，但是他最多到达生命层面。从做人的角度讲，他也无憾了，至今还有很多人喜欢他、敬佩他。可是从立世的角度讲，他缺乏使命感，格局不够。而刘邦直指使命层次，最终，开创了汉朝四百多年天下。

马云和任正非的使命感

刘邦和项羽都是大英雄，王小板虽然不住点头，但还是有些不明所以，因为他们离自己很遥远。

大易继续开导：

你想想看，马云，他做阿里巴巴，如果只是以购买香港半山上的豪宅为目标，就不会提出"让天下没有难做的生意"的口号，不会有创业时的"十八罗汉"，不会和雅虎、软银"三分天下"，不用搞上市前的员工持股。蔡崇信不会放弃百万美金的年薪加盟——你要买豪宅，跟我有什么关系？我在美国工作，一样可以买豪宅。

任正非创立华为，如果只是想摆脱穷困，华为不会在弱小的时候就注重研发，就像联想，走所谓"贸、工、技"的路，在当时来看，赚钱赚得更多。他更不会将自己的股权向员工分散，从百分之百分散到百分之一点几。自然，华为也不会取得今天的成就。

真正成功的企业家，在他们低层次的问题都还没有解决的时候，就肩负社会责任感、使命感，因此他的成功来得更快，成功的可能性更大，在成功的路上，所有低层次的问题迎刃而解。

使命感与生命能量

多数人,包括一些看似成功的企业老板,始终在生存和生活上打转,生命质量一塌糊涂,至于使命感,嘴上可能偶有提及,实际上远在天边。

人生眨眼而过,到离开人世的时候,才发现,除了像动物一样活过一次之外,什么都没有留下,实为可悲!

"小板,你有没有发现,当你定下带有使命感的梦想的时候,浑身充满了力量?"大易问。

"是的,大易老师,当我明确自己的使命后,的确感到力量倍增。"王小板回答。此时,他对大易说的"人类成功的最大秘密",深以为然。尽管现在他连生存都成问题,但是,他深信,自己已经走在成功的路上。

王小板满怀信心地说:"大易老师,非常感恩您,让我明白了这个道理。我今后一定坚守使命,并加倍努力,不负此生!"

两个重要提醒

看到王小板的状态,大易很是欣慰。他说:"小板,我相信你能够按照你说的去做。在你追求成功的道路上,我还有两点提醒。"

大易担心王小板走向另一个极端,因此对他不厌其烦地谆谆教诲。

在追求成功的路上,别忘了生活和家庭

虽然刚才说,在实现更大、更高层次梦想的同时,顺便实现自己的生活和家庭梦想,但是,这不等于说,生活和家庭不重要。

古人说:一屋不扫,何以扫天下?《大学》里面说的修身、齐家、治国、平天下,是有顺序的,所谓"身修而后家齐,家齐而后国治,国治而后天下平",这个顺序也是有道理的,跟刚才我说的需求层次顺序,其实并不矛盾。我们不能仅仅把生存和生活作为目标,但是不等于说你可以不尽自己在生活和家庭方面的责任。

大易说,他有一个姓范的学员,是广东佛山一个集团公司的董事长。他跟大易说,他是陶朱公——也就是范蠡——的后人,他们的家谱,除了记载陶朱公"三聚三散"的故事,还记载着一些告诫后人的话。说范家的子孙,只要这样做,就永远不会贫穷。

其中一句话是这样说的:你早晨要做一顿饭,给那些需要机会的人吃;中午要

做一顿饭，给那些填不饱肚子的人吃；晚上要做一顿饭，给自己的家人吃，让自己的家人吃好、吃饱。

很显然，这是一种比喻。第一顿饭，给需要机会的人；第二顿饭，给需要救济的人；第三顿饭，照顾好家人。你想，一个人老是给人机会，老是接济需要帮助的人，同时照顾好自己的家人，他怎么会贫穷呢？

"因此，小板，你得赶紧娶个媳妇，相互支持，同时孝敬母亲。"大易对王小板说。

提到媳妇，王小板心中一阵难受。他说：

"大易老师，感谢您的提醒，我会认真考虑的。不为别的，就算是为了我娘，也要考虑这个问题。她老人家已经着急，并暗示过好几回了。"

成功不在路的尽头，而是在路上

我们每天抱着美好的向往，不断学习和进步，尽力做好自己该做的事情，这就是一种成功。

尽管在这个过程中，要有目标、有计划，但这是手段。最终结果如何，不要去计较。社会上流传着一种观点，认为"成功等于实现目标"，反过来讲，没有实现目标就等于失败。这种认识稍显偏激。

当我们为使命而奋斗的时候，每一步都是在成功。只要你努力，该来的自然会来，不来也不等于失败。所谓"成功不必在我"，生命永远在接力。一项事业、一个王朝、一个家族、一家伟大的公司，通过好几代人的努力才有大成，是很正常的事情。

"近来，不断听到创业者自杀的消息，让人惋惜。"

大易说着，眼睛直盯着王小板。

王小板心里咯噔一下——难道大易知道他曾经想自杀的事情？

很快，王小板镇定下来，坦然道："大易老师，您提醒得很对。不瞒您说，我在生意失败后，就曾想一死了之。不过，您放心，现在即便遇到天大的困难和挫折，我也不会再自寻短见，我只会把它当作老天爷为了成就自己而安排的磨练。这不，要不是前面的失败，哪能有机会接受您的教导呢？"

擅易者不占

"大易老师，接下来，我需要考虑哪一步？"王小板接着问。

"前面，我们讨论了'是什么'和'做什么'，今天，清楚了'为什么做'，下面要解决'怎么做'的问题。"

"工欲善其事，必先利其器。接下来你需要利'器'。小板，通过这几次沟通，在你看来，作为创业者，什么是你的'器'？"

"当然是公司了。"

"对，打造一家能够实现你的使命和梦想的公司，便是你接下来的任务。公司的构架、机制，必须科学；公司将要整合的资源，必须能够支撑你的战略和商业模式。这就是人们常说的顶层设计，异常重要。这是你下一步要学习的内容。"

临走，王小板好像想起了什么，说："大易老师，我这一次重新创业，结果如何，能不能再麻烦您给我算上一卦？"

大易脸一沉："做事就好好做事，有什么好算的！"

王小板说："您上次算那一卦，太准了，而且对我帮助太大了，算是让我重生了一次。您就帮我算算吧！"

"小板，你不知道，我那是蒙你的。"大易笑道。

"蒙我？可是我在网上查了，那个字，那个卦，是真的呀。"

"我是蒙你的。起卦的方法多了，你随便说哪个字，我都可以往这方面的卦上引的嘛。至于解卦，就更灵活了，怎么说都是可以的。"

以前，谁要说卦是真的，王小板肯定不信。今天，大易直接说是蒙人的，王小板更是不信。

看到王小板满脸遗憾，大易温言道："小板，这次玩卦的游戏，真的只是一个手段而已。你想，你的心结源于你父亲，自然是要从与你父亲和解下手。我要是直接让你回去拜祭父亲，你多半不会去，即便是去了，心也没那么诚。不要再胡思乱想了，只要你按照今天说的，怀着好的初心，带着使命和梦想去做事情，同时注意策略和方法，成功是必然的事情，何必沉迷于算卦呢？如果算卦就管用，那我改行得了，用得着跟你讨论那么多吗？"

王小板心有不甘，但不好再说什么，告辞而去。

对话空不空：生命之道

这次与空不空的梦中相会，王小板显得轻松、愉快。他们的对话，解决了王小板心中几个重要的问题。

人，也是有股东的

"怎么样，小板？"空不空问。

"太棒了，真有重见天日的感觉。没想到，大易老师让我回老家拜坟祭祖，解决了困扰我多年的心结，现在是一通百通。为什么会这样？我到现在还不是很明白。"

"这很正常。你做公司有股东吧？"

"那是当然。"

"你知道吗，你作为一个人也是有股东的。"

"我有股东？"

"是啊，你是有股东的。天地生万物，包括你，因此，天地是你的第一个股东；父精母血合成了你的身体，这个身体传承了祖宗的血脉和基因，因此，祖宗、父母是你的第二个股东；你生长在一个国家，一个族群，你骨髓里潜藏的是这个国家、族群的文化基因，因此，国家和族群是你的第三个股东。当然，你是一个独立的个体，你自己也是你的一个股东。"空不空侃侃而谈。

空不空的这种说法，王小板真是闻所未闻。他想起前面大易老师提到的股权结构，有些调皮地问："那你说，这些股东各占多少比例的股权呢？"

"这个倒没有严格划分，也许，从你们的法律上讲，这叫共同共有，而不是按份共有，不分比例的。如果硬要说一个比例的话，这样吧，你算是最大的股东，就当51%吧，剩下的由其他三个股东持有。"空不空的回答也有些诙谐。

"你说的也有道理，可是，那又怎样？"

"公司要跟股东保持关系融洽吧？股东之间要保持和睦吧？如果一个公司成天跟股东闹矛盾，股东之间老是打架，公司能好吗？"

"不能。"

"你过去不敬畏天地，心目中没有国家民族，不敬仰祖宗，不孝敬父母，甚至还和你的父亲反目成仇，相当于跟你的股东疏离，关系紧张，何谈发展，何谈建功立业？现在，你跟股东和解了，自然有一通百通的感觉。

但是，你现在只是打通了与祖宗父母的连接，你对你其他几个股东的认识和沟通还不够，关系还谈不上顺畅和谐，需要进一步努力改善。"

听了空不空的话，王小板好像明白了，又好像坠入了五里云雾。

"还有，根据你们的法律，公司的大事需要股东会表决吧？一般事项超过二分之一就能决定，重大事项要达到三分之二才能决定。上次你自杀，好比是要关闭公司，你有这个权利吗？你征求过其他股东的同意吗？所谓天地有好生之德，天地哪能同意你自杀？你的祖宗、父母会同意你自杀？国家养育了你，你没有任何报效，国家会同意你自杀？"

不论对空不空的"股东"之说如何理解，王小板听到这里，一种深深的自责和懊悔再次袭上心头。他对空不空说："您教训得对，以前我的确错了，我要深深地忏悔，重新做人。"

"成功学"的得失

王小板想到心中的一个疑惑，问道："空不空，大易老师今天跟我说到愿力，说这是个人成功的关键。我记得有个讲成功学的老师，好像也说过类似的道理。有不少人认可，也有不少非议，这是怎么回事儿？"

空不空说："你说的讲成功学的老师主要强调企图心，用强烈的企图心促使人努力奋斗。把这种企图心具体化，就是目标。他认为，实现一个个目标的过程，就是一个人成功的过程。这个说法也不是没有道理。但是，如果过分偏重于个人目标的实现，而忽略对他人和社会的责任感和使命感，甚至为达目的不择手段，就会对社会造成损害，最终伤害的还是自己。这就不是'成功学'，而是'失败学'了。社会上流行的成功学，常常偏重于'术'，而有失于'道'。大易强调使命感，更看重'道'，站得更高，你按大易的话去做，不会错。"

空不空的话使王小板追随大易学习的信心更加坚定。

创业者的三重境界

沉默了一会儿，王小板说："对于一般的创业者来说，要发自内心地建立使命感，很难啊。"

空不空说："那当然。自私和狭隘是人的天性。这也是真正成功的人较少的主要原因。"

"可是，社会上也有不少极端自私自利的人，发了财，甚至是发了大财啊。"王小板不解。

"按照某种理论，那只不过是他自己的福报使然，如果不知福惜福，福报一尽，财富便灰飞烟灭。你看到没有，社会上有的人有几个钱之后，沉溺酒色，掏空身体，一身疾病，生命之花过早凋零者有之；拈花惹草，家庭破裂，亲情背离，人伦尽丧者有之；为富不仁，欺凌弱小，践踏正义，遭人报复，横死江湖者有之；投机取巧，作奸犯科，触犯刑律，引来牢狱之灾，甚至被处以极刑者有之。何也？没有使命感之故。"

听着空不空的剖析，结合世上诸多的人和事，王小板有一种如履薄冰的感觉。

稍停，空不空继续说道："对做企业的人来说，建立使命感，有三重境界：君子爱财，取之有道，遵纪守法，不做恶事，这是最基本的；在为自己谋利益的同时，心里面还能够装着别人，比如员工，合作伙伴，这就到了第二层；至于对国家、民族、社会的使命感，属于第三层。

这第三层，多数人无法建立是很正常的。小板，你能够触碰到使命感这个话题，很难得。这也是我把你从悬崖上救下来的原因。"

听到此，王小板暗自惭愧。过去，自己勉强算做到了不使坏心，不做恶事，至于后面的，便谈不上了。

稍作停留，空不空叹了口气，喃喃道："其实，这些都还不够，如果将来有一天，你能够在更高的层面上理解人生，利己利人，也不枉了我一番口舌……"

对空不空所说的境界，王小板悠然神往，同时感到遥不可及。不知怎的，他似乎又觉得很近，好像中间只隔着一层窗户纸。

王小板忽然觉得，自己前面三十多年，都处于迷途之中。如果不明白这些道理，即便生意顺利，赚了钱，人生也不会有真正的成功，甚至可能走向更大的失败。

求"术"，但别忘了"道"

王小板正出神，只听空不空继续说道："接下来，大易和你的沟通，重点会进入'术'的层面，当然，那是必须的。但是，别忘了你自己发下的大愿，这是你成功的动力源泉，也能确保你把握正确的前行方向。正所谓'不忘初心，方得始终。'"

王小板点点头。他心中一动，问道："哦，对了，大易老师通过易经上的卦指引我回老家拜坟，实话讲我很服气。但是，当我请他就我的未来再算算时，他拒绝了，这是怎么回事？他的卦究竟是真的还是假的？"

"大易说得对，你好好做事情就可以了。要知道，擅易者不占，这也是'道'。至于卦，古人云：'天地设位，而易行乎其中'，也不好说就是假的。但是，真也好，假也好，这些都不是你现在应该关心的。"

说着，空不空隐去，王小板只依稀听得："假作真时真亦假，无为有处有还无……"

第三章　利器

多算胜，少算不胜，而况于无算乎！
——《孙子兵法》

工欲善其事，必先利其器。
——《论语》

尽其能事，移山可也，填海可也，驱驾风电、制御水火，亦可也……西洋诸国，所以横绝四海，莫之能御者，其不以此也哉？

公司，纠众智以为智，众能以为能，众财以为财。

——（清）薛福成

公司是人类历史上最伟大的发明，比蒸汽机和电力更推动人类文明和进步，要是没有公司，即使是蒸汽机和电力的重要性也会降低。
——美国哥伦比亚大学校长巴特勒

进入股权智慧实战班

近来,王小板的状态超好。在大易的建议下,他每天早起,锻炼身体,以前所未有的积极心态投入到生活和工作当中。

母亲看到儿子从老家回来后就像换了个人,自是十分欣慰。

王小板一边应付过去的麻烦事,一边紧锣密鼓地着手新公司的组建。

是继续用原来的公司,还是新成立一家公司,王小板有点纠结。大易建议,还是新成立公司好,一是减少过去遗留问题的干扰,二是新公司更容易设计和规范。

大易特别强调:新设公司可不是为了让你逃债,你该承担的责任、义务不能逃避。

那么,如何构建一家新的公司呢?王小板急于从大易处寻求答案。

大易动员他回老家的时候,提到一个股权智慧实战班,大易让王小板加入到这个班学习。

大易解释了理由:

1. 一对一讲,时间成本太高,自己很忙,无法应付。

2. 实战班课程内容更系统、更全面。前面沟通中提到的很多专业知识,以及很多操作方法,在课堂上都有系统讲解。

3. 在班上可以和一些同学交流,相互借鉴,相互帮助,有助于打开思路。

之前占用大易老师那么多时间,王小板已经非常歉疚,因此,对大易老师的提议,他欣然接受。

王小板来到实战班上,发现像他这样企业"死"过一次的人,不在少数。比他还惨的人大有人在。他们过去因为不懂股权,付出了惨重代价。

根据课程预告,五天四晚实战班,分为三大板块:

第一个板块,主要讲股权设计[①],即创业者如何利用股权工具整合资源,创办一家健康的公司。

第二个板块,主要讲股权掌控及运用[②],即企业家如何让公司跑得更快,还要安全。

第三个板块,主要讲股权激励[③],即如何构建共创共享的股权激励机制,凝聚人才,成就梦想,升华人生。

[①] 见本书第三章内容。
[②] 见本书第四章内容。
[③] 见本书第五章内容。

三个板块，各有功用。同时，前面讲到的基础知识，是后面学习的基础。

股权之歌

课程开始不久，大易老师带领大家唱的一首《股权之歌》，给王小板留下了深刻的印象。同学们将这首歌戏称为"老板之歌"。

歌词是大易写的，借用了《牡丹之歌》的曲调。歌词如下：

啊，股权，
有人为你举杯狂欢！
啊，股权，
有人为你彻夜难眠！

艰苦创业的时候，
你不知不觉来到我的身边。
事业腾飞的时候，
你成了各方追逐的焦点。
啊，股权，啊，股权——
我能否拥抱你直到永远？

啊，股权，
有人为你举杯狂欢！
啊，股权，
有人为你彻夜难眠！

有人说你是天使，
天使的心性哪有这样贪婪？
有人说你是魔鬼，
哪知你加快了人类的发展。
啊，股权，啊，股权——
我用你点装生命的航船！

大易解释道：如果把公司比作一辆汽车，需要设计、组装、驾驭、保养。只不过，汽车有厂家设计、制造，有4S店保养，而公司，你必须亲自设计、制造，亲自保养。

公司设计的核心是股权。因此，作为老板，股权设计是"第一专业"。

此外，很多老板对股权的心态是：我能否拥抱你直到永远？

我希望你们对股权保持的态度是：我用你点装生命的航船！

万里长城今犹在，不见当年秦始皇。把你的公司放到人类历史长河中，放到浩瀚的星空中，真的值得抱那么死吗？

公司也好，股权也好，在生命中，只不过是工具，是你实现财富梦想和人生价值的工具，而不是全部。将其看作全部，你将成为它的奴隶；把它当成工具，你才会去设计它、掌控它、分享它。

第4课 组盘秘笈（一）：
预则立，不预则废——不要盲目组盘

中国企业的平均寿命不到三年，已不是"英年早逝"，而是普遍的"幼年夭折"。为什么会这样？其中一个主要原因是盲目组盘。

现实中，盲目组盘有如下表现。

（1）未仔细推敲商业模式，项目本身不成立，怎么做都是个错。

（2）不认真进行资金预算，企业很快因资金短缺而死亡。

（3）对资金以外的其他要素估计不足，容易出现项目发展瓶颈。常见的其他要素，包括重要人力资源、智力资源和其他资源。这些资源的需求情况，取决于商业模式。

以上，不做或者不认真做资金预算，是最常见的失败原因。

一、做好资金预算

（一）资金预算的重要性

没有预算，很容易出现资金短缺。什么都对，就是没钱，企业因此倒闭。

就算能融资，由于估值上不去，融进的钱不多，却需要放出不少的股权，容易导致"鸠占鹊巢"，控制权丧失。

江苏一家初创公司，自己做品牌、做市场，采用 OEM 的方式解决生产问题。公司成立一年，还没有正式运作，发现股权设置出了问题，于是聘请我做他们的股权顾问，协助他们调整股权结构，进行公司改制，制定股权激励方案等等。

虽说是股权顾问，但是我对项目本身是否成立非常担心。

我问：要多少钱才做得开？

大股东回答：再有 100 万元足够。

我凭感觉就知道不够，追问：你们做预算了吗？

大股东说：大概算过，应该没问题。你看，我们前面准备了一年，搞设计、搞研发，寻找、筛选生产厂商，没有收入，只有支出，也没花到 100 万，现在准备得差不多了，而且很快就会产生收入，100 万肯定没问题。

我一听这话，坏了，原来他根本没有做预算！

我不得不拿出半天时间，陪他们做预算。

把数字一摆开，你猜，结果是什么？按十分保守的业务拓展速度，乐观一点的回款速度，优化一点的生产安排，他们至少也得准备 500 万元。

他们大股东曾是一家同行业外企的大区销售总经理，市场销售是他的强项，他准备一年内发展十二个省级代理商，代理销售他们的产品。如果按他的计划实施，他们至少得准备 3000 万元。

不论是 500 万元，或是 3000 万元，都与他原来拍脑袋的结果——100 万元——相去甚远。

如果他们不做这个预算，懵着做，招兵买马，拓展市场，到时候一定会出现资金短缺。

一旦资金短缺，几个主要股东就会陷进去，整天到处找钱，从而荒废经营管理。

钱找不来，就开始拖欠工资，拖欠货款。人手跟不上，货物跟不上，好不容易搞定的项目就得泡汤，甚至引来索赔。伤害客户，得罪代理商，又影响下一步销售，导致回款更加困难……整个一个恶性循环。

什么改制，什么股权激励，全部都不管用。

在残酷的市场上，我仿佛已经看到了又一具森森白骨！

（二）如何做资金预算？

做资金预算，需要一张资金需求预算表（见表 3-1），对未来公司的收支进行推演，计算出收支平衡时间点，在收支平衡以前净流出的资金，就是你需要投入的资金。

你还得为资金留有余地，在测算结果的基础上，增加 20%~50% 的弹性费用。

以刚才的企业为例，时间精确到每周，模拟他想要的业务，把收入（流入）和支出（流出）在表上摆出来。

从管理线看，在什么时间，需要支出多少管理费用、房租、人员工资等等。

从业务线上看，他们的销售是以项目为单位的。只要某个项目启动，参与投标，这边就要准备产品，于是要向厂家下单。下单就得支付 30% 的预付款，一旦产品生产出来,就得支付全款,这是他们跟厂方谈好的。由于价格压得很低,生产厂商也就挣点辛苦钱,不愿意倒贴着做。

另一方面,只要市场上的项目款没收回来,他们的资金就转不动。一旦那边没中标,你的产品就变成了存货。

如果是等到签了合同才备货,又来不及。而且,有些货品,本身就得备货,因为零星生产成本太高。

如果同时摆开多个项目,需要投入的资金会更大。还有,在市场拓展和销售过程中,要不断支付销售费用。

通过业务模拟,一一列出来,就可以清晰地看到,前面都是流出,收到第一笔定金,开始有流入,但是净流入还是负数,一直到某个时候,净流入是零或正数了,这叫收支平衡。也就是说,可以不再往里面投钱了。

偶尔出现净流入还不算,必须得持续净流入。把这个时间点以前的净流出加起来,就是需要准备的投资金额。

这么算下来,你会清楚看到,他们在资金预算方面,错得有些离谱。可是,这种错误,在创业型公司中比比皆是。

表 3-1　资金需求预算表　　　　　　　　　　单位:元

行次	年月	周次	摘要	流入	流出	净流入

（三）关于资金预算的几个疑问

关于资金预算，大家提出几个疑问，我在这里解答如下。

（1）有人诉苦说预算不好做。

理由有很多，如：未来的事情，哪能算得清楚啊；我又没有经验；我又不懂财务等等。

答：你做不到，又找不到人帮你，就别创业。或者你得做好准备，面对大概率失败的命运。

（2）有人问，马云、任正非、李嘉诚当年都是这么算了才干的吗？很明显，问这个问题的人，心里面还是不服。

答：不知道。但是你必须看到，同时代死了多少创业者，才出了一个马云，一个任正非，一个李嘉诚？你有什么把握成为那万分之一，甚至十万分之一？如果没有，还是脚踏实地做预算，提升你的成功率吧。

（3）有人说，不论怎么算，我只能凑 50 万元，预算再好，钱也不会多出来，有什么办法？

答：如果算出来，你的 50 万元不够，你又没有把握再融资，你只有两个选择——要么不做，你的钱还在；要么修改商业模式，干 50 万元能干的事情。

可不可以冒险？可不可以背水一战，创造奇迹？都可以，还是那句话，你得做好准备，忍受大概率失败的风险。

当然，在做好预算的基础上，出资不必一步到位，可以分期投入，现行法律也支持这样做。

刚才说的那家公司，通过预算，他们重新考虑资金筹措，重新制定了发展战略。很显然，在其他因素不变的情况下，他们的成功率会大大增加。

二、慎选事业合伙人

（一）事业合伙人的重要性

公司之所以被称为人类迄今为止最好的企业组织形式，如清末薛福成所说，它能够"纠众智以为智，众能以为能，众财以为财"。

你不"纠"，没有事业合伙人，一个人干，不算真正的公司。

用股权"纠"来的人，就是公司股东。股东有不同的类型，其中最重要的是事业合伙人股东。

我说的"事业合伙人"股东，是在经营管理中承担主要责任的股东。一般把只投资不参与经营管理的股东称为"财务投资人"。

事业合伙人参与公司组建，承担创业重任，在很大程度上决定着公司的未来。

因此，创业路上选择事业合伙人，如同生活中选择配偶，非常重要。

（二）常见三种错误

有几种错误做法，大家要注意避免。

错误做法一：老板做独行侠，一股独占，形同个体户。

个体户模式不是不可以，关键是能否承载你的梦想，能否适应你的商业模式。

如果你只想开一个小餐馆，个体户可能是最佳选择。但是如果你选择的是大市场、大竞争，想把事业做大，个体户模式就不行——自己累死累活，成功率还极低。

有人说，我肯定要有团队，但是不用股权，用薪酬就行了。这种想法，在工业化时代，也许有戏，信息化时代，基本没门儿！

工业化时代，资本为王，我有钱、有资源，你是人才，不打工也得打工，别无选择；信息化时代，人是最主要的资源，真正的能人，他的选择多了，凭什么为你打工？

没有终极权益共享的创业团队，不能称为团队，连团伙都够不上。只有通过股权，把核心成员变成事业合伙人，才能形成真正的团队。

错误做法二：不从创业实际需求出发，仅凭哥们义气合作。

不可否认，朋友、哥们儿、同学、亲戚这些关系往往是合作的基础。

但是仅凭这种关系合作，不考虑项目实际和人员实际，创业团队不给力，契合度不够，结局常常是——哥们儿似的合作，仇人似的分手！

错误做法三：一开始弄太多股东，甚至盲目照搬全员持股。

股东太多，势必导致股权分散，没有力量。

中国人目前大多缺乏股权意识，缺乏公司治理意识。

股东们，人人都有权利，个个不想承担责任。

股东多了，人多嘴杂，效率低下，矛盾多多。

请神容易送神难，一旦发现股东不合适，需要退出，便会"伤筋动骨"，影响公司发展。

（三）实战建议

在选择事业合伙人时，建议如下。

实战建议一：根据商业模式确定创始股东。

一般来讲，创业型公司可能有 4 种类型的股东：资金型股东、能力型股东、智力型股东、资源型股东。这只是一种粗略的划分。有些股东是单一型的，有些股东是复合型的。

创业型公司，对能力型股东要特别重视。对大多数创业企业来说，能做事情的人，是最重要的资源。

智力型股东很重要，但是持股量要适当控制。他毕竟不在公司干活儿，持股量太大，会影响其他股东的积极性。

对资源型股东要警惕。因为，资源是否存在？数量、质量如何？能否为公司所用？这些问题都是未知数。

实战建议二：注意事业合伙人的一致性、互补性和兼容性。

选择事业合伙人有三个基本条件：

（1）价值观趋于一致；

（2）知识、能力、经验互补；

（3）性格和行为模式兼容。

实战建议三：事业合伙人，人数不宜过多，也不宜太少。

前面讲过，一般来讲，一个人创业不好。

两个人比一个人强，但也不是太好。人太少，整合的资源必定有限。两个人发生矛盾，连个劝架的都没有。

如何算多？如何算合理？每个盘子情况不同，人数肯定不同。

如果要勉强说个数字，一般创业型公司，三五人到七八人，相对合适。超过十人，就有点多。

注意啊，再一次明确，我说的是事业合伙人，不是指一般股东。事业合伙人以外的股东人数，可以适当多一些。

确定事业合伙人之后，他们各占多少股权比例？如何确定出资方式和出资额？这些都很重要，后面将继续讨论。

三、合理选择企业组织形式

（一）法律规定的企业组织形式

在我国，企业组织形式有以下几种：

（1）公司，包括有限责任公司和股份有限公司；

（2）个人独资企业；

（3）个人合伙企业，包括普通合伙、特殊的普通合伙和有限合伙。

更宽泛一点说，企业组织形式还包括个体工商户和农村承包经营户。

过去，还有非公司制法人企业，一般都是国有或者集体企业。现在，非公司制法人企业已经逐步退出历史舞台。

在这些企业组织形式当中，最重要的是公司。

（二）相比于其他形式，公司是更好的选择

公司和其他市场主体的区别，见常见市场主体比较表（表3-2）。

表3-2 常见市场主体比较表

市场主体名称	投资人数	承担民事责任方式	通俗解读
有限责任公司	50个以下	独立法人，公司以其全部财产对公司的债务承担责任；股东以其认缴的出资额为限对公司承担责任	一般情况下，认缴多少最多赔多少
股份有限公司	2个以上	独立法人，公司以其全部财产对公司的债务承担责任；股东以其认购的股份为限对公司承担责任	一般情况下，认购多少最多赔多少
分公司	1个公司	不具有法人资格，其民事责任最终由设立它的公司承担	谁设立谁负最终责任
子公司	50个以下；2个以上	具有法人资格，依法独立承担民事责任	本身就是有限公司或股份公司
个体工商户	1人（户）	个人（或家庭）经营，民事责任由经营者承担	责任跟个人捆绑
个人独资企业	1人	非独立法人，由一个自然人投资，财产为投资人个人所有，投资人以其个人财产对企业债务承担无限责任	责任跟个人捆绑
个人合伙企业（普通合伙）	2个以上合伙人	非独立法人，合伙人对合伙企业债务承担无限连带责任	责任跟合伙人捆绑且连带
个人合伙企业（有限合伙）	2~50个合伙人	非独立法人，普通合伙人对合伙企业债务承担无限连带责任，有限合伙人以其认缴的出资额为限对合伙企业债务承担责任	责任跟普通合伙人捆绑且连带；有限合伙人跟公司股东类似

1. 公司是独立法人，其他主体不是

公司属于企业法人。何为法人？法人不是人，是一个组织，法律把它看作"人"，是为法人。法人有很多种，有企业法人、机关单位法人、事业单位法人和社团法人。

法人具有独立性，也就是说，公司是一个独立的民事主体，有独立的财产，以自己的名义从事民事活动。

公司独立于股东，即便是股东，也不能随便拿走公司的财产。公司不依赖于股东而存在，股东生老病死，财产状况变化，或者股东变换，都不影响公司的存在。这样公司更具稳定性。

其他经营主体都不是独立法人，它们跟投资人血肉相连，财产混同，稳定性较差。

2. 公司实行有限责任，其他主体实行无限连带责任

有限责任制度是现代公司的灵魂。你看公司的名称，有限责任公司和股份有限公司里面都有"有限"两个字，指的就是责任有限。

责任有限，包含两层意思：一是公司责任有限，公司以自己的资产为限对债权人承担有限责任；二是股东责任有限，即股东以认缴出资为限对公司承担有限责任，也就是说，我是股东，除了缴清认缴的出资，公司赔再多的钱，原则上与我无关。

其他经营主体实行"无限责任"，也就是说，企业还不起的债，投资人要用自己的财产还，没有限额。

个人合伙，除了无限责任，合伙人之间还要承担连带责任。什么叫连带责任？你只占10%的份额，企业欠1000万元，债权人找你，不是追100万元，而是可以追1000万元。面对债权人，你有责任把其他合伙人的份额全部偿还，之后你再去向其他合伙人追偿，这就是连带责任。

有限合伙是特殊情况，他把有限责任跟无限责任揉到了一起。有限合伙企业必须至少有一个普通合伙人，也就是人们常说的"GP"。这个普通合伙人对合伙企业债务承担无限连带责任；其他的叫有限合伙人，也就是人们常说的"LP"，以出资为限对合伙企业承担有限责任。

有限合伙企业由普通合伙人执行合伙事务，有限合伙人不执行合伙事务，不得对外代表有限合伙企业。

为什么？因为普通合伙人承担的是无限责任，等于把身家性命跟企业做了一个捆绑，因此，企业该由他来管理。

还有一种合伙企业，叫特殊的普通合伙，也是允许部分合伙人承担有限责任。

有限合伙和特殊的普通合伙，在合伙企业中引入了有限责任制度，这是一大进步。但是不论哪种合伙，始终得有人承担无限连带责任。

3. 公司和其他企业税负结构不同，各有优劣

公司是法人，除了经营过程中的税费——也叫流转税费——以外，就盈利部分要缴纳企业所得税（也叫法人所得税），然后才能用于股东分红。企业所得税一般税率是 25%，符合条件的享受 20%、15%、10% 的优惠税率。股东分红需再缴一次基于分红的个人所得税，税率为 20%。

个人独资企业，个人合伙企业，个体工商户，经营过程中的税费与公司是一样的，但是所得税环节不同。这几种经营主体没有企业所得税，直接缴纳个人所得税。个人所得税适用超额累进税率，从 5%~35%，收入越高，比例越高。

总体看，公司的税负相对较重一些。但是，公司在享受各种税收优惠或者减免后，也可能较轻。

在现实生活中，税务机关对个体工商户、个人独资企业、个人合伙企业在税收征管上的弹性和随意性更大。例如可以采取核定征收，实际税负可能相对较轻。

4. 公司比其他企业更具有扩展性

由于公司投资人承担有限责任，而且正常情况下责任是独立的、不连带，因此人们敢于做投资人。于是，公司更容易整合更多的人和资源，具有更强的扩展性。

从股东人数上看，目前，法律规定有限公司限定 50 人，非上市股份公司发起人股东限定 200 人，只要公司上市，股东可以无限多。

其他类型的企业，由于投资人要承担无限连带责任，企业规模不可能过大，合伙人数也不会太多。普通合伙法律不限人数，但是，由于责任连带，让你多也不敢多；有限合伙法律限定 50 人。

此外，公司和其他类型的企业，在企业管控、股东（投资人）在经营管理中的权利义务等方面存在区别。

总结：公司是人类有史以来最好的企业组织形式，是实现个人财富梦想和人生价值的最好工具。其他企业形式无法承载大规模的市场运作。除非特殊情况，应当把企业做成公司，而不是其他形式。

（三）相比于有限公司，股份公司是更好的选择

根据我国《公司法》规定，公司有两种：有限责任公司和股份有限公司。有限

责任公司简称有限公司，股份有限公司简称股份公司。

请问，如果你创建一家公司，你将选择有限公司还是股份公司？

尽管有限公司遍地是，但是，企业要做大，股份公司是更好的选择。

1. 有限公司和股份公司的主要区别

根据《公司法》，有限公司和股份公司的区别很多，最主要有以下七点，请参见有限公司与股份公司区别对照表（见表3-3）。

（1）股权表现形式不同。有限公司用百分比，股份公司用股份数；

（2）股东容量不同。有限公司1~50个，股份公司发起人2~200个，新三板挂牌或者上市之后，股东人数可以无限多；

（3）公司设立方式不同。股份公司分为发起设立和募集设立——又分公开募集和私下募集（即私募）；有限公司只有一种，相当于股份公司的发起设立；

（4）股权登记不同。有限公司，在正常情况下，股东都要在公司登记机关进行登记；股份公司，登记机关只登记发起人股东，不登记非发起人股东；

（5）股东行使知情权的范围不同。有限公司，股东可以查账，甚至查阅记账凭证和原始凭证；股份公司，股东只能看到财务报告；

（6）股东会（大会）表决通过的规则不同。计算通过比例，有限公司，以全体表决权为基数；股份公司，以到会股东所持表决权为基数；

（7）股权转让规则不同。有限公司，法律对内部转让不做限制，对外部转让适当限制；股份公司，对发起人和"董、监、高"有适当限制，对一般股东则没有限制。关于继承，法律授权有限公司章程对合法继承人是否继承股东资格另行规定，股份公司没有这个授权。

表3-3 有限公司与股份公司区别对照表

项目	股权表现形式	股东人数	公司设立	股权登记	股东知情权	股东表决权	股权转让、继承
有限公司	百分比	50个以内	股东直接申请设立	登记机关	范围和方式不同	计算通过比例的基数不同	法律限制规则不同
股份公司	股份数	2个以上	发起设立募集设立	登记机关/股东名册			

2. 股份公司股东容量更大

有限公司：股东最少1个，最多50个。

股份公司：发起人最少2个，最多200个。一般理解，200是非上市股份公司的股东人数上限。

事实上，只要不存在非法集资类违法犯罪行为，股东人数超过200人，也不是不可以。新三板挂牌，证监会放行大量股东超过200人的公司，就是明证。

股份公司上市以后（包括新三板挂牌），股东人数可以无限增多。

3.股份数比百分比更方便股权扩展

先明确几个概念——股权、股份、股票。

不论有限公司还是股份公司，股东的权利统称为股权。同时，人们常常把有限公司股东出资权利称为股权，把股东在股份公司所持的股权份额称为股份。

股票是股份公司向股东签发的股份凭证。而在有限公司，股东的股权凭证叫出资证明书。

有限公司的股权用百分比表示，也就是公司法所说的出资比例。人们常说，你持10%的股权，我持60%的股权等等。

股份公司，是将公司股本划分为若干等额股份，持股多少用股份数表示。

例如，公司注册资本1000万元，习惯上划分为1000万股，每股票面价值1元。张三出资300万元，持300万股；李四出资10万元，持10万股。

当然，在股份公司你也可以去计算每个人的持股百分比。但是，这个百分比仅仅是用来考量股权结构优劣，衡量某个股东在公司的持股地位，而不是反映持股量。

过去，由于受到法律限制，市面上的公司，基本上是有限公司，因此，绝大多数人，用百分比衡量股权的观念根深蒂固，以至于对股权的扩展规律理解不够，甚至扭曲。随着课程的深入，大家会发现，突破股权百分比的束缚，意义十分重大。

（1）百分比只反映相对量，不反映绝对量，因此，数量和价值之间往往扭曲。随着公司规模变大，股东人数增加，这种扭曲更加明显。

例如，我把我手里的水的50%给了你，结果你一口就干掉了，因为我手里只有一小杯水。但我给你5%的水，你却三个月都喝不完，因为我有一大池子水。

用百分比表示股权，同样的价值，公司越大，百分比越小。价值500万元的股权，在一个千万级的公司里面，是一个大股东，可是放到马云那里，毛都找不着。

股份数更能直接体现数量，你持有多少股，每股值多少钱，价值比较明显，不因公司大小而变化。

（2）公司盘子越大，用百分比越不方便。

用百分比表示股权，盘子越大，股东越多，股权百分比越小，表示起来越困难。小数点后面，往往除不尽，位数算多了麻烦，算少了还不行。

用股份，就比较方便。哪怕是 100 个亿的公司，如果 1 元钱一股，我投 1 万元就是 1 万股，清清楚楚、明明白白。

（3）增资扩股，用百分比是做减法，股东感觉难受；用股份数是做加法，股东容易接受。

百分比是一个封闭的概念，你多我就少，我多你就少；要给他，我们就都得减；分股权，越分越少，感觉很难受。

例如，一个公司，投资 1000 万元，股权 100%，你投 600 万占 60%，我投 400 万占 40%。如果增资扩股，放出 20% 用于融资，或者股权激励，那你我的股权都得降 20%，于是你变成了 48%，我变成了 32%。从数字上看，大家都有被削一刀的感觉，似乎动了所有股东的奶酪。人们管这叫"稀释"，一听就不舒服。

股份，是一个开放的概念。同样投资 1000 万元，你投 600 万元，持 600 万股，我投 400 万元，持 400 万股，不管融资还是激励，增发 200 万股，你还是 600 万股，我还是 400 万股，不变。而总股份数变成 1200 万股。

看到了吗？从数字上，不一样，一个做减法，一个做加法。股份公司由于股份数不变，股东容易接受，阻力变小。

当然，前面说过，股份公司也是可以计算百分比的。一个人，如果脑子里面死活只认百分比，而且死纠百分比，只要百分比少了就难受，那么，无论有限公司还是股份公司都是一样的，你拿他没办法。经过这次学习，相信你们一定会走出百分比的误区。

（4）用股份，股权扩展手续更简便。

就法律手续而言，有限公司在增资扩股时，由于持股比例必然要发生变化，你得给每个股东换发一张持股凭证，操作难度比较大；而股份公司在增资扩股时，由于持股数量不变，则不用换发凭证，操作难度比较小。

（5）用股份，更方便适应公司发展变化。

深圳有一家做平台的公司，一边要增加客户，一边要增加产品，他希望合作伙伴帮他介绍客户和产品。

于是，他出了一个政策，在两年内，只要合作伙伴给他介绍的客户和产品达到一定数量，他就配送 0.5% 的股权。这样的合作伙伴限定在 30 家，他盘算，最多给出 15% 的股权，自己能够承受。

可是，两年后，公司规模发生了很大变化，尤其是经过两轮股权融资——也就是增资扩股，老板自己的持股比例，已经从 70% 下降到了 40%。

在这种情况下，你承诺的 0.5% 给不给？给，万分难受；不给，瞬间得罪人，人家甚至跟你打官司。

用股份，问题迎刃而解。同样的约定，表述已然不同。假如签约时公司总股份数确定为 1000 万股，你承诺给的不是 0.5% 而是 5 万股。不论后来公司如何增资，比如总股份数增加到了 2000 万股，你承诺的 5 万股不变，没有任何问题。

4. 股份公司更方便创业者掌控

站在大股东或实际控制人的角度看，在股权扩散的情况下，股份公司更方便掌控。主要表现在以下几个方面。

（1）由于股权登记的差异，股份公司在办理某些对外手续时更方便。

有些地方，办理公司变更登记手续时，登记机关动不动要求全体股东到场签字。公司办理银行贷款，银行有时候也要求全体股东到场签字。

这样的要求，其合法性和合理性值得商榷，这里暂且不论。让公司操盘者担心的是，只要有股东不配合，事情就办不成。许多人因此不敢分散股权。

其实，这个问题，在股份公司看来，根本不是问题。

根据公司法规定，有限公司的股东都要在公司登记机关进行登记；而股份公司在登记机关只登记发起人股东，不登记非发起人股东。

也就是说，股份公司成立后，在吸收更多的股东时，因为后面的股东都不是发起人，不用在公司登记机关登记。因此，登记机关或者别的单位无从得知他们的存在，也就不存在要求他们签字的问题。

作为公司操盘者，你把发起人股东控制好就行了。而发起人股东，最低 2 人即可，控制难度不大。

（2）股份公司的股东知情权范围不同，更有利于保护公司商业秘密。

有限公司股东可以查账，而且，一般认为，查账时可以查看凭证；而股份公司的股东不能查账，只能查阅财务报告。

小股东动不动要查账，这是公司操盘者最头痛的事情。

好在法律善解人意，限制了股份公司股东的查账权。显然，立法者考虑到股份公司人数众多，如果都能查账，不利于保护公司商业秘密，而且，公司也无法应付。

需要提醒的是，法律这样规定主要是为了保护公司的商业秘密，维护公司正常的运作秩序，不等于剥夺小股东的知情权，更不等于纵容内部人贪、占公司的资产。

针对上市公司，法律安排了严格的信息披露制度；非上市股份公司，可以通过接受质询、置备财务报告、外部审计等方式保护小股东知情权。

（3）股份公司的股东会表决规则更有利于公司正常运作。

有限公司，在股权比较分散的情况下，当公司需要依法做出股东会决议时，如果有股东不配合，不来开会，公司可能面临无法正常召开股东会的风险。

参加股东会是股东的一项权利而不是义务，他不来，你拿他没办法。这也是公司操盘者不敢分散股权的一个原因。

而股份公司就不存在这种担心。为什么呢？

有限公司股东会表决，计算通过比例是以全体表决权为计算基数。也就是说，有限公司通知开会，如果来参会的股东所持表决权达不到法定比例，二分之一或者三分之二，你的会就没法开，聊天可以，事情决定不了。

股份公司通知开会，不论来参会的股东持多少表决权，都不影响正常开会。因为法律规定，股份公司计算通过比例是以出席会议的股东所持表决权为计算基数。

例如公司总股份为100万股，到会股东所持股份为10万股，表决时，就以这10万股作为计算基数，某项议案如果投赞成票的股东所持股份为7万股，通过比例就是70%。

为什么这样规定？因为立法者首先要保障公司能够正常运行。股份公司的股权有可能极为分散，股东人数有可能很多，如果强求全体二分之一以上或三分之二以上通过，有可能一个公司永远也无法做出一个合法的股东会决议。

在股份公司股权极为分散的情况下，大多数股东的持股比例都会很小，他们参与公司决策的力量和意愿度都很弱，这正好成就了相对大股东对公司的掌控。

5. 几个问题解答

（1）为什么市面上大量存在的是有限公司，而不是股份公司？

市面上大多是有限公司，而不是股份公司，有两个原因。

其一，过去，公司法对设立股份公司设定了较高的门槛。注册资本、审批等等，让人望而生畏，甚至一度高不可攀。

所有的门槛，在2013年公司登记改革时已全部被取消。股份公司的设立跟有限公司一样，已经没有任何门槛。

但是很多人，包括一些专业人士，还没有反应过来，还凭经验认为股份公司设立难度大。

其二，我国公司文化缺乏，多数人对公司和股权的了解，是靠零零星星的道听途说。过去有限公司广泛存在，因此人们了解多一点，股份公司很少，因此人们认识不够，感觉到它好像很复杂，难以驾驭，不敢去触碰。

（2）做股份公司会不会很麻烦？

做股份公司不会比有限公司麻烦。就一般人容易出现的担心，说明如下。

股份公司不需要进行财务披露。很多人误以为股份公司就是上市公司。其实，上市公司一定是股份公司，但股份公司不一定是上市公司。非上市股份公司不用进行信息披露，这一点和有限公司是一样的。

股份公司与有限公司的税负一模一样，税务机关的征管办法也一样。

股份公司设立手续不会很复杂。股份公司分发起设立和募集设立两种方式。募集设立程序更复杂，难度更大。但是发起设立和有限公司是一样的，非常简单。发起人数量最少2名即可。

股份公司比有限公司手续上稍微麻烦些，但不构成实质性障碍。股份公司必须设董事会，由最低5名董事组成；必须设监事会，由最低3名监事组成。而有限公司，可以只设一名执行董事，不设董事会，即便设董事会，最低3名董事；可以不设监事会，设监事1名即可。

（3）什么情况下适宜选择股份公司？

如果你的企业存在以下三种情形之一，建议你一开始就登记为股份公司。

第一种情形，这个公司是你的事业发展平台，希望做大。

第二种情形，你需要用到股权工具促进公司发展，如股权融资、股权激励等等。

第三种情形，公司将来可能上市，包括新三板挂牌。因为上市公司必须是股份公司，与其到时候再变，不如一步到位。

反过来讲，如果只是一个完成某个项目的公司，或者注定是一个很封闭的公司，并且股东人数不多，那么，登记为有限公司就可以了。

如果你的公司已经登记为有限公司，而你又存在前面三种情形之一，那么，请尽快变更为股份公司。

（4）有限公司如何变更为股份公司？

有限公司变更为股份公司时，在公司内部需要股东会特别多数做出决议，在外部，需要在登记机关进行变更登记。

这种变更也叫公司改制。当然，公司改制严格讲不只是变更，还包括公司治理机制的变化。

办理公司形式变更很简单，并不复杂。2013年以后，股份公司已经没有任何门槛，变更手续不存在任何法律上的障碍，大家到当地登记机关咨询，按照规定程序办理即可。

需要说明的是，公司改制存在税收问题。

有一家公司，为了更方便做股权激励，也想两年后上新三板，准备将有限公司改制，变更为股份公司。哪知一询问，被税务机关告知，股东要交 100 多万元的税。股东们一看，就变更一下公司类型，什么钱都没见着，就要缴 100 多万，实在是接受不了。

原来，这家公司的注册资本为 200 万元，而目前公司的净资产大约是 900 万元，差额 700 万元。按当地税务机关的理解，改制完成后，资本只能是注册资本，不能是公积金或未分配利润。因此，这 700 万元只能是注册资本。这相当于用利润转增资本，应视为"先分后增"，要缴 20% 的分红所得税。当然，如果改制前分掉，自然也要缴 20% 的分红所得税。

有的地方税务机关允许你在改制的时候，把大于注册资本的净资产以未分配利润的形式留存于公司，暂不交税，待实际分配时再缴税。因为法律并没有规定，公司改制时的资本额一定要等于注册资本。

当然，也可以新成立一家股份公司，逐渐取代原来的有限公司。

正因为有税收问题存在，不论是变更还是新设，都宜早不宜晚。

（四）一人公司，尽量不用

1. 一人公司的性质

2005 年《公司法》修订后，有限公司的股东最低人数从 2 人变到 1 人。也就是说，法律允许设立一种特殊的公司——只有一个股东的有限公司。

这是立法者借鉴国外经验，给创业者增加一种选择。

一人有限公司，法律性质还是有限公司，跟个人独资企业不同。一人有限公司是独立法人，股东承担的是有限责任。而个人独资企业不是独立法人，投资人承担的是无限责任。

一人公司的好处是不存在股东矛盾，一个人说了算，所有的权利归一个人，所有的责任一人承担。

2. 一人公司的弊端

（1）一人公司，股东承担有限责任的条件更苛刻。

根据公司法规定，一人有限责任公司的股东不能证明公司财产独立于股东自己财产的，应当对公司债务承担连带责任。

这样，股东承担无限责任的风险大大增加。

（2）一人有限公司，每年的财务会计报告必须经会计师事务所审计，增加了成本。

显然，立法者对一人公司不太放心，公司只有一个股东，没有股东之间的博弈和制约，想怎么来就怎么来，极有可能伤害债权人的权益。

（3）从市场角度看，一人公司竞争力有限。这在前面讲"慎选事业合伙人"时已经讨论过。

3. 如何规避一人公司弊端？

除非你的经营业态十分特别，否则尽量不要做一人有限公司。

实在想一个人干，或者暂时找不到其他股东，可以让家人——夫妻、父母、子女等等——代持一部分股权，这样就避开了一人公司。

当然，即便是亲人，代持关系也要约定清楚，至少写个备忘录，以免发生纠纷。

（五）分、子公司，根据需要选择

不论有限公司还是股份公司都可以设立分公司，或者子公司。二者有何区别？如何选择？

子公司本身就是有限责任公司或者股份有限公司，是独立法人，能够独立承担民事责任；分公司是分支机构，不是独立法人，不能独立承担民事责任。

子公司对应的是母公司，子公司与母公司都是独立法人，他们之间相互独立。

分公司对应的是总公司，或者叫本公司。分公司是总公司的分支机构，本身不具有独立性，分公司的财产就是总公司的财产，分公司还不起的债，要由总公司来还。

打个比方，子公司像是已成年、已经独立成家的孩子，从法律上，有什么事自己扛，父母不用帮他扛；分公司像是未成年的孩子，闯了祸，要赔钱，自己有钱自己赔，自己没钱，得父母代赔。

因此，你公司在外面开拓业务，设子公司，好处是风险隔断，缺点是掌控不够——如果是全资子公司，当然也可以理解为绝对掌控；设分公司，好处是绝对掌控，不足是风险连带。

如果公司业务需要资质，往往得开分公司。分公司一般可以用总公司的资质，或者分公司发展业务时，以总公司的名义对外签约，顺理成章；子公司难以取得资质，独立法人之间的资质互用一般不被允许。

总公司、分公司、母公司、子公司，集团化发展等等，属于商战中的"排兵布阵"，非常重要，需要根据整体战略和商业模式，确定各成员之间的股权关系、业务关系、管理关系，切不可等闲视之。

王小板的收获与感悟：过去，失败是正常的，成功才是怪事！

王小板以积极的心态、饱满的热情参加大易老师的股权智慧实战班课程学习。

他一改过去沉闷、封闭的状态，乐于助人，乐于分享，热心公益。在第二天选举班委的时候，被推选为班长。

听了大易老师这堂课，王小板感慨万千：大易的课好像就是针对自己讲的。

他过去的主业——花灯项目，完全是野蛮生长的产物。没有资金预算，没有事业合伙人，完全凭着自己的努力，把企业做起来，现在想来，算是万幸。但是，正是因为缺乏明确的发展规划，缺乏资源整合意识，加上盲目投资导致的资金缺乏，最终走向失败。

其他几个项目，不但投资盲目，在合作伙伴的选择上，更是随意和草率。现在看来，做不好是非常正常的，做好了才是怪事。

至于不同企业组织形式的特点，股份公司的优势，一人公司和分、子公司的优劣，自己更是一窍不通。

公司是企业家手中最重要的道具，如果不参加大易老师的课程，在企业组盘上，今后还会犯更多的错误。

通过交流，王小板发现，班上的同学，像他这样犯错误的人，比比皆是。于是，王小板"坦然"了许多。

"过去的失败，都是成功路上应交的'学费'。"王小板这样宽慰自己。

随后重新组建公司，一开始就设立股份公司。同时，对重新组建的公司，他开始认真盘算资金需求，考量事业合伙人人选。

第5课 组盘秘笈（二）：
顺应人性——股权结构要合理

一、股权结构：事关创业成败

所谓股权结构，简单来说，就是公司的持股比例状况。

在某个时间点上，把公司看作一个圆盘，每个股东持股多少，像切月饼一样切分，就可以看到股权结构状况。

有人说，股权结构是公司股权密码，密码不能错乱，否则会出问题。

股权结构，是组盘时股东博弈的结果，也成了公司存续期间股东博弈的基础。股权结构畸形，大概率会引发股东矛盾，或者公司发展乏力、停滞，甚至消亡。也就是说，一开始，就已经看到结束。

因此，组建公司时，尽量避免畸形股权结构。公司发展过程中，要注意保持相对合理的股权结构。

此外，在考虑股权结构时，还应关注到人，同样的结构，不同的人，结果就是两样。尤其是，谁应该成为大股东的问题。

（一）股权结构关系到公司决策

从公司诞生的那一天起，"股权多数决"就成了一个基本原则。投得多，占得多，话语权就大。管理者的选择，重大事项的决定，都是由股东在股东会上按表决权投票，以多数通过做出决定。

一般而言，超过1/2为简单多数，达到2/3为特别多数。股东会职权中的一般事项，由简单多数通过；重大事项，须特别多数通过。

在这种规则下，站在大股东的角度，当然希望能够决定一切。站在小股东的角度，又希望对大股东有一定程度的制约。站在公司的角度，要考虑决策效率和决策质量。

这些在很大程度上是由股权结构决定的。

（二）股权结构关系到股东积极性

我们知道，公司由股东投资组建，公司的发展主要靠股东推动。这种推动表现在：提供公司发展资源，决定公司发展方向，选择公司经营管理者，参与公司重大决策等等。

股东为什么有兴趣推动公司发展呢？一是对高额利润的渴望，二是对血本无归的恐惧。我管这叫作股权的原动力。过去小学课本上有一篇课文，叫《种子的力量》，股权的这种原动力，就像种子的力量一样，异常强大。

一般情况下，股东是按照持股的量行使股东权利的，因此，股东持股多少，决定了原动力的大小。这是其他力量无法改变的。有些人，动不动用一致行动协议，或者"AB"股权，或者股权代持，来解决股权结构畸形的问题，这是对股权原动力熟视无睹的表现。

合理的股权结构，就是要最大限度地、合理地利用股权的这种原动力。

（三）透过"囚徒困境"看股权结构的力量

为了让大家进一步理解股权原动力对公司的推动或者阻碍作用，下面用"囚徒困境"的道理来进一步说明。

1. 什么是"囚徒困境"？

囚徒困境，其实是纳什均衡的一个运用，说的是两个囚徒，他们本该做出更优的选择，结果都没选择最优解。

具体情况是这样的——

A 和 B 两个小偷，被警察抓住了，各关一个屋子，分别进行审讯。

这里有三个假设，这三个假设，基本符合常理，但你不必过于较真。

第一，如果一个坦白，另一个抗拒，则坦白者马上获得自由，抗拒者要关 10 年监狱。

第二，如果两个人都坦白，各关 5 年。

第三，如果两个人都抗拒，警察缺乏证据，各关 1 年，释放。

第二天就要审讯了，如果你是这两个小偷之一，你是坦白还是抗拒？

先看 A 是怎么盘算的。他想，也不知道 B 这小子招还是不招，我得想个对策，不论他招还是不招，我的利益都要最大化。

假如他招：我不招，关 10 年，我招，只关 5 年，看来，我应该选择招。

假如他不招：我招，马上出去，我不招，关1年，看来，我还是应该选择招。

看到没有，不论B招还是不招，A的最佳选择都是——招。

再看B，不用说，B打的算盘跟A一模一样。

因此，审讯的结果是，他们俩都招，各关5年。

但是，他们的最佳选择，其实是都不招，各关1年。

这就是著名的"囚徒困境"。

2. 股东"囚徒困境"

在公司里面，股东之间的博弈也逃不脱"囚徒困境"。

举例，一个公司两个股东A和B，各持50%股权，会出现什么情况？

先确定几个假设，同样，这几个假设基本符合常理，但不必过于较真：

第一，股东对公司的选择有两个——付出和不付出。

第二，如果两个人都付出，公司经营很好，总收益20，两人各收益10。

第三，如果两个人都不付出，公司经营一般，总收益10，两人各收益5。

第四，如果一个人付出，一个人不付出，则公司经营较好，总收益16，付出者吃亏，收益4，不付出者占便宜，收益12。

我们来看看两个股东的选择。先看A股东是怎么选择的。

在他看来，如果B股东选择付出，则：自己付出收益10，自己不付出收益12，显然，最有利的选择是不付出。

如果B股东选择不付出，则：自己付出收益4，自己不付出收益5，显然，最有利的选择还是不付出。

看到没有，不论B股东付出还是不付出，A股东最有利的选择都是——不付出。

不用说，B股东的选择跟A股东一样——不付出。

于是，两个人都不管公司，收益下降，甚至公司倒闭。很显然，他们的最佳选择，其实是都付出，同心协力，把公司做好，各收益10。

有人说，小偷被分别关起来，无法沟通，因此才陷入困境。股东是自由的，他们之间可以沟通，可以做出最佳选择，为何还会陷入困境？

人与人的沟通真的是那么容易吗？人们沟通的障碍，难道只有看得见的墙吗？

君不闻：世界上最远的距离，是人们心灵之间的距离。

现实中，两个人的公司，弄到后来谁也不管，破产倒闭的，还少吗？

还有人会问：现实中，很容易知道，都付出是最好的啊，为什么不都付出呢？

要知道，付出，可不是说一句话那么简单啊。过来人都知道，做公司创业，那个付出，可能是几年、十年、二十年如一日，风里来雨里去，熬更守夜，把家人抛在一边；可能要面对无数的挫折与坎坷，皮都要脱掉好几层；可能在公司缺钱的时候，押了住房都要顶上……

3. 改变股权结构，即可打破"囚徒困境"

如果 A 和 B 通过谈判，把股权结构变更成：A 股东 80%，B 股东 20%，会出现什么情况呢？

相应地，前面的假设发生变化：

如果两个人都付出，公司总收益 20，根据股权比例，A 收益 16，B 收益 4。

如果两个人都不付出，公司总收益 10，A 收益 8，B 收益 2。

如果 A 付出，B 不付出，公司总收益 16，付出者吃亏，A 收益 10，不付出者占便宜，B 收益 6。

如果 A 不付出，B 付出，公司总收益 16，付出者吃亏，B 收益 1，不付出者占便宜，A 收益 15。

我们再来看看两个股东的选择。

先看 A 股东的选择。在 B 股东付出的情况下，自己付出收益 16，不付出收益 15，显然，A 最有利的选择是付出。

在 B 股东不付出的情况下，自己付出收益 10，不付出收益 8，显然，A 最有利的选择还是付出。

也就是说，不论 B 股东付出还是不付出，A 股东最有利的选择都是付出，与之前持 50% 股权时相反。

B 股东呢？在 A 股东付出的情况下，自己付出，收益 4，不付出，收益 6，B 最有利的选择是不付出。

在 A 股东不付出的情况下，自己付出，收益 1，不付出，收益 2，显然，B 最有利的选择还是不付出。

也就是说，无论 A 股东付出还是不付出，B 股东的选择都是不付出——搭便车。

这样，他们很难有最优选择——两个人都付出，但是肯定有次优选择——A 付出，B 不付出，公司不容易垮掉。

这就是股权结构的力量！

4. 解决股东"囚徒困境"的其他方法

解决股东"囚徒困境"，还可以通过激励机制实现。

如果公司规定，付出者有权率先按公司总收益的一定比例提取回报，则两个股东都更有可能选择付出，即使一个付出，另一个不付出，付出的人得到了补偿，不付出的人也不算亏，股东权益平衡。

这属于公司治理的范畴，我们以后再讲。

二、需要避开的畸形股权结构

归纳起来，现实中大致有 5 种常见的畸形股权结构。下面讨论这些畸形股权结构的情形及危害。

（一）平衡股权

所谓平衡股权，就是公司有两个大股东，他们的股权不相上下。

1. 情形

最典型的平衡股权，就是两个股东，各占 50%。

这种情况很多。都是老同学、好朋友共同组建公司，谁多都不好，谁多都会损伤另一个的积极性。谁也不愿意落后，都想的是，万一今后挣一个亿，你多我少多不好啊。于是，干脆五五开。

还有一种情况，有两个股东持股比例比较大，而且相差不大，其他的股东持股比例都小，这也叫平衡股权。例如：45%/45%/10%、40%/40%/20%、40%/35%/ 分散小股东，等等。

2. 弊端

平衡股权的弊端集中表现在：两个大股东谁都要管，争夺控制权，互不相让；或者互相观望，谁也不管，出了问题又互相指责；或者互不买账，互相拆台，导致公司决策困难，甚至出现公司僵局。

在 45%/45%/10% 或 40%/40%/20% 股权结构下，甚至出现两个大股东抬杠，导致小股东说了算的奇异景象。

大家熟悉的餐饮企业——真功夫，一开始股权五五开，属于典型的平衡股权结构。后来风投公司加入，变为两个大股东各占 47%，两个风投公司各占 3%，平衡股权结构还是没有被打破。

据说，风投进去的时候，本想调整优化，但是企业做大了，估值几十个亿，要改变股权结构太难了。

开始，真功夫的矛盾被亲情掩盖。到后来，创始股东婚变，亲情出现裂痕，两个大股东大打出手，其中一个身陷囹圄，公司一度濒临倒闭，投资人灰头土脸⋯⋯

大家熟悉的另一个餐饮企业——海底捞，一开始情况类似，可是主要创始人张勇发现得早，及时做了"手术"，改变了股权结构。这也有赖另一个创始股东施永宏的豁达与忍让，让"手术"顺利完成，没有留下什么后遗症，海底捞得以顺利发展。

3. 51%比49%是否可取？

现在，新成立的公司，搞五五开的越来越少，因为吃亏的人多了，人们在汲取教训。于是很多人选择51%/49%。

可是，51%/49%还是属于平衡股权。短期存在的，为完成特定项目而设的公司，可以这么做；如果公司真正要作为创业平台，不可取。

按规则，51%的股东控股，一般事项，当两个人意见不一致时，51%说了算。重大事项必须两个人都同意，对大股东也算有个制约，看起来问题好像解决了。

可是，基于股权的原动力，你51%，我49%，我不一定听你的。例如，某个决策，我真的认为不对，赢了，盈100万元，你比我多赚2万元，亏了，亏100万元，我也就比你少亏2万元。这投资可都是我的血汗钱哪，跟我后代子孙的福祉相关哪，要是血本无归……想都不敢想，我得对我的身家性命负责啊。大家明白吗？不是我不懂规则，不是我想跟你捣乱，我是真的着急啊。因此，我会想方设法阻止你。

再如，现在公司缺钱，什么办法都想过了，只剩一条路，股东把住房押给银行，贷款，把公司救活。

请问谁押住房？你占51%，是大股东，让你去押房，你干吗？你51%都不干，我49%更不干。除非两个人同时押。可是，现实中，两个人在这类问题上达成一致，并采取行动的可能性很小。

再说，如果公司往前走，只要向外部进行股权融资，或者实施股权激励，两个人的股权都下来了，没有了控股股东，两个人的持股比例也越来越趋同，继续延续平衡股权结构。

如果换一种股权结构，你占80%，我占20%呢？当我跟你的意见不一样的时候，我会极力陈述我的意见。如果我说清楚了，你还要坚持，我会想，你占80%，你都不怕，我怕什么？因此我会选择妥协。

至于押房贷款，我20%，我肯定不干，可是你80%，你不能不干。

看到没有？股权结构发挥着积极的作用。

（二）平均分散股权

所谓平均分散股权，即股权分散，没有明显大股东的情况。

最典型的就是，三个以上，不论多少股东，大家平均分配。或者不平均，但是没有明显大股东。

平均分散股权的弊端主要表现为三个方面：

一是股东搭便车，没有人真正为公司负责。

二是决策成本高。大家都是主人，又没有在话语权上能说了算的人，遇事吵吵嚷嚷，议而不决。

三是容易导致内部人贪腐。

管理人员需要有人监督，在平均分散股权模式下，对每个股东来说，监督带来的收益不大，而监督需要成本、精力、时间、得罪人等等。因此谁也不愿意监督，于是导致内部人贪腐。

过去的大集体——生产队，人民公社，就是"平均分散股权"的极端代表。事实已经证明，那是没有效率的。

创业公司股权一开始就平均分散，基本上九死一生。

平均分散股权，还会带来一个特别逗的问题，当股权除不尽的时候，就会有一个人多那么一点点，而多那么一点点，会导致话语权大大的不同。

例如3个股东，本来打算平均分配，但是除不尽，于是一个占33.34%，另外两个占33.33%。那个多一点点的股东，跟另外任意一个股东达成一致，即可超过三分之二，能够做出重大决策，而另外两个股东就没这"待遇"。

（三）大股东不大

组盘时有大股东，但是大股东不大，容易引发股权纷争。

老大在创业型公司中的地位非常重要。甚至，老大在很大程度上决定着创业型公司的未来。老大地位不稳，公司动荡不安。

例如，50%/25%/25%。显然，在设计时，是考虑有大股东的，可是大股东刚好不控股。由于股权地位趋同，两个小股东联合的可能性较大，一旦两个小股东联合，就形成平衡股权，很麻烦。

再如，40%/30%/30%。这里持40%的人是大股东，老大。而一旦两个小股东联合，很容易"逼宫"，老大的地位岌岌可危。

以上情形，都是生下来就等着"干仗"的节奏，应当避免。

（四）多数人股权趋同

多数人股权趋同，例如，60%/10%/10%/10%/10%。看起来问题不大，可是四个小股东股权相同，心理趋同，股权上的话语权虽小，可是架不住人多，如果他们团结一致，也够老大喝一壶的。

此外，多数人股权趋同，容易形成"消极的一致"。几个人，股权都是10%，公司有什么事，需要配合，问张三，你配不配合？不配合。再问李四，你配不配合？不配合。其他人想我们持股一样，他们都不配合，我也不配合。看到没有？消极的一致。

在积极的方面，反而不容易形成一致，说这件事情，他们对公司做了贡献，我跟他们持股一样，我要是不做，内心不安，睡不着，这种情况很少。

只要持股稍有不同，情形就可能改变。例如张三、李四各10%，我12%，你们不配合，我得考虑一下，因为我跟你们不一样。

因此，做股权设计时，尽量不要让多数人持股份额一模一样。

当然，在股权极度分散的情况下，股东的力量微乎其微，关系也很松散，是否一样就无所谓了。

（五）过分、长期的一股独大

过分一股独大，如 90%/10%、80%/分散小股东等等，在企业发展早期很普遍。应该说，这也是一种比较正常的股权结构，其优势很明显，决策效率高，大股东全力以赴，代理成本低。

但是，之所以提出来，是请大家注意过分一股独大存在的弊端，尤其是长期的、没有任何改变迹象的一股独大，对企业发展没有好处。

这种弊端，主要表现在：

其一，其他股东缺乏积极性，利用股权整合到的资源和人力有限。

其二，容易形成独裁。独裁本无好坏，但是一个组织过度的、长期的独裁，容易导致决策质量下降，决策风险大增，有时还会引发股东矛盾。

其三，大股东容易成为瓶颈和天花板，制约企业发展。

三、突破所谓"股权生命线"

考虑股权结构时，有几个特殊的持股比例线，对公司掌控有着重要的意义，大家需要了解一下。市场上，有的专业机构为了吸引眼球，对此宣传过度，称之为"生命线"，造成不必要的误解，危害极大，应当警惕。

下面谈一谈这几条线，目的是让大家看清楚，看明白，重视，但是不能误解，不用过度恐惧，而是要突破它，超越它。

（一）所谓"生命线"的法律意义

"生命线"的法律意义：

（1）持股2/3以上，在股东会可以决定包括重大事项在内的一切事项，叫绝对控股。

（2）持股超过1/2不到2/3，在股东会可以决定一般事项，叫控股。

（3）持股超过1/3不到1/2，在股东会可以否决重大事项，有人管这叫"相对控股"。一般情况下，重大事项需要2/3以上多数通过，只要持股1/3以上的人不同意，显然就无法通过。

（4）持股达10%，有三个法定权利：一是可以请求人民法院解散公司；二是可以请求召开临时股东大会；三是在董事会、监事会都不召集和主持股东大会时，可以自行召集和主持。

（5）股份公司，持3%以上股份的股东，可以享有股东大会临时提案权。

（二）重视，但不要误解

如何看待这些所谓"生命线"？我们需要保持的态度是：重视，但不要误解，更不用恐惧。

1. 所谓"生命线"，是活的，不是死的

根据《公司法》，如果是有限公司，可以在章程里面规定更高的通过比例，改变所谓的"生命线"。例如，简单多数可以从过半数提升到55%以上或60%以上；特别多数可以规定为70%以上或80%以上，等等。

2. "生命线"在特殊情况下会失去了意义

股东对公司的控制权，主要表现为在股东会投票。这个权利在法律上叫表决权。

正常情况下，表决权与持股量是一致的，但是在特定情况下，表决权比例与持股比例可以不同。《公司法》规定，有限公司的股东会会议由股东按照出资比例——即平常说的持股比例——行使表决权，但是，公司章程另有规定的除外。

也就是说，有限公司可以在章程中规定，不按持股比例行使表决权。这就是人

们常说的"AB"股权。

值得注意的是,对于股份公司,法律并没有明确授权可以这么做。

3. 小股东的有些权利并不可怕

有一个老板,搞股权激励,他说绝不能给任何人 10% 以上的股权。他认为持股 10% 以上就可以解散公司。万一那个人哪天不高兴,把我的公司给解散了,怎么办?

其实,这是天大的误解。根据《公司法》和最高人民法院的司法解释,请求人民法院解散公司有严格的适用条件,主要是股东会无法召集,或者出现股东会僵局,股东会无法正常履行职权,致使公司经营管理发生严重困难,继续存续会使股东利益受到重大损失,通过其他途径不能解决的情况。哪能随便就把公司解散了?你是大股东,只要你在,就不会出现股东会无法履行职权的情况,解散从何谈起?

现实中,以此申请解散公司,法院从立案到审理判决,都非常慎重,甚至可以说非常保守的。法律规定这么多年了,你能找出几个法院判决解散公司的案例?

4. 其他的持股线不用太考虑

其他的持股线,要么用得很少,要么权利很"软",对公司治理不能构成威胁,不用太考虑。

(三)利用相对掌控突破"股权生命线"

大家一定要学会相对掌控,不要死守 1/2 和 2/3,否则公司难以做大。

所谓相对掌控,是指在股东人数较多,股权分散的情况下,相对大股东,即便持股比例不到 1/2 或 2/3,也拥有对公司的掌控权。

1. 封闭型公司的相对掌控

封闭型公司是指股权比较封闭,股东人数不是太多,股东们参与公司运作的积极性都比较高的一种状态。最典型的就是有限公司。股份公司在股份公开发行以前,也可以理解为封闭型公司。

假如有 50 个股东,你是大股东,持股 35%,二股东持股 8%,其他都是分散小股东。在这种情况下,你说你对公司能掌控还是不能掌控?

算算账就明白了,你和二股东加起来 43%,剩余 57%,由 48 个股东持有,平均每个股东大约 1.2%。

小股东造反的可能性很小,第一动力不够,第二难度太大。

二股东造反的可能性最大。可是,在分散小股东持有的 57% 当中,二股东要联合超过 74% 的持股量,才能过半。反过来,就算二股东反对,作为大股东,你要过半，只需联合27%的持股量就可以了。

因此，这家公司大概率是由你掌控。

如果在这种情况下你都不能掌控，要被小股东干掉，只有两种情况，第一，你人品太差；第二，你能力太差。不论哪种情况，都建议你辞职算了。要干，你只能干"个体户"。

相对掌控的原理何在？人越多，权利越分散，小股东要"造反"，组织成本就会越高，因此越没有力量。两三个持刀的歹徒就可以控制一辆公交车上几十名乘客，就是这个道理。

好些人不懂这个道理，出现相反的做法，人为地把本来分散的股权进行集中。

例如，公司并购，被并购方有5个股东，并购完成后合计持有35%的股份，并购方说，你们那边人太多，太麻烦，你们推举一个人代持就行了。于是，人为制造了一个大股东，给并购方掌控公司造成障碍。为避免形式上的麻烦，带来了实质性的麻烦，这种做法并不可取。

2. 开放型公司的相对掌控

开放型公司是指股权开放、股东人数较多的一种状态。最典型的就是上市公司。新三板挂牌企业，股权很分散的非上市股份公司，都可能成为这里说的开放型公司。

在开放型公司，前面讨论封闭型公司时揭示的规律同样管用。同时，开放型公司还有一个规律，就是小股东怠于参与公司运作，导致相对大股东掌控力大增。

在股份公司的股东大会表决时，是以到会股东所持表决权作为基数计算通过比例的。在股权极为分散的情况下，小股东参加股东大会的积极性不高，因此公司召开股东大会时，参加会议的股东只是一部分。

假如，一个公司召开股东大会时，一般只有持40%左右表决权的股东参会，那么，只要大股东持股27%以上，不到30%，他便大概率拥有了相当于绝对控股的地位。

股权越分散，相对大股东持股量领先其他股东越多，相对控股地位越突出。

这就是相对掌控的道理。这种掌控权，虽然从逻辑上讲是相对的，不是绝对的，可是事实上，跟绝对控制差不多。

相对控股的量，会随着公司股份的扩散程度而变化。例如，国内上市公司持股百分之二三十，往往可以掌控一家公司；美国的很多上市公司，股权极为分散，持三五个百分点就可能掌控一家公司。

3. 通过股权收购"逼宫",也不是那么可怕

有人说,我不用一个个去说服小股东,我像宝能对付王石一样,直接在二级市场收购股票,然后向大股东逼宫,不就行了吗?

事情没那么简单。别拿万科说事儿,王石是创始人,但不是大股东。

你就看看,中国几千家上市公司,有几个是被追着收购、逼宫的?

其中的规则和道理,我暂时不讲,如果你们将要走到上市这一步,自己去学习。

4. 小股东联合起来反对大股东不是常态

网上常常有这样的说法:小股东联合起来"干掉"大股东是常态。

真的是这样吗?小股东"干掉"大股东,难度高,风险大。如果大股东立得正,干掉他等于是跟自己的钱包过不去,跟自己后代子孙的福祉过不去。小股东为什么要这样做?

如果大股东是一个应该被"干掉"的人,就算是凭着持股量把持着老大的位置,小股东"干不掉"你,激烈的市场竞争也会"干掉"你。

不懂相对掌控的原理,情有可原。有的人懂得了,还非要持股 1/2 以上甚至 2/3 以上才踏实。这种人,要么心理极度萎缩、不自信,要么属于完美型、强迫症。

四、股权结构设计建议

(一)什么样的股权结构算合理?

(1) 要有大股东。大股东控股,但不一定绝对控股。

(2) 早期,股权应相对集中,不宜过早分散。这里说的分散,是指没有大股东,或者大股东持股地位不突出的分散。过早分散股权是一种灾难。

(3) 具体比例:两个股东时,大股东持股比例 60%~80% 为宜;三个以上股东时,大股东持股比例大于其他股东之和,且二股东持股比例不要离大股东太近;三个以上股东,也有大股东持股比例小于其他股东之和的模式,这种模式适用于几个创始股东的地位和作用都比较突出的情况。

（二）几点注意事项

1. 股权结构，开始不重视，后期要改变很困难

股权结构畸形，开始不注意，后期很难改变。企业做得越大，就越难改变。

真功夫，融资重组时，风投公司本想改变其平衡股权结构，但是，公司几十亿元的估值，调整持股量，难度太大，只好作罢。

曾看到网上有"专业人士"建议，公司股权结构，开始的安排肯定不一定对，应该约好，干上两三年，再根据实际贡献重新分配股权。这是没有干过公司的人说的话，如果真的这样做，大概率是把公司扯垮。

2. 考虑股权结构，要立足长远，不要过于依赖短期因素

例如，某两个股东之间关系很好，于是考虑股权结构时，把两个人的股权当成一个人看，或者由于关系好，股权多少无所谓，这都不是立足长远的态度。

公司需要长远发展，而人与人的关系是变化的。就算两个人关系永远好下去，两个人的下一代呢？还这么好吗？因此，在股权设计上，股东之间应有的态度是：立足长远，亲兄弟，明算账。

3. 不要僵化看待股权结构

要认识到，股权结构优劣是相对的，而不是绝对的；是活的，而不是死的。

每个公司的股东人数、股东关系、股东能力性格、拥有的资源、在公司的地位和作用等等，都不相同，这就决定了股权结构的多样性。

任何结构都有好的一面和不好的一面，只是如何趋利避害的问题。说某种股权结构好或者不好都是相对的。好与不好其实是同等情况下出现好或不好的结果的概率大小问题。不排除一般认为很差的股权结构，公司做得很好的情况。反过来讲，好的股权结构也不一定就出现好的结果。

同一家公司，其发展阶段不同，与之相适应的股权结构也不尽相同。同时，随着公司向前发展，因为重组、融资、并购、上市、股权激励等行为，股权结构也必然会发生变化。

总体上讲，公司的股权总是从集中走向逐步分散。多数情况下，创始人对公司的控股情况，一般会按照以下路线变化：

绝对控股（持股三分之二以上甚至全部）——控股（持股二分之一以上）——相对控股（持相对大股，但是同样掌控公司）。

4. 非特殊情况不做股权预留

很多人在组盘时，喜欢预留一部分股权，例如预留20%，用于后面的人力和

资金股东进入。

一般情况下不用预留股权，原因是：

首先，预留股权，体现出的是一种封闭的思维模式。在这种思维模式下，股权被看成一个饼，不预留，一旦要新增股东，就只有损伤其他人的持股比例。实际上，股权应该是一个开放的概念，越增越多，永远都用不完。

其次，留多留少都是个错。20%合适吗？肯定不合适。要么一直用不出去，放在那里，要么不够用，还得去切。从长远看，股权始终是变化的，解决问题的最终方式是增资扩股，而不是预留。

还有，在登记机关那里不能预留，因此预留股权只能登记到某个人的名下。这部分股权，其实并不是他的，他只是代持，因此分红权、表决权等等，都需要剔除，比较麻烦。再者，代持又有代持的风险，后面讲股权登记时会讲到。

当然，预留也有预留的好处，就是在百分比概念下，新的股东进入时，不用再动别人的百分比，操作阻力小。

因此，最终建议是：有限公司，在组盘时，如果很明确，这个股权确实需要，而且在短时间内，如半年，最多一年就要用，那么你可以预留。如果是股份公司，就不用预留，要多少增多少就行了。

（三）集团公司股权架构

1. 不要轻易集团化

首先，对绝大多数创业者来说，更主张用单一公司，把一件事情做好。否则今天注册一个公司，明天注册一个公司，盘算着"东方不亮西方亮"，实际上是定位不清，方向不明的表现。

同时，当需要用到股权融资、股权激励等工具促进公司发展的时候，不是公司越多，股权工具越好用，恰恰相反，公司越多，越容易产生矛盾和冲突，越不好用。

还有，多一个公司，就会多出一份成本费用。别的不说，每月报税，就是一个事情。

再有，公司注册下来容易，注销难。当有一天，你的公司要上市的时候，你会猛然发现，那些随意注册又抛弃的公司，就如同随意生下的"孩子"，会影响你的"清白"，给你办理相关手续带来无穷的麻烦。

因此，不要随意给自己的公司制造"爹"、"爷爷"，也不要随意制造"儿子"、"孙子"，包括"兄弟姐妹"。如果因为业务发展，确实需要多家公司运作，一开始就要做好架构设计，处理好公司与公司之间的股权关系和业务关系，让它们形成合力，至少互不干扰。

2. 由关联公司带来的问题

（1）关联交易引发股东矛盾。在大股东看来，关联公司之间的交易，不论谁受益，都不过是左手倒右手、左兜到右兜的问题，可是，如果关联公司还存在其他小股东，他们的看法就不一样了。例如，A公司和B公司有共同的大股东，它们之间的交易，在大股东看来，怎么交易都无所谓。可是，如果A公司更获益，B公司的小股东会不高兴，反之，则A公司的小股东不高兴。而关联公司之间交不交易、交易价格多少、交易条件等等，往往是靠"行政手段"而不是市场机制决定的，这就极易引发股东矛盾。

（2）关联交易影响公司独立性。例如，A公司是一家生产型公司，出于某种原因，成立B公司专门负责A公司的产品销售。从法律上和事实上看，这两家公司都是独立的，有不同的股东、不同的团队、不同的盈利逻辑。可是，从市场角度看，这两家公司都丧失了独立性。A离开了B，产品卖不动；B离开了A，无产品可卖。而且，在其他因素一定的情况下，这两家公司的盈利多少，取决于交易价格，而前面说过，这种情况下的交易价格往往是人为制定的。如果你是投资人，让你投这两家公司中的一家，你敢投吗？

这种独立性，在内部，从管理的角度看，也常常存在问题。我们常常说，让他们"独立核算"。真的容易独立吗？两家公司，可能存在共同的管理要素——例如共同的高层管理人员，共同的职能部门，这些成本，如何分摊？票据如何往来？等等，不是那么简单的事情。这种需要独立而又不方便独立的情形，也常常出现在同一个公司需要独立核算的不同业务板块之间。

（3）关联公司导致人事管理难题。一般来讲，同属一个系统的关联企业之间，人才流动是常事。对流动人才，只是薪酬还罢了，一旦要动用股权激励就麻烦了。如果都在总公司或母公司持股，等于吃大锅饭，容易造成"搭便车"的心理，影响激励效果。如果只是在分、子公司持股，则人才一旦流动，便形成错位，同样影响激励效果。

以上问题，不是不能解决，也不是说要因此而取消关联公司，或者回避关联交易，而是说，我们要警惕，不可随意为之。

3. 几种常用集团构架

（1）母公司开放型

集团主要由母公司和一系列子公司组成，其中，母公司的股权是开放的，股权融资、股权激励都可以在母公司实施，今后上市，也是以母公司作为载体。子公司可以看作是一个个项目公司，他们的股权相对封闭，今后与母公司捆绑上市。当然，子公司的股权也可以开放，也可以单独上市。

母公司对子公司，以控股为主，也可以参股。一般来讲，业务关系紧密的最好控股，否则可以参股。也可以设计"先参后控"的模式，即开始的时候，母公司参股，子公司主要经营管理者控股，以激发他们的积极性。等到将要上市的时候，通过股权置换，由母公司控股，子公司原股东减持或不持子公司股份，同时增持母公司股份。这样，母公司顺利合并子公司报表，子公司创业团队持有即将上市的母公司股份，皆大欢喜。

（2）母公司封闭型

诸多公司上面设立一家控股公司（即母公司），控股公司股权相对封闭，下面的公司各自发展，股权根据需要开放。这种情况多用于经营多年、多元化发展的家族企业。股权不开放，不利于吸引资金、人才和其他资源，但股权开放，又不愿意"外人"过多参与到家族事业中来。

（3）松散发展型。没有控股公司，老板或其家庭成员作为自然人投资多家公司，或参或控。这些公司从法律上到实质上都保持独立、各自发展，通常情况下互不相干，偶尔可以资源互补。

以上第一种情形，就好像一个父母很强势的家庭，整个家族有统一的事业，统一管理，兄弟姊妹，哪怕长大成人，各自的小家也必须服从家族整体利益，独立空间较小。第二种情形，也像一个家庭，可是父母无为而治，兄弟姊妹各自发展，各显神通，有困难可以互相帮助。第三种情形，就好比亲戚，有血缘关系，但完全独立，只是偶尔走动走动。

在这几种构架下，如何解决前面提到的关联交易问题呢？

第一，只要涉及股东利益冲突，关联交易就要尽量做到透明、公允，尽量避免引发股东矛盾。

第二，关联交易影响公司独立性的，要么不设独立公司，而是把承担某种职能的业务模块——例如销售——还原成职能部门。如果因为地区跨度大，必须设立公司的，尽量设立分公司；必须设立子公司的，尽量做成全资子公司。这样，至少保证了母公司（或总公司）的独立性。

第三，集团公司股权激励问题，后面讲股权激励时再专门讨论。

五、股权结构疑难问题解析

（一）创业型公司谁应该当老大？

创业型公司，老大的作用毋庸置疑，同时，创业型公司的老大一般应是大股东。

谁应该当大股东？在公司组盘时，既是重点，又是难点。这个话题跟股权结构关系密切，因此放到这一部分来讲。

究竟谁应该当老大？下面从不同的角度来阐释这个问题。

1. 谁掌握核心资源谁应该当老大

谁出钱多谁是大股东。错！

谁处于优势谈判地位谁当大股东，错！

应该是：谁掌握或者谁最能整合公司发展的核心资源，谁当大股东。

公司的核心资源是什么？不同的行业，不同的业务定位，肯定不同。

资金密集型企业，资金就是核心资源。总投资1个亿，我出7000万元，我还不当大股东，那是开玩笑。

你要是开个私营煤矿，资金需求也不小，但是资金的作用恐怕在其次。能搞定探矿权、采矿权，以及那些让人望而生畏的手续，并且让他们正常发挥作用，能搞定当地官方和民间的各种关系，才是核心资源。

一个做技术输出的高科技公司，技术或者能够持续不断开发出新技术的能力是核心资源。但是如果通过技术做产品，进行市场运作，技术很重要，但不一定是最核心的资源。

经验告诉我们，绝大多数创业型公司，拥有"企业家特质"的人是核心资源。使命感、胸怀和格局，捕捉市场机会，整合资源，具备统筹、激励、决策、控制等能力，一句话，能够持续不断地带领大家走向光明未来的能力是核心资源。

阿里巴巴的马云，不是技术高手，甚至也不是日常管理的高手，但是在创业团队中，他是当之无愧的老大，创业时也是公司最大的股东。

2. 创业型公司，大股东错位会限制公司发展

如果你是有钱的大老板，一个年轻人找到你，说他有技术，懂市场，有一个商业计划，需要500万元资金，想找你投资，他来操作。假如你认同了他这个人，认同了他的项目，你同意投500万，请问你准备占多少股权？

这时候你的谈判筹码比较大，你提出的，他一般很难拒绝。

市场上，这种情况，很多老板会选择占大股——钱全是我投的，我当董事长，你当总经理，你带着人干活，我还给你工资，我让你白占20%，够意思了吧？假如就按80/20的持股比例组盘，你猜，这个公司的结果会怎样？如果就按这个持股比例走下去，这个公司基本上不可能有好结果。

公司大概有三种发展情况：

第一种情况，干得不好，关门。这很正常，反正你也有思想准备，500万元打水漂，你买来一个教训，他用你的500万元培植了力量，总体看，你亏。

第二种情况，干得很好，公司资产很快变1000万、2000万，正朝着1个亿、10个亿奋进。好不好？很好，但是结局同样不好。

天下有人愿意拿着20%股权，把一个公司从500万带到10个亿吗？

公司发展到2000万，他就开始觉得亏。于是，他要么通过关联交易转移利润；要么做几个影子公司，最后，他那边的起来了，这边下去了；要么直接把公司做垮，另起炉灶。

不要只是骂人白眼狼，当这种情况多了之后，我们是不是应该检讨公司的顶层设计是否合理？

或者，这哥们儿是个好人，他感恩你当初赏识了他，给他投资，他不干那些坏事。但是你挡不住，面对20%，他没有力量！

就算他有力量，他的团队呢？要把一个公司从500万变成10个亿，没有一个精英团队是不可能的。他没有筹码去激励团队成员。

他下面那些人会说，我们信任你，我们愿意跟着你好好干。可是，你只有20%的股份啊，很多事情，你说了不算啊，你看那个大股东，谁知道他以后会出什么幺蛾子？

因此，公司在市场上没有竞争力，最终还是萎缩。

第三种情况，公司不好不坏，要死不活。这种情况持续下去，又会走到第一种或者第二种情况。

看到了吗？一个不好的股权安排，基本上注定了公司的悲剧性结局。

为什么会是这样？原因很简单：不掌控公司核心资源的人占了大股，锁死了公司的发展。

一投钱就占大股，是很多老板，尤其是土豪老板最爱干的事情。有些老板，投很多项目，都是自己占大股，由职业经理或者小股东操作，自以为得计。殊不知，公司很难做好，同时，相当于是用一根根绳索把自己捆了起来，勒死为止。

3. 大股东错位，通过管控不一定能解决问题

针对刚才的情形，有的老板很精明，不会像上面分析的那样，任由公司发展。

他们的操作路径往往是这样的：

投资一家公司，自己占大股，自己当董事长，再派个财务去控制和监督公司。一看公司有点起色，把小舅子派过去负责采购；把外甥派过去参与技术和生产。还跟他们讲，知道我派你们去是干什么的吗？你们首先要夹着尾巴做人，跟人家好好学，到一定时候，你们得给我拿得起来……

这样做，在工业化时代，也许有效；信息化时代，基本没门儿。

派去的人很难"拿得起来"。那个人也不是傻子，他会跟你的人捉迷藏，甚至发生激烈对抗。

更何况，你的人也不等同于你自己，如果他们能够把这 500 万变成 10 个亿，他们会怎么样？自己人就不需要激励和监督了吗？弄不好自己人更麻烦。

4. 如何避免大股东错位？

还是刚才的案例，推荐两种操作方法。

第一种，出资人不要占大股。

按照一般天使投资的思路，不要投太多，几十万到一两百万；也别占大股，一般 20% 以内就行了。你占大股，会挤压创业者的持股空间，等于损伤他们的积极性。

你只要占大股，晚上睡不着觉的一定就是你。

你占大股，他不会为你打工；你占小股，他才真的会辛勤工作，为你的资本打工。

第二种，通过激励，让股权"动"起来。

如果你投的资金比较多，开始占大股，包括担任董事长、法定代表人，提名会计人选，都无可厚非，毕竟亏了全是你的。

但是你得给他展示一套机制，如果他做得好，他和他的团队所持股份可以越来越多，你从比例上越来越小，但是持股价值越来越大。如果 500 万变 10 个亿，你从 80% 变 20%，甚至 10%，不是很好吗？

记住，一开始就清晰，让人一开始就有明确的预期。方案要科学，白纸黑字，不要模模糊糊一句话。"增幅同步"动态股权激励系统就是很好的选择，后面股权激励部分会讲。

（二）如何避免争抢股权、互不相让？

股权结构非常重要。可是，股权结构设计不像画图那样简单，因为你要面对的是活生生的人，是人性的贪婪和自私。

实践中，常见的有两种情况：都不想争和都要争。

公司组盘时，如果谁都不想当大股东，该如何处理？

正确的处理是：这个盘不做，就此罢手，什么毛病都没有。

谁都不想当大股东，说明没有人有信心，没有人愿意承担风险，没有人愿意担当，或者能力不够。而且，这势必导致平衡股权或平均分散股权，这种盘，做之何益？

如果都想当大股东呢？争来争去，要么散伙，要么还是会导致平衡股权或者平均分散股权。

下面重点讨论都想当大股东，或者想多占股的问题。以下举措有助于缓解股东随意争抢股权的情况。

1. 做实盘，不要做虚盘

何为实盘？预算充足，总投资额不虚高，也不虚低。

何为虚盘？总投资额应该是 500 万元，象征性安排为 50 万元，甚至 10 万元，据此安排出资、占股。

还有一种虚盘，只看到资金投入，没看到其他要素投入，而投入资金又不多。

很明显，总投资 10 万元，谁都可以争股权，谁不争谁吃亏；总投资 500 万元，谁要争股权，得掂量掂量投入和风险。

2. 用多种手段平衡发起人权益

例如，一个主要参与者，由于种种原因持股量不能太大。如果股东利益只体现在股权收益上，这个人就没有兴趣了。但是，如果把薪酬加上，情况就会改观。也许在他看来，在为公司付出的过程中，薪酬收入更加现实。当然，薪酬必须有吸引力，象征性薪酬是没有用的。

创业型公司，固定薪酬不可能过高，因此，设计好动态薪酬尤为重要。

3. 创始股东改变观念，提高认识

为什么畸形股权结构遍地都是，而且不少人明知故犯？关键还是认识不够。因此，首先是牵头的人，其次是全体发起人股东，都需要提高认识。

（1）公司做好了，少就是多；公司做不好，多就是少，甚至是零，是负数。股权结构畸形，大概率会做不好。

（2）创业型公司，当大股东是一种责任。

一个创业企业，必须要有人敢担当（做大股东，当老大），当老大不是闹着玩的，谁当老大谁睡不好觉。不该当老大的人持大股，害己害人。都当老大，就等于没有老大。

（3）克服搭便车、占便宜的思想。

平均主义，本质上不是想同等付出，而是想占便宜。做公司，不是过家家，是真刀真枪上战场，九死一生，哪有你白占的便宜？其实，天地间，本就没有白占的便宜，也没有白吃的亏。

（4）不该多占的人多占，占得越多，越是挤压其他事业合作伙伴的利益空间，损伤他们的积极性，增加恶性违约的风险。不该多占，你占多了，恰恰不安全。

当然，当小股东又有当小股东的风险，如何保护自己的权益、防控风险也需要考虑。

（三）已存在的畸形股权结构如何处理？

已经存在的畸形股权结构，分三种情形，做不同处理。

1. 第一种情形：股权结构畸形，但是未显现出危害

措施：继续保持，未雨绸缪，逐渐优化。

2. 第二种情形：股权结构畸形，矛盾已经显现，但尚可协商

措施：通过良性协商，改变股权结构，或者优化公司治理，缓解畸形股权危害。

（1）通过内部股权转让改变股权结构。

（2）增资扩股，引入外部投资者，改变股权结构。

（3）通过与别的公司合并，产生新的公司，谋求良性发展。

（4）作为权宜之计，通过股东放弃控制权，解决决策困难的问题。例如，平衡股权，其中一个股东放弃控制权，退出经营管理，承担经营管理责任的一方，领取动态薪酬。当然，作为平衡，可以确立分红优先权，并落实股东知情权、监督权和某些事项的否决权。

（5）通过强有力的董事会解决决策问题。例如，平均分散股权的情况下，股东会很难召集，且经常吵吵嚷嚷，议而不决。在这种情况下，组建强有力的董事会，把多数决策权放到董事会，问题得到解决。

（6）通过管理层激励解决经营积极性问题。例如，平均分散股权，谁都管，谁都不管。在这种情况下，选举或聘任管理者，加强激励，让他们为薪酬而不只是为

股权而战，增强积极性。如果引入股权激励，就不但能够解决积极性问题，还能不断优化股权结构——让干活的、有贡献的人越来越增持股权。

3. 第三种情形：股权结构畸形，矛盾激化，无法良性协商

措施：还是要协商，尽量把损失降到最低。

（1）通过公司分立，在不关门的情况下，各自谋求发展。

（2）解散公司，各奔东西。不能相濡以沫，便相忘于江湖。

唯一不能做的，就是法庭内外，互相伤害，互相倾轧，乃至大打出手，头破血流，甚至动用黑白两道，你死我活，做殊死之争。

毕竟，前世无冤后世无仇，当初走到一起做公司，也不是一般的缘分。说到底，不过只是为了赚点钱。就算是恶缘，远离便是。钱没赚到，不至于要命吧？

（四）可否通过协议解决畸形股权结构问题？

市场上，许多人喜欢用合同手段解决畸形股权结构问题，如一致行动协议、股权代持、约定同股不同权——即"AB股权"等等。但是，非特殊情况不建议采用。

首先，这些手段最多只是暂时解决畸形股权结构下的决策权问题，但是没有解决内在驱动力问题。前面说的控制权放弃，也只是一种权宜之计。

其次，这些都是基于股东之间的协议，而协议毕竟是协议，具有相对性，长远看并不牢固。何况，现实中，很多协议，内容不合法，不受法律保护。

再次，一致行动协议，协议内部又会产生更为复杂的矛盾和隐患，这些矛盾和隐患如何解决，本身又是问题。

最后，多投多占、同股同权、股权多数决这些规则之所以成为普遍规则，自有它的合理性，人为扭曲它，某种程度上讲是在扭曲人性，可能对公司和个人带来更大的损害。

因此，只有在非常特殊的情况下，适当采用上述手段解决部分问题，而且，在操作的时候，必须有深谙股权文化又精通法律的专业人士协助。

王小板的收获与感悟：原来，密码全按错了

听完本堂课，王小板最大的感悟是：股权结构是公司股权的密码，太重要了。过去，自己不懂密码，乱按一通，如何能够打开财富之门？

（1）现在看来，自己的本行——花灯项目，一股独占，纹丝不动，无法整合更多的人力和资源，发展自然受到限制。

（2）现成资源项目，给职业经理人配送 10% 的股权，其实还是一股独大，所有的问题还是自己在扛。而且，这个项目，按照大易老师的说法，虽然自己是出资人，但是项目的核心资源究竟是什么？谁应该当老大？值得斟酌。最关键的是，缺乏一个股权随核心资源变化而变化的机制，不用说那个职业经理人不行，即便行，最终也是不行。

（3）市场优势项目，出资 9:1，持股 51：49，全是畸形股权结构，现在看来，搞得不伦不类。即便公司一开始做起来，这种股权结构不改变，也很难看到未来。

（4）参股项目，那个操盘的朋友，犯了到现在为止大易老师讲到的所有错误：缺乏资金和资源预算；盲目选择事业合伙人；大股东不大，股权分散等等。即便当时不垮，也是前途无望。

另外，自己出资 50 万元，持股 30%，现在看来，持股比例偏高。先不论公司价值——他们公司当时的确是除了人一无所有。从股权结构上看，也是不科学的。原来，大股东占 60%，其他创始合伙人共占 40%，股权结构不错。自己投资之后，变成 42%/30%/28%，28% 由其他分散小股东持有，大股东不大，自己这个财务投资型股东一下子占到 30%，隐约形成平衡股权结构，严重挤压了创业团队的积极性。

对将要组建的新公司，王小板心里面暂时作如下盘算：

自己持股比例应当在 60~65% 之间，另外至少再找两个创始股东，一个是技术方面的能手，一个是主要出资人。

第 6 课　组盘秘笈（三）：
亲兄弟，明算账——股东投入要清楚

一、正确认识出资的含义

（一）出资的基本要求：有占必有投，投入必清晰

股东出资总体要求：有占必有投，投入必清晰；亲兄弟，明算账。

组盘时，把算得清楚的，尽量算清楚。实在算不清楚的，交给人品和道义。不要什么都交给人品和道义来扛，扛不起。

在这方面，公司发起人要统一观念。观念不统一，没法合作。

许多人，凡事不愿意认真，喜欢讲面子，模模糊糊，装不在乎，胸口拍得梆梆响——没事儿，我们之间，不计较钱。

要是真不计较，当然好了。可是，真的不计较吗？开句玩笑，红尘中，真不计较钱的，有两种人，一种还没有出生，一种已经死了。

（二）基础知识：法定出资与非法定出资

1. 法定出资方式

所谓法定出资方式，就是法律允许的出资方式。根据公司法，我国法定出资方式有以下几种。

（1）货币；

（2）实物；

（3）知识产权；

（4）土地使用权等可以用货币估价并可以依法转让的非货币财产，法律、行政法规规定不得作为出资的财产除外。

2. 非法定出资方式

所谓非法定出资方式，是指法定出资方式以外的出资方式。也就是国家登记机关不予确认的出资方式。现实生活中，主要有劳动力出资（能力股）、智力出资（智力股）和资源出资（资源股）。

"非法定出资"其实就是我们常说的"干股"。当然，现实中对干股存在不同的说法。实际上，非法定出资，可能正是企业需要的。

比如公司招一个销售总监，他在这方面非常牛，公司需要他，他只用干活，不出钱，占股10%，不可以吗？

一个餐饮企业，挖来一个厨师长，他都不用炒菜，只负责培训和监督，占股10%，不可以吗？你非得让他出钱，他就跑掉了。

非法定出资，不能理解为非法。换句话讲，你约定了非法定出资方式，不等于要受到法律的否定，更不等于要受到法律的制裁。

我们在组盘的时候，可以承认非法定出资。只是，从约定到登记，需要一些转换。具体如何转换，后面讲法律手续的时候再说。

3. 不论哪种出资方式，出资必须缴付到位

必须强调的是：不论用何种方式出资，必须缴付到位。

出资一旦缴付，出资财产（或者某种权益）就归公司所有，不再是股东的个人财产。不论是货币出资、实物出资、用益物权，还是知识产权出资都是这样。

如何缴付到位？动产，要交付；不动产，不但要交付，还需要登记。

知识产权出资，交付比较复杂。可能只是相关资料的交付，可能需要进行过户登记，例如商标、专利；有时候还必须伴随着劳务，例如培训、技术咨询、技术指导等等。

知识产权出资，还要特别注意权力边界，是将知识产权的所有权投入，还是只有使用权？有没有排他性？投资人自己还能不能使用？公司解散如何处理？等等，都必须明确。

非法定出资如何缴付到位，更复杂，也更重要，需要根据具体情况由协议约定。

（三）深度理解：股东出资的重要性和必要性

1. 股东出资是公司得以存在和发展的基础

在公司自身能够造血之前，只能靠出资生存，当然，还可以靠借贷，但是借贷是很不容易的，而且，借贷也是以出资为基础的。

2. 出资是股东取得原始股权的前提

除非是赠与或继承，否则，取得股权就要靠出资。通过出资，股东放弃出资财产的所有权，取得股权，天经地义，公平合理。这就是有占必有投。

3. 出资是对股东的一种捆绑

前面讲过，股东的动力来源于想赢怕亏。出资，才怕亏；不出资，盈亏无所谓。而且，出资之后，不能随意抽回，这就是一种捆绑。

4. 出资是对创业合作伙伴的一种筛选手段

你肯定想找到比较牛的人一起创业，谁牛？你当然可以通过观察、了解来判断。出资本身就是一种筛选：正常情况下，你能出资，你就牛；什么都不能出，别说你牛。

如果他有钱，就是不想投，这说明什么？对项目没信心或者没兴趣。组盘过程中，这些都是重要的信号。好多项目，几个人，说得热闹，就是没有人动真格的，玩什么玩？要么项目不行，要么人不行，有什么好说的？

5. 出资是平衡股东权益的手段

你多占，就得多投，多承担风险；我占得少，投得也少，各取所需，各得其所，权益平衡。可是投入不清，股东权益一开始就不平衡，公司越发展越不平衡，扯皮、明欺、暗取、懈怠等各种怪象就容易发生。

二、投入不清的 3 种做法：直接埋下股权隐患

投入不清，一开始股东之间的权益就不平衡，必然埋下股东矛盾隐患。

我们先看股东投入不清的几种主要表现。

1. 脱离项目实际需要，象征性安排投资

项目本来需要 500 万元，创业者认为 50 万元就够，甚至为了大家出资方便，故意把出资额做成 10 万元，先注册再说。

这叫做虚盘，意味着出资占股跟实际需要的投入是两回事，人为扭曲了出资和占股的关系。这样做的主要弊端如下。

（1）预算不足，项目容易夭折。要求股东继续出资，很难取得一致，有人愿意投、能投，有人不愿意投或者不能投；

（2）容易导致股东争抢股权；

（3）公司做得越大，股东权益越不平衡。有些股东会想，你们当初出那么一点钱，就占了那么多股。是我们的劳动和付出，加上其他什么什么因素，使公司做大

到这种规模，你们明显占了便宜。

2. 只认钱，不认其他要素

有些老板，笃信一句话：只要不出钱，全是扯淡。因此，"啥也别扯，每个人硬拿钱"便成了口头禅。

实际上，一个创业公司，需要的不只是钱，还有其他一些非常重要的要素，不考虑这些要素，你会把某些优质股东拒之门外，他没钱，或者不愿意出钱，但是他有对企业来说比钱更宝贵的东西。

同时，只认钱，那些不只投入钱，还投入其他要素的股东会觉得亏得慌。

现实中，你看到，一些创业者，在公司做大之后，就想把那些当初只出钱占股的股东清理出去。

这是不合理也不合法的。根据公司法，公司成立后，谁也无权把其他股东驱逐出去。

为什么会出现这种情况呢？除了人品问题外，最主要的原因是干活的股东不平衡。当初大家都投了钱，可是，你们投了钱，干着自己的工作，照顾自己的家庭，就等着分红。而我也投了钱，可是我在公司十几年如一日地付出，家庭没照顾到，皮都脱了好几层，才把公司做到目前这个样子，可是我的劳动价值没有体现。

这就是只认货币投资不认非货币投资出现的问题。创始股东的劳动，要么转化为投资，占股；要么用薪酬来平衡；也可以兼而有之。不过，这需要在组盘的时候说清楚。

3. 乱给干股

干股，看起来是白送，其实应该理解为非法定出资。

你为什么送他股权，而不是在大街上随便找个人送呢？一定是他具备公司需要的某种能力或资源，你希望他投入这种能力或资源，而这种能力或资源不属于法定出资方式，甚至不属于多数人心目中的出资，因此叫干股。

乱给干股，就是对这种非法定出资的价值不作界定，凭感觉给股权。结果，要么他配不上干股，你给了后悔；要么他贡献很大，他觉得亏，都会引发股东矛盾。还有，持干股的人离职，股权是否收回？不收回，给的人觉得难受，收回，双方又得大打一场。

三、实战：如何做到股东投入清晰？

总结前面两课内容，确定股东出资，需要以下步骤。

第一步，根据定位、商业模式和发展战略，列出需要用股权搞定的要素，包括资金、人力、智力资源和其他资源，进行评估、量化，确定实际需要的出资总额。

注意，这是内部认定的出资额，跟注册资本不见得一致。注册资本的事情，后面讲法律手续的时候再说。

第二步，确定哪些人作为发起人股东，他们各自的出资方式、出资额。所有的出资都用货币量化。

第三步，看看股权结构是否科学，不行要进行调整。

最后，要签订股东协议，把谈好的出资义务明确固定下来。

本节课要解决的问题是：如何让股东的出资清晰化？

关于法定出资，货币不用说，本身就很清楚。实物、知识产权、土地使用权等法定出资，可以经过第三方评估作价，也可以在第三方评估作价的基础上，经全体股东内部认定对作价进行适当增减，甚至可以直接由全体股东内部认定作价。前面说了，这时候解决的是约定层面的出资问题。至于出资登记为注册资本，自然要按照工商登记要求，通过评估认定数额。

下面，将重点讨论非法定出资。

（一）如何让能力股出资清晰？

1. 难题

你搞一个公司，请一个技术总监，他不出资，给他 10% 股权。过两个月，他走了，股权怎么处理？过两年走人呢？干了一年，公司认为他不称职解除其职务了呢？

人走，不收回股权，你别扭；人一走就收回，包括回购，他不踏实。一般来说，拿这种股权的，都是重要的人，一旦发生股权纷争，对公司破坏极大。

2. 解决方案

把劳动力出资理解为用劳动报酬出资，于法于理，问题迎刃而解。下面介绍两种计量方法。

第一种，简单粗暴——直接约定做什么，做多长时间，做到什么程度，发多少薪酬，占多少股权，约定的条件实现了，股权落地，否则，股权收回。

问题是，做到什么程度，很难约定清楚。因此，这种办法适合那些知根知底、相互认可度比较高的人。

第二种，采用薪酬加分红回填股金的方式落实股权。

例如，你请来一个人，做营销总监，谈好他持股 15%，假如你的总出资额是

1000万元，这15%需要出资150万元，当然，他是你请来的，他不愿意拿出150万元来投资，大家允许他用劳动力入股。

假如不占股，他的薪酬可以谈吧？例如，基本工资一个月1万元；奖金，根据业绩按一定比例提成等等。

同时，你告诉他：你是我们请来的高级人才，我们请你来，不只是来打工，还当事业合伙人。大易老师讲过，所有股东，有占必有投，否则会发生混乱。经过前期协商，你不是用现金而是用劳动力入股。只要公司一成立，你一到岗，15%的分红权你就可以有——这个够优惠了吧？其他人，都必须是先投资，才有分红权的。但是，你得用你的分红加上薪酬把这个股金填起来。没填满之前，你的股权只有分红权；填满之后，股权就是你的，跟出资股东同股同权。薪酬里面，基本工资就不用拿来填了，你毕竟还得生活。提成和分红，首先用于回填股金，怎么样？

3. 注意事项

（1）要设定限制条件，举例来说——只是举例啊，你要明白原理，灵活运用，不能照搬。

双方约定，只能填三年，三年内提前填满，股权提前到位，以后就不填了，奖金也好，分红也好，直接拿回家。如果三年还没有填满，分两种情况：达到或超过应填股金的60%，则填多少算多少，剩余股权由公司收回；连60%都没有填够，则解除股权协议，解除劳动合同，股权全部收回，已填股金原数拿走。其实分红部分不应该拿走，但是建议都可以拿走——优待人才嘛！

这样，你说他能不好好干吗？不好好干，股权就有可能拿不到。这样，给的过程就有激励作用。

（2）不要只用分红回填。如果只用分红回填，还是跟白送差不多。要用分红加劳动报酬回填。如果能够投一部分现金更好。

（3）别忘了税收。在他没有成为正式股东以前，薪酬和分红，在税务机关看来，都属于薪酬，应缴纳个人所得税。同样，下面的智力股、资源股，税收问题同样要谈清楚。当然，如何节税是另外一个需要考虑和筹划的问题。

（4）回填之外，还可以再约定捆绑。例如，填满之后，还得在公司服务满两年，否则，公司有权回购股权。

（二）如何让智力股和资源股出资清晰

智力股更简单，如果不占股，要谈报酬吧？顾问费、咨询费等等。把报酬算作出资就行了。当然，可以谈条件，比如，给现钱50万，持股，按60万、70万折算。同样，如果智力服务不到位，出资作相应的抵减，甚至全部股权收回。

不要轻易设定资源股。必须要有的资源股，分两种情况处理。

一种情况，一口说定，在哪些方面提供什么支持，占多少股权，无怨无悔，不用过于细化。这种方法适合比较了解、比较信任的人，而且一般来说，持股量不宜过大。

另一种情况，把资源贡献看作一种业务，按规定拿提成（或者居间费等），用提成折抵应付股金，折抵完，股权落地，之后继续提供资源的，还可以继续拿提成。这样，不但投入清晰，激励还源源不断。

常见的错误操作是，不论提供多少资源，都持固定股权，这不一定合适。假设他提供资源不积极，量小，持股依旧，公司亏，也等于是其他股东亏。反之，持股人亏。如果他觉得亏，他有可能拿着公司的股份，把资源提供给别的公司，这在其他股东看来又觉得不可思议。

（三）非法定出资注意事项

设定非法定出资，要注意以下几点。

1. 与持股人的观念沟通

如果你遇到一个人，他说，你啥也别说了，我不出资，你也别让我回填不回填、折抵不折抵的，股权，你愿意给就给，不给拉倒，我走人！这种人是从原始社会过来的，不讲道理。

遇到这种情况，你自己估量，要么你投降，给他股权，承担各种风险；要么让他走，你再找别人。从经验看，你现在被他威胁，以后也会被他绑架。

有的老板想，我现在没人，暂时先用用，以后再说。可是这是给股权啊，以后再说的时候，一旦发生纠纷，往往伤筋动骨啊！

2. 将出资、分红与劳动报酬分开

劳动力、智力和资源，除了明确用于出资的部分，应当另行计算报酬。该支付薪酬支付薪酬，该支付费用支付费用。不要把当股东看成一种永恒的负担，不要因此造成股东之间的不平衡。这一点要注意，好多人容易犯错误。

3. 干股不干

非法定出资一旦实现到位，就要当成法定出资看待。这就是我们常说的"干股不干"，"干股"变"实股"。

4. 要衔接好股权登记

非法定出资，更要衔接好股权登记。如何操作，我们将在后面讲法律手续时再说。

（四）调整优化

初步确定出资人、出资方式和出资额以后，还要进行调整优化。如何调整？

首先，这些投入，能不能匹配公司发展的需要？如果不能，还得想办法增减。当然，也可以根据实际投入修订商业模式或者发展战略。

同时，股权结构不能畸形，这一点不要轻易妥协。

再者，该持大股的必须持大股，该持小股的持小股。

怎么调？主要在出资方式和出资数额上调整。

例如，一个企业，大股东持股60%为宜，整个项目出资额是1000万元，则大股东应该投600万元，但是他只能投400万元，剩余200万元，怎么办？用劳动力入股，大家约定好，大股东担任董事长、总经理，三年时间不拿报酬，报酬折抵200万元，事情就解决了。当然，这里没考虑税费。

这样调整，一方面，现金出资会减少，另一方面，减少了对董事长的薪酬支付，实际上是一样的。但是放到具体项目中，究竟合不合适，要具体情况具体分析。

又如，张三有钱，但是不宜持大股，李四缺钱，但是应当持大股，可以协商：张三投入的一部分钱算作公司借贷，或者算作李四的借贷。

（五）出资违约责任

现实生活中，经常出现这样的情况：大家说好什么时间出资，时间到了，有的出资到位，有的出资不到位。如果你是操盘者，你去催他，他往往有非常特殊的理由，钱没要回来啦，有人生病住院啦，出现什么特殊损失啦，等等。催急了，反而怪你不近人情。可是公司这边运作受影响，其他股东也不高兴。

甚至，很多时候，连主要出资人都像挤牙膏似的，偶尔挤出一点，好不容易又挤出一点，弄得新公司举步维艰，弄得所有的参与者苦不堪言。

如何避免？

创业者需要一开始就在股东协议中明确约定出资股东的资本补足责任和违约责任。

一般需要约定两个层次的责任。

一是一般违约,主要表现为延迟履行。例如:签约各方未按本协议约定履行出资义务的,除如数补足外,还要按未出资额的千分之一每天对公司承担违约金。

二是彻底违约,即明确表明不履行,或者延迟达一定期限。如:延迟履行达30日以上,或者明确表示不再履行的,应按未出资额的百分之二十对公司承担违约金。同时,与违约方的协议解除,违约方退出股权。

当然,这只是举例,具体怎么约定,还要看实际情况。

四、特别关注:资本责任——股东的噩梦

有一个大学教授,曾和我在同一个平台讲课。有一天,吃午饭的时候,他突然问我:"大易老师,咨询你一下,我曾经是一个公司的股东,后来听说这个公司做垮了。前些天,法院突然把我的一个个人账户查封了,里面有三十多万取不出来了,你说,法院的做法合法吗?"

我说:"一般来讲,公司的债不会追到股东身上,追究股东责任,多半是资本责任。究竟怎么回事儿?说说看。"

原来,三年前,一家公司赠送给他 17% 的股权。赠送之后,公司增了一次资,注册资本从 500 万元增到了 5500 万元。

一听到这里,我预感到坏了。问他:"你签署相关文件了吗?"

他说:"签了。他们快递过来的,告诉我说,注册资本大一点,好看,全体股东同比例增资,不用出钱,国家规定可以认缴出资,没事儿。我问了一下,确实可以认缴,不用出钱,于是就签了。"

我说:"后来公司情况怎么样?"

他说:"不太清楚,听说是做垮了,操盘的人跑了。"

我说:"那就对了。肯定是债权人诉到法院,一查,公司没钱,再一看,注册资本那么大,其中 5000 万元明明白白是认缴的,正好,转而追股东的资本补足责任。你这个钱,看来是拿不回来了。"

"股东不是有限责任吗?投多少赔多少啊。"教授不解。

我解释说:"是啊,是有限责任啊,可是你的责任边界是认缴出资,不是实缴出资啊。"

教授很郁闷。同时,一种更大的恐惧向他袭来——如此说来,这三十多万还罢了,他的责任限额是 5000 万的 17%,即 850 万元。那家公司对外究竟欠了多少钱,他不知道,这可怎么办?

教授的烦恼表明，当股东也是有风险的，这种风险，主要是承担资本责任。

（一）注册资本的法律意义

我们知道，公司是独立法人，公司以所有资产为限对公司债务承担责任。公司的债由公司承担，不由股东承担。因此，公司对外负债，股东要承担的主要是资本责任。

要理解股东的资本责任，必须先认识注册资本。所谓注册资本，就是股东实际出资当中，向公司登记机关明确登记的部分。实际出资（含认缴未缴的出资）有可能大于或者等于注册资本，但不能小于注册资本。

在我国法律体系中，注册资本带有国家强制的特性。通俗讲，就是你向社会公众做出承诺，要拿多少资金来投入到公司，作为公司承担债务的基础。你一旦做出这种承诺，就产生了法律上的拘束力。

在公司不能清偿债务的情况下，股东要在认缴的注册资本范围内，承担对债权人的补充赔偿责任（即资本补足责任）。注册资本以外的投资，你投不投都行，法律并不强制。

正常情况下，股东只对自己认缴的出资承担资本补足责任，特殊情况下，股东要对其他股东认缴的出资承担连带责任——这就更可怕了。

（二）资本补足责任：超出多数人的认知

1. 注册资本虚高的现象

我国公司登记制度改革后，注册资本可以认缴，而且法律不限数额，不限比例，不限时间——只要不超过公司存续期限即可。

这下很多人高兴了。因为过去为这个注册资本发愁啊，弄少了，不好看，甚至不合法；弄多了，没钱哪。怎么办？请人"搭桥"垫资，公司成立后再抽走。既要花钱，还要甘冒承担刑事责任的风险——抽逃出资，情节严重的属于犯罪行为。这下好了，注册资本想定多少就是多少，不用出钱，还合理合法。

于是，注册资本动不动几千万元、上亿元，而实际投资多少呢，十万元、二十万元。遇到不懂的，还真唬人——哇，这家公司，真厉害。

2. 资本补足责任

别忘了认缴也是一种法律责任。股东承担有限责任的边界，是认缴出资，而不是实缴的出资。也就是说，股东认缴多少，就有可能赔多少。

公司欠债，债权人起诉，一看公司没钱，心都往下沉了。再一看，眼睛一亮——好啊，出资还没有缴清！于是追股东，赶紧拿出来。

过去，股东虚报、抽逃出资，债权人要举证，还很困难。现在好了，认缴注册资本，仅凭工商登记资料就铁证如山，不用另外举证。于是债权人轻松起诉股东，就公司不能清偿的债务，在认缴注册资本范围内承担补充赔偿责任。这下，公司还不起的债，你家里面的钱、别墅、汽车都有可能要拿出来还。

3. 认缴未到期，股东要不要承担补充赔偿责任？

对此，法律没说清楚，理论界、实务界争得不亦乐乎。

有人说，只要公司欠债不还，股东出资责任就应该加速到期，有人说，不应该。

认为不应该加速到期的，说我章程里面写得很清楚，是认缴50年，章程是公示文件，你跟我做生意，应该了解，这个风险你应该预见到。

说应该加速到期的，说你认缴50年，我等你50年啊？我们现在都是五十多岁的人了，50年后，咱俩还在人世吗？

专家们的争议，就更复杂了，各种理论和学说令人眼花缭乱。

怎么争，都没有法律效力，大家只能等着法律修改，或者最高人民法院出司法解释。

目前，司法实务中大致有两种处理方法。

第一种，起诉阶段，债权人应以公司为被告，不能以股东为被告，但是，到了强制执行阶段，穷尽所有手段，债权仍然得不到清偿、公司又不宣告破产的，股东要承担资本补足责任，而不论认缴期限是否届满。于是，直接增加股东为被执行人。

第二种，如果认缴期限尚未届满，只有在破产还债程序中，股东才承担资本补足责任。

无论如何，股东的资本补足责任都存在。即便法院按第二种方法处理，债权人一旦申请债务公司破产，股东就跑不掉。

因此，我们必须记住：你这个认缴是有风险的，而且风险是很现实地存在于那里的。

（三）资本责任连带

刚才讲的资本补足责任，正常情况下，股东各自补足自己认缴的部分，各负各的责。可是，特殊情况下，股东之间要就资本补足责任承担连带责任。

1. 什么叫资本连带责任？

所谓资本连带责任，就是连别人的资本责任也一起承担的责任。相互连带，就是相互承担。

举例：公司未缴出资1000万元，现在公司欠债2000万元，还不起了，股东得把未缴的出资1000万元拿出来赔给人家，你占10%，本该赔100万元，但是债权人一看，其他股东没钱，或者不好追索，于是要求你把他们的900万元也一起承担，你不得拒绝，这就叫连带责任。

当然，你承担了那900万元，可以向其他股东追偿，这没问题。

反之，债权人追其他股东，要求承担连带责任，道理也是一样。

2. 什么情况下股东要承担连带责任？

根据公司法，股东承担资本连带责任有两种情况。

第一种情况：有限公司，非货币财产出资，虚报价额的，由交付该出资的股东补足其差额，发起人股东承担连带责任。

所谓发起人股东，就是公司设立时参加发起设立公司，签署公司章程的股东。

什么叫虚报价额？就是你这出资的资产，不论有形资产、无形资产，市场价额100万元，出资人跟评估机构串通，在公司登记时定价300万元，那200万元就属于虚报价额。

必须注意的是：后来最高人民法院司法解释把这个责任扩大了，扩大到了整个出资。也就是说，有限公司，不论什么情况，只要未履行或未全面履行出资义务，发起人股东之间都有连带责任，大大突破了法律规定。这就很可怕了。

我们理解，最高人民法院的意图是强化股东责任，加强债权人保护。同时，我们质疑，这样的解释是否合法。过于加重股东责任，是不利于社会经济发展的。

第二种情况：股份公司，只要发起人未按照公司章程的规定缴足出资，发起人之间都承担连带责任。显然，立法者对股份公司发起人之间的出资监督义务，提出了更严格的要求。

3. 疑问解答

有人问：既然是这样，发起人股东之间动不动就连带责任，那公司跟个人合伙企业有什么区别啊？个人合伙企业的合伙人之间不也是连带责任吗？

答案是：不一样。公司发起人股东之间的连带是有限的，限于注册资本。合伙人之间的连带是无限的，不封顶。

还有，公司股东之间的责任连带是特殊情况，合伙人之间的连带是常态。

还有人问：这里的资本连带责任，与一人有限公司股东连带责任有何区别？

答案是：不一样。一人有限公司，股东不能证明公司财产独立于股东自己的财产的，要对公司债务承担连带责任。这里的连带是指股东与公司连带，不是股东之间的连带。一人有限公司股东与公司的连带，法律没说是以注册资本为限，因此是无限的。

（四）股东资本责任预防

防控股东资本责任，在实战中，应注意以下几点。

1. 注册资本适可而止

建议：认缴的出资就是实际要出的资，而不是永远不打算出的资。实际出资可以从家里面拿钱，也可以用公司利润转增。

注册资本虚高，没什么好处。现在，真正懂行的，你公司的注册资本高，没有人会认为你公司一定牛，除非你全部实缴，且无抽逃。你认缴注册资本虚高，只是加大了股东的责任而已。

一些特殊行业，有准入门槛。例如投标，注册资本必须达到多少数额。这种门槛，在新的公司登记制度下，其实已经不科学，除非要求的是实缴注册资本。如果是这样，导致你的注册资本必须虚高，属不得已而为之，但是你得清楚自己的风险，在经营中注意防控。

2. 认缴年限适可而止

注册资本的认缴年限，在章程中你当然可以放远一点，但是就股东协议约定来讲，别太长，一般别超过5年

前面说了，认缴出资最好就是实际要出的资。从公司的需求和股东关系角度上讲，认缴年限越长，实际履行的可能性就越小。股东不履行出资义务，影响公司的运作，影响股东关系。

而且，不论从法律规定还是从实际操作上讲，注册资本不到位，对后续融资都会带来不利影响。

3. 参股股东更要警惕资本责任

控股股东，承担资本责任是应该的，一方面你持股量大，赢了你挣得多；另一方面，你有控制权，你有能力预防，如果预防不力，也是你的责任，你不会感觉冤。

可是，参股股东就比较悲催。因此：

（1）不要随便参与发起设立自己不了解、无法掌控的公司。

（2）参与发起设立公司，一定要关注注册资本缴纳情况。如果都是实缴，没问题；如果是认缴，就要小心，如果出资责任能落实就没问题，否则，要么不参与，要么以非发起人的身份参与，也就是等公司成立之后再加入。

（3）尤其要避免当冤大头——小股东承担大责任。

假如，你一个老同学找到你，说要创业，做公司，项目如何如何的好，邀请你去掺和一下，参点股，不参加经营。你问：总投资多少？说100万。你占多少？说10%。你一想，就当是帮老同学一把，赚了更好，万一亏了，大不了就10万块。于是答应入股。

谁知，你的老同学一转身，注册资本登记为2000万。结果有一天，公司破产了，操盘的跑了，债权人找上门来，你名下的认缴出资是200万，已实缴10万，还剩190万。另外，你是发起人股东，还要对其他股东的1800万承担连带责任——假如他们的出资全部是认缴。也就是说，你得再拿出1990万元。

天哪！这不是毁三观的节奏吗？你不但经济上一蹶不振，甚至会从此怀疑人生……

4. 受让股权也要警惕资本责任

好多人在问这个问题：受让股权，原来的出资瑕疵责任会不会跟着过来？

受让前出资瑕疵，如果受让人知情，或者应当知情，责任一起过来；如果不知情，责任不会一起过来，由出让人承担。

因此，你作为受让人，应在合同中写清楚，出让人要保证之前的出资没有瑕疵，如果有，责任由出让人承担。这有助于证明你对前面的资本瑕疵不知情。

但是，如果你应当知情，作为受让人，你还是要承担责任。

什么叫应当知情？你去买一个公司，注册资本1000万元，刚注册一年，5000元转让给你，你能说你不知情？如果注册资本缴清了，可能一年就亏得只剩5000元吗？还有，人家登记的就是认缴，除非有证据证明已经实缴，否则你不能说你对注册资本未缴清不知情。

现实中，明知注册资本没有缴清，你还是要买，有没有这种情况？肯定有，也可以买，但是你自己心里要清楚，在经营中注意控制债务风险。

5. 发起人股东把股权全部转让出去了，资本连带责任是不是应该不存在了？

回答：从理论上讲，还在。

法律规定的发起人股东连带责任，只限发起人股东。发起人股东是一个历史性概念，仅限于公司设立时的股东。一个公司一旦成立，它的发起人股东就固定了。受让股权的股东、增资扩股加入的股东都不再是发起人股东。

法律为什么要把资本连带责任加给发起人？其实，资本责任源于你参与发起公司这个行为。注册资本由发起人确定，发起人之间，即便是基于自利，也有互相监督出资的必要。因此，只有发起人是最合适的监督人。于是，立法者便把这种互相监督的职责放在了发起人身上，规定责任连带，不怕你不监督。股权受让人不具备监督条件，也没有监督责任，因此不承担连带责任。

当然，现实中，债权人追到已经出让股权的发起人头上，这种案例并不多见。

王小板的收获与感悟：吃一堑，长一智

听完这一课，王小板意识到，自己前面几个公司，都存在股东出资不清的情况。

1. 现成资源项目，职业经理人持股10%，这其实就是能力股。但是，能力如何转换成出资，不清楚。结果是，他在项目上的能力不如自己的预期，自己后悔；反过来，持股10%，他的积极性也不足。

2. 市场优势项目，项目负责人出资10%，持股49%，差额部分，有能力股的成分，也有资源股的成分，不过都不清楚，也没有股权实现条件和退出机制，当项目负责人不称职时，无法撤换。

3. 现在看来，市场优势项目，抛开人的因素不论，项目负责人实际出资加上能力股，最多占30%。担任项目负责人，可以用薪酬来平衡，薪酬是跟职务走的，职务不在了，薪酬也就没有了。薪酬还跟公司业绩相关，激励作用更明显。

4. 参股项目，有一个知识点让王小板如释重负。公司虚报、抽逃注册资本，后来负债累累，债权人将他们这些股东告上法庭，要求承担连带赔偿责任。这个事情，还没有开庭，但是一直让王小板苦恼。通过听课，王小板知道，自己不是发起人股东，通过增资扩股持股，自己持股对应的注册资本已经缴清，不应该承担之前的资本责任，更谈不上连带责任。

针对将要组建的新企业，王小板筹划：总出资额确定为1000万元，划分为1000万股。创始股东持股及出资规划如下：

1. 自己持550万股，占55%，应出资550万元，出资方式如下。

（1）想办法筹措现金100万元，用于出资。

（2）将原公司幸存的设备、材料用于出资，大约价值300万元。

（3）剩余出资150万元，自己担任公司董事长、总经理，兼任公司营销负责人，只领取基本工资，其余部分用作出资，约定时间届满，视为出资到位。或者按大易老师所教，薪酬数字化，用薪酬加分红回填出资款。

2. 工程技术合伙人持100万股，占10%，应出资100万元，出资方式如下。

（1）现金出资50万元。

（2）剩余出资50万元，用薪酬及分红回填。

3. 一至两名财务投资人，共持150万股，占15%，应出资150万元，现金出资。

4. 智力股200万股，占20%。王小板希望邀请大易作为长期顾问，参与到新公司组建和运作中来。但是他不确定大易是否愿意。他想，如果大易老师愿意，持股20%，甚至更多都行。

其实，按大易老师讲的原理，自己前些年在海外市场拓展，积累的知识、经验、市场资源也是有很大价值的，但是，自己的事业和人生跌入低谷，想要东山再起，难度不可想象，因此出资人要面临极大的风险，那部分无形资产就不说了。

第7课　组盘秘笈（四）：
先说断，后不乱——股东权责要明确

案例：因股东权利义务不明，合作失败，兄弟反目

几个朋友凑到一起，办了一家餐饮公司。他们雄心勃勃，要做一个特色餐饮店，然后通过直营、加盟、股权合作、股权众筹等方式扩张，最后要做成一个统一品牌、统一配送、统一会员系统、线上线下结合的餐饮王国。

创始股东有以下四人：

大股东是主要出资人，也是主要经营者，但是他是外行。

二股东是内行，对将要经营的特色菜系颇有研究，由他负责菜品。他还有一个规模不小的养殖场，可以为公司供应主要食材。

三股东自己经营着两家餐厅，他愿意放弃自己餐厅的管理，参与到新公司的组建，并负责店面管理。按他的话讲，过去都是小打小闹，现在决心跟大家一起，干大事。

四股东从事的是装修行业，参与出资，同时可以为以后连锁餐厅的装修提供方便。

他们还聘请了专业人员，帮助他们设计管理和运营体系。

公司成立后，很快，大家对二股东产生了意见，说二股东供给公司的食材，价格太高了。二股东辩解说，我的东西好，所以贵；同时，我的价格是稳定的，不像其他供应商，一到旺季就加价。但是大家终究还是觉得太贵，公司成本太高，决定终止采购。

于是，二股东愤而退出，说我到这里参股，主要目的就是销售食材，既然不采购我的食材了，我还当这个股东干什么？

他的股权是技术和资源股，没有实际投入资金，于是说走就走，不干了。公司只好重新聘请专业人员负责菜品研发，业务一度陷入停顿。

三股东是负责店面管理的，后来他说家里有事，告假不来了，也没有提退股的事。之后大股东发现三股东拿着公司的一套拓展计划，在他自己的餐饮店里实施去了。

公司几经挣扎，先是搞内部承包，后来搞外部承包，再后来，去加盟别人的品牌，但是始终没有做起来，最后垮掉，将近千万元的投资打了水漂。

几个创始股东，本来是朋友，现在事业没做成，反倒增添了一连串的法律纠纷和江湖恩怨。

通过这个案例，请大家思考：

应如何落实股东，尤其是创始股东的权利义务，以保障公司正常设立和健康发展？

我们在设定股东权利义务问题时，要正确理解法律规制与股东自治的问题。

每个公司，就跟每个家庭一样，千差万别，大不相同。因此，公司法里面有很多授权性规范，给股东自治留下了空间。组盘时对股东有些权利义务需要你自己去约定。这也是公司设计如此重要的原因。

一、股东权利：保障与限制

（一）股东的法定权利

1. 财产权

财产权主要包括分红和分配剩余财产。分红大家比较熟悉。分配剩余财产是指在公司解散清算的情况下，公司的资产，在偿还债务之后，由股东按照出资比例进行分配。

转让股权以获取对价也是股东财产权的一种体现。

2. 控制权

控制权主要表现为在股东会投票。投票干什么？选举董事、监事，决定公司重大事项。这在以后讲公司治理机制时再讨论。

股东控制权还表现为对公司经营进行监督，例如，对公司经营提出意见、建议，提出质询等等。

3. 知情权

知情权主要表现为查阅公司章程、股东名册、股东会 / 董事会 / 监事会会议记录 / 决议、财务报告等，在有限公司还可以查账。股东通过这些手段，了解公司的经营状况、财务状况。

特别提醒注意，上述权利，有限公司与股份公司不同。有限公司的股东，不但可以看财务报告，还可以查账。查账，能查到什么程度？公司法没有明确规定。一般认为，可以从账簿一直查到原始凭证。一些地方的高级人民法院对此还做了明确规定。而股份公司股东只能看财务报告，不能查账。

4. 优先权

优先权分为优先认购权和优先购买权。

优先认购权，是指在公司增资扩股的时候，原股东有优先认购权，原股东不认购，才能由外部出资人认购。这个权利，有助于防止外部股东进入公司，维护股东的人合性，同时可以保持股东的持股地位，防止股权被不恰当稀释。

优先购买权，是指股东向外转让股权时，其他股东在同等情况下有优先购买权。这同样有助于保护公司的人合性。

要注意，这两个优先权都只是在有限公司存在，股份公司股东不存在优先权。

但是，处于封闭期的股份公司，在股东权益保护上，在维护公司的人合性上，跟有限公司没有太大区别。因此，约定发起人股东的优先权，于情于理都有必要。

操作很简单，你只要在发起人协议上仿照有限公司规则约定这两个权利就行了。

前面讲过，发起人协议只对发起人有约束力，但是，现实中，这已经够了。如果其他股东有类似要求，可在其他协议当中进行约定。例如增资扩股协议、并购重组协议等等。

5. 其他权利

前面我讲了股东主要的、常见的权利，还有一些权利用得不多，一般情况下，没有太大实际意义，因此这里只是简单提一下，有兴趣的可以对照公司法及相关司法解释深入学习。

例如：召开临时股东会的提议权，特殊情况下股东大会召集权，股东大会临时提案权，解散公司请求权，异议股东股权回购请求权等等。

注意，这些权利的行使，需要符合一定条件，并且都有特定的要求，如出现某些特殊情况，单独或合计持股达到一定数量等等。

6. 问题解答

第一个问题：从法律上讲，股东有没有参与管理公司的权利？

有些股东，非要担任某个职务，甚至没有职务，非要参与公司管理。

这是错误的。公司不同于个人合伙，股东没有一定要参加公司经营管理的权利。在公司没有职务的人不能对公司的具体事务指手画脚。

股东只能在股东会上说话、投票，不能直接参加经营管理。

股东要直接参加公司经营管理，必须被选举为董事，或者被聘任为经理人员。这时，你不再是股东身份，而是公司的经营管理人员。

第二个问题：股东有没有退出公司（退股）的权利？

有些股东，一看公司好，就当股东，一看公司不太好，就想退股。这是不对的。

这里澄清：股东没有随时退出公司，也就是退股的自由。

股东要退出公司，正常情况下，只能通过股权转让或者公司减资。股权转让，得你情我愿；公司减资，得股东会三分之二以上多数做出决议，而且得办理一套非常复杂的变更登记手续。

在特定情况下，异议股东可以行使回购请求权，要求公司回购自己的股权。如：因公司连续五年符合分红条件不分红出现分歧，因合并、分立或者处分重大资产出现分歧，因公司存续期限届满后是否继续存续出现分歧等等。

（二）分红疑难问题

1. 问题：分多少？何时分？

分红，是世人皆知的股东权利。

这个司空见惯、耳熟能详的股东权利，在现实中有没有问题？

如果只有一个股东，自然没问题。只要有两个以上的真实股东，公司赚钱了，分不分？分多少？就存在问题。

现实中，股东常常因为分多少的问题产生矛盾。今年公司挣钱了，利润500万元，分还是不分？分多少？

小股东说，分吧，以后什么情况还不知道呢，何况，家里等着用钱呢。

大股东说，别分了，留作发展吧，公司本来就要融资，花钱还不见得能融到，分钱干什么？现在分一块钱，以后值一万块都不止呢。

在小股东看来，你当然可以不分红了，你在企业拿那么高的工资，车是企业买的，什么费用都报销。而我呢？除了分红，一分钱都沾不着啊。

现实中，大股东把持公司，有红不分，自己获取控制利益，弄得小股东苦不堪言，引发股东纷争，这种现象不在少数。

好多小股东，哭丧着脸，问我，大易老师，他老是不分红，我可不可以到法院告他啊？我说，你告不了，法院根本就不管。

上市公司不一样，股东可以"用脚投票"。一家公司，如果是铁公鸡，老是不分红，我卖股票走人。

可是非上市公司，你要转让股权走人很不容易。

2. 法律规定

公司法规定，税后利润提取法定公积金后，经股东会决议，还可以提取任意公积金，其余部分用于股东分红。

法定公积金是法律规定的，带有强制性，按 10% 提取，当累积的法定公积金达到注册资本的 50% 以上时，可以不再提取。

对任意公积金，法律不作规定，留多留少，全由公司自己决定。也就是说，公司赚的钱，分多少，取决于留多少。

当然，这个公积金，不论是法定的，还是任意的，留存下来都属于公司的资产，都是股东权益的一部分。

留多少，分多少，股东意见不同，如何解决？根据公司法的规定，这由股东会说了算，一般情况下法律不干预。

关于分红，如果没有特别规定，在股东会上属于一般多数决，也就是过半即做出决议。如果大股东持股超过 50%，等于就是大股东说了算。

对大股东把持公司，有红不分，欺负小股东的情况，立法者有点看不下去了，2005 年公司法修订的时候，规定了一个救济方式，即，有限公司，连续 5 年盈利，符合分配利润条件，不向股东分配利润的，异议股东可以请求公司按照合理的价格收购其股权。如果公司不收购，异议股东可以起诉到法院，这种情况下法院应当受理。

这一条规定管用吗？现实中几乎不管用，为什么不管用，请大家自己去想。

3. 实战建议

实战建议：在章程里面，对分红问题进行清晰而灵活的规定。

例如：公司盈利，除了法定公积金，提取 40% 的任意公积金，其余部分用作股东分红，每年核算、分配一次。

问题是，任意公积金的提取比例，不论多少，都只是现在的一个预见，不见得适合以后公司的情况。如果以后公司有钱了，资本金很充足，还一定要留 40% 吗？

怎么办？你得继续规定：

任意公积金的比例，可以经股东会简单多数（或者特别多数）决，予以变更。

有人说，那不一样吗？还是大股东说了算。但是你事先有具体约定，再约定可以变更，与你完全没有约定，到时候再说，是不一样的。

股东之间，天生就对立的是极少数。多数矛盾都是因为很多事情预先没说清楚，到时候意见又不一致，扯皮扯出来的。事先有约定，一般会按约定走，如果要打破这个约定，需要走程序，需要找理由，还需要一点勇气。这叫"路径依赖"，明白吗？你没有路径，一抬脚就乱走。

还有，大家可以考虑适当制约，比如说这个盘，大股东占55%，那我们可不可以约定，改变任意公积金比例，需要股东会特别多数决，也就是2/3以上多数才能决定？完全可以，而且根据我的经验，这时候大股东往往也会同意。如果大股东不同意，小股东还可以说，那我不跟你合作了。对吧？这时候不合作，毕竟还是朋友，以后再不合作，就可能是敌人。

（三）股东行使权利比例疑难问题

1. 问题：股东持股比例，是认缴出资比例还是实缴出资比例？

《公司法》规定，有限公司，分红和优先认购新增资本是按实缴的出资比例；行使表决权、分配剩余财产是按出资比例，没说是认缴还是实缴。

股份公司，股东按持股比例分红、行使表决权和分配剩余财产（股份公司股东不存在优先认购权），没说是认缴还是实缴。

如果实缴比例与认缴比例一致，没有问题。

如果实缴比例和认缴比例不同，按实缴比例行使股东权利，看似合理，实则有很大问题。随着股东不断缴付出资，实缴比例一直在变。比例变了，前面留下的公积金和未分配利润，如何处理？如果按后面的出资比例分享，那后缴出资的股东肯定主张前面少分点，把钱留下来。同理，前面实缴比例大的股东肯定希望全部分光。

如果分红按实缴比例，表决按认缴比例，更不对了。

举例，甲和乙开一家公司，认缴比例是甲70%，乙30%，认缴出资1000万元，分10年缴清。一开始实缴出资100万元，乙手头方便，出80万元，甲不太方便，出20万元，也就是说，论实缴出资比例，甲20%，乙80%，根据双方约定，三年内，实缴出资比例都是甲20%，乙80%，三年后实缴出资比例才跟认缴比例一致。

问题来了，三年内，分红，按实缴出资比例，甲20%，乙80%；表决，按认缴出资比例，甲70%，乙30%，公司基本上是甲说了算。你猜，头三年甲会倾向于什么决策？他会不会只顾打基础而完全不考虑盈利？

好在，法律规定，股东可以自治。实战中，我们要在股东自治上做文章。

2. 实战建议

对此，我建议：无论有限公司还是股份公司，一律把认缴的出资比例当作持股比例，股东一律按持股比例行使权利，包括分红权、表决权及其他股东权利。

至于欠缴出资，可以按约定支付利息，以此来平衡股东之间的权益。如果欠缴出资，到了一定程度，根据股东协议，可以限制他的股东权利，甚至取消他的股东资格。但是，没到这一步时，不影响股东权利的行使。

分配剩余财产权，比较特殊，那时候，公司都准备关门了，以后，认缴出资也不可能再缴了，因此，可以按实缴的出资比例分配剩余财产。

上述股东自治体现在哪里？

对有限公司来讲，关于分红权，新增出资认购优先权，在股东协议体现；关于表决权，在章程里面体现。或者都在章程里面体现，但是对分红和新增出资认购优先权的规定必须经全体股东一致同意。

股份公司，都在章程里面体现。

（四）股东知情权与公司安全

1. 问题：如何处理股东知情权与公司运作安全之间的关系？

有限公司的股东可以查账，一般认为，可以一直查到原始凭证。

如果你只是一个股东，你一定会感觉到，这个权利非常可爱。但是，如果你是公司操盘者，你会感觉到，这个权利有点可怕。

如果股东不论大小，都可以查账查到凭证，公司的商业秘密难以保护。同时，公司操盘者随时担心遭到小股东的举报。

现实中，很多老板想做股权激励，想利用股权手段促进公司发展，可最害怕的就是这个股东知情权。

2. 法律规定

通常情况下，人们会考虑对股东知情权进行限制，以保障公司正常运作。

根据最高人民法院的规定，你要是用协议或章程实质性剥夺股东的知情权，那你的这个条款无效，法律不支持。

什么叫实质性剥夺？我的理解是，你把知情权完全给他屏蔽了，就不行。为保护公司商业秘密，适当限制，同时留有保障股东知情权的通道，应该是可以的。

3. 实战建议

有限公司，最好通过股东协议对股东知情权的行使方式和范围进行适当限制，但并不剥夺股东知情权，在维护股东权益的同时，保障公司正常发展。

以下思路，可以供你参考。

（1）正常情况下，股东不能查账，但是约定保障股东知情权的方式。例如，以比较公允的程序聘请会计师事务所，进行审计，出具审计报告，大家根据审计报告了解公司财务情况。

（2）特殊情况下，股东可以查账，但是限制查询范围。比如说不能随便查原始凭证。本来公司法就没有规定查账的具体内容，只是一些地方高级人民法院的文件里面，把它扩大到了原始凭证。

（3）极端情况下，限定查账人。例如，股东有正当理由怀疑自己的权益受损，要查账，而且要查凭证，可以查，但是你必须聘请律师、会计师来查。律师、会计师是依法负有保密义务的专业人员，他们侵害公司商业秘密的可能性大为降低。

以上约定，或者规定，应该是合法的。

当然，理论上讲，不论你怎么约定，似乎都有风险，就是法院认为你的约定违法，不认可。

这是个概率问题。大家都是成年人，理性的人，先约好，再做事。作为股东，他可以不同意，但是他同意了，后来又反悔，诉诸法院，这个概率有多少？诉诸法院后，法院判决约定无效，这个概率又有多少？

你懂了吗？该约定的，还得约定。这个思路很重要，公司实践中的好多事情，都可以本着这种思路处理。

股份公司不用怕。前面讲过，股份公司的股东只能看财务报告，不能查账，问题不大。

当然，我也遇到过，有老板跟我讲，股东看财务报告他也受不了。我告诉他，要真是这样，你就别分散股权了，退回到个体户的状态，自己持股就行了。

（五）特殊股东处分权限制

1. 问题：特殊股东处分股权，影响企业的发展

几个人合伙创业，你负责研发，我负责生产，他负责营销，这往往都是商量好的，没有这几个人，就不会开这家公司。

假如，干了半年，公司出现问题，或者股东出现分歧，你把股权一转让，走了，剩下我们怎么办？理论上我们可以再找一个负责技术研发的股东，可是谈何容易？重复投入的成本呢？时间成本呢？还有，你走了，前期的研发成果在你脑子

里，也带走了，理论上我们可以找你打官司，说你侵权，实际上这是很难操作的。

你把股权转让了，人不走，继续担任职务，我们也不放心呀。

2. 实战建议

因此，应当在股东协议里面对特殊股东股权转让进行限制性约定。

例如：在公司成立后5年内，事业合伙人股东非经其他股东三分之二多数同意，不得转让自己名下的股权。

前述比例，一般是指股东人头数而不是股权，也可以规定为人头和股权都需要达到一定比例。

当然，这种限制，是有条件的。如果你彻底剥夺了股东的股权处分权，例如，规定公司的股东一律不得转让股权，或者非经其他股东一致同意不得转让股权，就有可能被认为是无效。再说，对股权处分权限制太严了，不一定合理，对公司，对大家，都没什么好处。

（六）谨慎挑战同股不同权

1. 同股不同权的法律障碍

在股权文化中，同股同权是常态，同股不同权是特殊情况。我国《公司法》允许同股不同权的几种情形：

（1）有限公司，股东会会议由股东按照出资比例行使表决权。但是，公司章程另有规定的除外。

（2）有限公司，股东按照实缴的出资比例分取红利。但是，全体股东约定不按照出资比例分取红利的除外。

（3）有限公司，公司新增资本时，股东有权优先按照实缴的出资比例认缴出资。但是，全体股东约定不按照出资比例优先认缴出资的除外。

（4）公司弥补亏损和提取公积金后所余税后利润，股份有限公司按照股东持有的股份比例分配，但股份有限公司章程规定不按持股比例分配的除外。

看到了吗？法律适当允许同股不同权，但是要求是很严格的。

那为什么对于股份公司，法律规定可以由公司章程规定不按持股比例分红呢？因为法律考虑到股份公司的股东很多，很难做出全体股东一致约定。

而且，股份公司，章程可以规定不按持股比例分红，主要是为"优先股"留余地，不是说你随便可以规定分红比例的。关于优先股如何设置，法律一直没有做出具体规定。

关于股份公司的表决权行使比例，《公司法》根本就没说你可以自行规定。很多人玩同股不同权，主要就是针对表决权。法律根本就没有授权，你如何玩？

2. 同股不同权的现实障碍

这里我要强调的是，尽管法律允许一定程度的同股不同权，但是，股权多数决非常科学且符合人性。人为割裂，对股东不公平，对公司也不一定有好处。

某些股东的特权，如特殊的分红权，特殊的投票权，特殊的不稀释条款，等等，极有可能锁死公司的发展。

再说一点，通过协议设立"AB"股权，改变股权多数决的原则，这样的协议，往往得不到切实履行，何也？契约精神缺乏之故。

3. 实战建议：创业者一般不要挑战同股不同权

我们很多专业人士，特别喜欢宣扬这种特殊手段，什么"马云只有7%的股份，为什么能够掌控阿里巴巴"云云，认为这是本事。

我们很多创业者，特别热衷于追逐这种特殊规则，总想自己出更少的钱，从外部融更多的资，而公司始终由自己掌控，似乎认为这样做很聪明，很巧妙。实际上，弄不好就是搬起石头砸自己的脚。

我们要做的是，尽量在同股同权的规则下，能够掌控公司。事实上，绝大多数情况下，这是完全可以做到的。

二、股东义务：法定与约定

（一）关于股东义务的法律规定

正常情况下，股东除了出资之外无义务。

你要知道，按照法律规定，股东的义务就是出资。未履行或者未如实履行出资义务，当然要承担法律责任，包括对公司的资本补足责任，对其他股东的违约责任，对债权人的补充赔偿责任。对债权人的责任，本质上还是资本补足责任。

出资之后，取得股权，股权——顾名思义，是一种权，而不是责。我是股东，我躺在家里面睡大觉，同时行使我的股东权利，可不可以？完全可以。

法定股东义务，严格说起来，也有一些，不过都是些附随义务。例如，接受公司章程的约束、不得抽逃注册资本、不得损害公司或其他股东的利益等等。

以下问题，需要澄清一下。

1. 公司的亏损，股东要不要承担？

人们常说的"分红就要分黑"，也就是说，公司盈利，股东分红，公司亏损，股东要承担。

这种说法不准确。其实，股东不承担公司亏损，只能说是承受。

公司亏损，股东要承受股权缩水——即股权对应的资产减少——的后果，但是没有义务去弥补这个亏损。对股东来说，最坏的结果就是，所有的投资（包括认缴出资）打水漂，全部亏完。

在股权激励中，有不少老板问我，大易老师，你说，公司赚钱，他们分股权，分红，那公司亏损呢，他们要不要拿出来？

我说，不拿出来。

他说，那我都是这样的呀，赢了拿走，亏了要拿出来的呀。

我说那是你自愿的，股东没有这个义务。

他说，那公司亏了怎么办？

我说，亏了就亏了呀，要怎么办？如果亏到缺钱影响运作的程度，那就需要融资。融资，对股东来说，要看自愿，不能强制。如果融资不成，就只有关门，有什么好说的？

这个话，听起来有些不近情理，不符合个体户式的老板的思维。但是公司就是这么个原理。

当然，在组盘时，经股东一致约定，在一定范围内，公司亏损后需要资金的，所有股东必须同比增加出资，这是可以的，有时候也是必要的。

但是，在股权激励中，如果你规定，持股员工必须要从家里面拿钱来弥补公司亏损，恐怕没几个人愿意成为股东了。

2. 股东有没有经营管理公司的义务？

答案是：没有。

从理论上讲，股东既无经营管理公司的权利，也无经营管理公司的义务。股东出资之后，完全可以不干活，等着分红。

有些操盘者抱怨，说小股东什么事都不干，什么作用都不起，于是希望削弱小股东的利益，甚至要把小股东赶出公司，实际上都是没有法律依据的。如果股东非要在公司经营管理中起作用才能维持股东权益，那任何人的股权也无法持久，因为谁也不可能一直在公司干下去。

当然，创业型公司，如果所有的股东都不承担经营管理公司的责任，公司也很难做好。如何设定股东经营管理公司的义务？待会儿再讲。

3. 公司违法犯罪，股东会不会受牵连？

答案是：不直接牵连。

公司违法，处罚公司，处罚责任人；公司犯罪，对公司处罚金，对行为人——也就是实际实施犯罪行为的人——处以相应的刑罚。

如果只是股东不是行为人，不会受到处罚；不是股东，你是行为人，一样要受到处罚。

当然，交罚金导致资产减少，人被判刑影响公司运作，这些后果自然跟股东有关。

（二）事业合伙人股东经营管理公司的义务

1. 问题

前面说过，法律没有规定股东一定要经营管理公司。但是，现实中，在创业型公司，创始股东当中，肯定要有人干活。大家都不干，等着职业经理把公司做好，源源不断地把分红奉上，可能性较小。

而且，组盘的时候，需要什么人作为事业合伙人是很重要的考量因素。这些人不干活，公司根本就不能成立。

2. 解决方案

因此，有必要把经营管理公司变成一种合同责任，加在这些人头上。你不约定，法律不管。

作为操盘的人，尤其要注意这一点，别搞到后来，大家不干了，就你一个人干，你还无法追责。

在哪里约定？股东协议。通过股东协议，把经营管理公司的义务变成合同义务，违约要受到惩罚——支付违约金，甚至退出股权，这种退出，是惩罚性的。

至于约定内容，应根据实际情况拟定。一般约定事业合伙人股东在一定时间内，或者在公司做到什么程度以前，必须承担某方面的工作，不得"撂挑子"。

3. 注意事项

（1）约定承担经营管理责任的人，在约定期内不得辞职，但是并不等于公司不能解除他的职务。

（2）由公司根据需要安排其他工作，不算个人违约。

（3）这种约定，必须是有期限或者有终止条件的，不能永久捆绑。否则，谁的股权都只是暂时的，早晚得退出，这不符合股权的特性，不利于凝聚创业伙伴。

（三）关联交易限制

1. 问题

这里说的关联交易，特指跟公司交易的对象与公司股东、实际控制人有利益关联的交易。

关联交易，是股东关系的一大杀手。何也？关联交易容易转移利润，损害公司利益，也等于损害其他股东的权益。

但是关联交易也有好处，比如谈判成本低、恶意违约的风险相对较小、有问题好追诉等等。

究竟应该如何对待关联交易？

2. 建议

对待关联交易，我们的态度是，允许关联交易，但是要进行规制。

一般情况下，我们可以在股东协议中约定：

（1）股东关联交易，必须透明，公允，不得损害公司利益。

（2）关联交易，要经过比一般交易更严格的审批程序。

（3）关联交易，要向监事会报告、备案，监事会有权调查交易的公允性，发现问题要向股东会或董事会反映。当股东会或者董事会决定终止关联交易时，相关人员必须服从。

（4）关联交易损害公司利益的，交易方必须赔偿。

以上内容，也可以在公司章程里面规定。根据需要，你还可以约定得更细。例如：关联范围，我们一般界定到义务人本人及其近亲属（具体范围也需要界定），包括他们参控股、合作合伙的企业。

受关联交易限制的人，可以是所有发起人股东，可以只是参与经营管理的股东，需要根据实际情况进行选择。

此外，还要注意：如果你公司要在资本市场融资，或者要上市，关联交易会受到更严格的拷问。投资人不只担心股东转移利润，还担心公司的市场独立性。当然，这是另外一个层面的话题。

（四）竞业禁止

1. 概念

这里说的竞业，是指开展跟公司有竞争关系业务的行为。

竞业竞争，是股东关系的又一大杀手。因此，有必要在股东层面考虑竞业禁止义务。

2. 竞业禁止约定的主要内容

（1）禁谁不禁谁？一般情况下，对发起人股东，尤其是事业合伙人股东，需要约定竞业禁止义务。非发起人、纯财务投资股东可以不在此限。受限制人的近亲属限不限？需要根据实际情况斟酌。

（2）竞业范围。竞业范围是按业态、按产品、按客户、还是按其他来识别？或者是综合识别？这需要根据公司所从事行业的实际情况进行界定。

（3）禁止行为。一般包括直接经营，与他人合作、合伙经营，在竞争对手处任职，为竞争对手提供某种服务（如顾问服务、培训服务等），向竞争对手出资等等，视实际情况而定。

（4）禁止时间。一般情况下，这种义务要及于股权关系或任职关系结束后一定时间内，例如两年，或者三年。

（5）违约责任。违反约定怎么办？违约金、损害赔偿金、惩罚性退出股权等等。

3. 几点补充说明

（1）这里的竞业禁止约定，与基于劳动合同的竞业限制不同。

劳动合同里的竞业限制，遵循的是劳动合同法，约定对象、限制时间是受到严格限制的，而且限制期内公司必须支付补偿费，否则即便约定了，他也可以不遵守。

竞业禁止不一样，股权合作中，签约人是股东，是平等的民事主体，遵循的是合同法，约定的自由度要大得多。

（2）竞业禁止，需要自行约定，别指望法律规定。

法律对董事和高级管理人员有竞业禁止规定，而对股东并没有竞业禁止一说。

有人说，事业合伙人股东不都是董事和高级管理人员吗？答曰：第一，未见得都是；第二，他不可以辞职后搞竞业竞争吗？

（3）有些行业门槛高、难度大、市场竞争很充分，可以不约定禁业禁止义务。

（五）保密义务

一般会在股东协议中约定：股东对签订本协议、参与公司运作以及行使股东权利过程中知悉的公司商业秘密和他人隐私，有保密义务。

必要时你还可以进一步界定公司商业秘密和他人隐私的范围。

其实，这主要是一种宣示性条款，明确什么该做什么不该做，期望大家善意遵守。真有人违约，你要追究责任，往往会面临举证困难的问题。

当然，反过来说，白纸黑字约定了义务，还有违约责任，真有人要违反，也得掂量掂量——你怎么敢肯定我一定抓不着证据呢？何况，除了法律评价，还有道义评价呢。

三、股东退出机制

1. 法定退出

前面讲过，依法，股东不能随便退出，也不能随便要求别的股东退出。

同时，法律也给出了一些退出通道。例如，转让股权、减资、特殊情况下异议股东行使股权回购请求权等等。这些权利，依法行使即可。

2. 约定退出

除法律规定外，一般需要在股东协议里面做一些特别约定，常见的约定如下。

（1）股东不按约定出资，到了严重违约程度，其股权应全部或部分退出。

（2）股东严重违反规则，如违反竞业禁止、关联交易限制、保密义务等要作退出处理。

前面两种退出，不但价格应该是惩罚性的，还要承担违约责任，例如支付违约金。

我曾以顾问的身份参与一个企业组建。股东们第一期投资就上千万元，以后还要陆续投资。

他们反复协商，一致约定：违约、违规退出的，净身出户，已投的钱作为违约金。违约金不足以弥补损失的，还得赔偿损失。

我问，为什么这么严格？他们说，一是这个项目一旦上，谁要是往后撤，危害极大；二是我们这帮人，都是曾经的煤老板，钱都不是问题，谁要是不出，绝对是思想问题，是故意，不能轻饶；三是我们都沾亲带故，合同不严格，实际操作中谁也不好意思说话；四是就这么严格，你不玩，现在就退，挺好，别在项目上马之后退出。

我说有道理，但你们这个也太严了。他们问：老师您就说吧，从法律上讲，这样行不行？我说，行，完全可以，法律并没有规定违约金的限额。

（3）股东因自身原因要退出如何处理？

一般情况下，可以这样约定：股东因自身原因要退出的，经其他股东过半数同意，可以退出，其股权由公司回购，作减资处理，或者由其他股东收购。

注意，这里的过半数，我主张按人头，而不是按表决权比例。但是如果你要做减资处理，又必须经过表决权特别多数决。

这种情况下退出，价格可以协商确定，协商不成，就不要退了。

（4）他人违规，给股东退出的权利。

这什么意思？你是大股东，我是小股东，公司由你掌控，你严重违规，我拿你没办法。我让你退，不太可能，你退了，公司我玩不转。于是，惹不起我躲得起，我走，你或者公司必须收购我的股权。

这种情况下的退出，价格应该是保障性的，应该按当时的公允估值定价，至少得保障退出者的基本投资收益。照理说，这种情况，大股东还得承担违约金。

3. 注意：股东要尽量合，而不是散

需要强调的是，前面这些退出，前提是违约或违规。这种违约、违规，必须严重到一定的程度才可以，不要动不动就退。大家组合在一起做公司，很不容易，要尽量合，而不是散。一个动荡不宁的公司，很难健康发展。在散的过程中，很难有真正的赢家。

四、处理股东关系的道与术

前面，我们大量讲权利义务，讲诸多约定。这些约定，可以明是非。

按孟子的观点，明是非，乃智。而遵守这些约定，乃信。但是还不够，还要讲仁，讲义，讲礼。孟子曰："恻隐之心，仁也；羞恶之心，义也；恭敬之心，礼也。"如果每个人自己多培养正义感，对股权合作伙伴多一些同情、理解、尊重，很多问题就不会发生。

换个角度看，股权设计，各种约定，是"术"。同时，处理股东关系，更应该合"道"。股东之间，一旦离开"道"，着了"魔"，所有的"术"，甚至国家法律，都不见得管用。

人生苦短，缘分难得，且合作，且珍惜。

这方面，大股东一定要去引领，并起带头作用。

如何引领？在创业团队中提倡正气，抵制邪气；宣扬正能量，抵制负能量；承认合理的价值流动和价值交换，否定不劳而获，巧取豪夺。

如何带头？

一是发心：大股东主持制定所有的规则，发心都是为了公司，为了大家，为了

共同的梦想。

二是垂范：带头遵守规则，在非原则性问题上，宁肯自己吃亏，让别人占便宜；要注意保护其他股东，尤其是小股东合法、合理的权利；切忌损公肥私，践踏其他股东的利益。

这里面的重点，也是底线，是要抑制自己过分的贪欲，不要损害小股东的利益。

我常说，大股东侵权，损害小股东利益，是天下最不应该的事情。为什么？

（1）不合算。公司的权益，你本身就大；公司干得好，你得的最多，干得不好，你损失最大；

（2）江湖上背负骂名；

（3）法律上隐藏风险；

（4）如果小股东奋力反抗，争斗起来，大股东吃亏最大；

（5）撒下了"恶"的种子，一旦自己或者自己的后代变成小股东，会成为被欺负的对象。

记住：天地间，没有白占的便宜，也没有白吃的亏。

王小板的收获与感悟：告别过去，做好未来

听完这一课，王小板对照前面自己的经历，更是汗颜——他过去组建或参与组建的企业，对股东的权利义务，压根儿就没考虑，更不用说明确。

1. 现成资源项目，从一开始就没有当成公司来做。

自己承担全部出资，职业经理人被派去当总经理，给他那10%的股权，更像是一种鼓励和安慰。决策，自己一个人说了算，分红问题，股东退出机制，完全没有谈。公司所有的事情，最终都是自己扛。

2. 市场优势项目，权利相对清楚，义务完全不明。

自己一开始出资90%，后来又垫资无数，但是对项目却没有真正的话语权。后期，自己本打算挽救项目，但是项目负责人持股49%，不愿退出股权，不愿放弃总经理职务，也不能投入资金，在这种情况下，项目无可挽救。当项目失败之后，收拾烂摊子的，还是自己。

3. 参股项目，股东权利义务更是一片混乱。

这个项目被当成失败案例在班上分享。就好像老天爷专门为大易的课程安排的标本。决策权、知情权、经营管理权利和责任、分红、关联交易、竞业禁止、退出

机制，这些全部都出现了问题。最终，一个本来不错的项目，在一片混乱中倒下。

王小板下定决心，针对将要组建的公司，在股东权利义务上，一开始就一定要明确，大致要点如下。

1. 请大易老师对全体股东做一次股权知识讲座，或者要求他们必须参加大易老师的相关课程学习。

2. 关于分红：公司组建后的头三年，如有盈利，拿出30%分红，其余用于公司发展。以后，根据公司情况由股东大会决定分红方案。

3. 关于股东知情权：公司每月给股东（仅限发起人股东）发送财务报告；股东无权查账；公司每年聘请会计师事务所审计，出具审计报告，一方面有助于内部财务规范，一方面让股东放心。

4. 分红权和表决权：全体股东同股同权。

5. 关于股权处分权：

（1）王小板自己承诺：自己名下的股份，五年内不转让，否则，其他股东有权要求退出，退出办法参照王小板彻底出资违约条款处理；

（2）其他主要创始合伙人股东承诺：自己名下的股份，除非其他发起人一致同意，四年内不得转让，否则，公司不承认转让效力，并要求承担出资额20%的违约金。

6. 出资违约责任：

（1）股东未按约定出资，除如数补足外，还要按未出资额的千分之一每天向公司支付违约金；

（2）明确表明不再出资，或者延迟达60日以上，构成彻底违约，按未出资额的30%向公司支付违约金，并解除相应的股份；

（3）王小板本人彻底出资违约，其他股东可要求退出，股份由王小板收购，收购价不低于实际出资额，另加每年12%的收益，也不低于当时公司内部估值（内部估值按公司制订的《员工股权激励方案》确定）。

王小板要让其他股东看到自己的诚意和决心。

7. 其他特别约定义务：

（1）经营管理责任。

公司成立后5年内，王小板和其他经营管理负责人股东承担公司经营管理义务，除非公司解除职务，个人不得辞职。个人辞职的，净身退出，解除股份，出资算作违约金。个人不称职被解除职务的，其他股东有权按实际出资（并不高于公司净资产价格）收购其股份。

王小板本人不履行经营管理职责的，其他股东有权要求退出，退出办法参照王小板彻底出资违约条款处理。

（2）公司经营管理人员关联交易限制。

股东关联交易，必须透明、公允，不得损害公司利益；王小板本人与公司的关联交易，由董事会审批；其他人的关联交易，由总经理办公会审批；关联交易，一律向监事会报告、备案；股东会或者董事会有权终止任何关联交易。股东会或者董事会就关联交易问题表决时，关联交易相关人员不得参加投票。

关联交易的关联范围，包括本人及其近亲属，以及本人及其近亲属参控股、合作合伙企业。

（3）竞业禁止义务。所有发起人股东（不含财务投资人）及其近亲属均须遵守竞业禁止义务；禁业禁止义务应及于离开公司后三年。（协议约定应更具体）

最后，大易老师讲的处理股东关系的"术"和"道"，给王小板留下深刻的印象。他告诫自己，今后，在处理股东关系上，一定要合"道"。

第8课 组盘秘笈（五）：
白纸黑字——法律手续要完善

一、不重视股权法律手续的常见现象

前面，我们讨论了组盘准备、股权结构、股东投入、股东权责等问题，本节课，我们将讨论如何完善股权法律手续。也就是，如何将前面做的股权设计，以法律规定或者认可的方式固定下来，以明确股东权利义务，保障公司健康发展。

我说的法律手续，主要有三个部分：签订股东协议、制订公司章程、办理股权登记。

前面提到的真功夫案例，除了股权结构问题外，股东协议和公司章程也犯了低级错误。股权结构问题，由来已久，到后期很难改变，尚可原谅。但是，两家风投公司参与进来之后，在股东协议和公司章程上犯错，实在不应该，相关当事人也该当付出代价。

整个真功夫股东大战，其中一个引爆点是：根据包括风投公司在内的股东之间的协议，大股东潘宇海退出经营管理，但是他有权委派一个副总裁，参与公司经营管理；而后来制订的公司章程规定，公司副总裁需要董事会聘任——这种规定是章程的通行做法，很显然股东在章程上没有下功夫。

后来，股东矛盾显现，潘宇海委派他哥哥潘国良去当集团副总裁，另一个大股东蔡达标不让潘国良当副总裁。

潘国良拿来一纸潘宇海的手令，根据股东协议什么什么条款，特委派潘国良先生担任真功夫集团公司副总裁。

蔡达标拿出公司章程，根据章程多少条多少款，你未经董事会聘任，不能担任副总裁。

于是打成一锅粥。

股东协议和公司章程谁大？他们谁有理？专家们各持己见，争论不休。一旦专家都争论不休，就麻烦了，即便把官司打到法院，判决结果也有很大的不确定性。

真功夫案当事人都是让人敬佩的创业者，曾经取得了让世人瞩目的成果。但是，他们的顶层设计和法律文件有问题，不幸陷入股东大战，结果让人唏嘘和遗憾。

现实中，因股权法律手续混乱、错乱导致的股东纠纷层出不穷。归纳起来，比较常见的问题如下。

（1）不重视立约，让复杂的股东关系仅仅依赖于法律和江湖道义。

法律并没有规范所有问题，造成股东权利义务"真空"地带。江湖道义模糊不清，到时候"公说公有理，婆说婆有理"，导致兄弟反目。

（2）股东之间的约定，零星、散乱、流于口头，缺乏完备、清晰的书面协议。

（3）公司章程照抄照搬，"千人一面"，形同虚设。

（4）协议和章程打架，一旦发生纠纷，更难处理。

（5）过于看重工商登记，认为只有经过工商登记，股权才是真正的股权；或者相反，仅仅视工商登记为不得不办的手续，常常用协议取代工商登记，动不动就搞股权代持，导致股权实际状况与登记状况背离。

（6）非法定出资股权，想做工商登记，但是不知道如何登记。

（7）只知外部登记，不知内部登记。

今天，通过这堂课，我要让大家认识到股东协议和公司章程的重要性，了解它们的区别和联系，明确如何预防二者冲突。同时，正确看待和办理股权登记，减少股权纷争。

二、重视股东协议

（一）契约的重要性

股权的内涵很复杂，包含财产权、控制权、知情权、优先权、诉权等诸多的权利。

股权还具有长期性。一份买卖合同，几个月就结束了，一个公司有可能存续几十年、上百年甚至更长的时间，涉及几代人。

《公司法》是面对大众的，不可能过于具体，许多事情，需要股东自行约定。正是由于股权的这种复杂性和长期性，以及公司法律规范的不足，需要我们自己用协议（即合同）的形式对法律进行补充。

公司章程不是契约，但是在制订的时候，也可以看作一种契约。

有些人错误理解契约的作用，认为我们几个关系那么好，不会打官司的，因此合同没用。但合同不只是用来打官司的，合同主要是用来分清是非的，用来作为备忘录的，用来指导运作的，用来防止出问题的。

把能说清楚的交给契约，说不清楚的交给道义和友情。全部交给道义和友情，道义会被扭曲，友情会被摧毁。

其实，契约跟道义、友情一点也不矛盾。契约精神本身就是道义的一部分；契约对友情恰恰是一种保护。

股东之间的契约集中表现为股东协议。有限公司，法律没有要求一定要签订股东协议；股份公司，《公司法》认为应当签订发起人协议。法律规定的"应当"，实际上接近"必须"，但是，在公司登记时，发起人协议不在必须提交的文件之列。无论法律如何规定，无论管理部门如何看，我们自己应明白，股东协议非常重要。

（二）创业者要特别注重立约环节

契约精神，主要表现在两个阶段：一是立约，二是守约。

其中立约是最重要的，"约"都不立，从何谈"守"？俗话说："先说断，后不乱。"就是这个道理。

多数人合作做公司，简单谈一下合作方式，甚至都不谈如何合作，就一头扎进项目里面，调研市场、采购设备、招人等等，忙得不亦乐乎。

这时候如果有人提议：大家别着急啊，先把我们哥儿几个之间的事情说清楚啊，怎么投，怎么占，怎么运作，怎么分钱，怎么进，怎么退，先要明确一下才行吧？

这往往会招来反对：不用！我们几个，什么关系啊？我们都不是把钱看得太重的人！

在这种情况下，似乎谁要是认真谈权利义务，谁就是自私自利的小人。

结果，到执行的时候，这里也不对，那里也不行；到发生纠纷的时候，就更是寸土必争，寸步不让。

能不能调换过来！谈判的时候，认真，负责，甚至可以偏于计较，而执行的时候大度一点？

以前，我们管契约精神，叫作契约道德，不认真立约，便是缺德！

（三）股东协议主要内容

股东协议，如果在公司设立前签订，又可以叫设立协议，或者发起人协议、投资合作协议等，为了表述上的简单，我们都叫股东协议。

今天，我在这里讲的股东协议，主要还是指准备设立公司的时候，发起人之间签订的协议。

公司发起人协议，一般需要回答以下问题。

1. 出资、占股

（1）组建什么样的公司？

（2）谁是股东？有没有代持问题？

（3）总出资额是多少？股东怎么出资？怎么占股？

（4）出资形式、数额、时限、具体要求是什么？

2.《公司法》授权特别约定

（1）股东分红特别约定（如果不按出资比例分红）；

（2）股东认缴新增出资特别约定（如果不按出资比例认缴出资）。

3. 其他特别约定

（1）分红（任意公积金留存比例）；

（2）人事安排：提名、委派或者出任？权利、责任和报酬机制？

（3）公司解散时剩余财产如何分配？（按什么比例分配？）

（4）关联交易限制；

（5）竞业禁止；

（6）保密义务。

4. 公司设立

（1）公司筹建事务；

（2）工商登记：谁负责办理？股权登记特别约定；

（3）注册资本与实际出资不一致如何处理？

（4）设立不成的风险如何承担？

5. 股东违约责任（退出机制）

（1）不按约定出资怎么办？

（2）违反游戏规则怎么办？

（3）由于自身原因希望退出怎么办？

6. 股东协议与公司章程冲突解决条款

（1）协议为章程让路？

（2）协议限制章程？

（3）区别不同条款进行约定？

7.其他常规条款：承诺和保证条款，协议的变更、解除和终止条款，争议解决条款，通知条款，合同生效条款等等。

（四）关于股东协议的几点注意事项

1.协议要简繁适度

合同永远不可能百分之百完备。

实践证明：合同越完备，事前成本越高；合同越不完备，事后成本越高。

我们要选总成本最低。既不要过于放任，导致股东权利义务不清；也不要过于纠缠，三个月还签不了股东协议，商业机会都流失了。

2.协议要有前瞻性

做公司好比签订长期合同，不能只顾眼前。约定不能太死，要充分考虑到未来的各种可能性，能够适应各种变化。

3.尽量守约，而不是修改协议

合同一旦签订，哪怕吃点亏，也要守约。

做公司是一个漫长的旅途，从长远来看，亏是不会白吃的；占便宜最终失去的会更多。

三、制订个性化公司章程

（一）公司章程：不要千人一面或束之高阁

公司章程，相当于公司的"宪法"，是公司设立时必备的法律文件，也是公司健康发展的重要保障。

公司章程，一方面，要将公司组成的情况固定下来，如股东姓名（名称），认缴的出资和持股情况等等。

另一方面，也是最重要的，要将公司治理机制规定清楚，主要是股东会、董事会、经理、监事会等的组成、职权和议事规则。这部分最为重要，在很大程度上决定了公司能不能健康发展。

由于公司章程的制订和登记也是一种法律手续，同时公司章程与股东协议关系密切，因此将公司章程的制订放到这一课讲，关于公司治理机制的具体内容，后面还要专题讨论。

我国民营企业，绝大多数有个体户的基因，习惯了"人治"，不习惯"法治"，因此，很多公司，公司章程从来不用，只是应付登记机关的一道手续。但是，一旦股东多起来，没有章程，就没有章法，公司运转就会陷入混乱。

公司章程应该是个性化的，因为每个公司的情况大不相同。过去，由于种种原因，多数公司，章程都一个样，这种情况，不利于公司治理。

2005年《公司法》修订，赋予股东更多自治权利。2013年《公司法》修订，进一步从登记环节减少了登记机关对股东自治的干预。现在，各地登记机关越来越进步，越来越开明，个性化章程越来越受到尊重。

（二）在推荐文本基础上，这些事项可以个性化

各位在操作的时候，最好以当地登记机关推荐的章程版本为基础，进行个性化制作。那些文本基本上是从《公司法》上扒下来的，多数都可用，其中一部分还是法律强制条款。而且，用他们的推荐文本，窗口工作人员熟悉，容易审查。

如何对章程进行个性化？一般来讲，在推荐文本的基础上，重点考虑以下事项。

1. 股东会职权和议事规则

（1）需要增加哪些股东会议决事项？

（2）需要增加哪些需要股东会特别多数通过的事项？

（3）是否调高股东会表决通过比例？

（4）有限公司的股东会议通知方式、通知时间；

（5）有限公司的股东会议事方式、表决程序；

（6）股份公司是否实行累积投票制？

2. 董事会职权和议事规则

（1）有限公司设董事会，还是执行董事？

（2）董事会职权补充规定（与股东会职权衔接）；

（3）董事会议事方式、表决程序。

3. 经理职权

经理职权补充规定（与董事会职权衔接）。

4. 《公司法》授权特别规定

（1）有限公司的股东表决权的行使特别规定（是否考虑不按出资比例行使表

决权）；

（2）有限公司对股权转让的另行规定（排除公司法规定）；

（3）有限公司自然人股东资格继承的另行规定（排除公司法的规定）；

（4）有限公司股东知情权行使规定（程序和范围）。

5.其他特别规定

（1）人事权方面的规定；

（2）股东分红特别规定；

（3）股东认缴新增出资特别规定；

（4）公司解散时剩余财产分配规定；

（5）关联交易禁止性规定；

（6）针对股东和高管人员的竞业限制规定；

（7）其他规定。

公司章程的以上规定，要与股东协议衔接。

（三）个性化章程：登记机关不认怎么办？

依法制订的章程，在公司登记机关通不过怎么办？

首先要分清，哪些内容是法定的，哪些内容是可以作个性化规定的。《公司法》经过几次修订，允许股东自治的范围已经很宽泛，登记机关有权审查和把控的地方，已经很少。前面列举的个性化内容，都是法律允许的。

但是，有时候，登记机关对依法可以个性化的章程条款不予通过。遇到这种情况，需要你耐心与工作人员沟通，必要时出示法律依据。

实在沟通不了，假如你的个性化条款很重要，你又不愿意通过行政诉讼解决问题，可以这样操作：

第一步，按照登记机关的要求操作，完成公司登记。

第二步，在登记完成后，召开股东会，对登记的章程进行修改。修改后的章程不用再去登记机关登记，但是从通过之日起执行。

要知道，依法，公司章程是可以修改的，修改后的公司章程不是登记生效，而是股东会通过即生效。

这样操作，需要注意以下几点。

第一，如果是设立登记，需要在股东一致同意的情况下进行；如果是变更登记，要在持特别多数表决权股东一致同意的情况下进行。不要在登记之后，才发现无法通过新的章程。

第二，在股东会会议记录里面如实记录修改章程的原因、修改结果以及不再登记的原因，以便今后对两个版本做出解释。

第三，要知道，没有登记的章程，对内没有问题，但是不具备对外公示的效力，也就是对外不起对抗作用。当然，一般来说，个性化条款都是对内起作用的，公司章程对外产生作用的条款本就不多。

必要时，可以以通知的形式向外部主体告知章程修改的情况。

四、避免股东协议和公司章程冲突

（一）协议和章程的"死"与"活"

股东协议和公司章程，互有联系，又有区别。表3-4反映了他们的相同点或不同点。

协议和章程的主要区别如下：

（1）协议只约束签约人，而章程，只要你是股东，只要你是"董监高"即董事、监事、高管，不论你有没有参与讨论，有没有在上面签字，只要是合法生效的章程，对你都有约束力。

（2）协议，非全体签约人一致同意不能修改，而章程是股东会特别多数决可以修改的。

（3）协议，适用合同法，合同法的约定自由度非常大；章程，适用公司法，公司法的约定自由度相对较小。

（4）章程是要交登记机关的，协议不用，因此协议内容有更大的灵活性。

协议比较"死"，非全体签约人一致同意不得更改。这是好事，也是坏事。

实践中，有些股东，把公司运作的事情全部写进协议。

例如：协议约定，凡是1万元以上的支出必须三个股东共同签字，10万元以上的合同签订必须三个股东一致同意。

这样约定，一旦情况发生变化，股东沟通出现障碍，公司就死定了。

章程比较"活"，能够适应内外变化。但是，有些内容，如果只写进章程，有些股东——尤其是小股东——又不放心，认为现在说得好好的，到时候你们把章程一改，我们不就完了？

表 3-4 股东协议、公司章程、股东会决议对照表

文件名称	出现时间	通过	修改	作用	约束力
股东协议	任何时候 / 发起人协议在公司设立前	签约股东 / 设立协议、发起人协议为全体发起人	全体签约人一致同意	约定股东权利义务	只约束签约股东
公司章程	公司设立时必备	全体发起人 / 创立大会（股份公司募集设立）	股东会特别多数决	公司的"宪法"	对公司、股东、董事、监事、高级管理人员都具有约束力
股东会决议	随时	股权多数决		决定重大事项	对公司、股东、董事、监事、高级管理人员都具有约束力

（二）协议和章程的不同作用

如果把公司看作是一个孩子，那么，协议主要是为了生一个健康宝宝，并且约定在把孩子养大的过程中，父母——也就是股东——必须做什么，不能做什么；而章程主要是规定这个孩子如何学习和生活，如何健康长大，如何成才。协议主要约束股东行为，章程主要约束公司行为（包括公司的"董监高"）。

在实战中，一般来说，协议和章程的使用，有如下要点。

（1）股东之间的权利义务适合用协议，公司本身的运作适合用章程。

（2）凡是需要约定得比较"死"的用协议；需要有灵活性的用章程。何故？章程比协议更方便修改。

（3）协议不能约束第三人（非签约人），因此，若要对全体股东（不论是否签约）都有效，须用章程；章程规定的是公司里面通用的规则，不方便规定某个特定人的权利义务，因此，特定股东的权利义务适合用协议。

（三）避免协议和章程冲突

虽然协议和章程侧重点不同，但是内容难免有交叉和重叠。如果股东协议与公司章程发生冲突，它们两个到底谁大？应当如何解决？对此，专家都说不清楚。正如前面提到的"真功夫"事件，后果非常严重。

从风险防控的角度上讲，我们要遵循"一米线"原则，也就是离风险远一点，尽量不干这种让专家都要争论半天的事情。

因此，我们要做的是，不能让股东协议和公司章程冲突。

如何防止协议和章程冲突呢？

最好的办法就是，制定这两份文件的时候，保持协调一致，不让它们发生冲突。

这还不够，为防止以后协议变更、章程修改导致冲突，还要有解决冲突条款。解决冲突条款应放在股东协议而不是章程里面。

一般有几种处理方法，可以根据实际情况选择。

第一种方法：协议里明确约定，当协议和章程发生冲突的时候，以章程的规定为准，也即协议为章程让路。保持章程的权威，对公司的长远发展是有好处的。因为章程更方便修改，这样可以保持内容的鲜活，能够适应不同的外部环境和内部情况。

第二种方法：以章程为大，但是保留协议的某些条款，这些条款章程也不能违背。这种做法可能更容易满足多数人的需要。

第三种方法：协议为大，章程不能与协议发生冲突。这种情况，多半是因为股东的博弈很激烈，而且大家对协议很自信。

第二种和第三种方法，还可以约定：谁要是在股东会上提出与协议不一样的提案，或者对这样的提案投赞成票，都是违约，要承担违约责任。

最后，提醒大家，制订股东协议和公司章程，是非常专业的事情，最好聘请专业人员协助。自己做，成本太大。做的成本大，试错的成本更大。

套用模板也不可取。天下没有一个对所有公司都适合的模板。即便你找到一份看起来不错的文本，可那是针对某个企业制订的，不一定适合你。人家关注的，可能对你并不重要，人家提都没提的，对你可能会致命。

五、做好股权登记

（一）股权登记与股权确认

1. 工商登记是公示方式，不是设权行为

好多人认为，股权只要没进行工商登记，在法律上就不算数。其实，工商登记只是股权状况的法定公示方式，不是股权设立和转移的必要条件。

什么叫公示？就是公布、展示出来，让世人都能够看到，主要是让利益相关者能够看到。准备跟公司打交道的人、准备受让股权的人等等都是利益相关者。

工商登记不是设权行为，但我们并不否认工商登记的重要性。相反，要高度重视工商登记，尽量让股权实际情况跟工商登记情况一致。两个原因：其一，不登记

不能对抗善意第三人；其二，广大民众，包括某些行政机关甚至司法机关，都习惯性地把工商登记理解为股权设立和转移的标志，不登记会产生很多混乱和麻烦。

2. 重视内部登记

根据《公司法》的规定，除了登记机关的登记外，公司还应该办理股权内部登记。

内部登记包括两个动作，一个是置备股东名册；另一个是向股东签发持股凭证。

持股凭证，在有限公司叫出资证明书，在股份公司叫股票。持股凭证由公司盖章、法定代表人签名或盖章。

其实，根据公司法律制度，股东名册和持股凭证才是股权真正的效力性标志。公司根据股东名册通知股东开会，向股东派发红利，股东凭持股凭证向公司主张权利。

内部登记证权和外部登记公示，内外结合，既有利于保护股东的合法权益，又有助于保护第三人合法权益。

遗憾的是，现有公司，十之八九没有做内部登记。好多投资人，或者拿着一份不伦不类的协议，或者拿着一张不清不楚的收据，甚至仅凭资金往来凭据，就想证明自己的股东地位。这种做法很危险。

3. 股份公司股权登记的特别规定

根据《公司法》，有限公司的发起人股东都要进行工商登记，股权变更、增资扩股都应进行工商变更登记。

股份公司，只对发起人股东进行工商登记，非发起人股东，如募集设立时的募集股东、受让股权的股东、增资扩股产生的股东都不进行工商登记。

不进行工商登记，在哪里登记呢？股东名册。股东靠什么证明自己的股东资格？股票。

股权转让如何完成？记名股票，在股票上背书，写清楚即实现转让；无记名股票，交付即实现转让。

这一点，与大多数人的理解不同。

（二）非法定出资如何登记？

1. 问题

非法定出资，如果要进行工商登记，难题是：登记机关不承认这种出资方式，不给登记。

举例：如果一个企业，约定的出资总额为 1000 万元，这 1000 万元包含了货币出资 700 万元，劳动力出资 100 万元，智力出资 100 万元，资源出资 100 万元。如何登记？

这个问题主要发生在有限公司。股份公司如果非法定出资人做发起人股东，与有限公司相同。否则，不存在登记机关登记的问题。

2. 两种登记模式

对非法定出资，一般推荐三种登记方式。

第一种方式：认缴模式。

以 1000 万元作为注册资本登记，其中 700 万元属于实缴，其他属于认缴。谁认缴？谁名下的股权谁认缴。

可是，这几个人都没有准备实际出资啊，怎么办？好办，用他们的报酬出资。在公司任职的有薪酬，不在公司任职的有劳务费、顾问费、居间费等收入。根据他们签署的公司章程，公司一旦成立，他们就欠着公司的注册资本金；根据公司与他们签订的劳动合同、顾问服务合同或者其他服务合同，公司应向他们支付报酬。

第二种方式：权利让渡模式。

直接以 700 万元作为注册资本登记，按照约定的比例登记到各位股东名下。

相当于货币出资的股东对非货币出资的股东进行了权利让渡。这种让渡，法律上可以理解为赠与，但是这个赠与是有条件的，就是非货币出资的股东要按约定为公司做出贡献。

这种方式，登记的出资情况与约定的出资情况不一致，但是登记股权状况（持股比例或份额）与实际约定是一致的。

第三种模式：个人借贷模式。

注册资本金 1000 万元，由货币出资人垫付，全部实缴，非货币出资人领到报酬后还给垫资人。

第一种模式，好处是与实际情况相符，弊端是在公司向个人支付报酬环节存在不菲的税负。还有，注册资本有认缴，股东存在资本补足责任，在补足以前，还可能影响公司股权融资。

第二种模式，好处是注册资本不拖泥带水，全部实缴，弊端是注册资本显得小了。在这种模式下，一般不存在交税的问题——持股人对公司所做贡献不体现为报酬。当然，股东赠与理论上还是存在税收问题的。如果税务机关理解为股权支付，同样存在税收。

第三种模式，好处是注册资本全部实缴到位，弊端是股权确定，只存在借贷关系，如果非法定出资人不履行自己的义务，股权回转比较困难。

3. 如何面对非法定出资人信誉风险？

如果非法定出资人不按约定履行义务，已经登记的股权就得回转。

在第一种登记模式下，这种回转，顺理成章，因为他的出资处于认缴未缴状态，根据章程取消股东资格，法律上没有异议。当然，如果他本人不配合，还得通过诉讼解决。

第二种登记模式，货币出资股东赠与他的出资是有条件的，根据约定，赠与条件不成就，可以撤销赠与，这在法律上也没问题。只是，如果双方对条件成就与否有不同理解，就会产生争议。

第三种登记模式，非货币出资人的出资已经到位，只存在股东之间的借贷关系，即便非法定出资人违约，没有偿还借款，也不等于可以否定其股东资格。这是需要特别注意的。

综上，非法定出资人的股权是否一开始就在登记机关登记到位，需要慎重考虑。

一般情况，如果信任度极高，股权登记可以一步到位，万一发生非货币出资人不按约定履行义务的情况，再根据合同回转股权。

如果信任度不够，稳当起见，股权还是先登记到货币出资人名下，等非货币出资人按约定履行义务以后，再变更登记到他名下。这种变更，如果是近亲属关系，可以通过赠与的方式解决；其他关系，不论转让还是赠与，都存在转让所得税的问题。

不论如何登记，都要建立在股东协议约定的基础上，尤其要把非货币出资人的义务、变通登记方式以及违约责任约定清楚。

（三）股权代持：危险的游戏

股权代持的问题很普遍，问题也比较多，今天我们来探讨一下。

1. 股权代持的法律评价

股权代持，被代持人为隐名股东，又叫真权利人；代持人为显名股东。

法律如何评价代持？

一方面，被代持人与代持人之间，法律看作是一种代理关系。法律承认并保护这种关系。也就是说，当被代持人有证据表明自己是真权利人时，法律保护被代持人的权利。

另一方面，如果第三人依股权登记状况，以为代持人是真正的股东，与其发生股权交易，法律比照物权善意取得的原理处理。也就是说，如果第三人为善意——也就是对股权的真实权利状况不知情，支付合理对价，并且完成股权交付的，第三人取得股权，真权利人不能要求返还。

2. 在股权代持中，各方主要风险

被代持人风险：

（1）被侵权风险。代持人转让，第三人善意取得，自己权益受损。

（2）权力丧失风险。代持股权可能成为代持人的债权人追索对象。

（3）股权确认风险。如果代持人否定代持关系，需要举证证明自己是权利人。

（4）行使股东权利不便。公司以外的单位或个人，甚至公司本身，并不认为你是股东，你要行使股东权利，只能通过代持人，很不方便，权利很难保障，甚至某些权利无法实现。

（5）有限公司隐名股东变显名股东面临阻力。例如，其他股东行使优先购买权导致隐名股东难以成为真正的股东，可能需要承担高额税费，等等。

代持人风险：

（1）如果需要股东承担资本责任，债权人会以代持人为被告，这时你不能用代持关系抗辩。

（2）如果代持股权的同时代持职务，当公司经营异常时，有可能被列入工商登记黑名单，甚至征信黑名单，自己权利受到限制。

公司风险：股权混乱和股权争议会影响公司正常运作。

3. 风险防控建议

被代持人：

（1）股权尽量不要代持；

（2）特殊情况确需代持的，应签订清晰的代持协议，至少由代持人出具一份代持声明；

（3）保留出资凭据；

（4）工商登记为代持，但是现实中尽量由自己亲自行使股东权利。也就是工商层面隐名，公司层面显名；

（5）随时关注公司及代持人动向，尤其是工商登记变化情况。不要等股权都被转走好几年了，才请律师维权。一旦股权被转让两手以上，想拿回股权，比登天还难；

（6）代持理由一旦消失，尽快变为显名股东。

代持人：

（1）在存在出资责任风险的情况下，尽量不要代持；

（2）在代持股权的同时，如果公司经营风险较大，尽量不要代持职务。

公司和其他股东：

（1）股东协议应由真权利人签署，协议里面写清楚代持情况。真权利人应保证代持人遵守协议和章程，保证不因代持纠纷影响公司运作，否则承担赔偿责任；

（2）除明示外，代持关系，自行负责处理，公司及其他股东不予承认；

（3）登记权利人与实际行使权利的人不一致时，应由登记权利人出具授权委托书存放于公司。

4. 操盘者通过代持掌控公司并不可靠

有些公司操盘者希望通过代持来掌控公司，可是，这种掌控并不可靠。一旦被代持人主张权利，你的掌控就会受到挑战。

原因在于，既然是代理关系，代理人应当听被代理人的。就算你通过协议约定代持人可以直接行使被代理人的权利，在法律上，这只不过是一种委托关系，根据合同法，委托关系是随时可以解除的。

王小板的收获与感悟：今后做公司不能再"缺德"

本课结束，王小板是深有感触。

他过去组建或参与组建的公司，在法律手续方面一塌糊涂——没有股东协议，章程照搬照抄，登记草率。

1. 现成资源项目，现在看来，职业经理人 10% 的股权不应该提前登记。

2. 市场优势项目，特别缺乏一份股东协议。双方出资、占股比例、各自的权利义务、退出机制等等，都应该用协议的方式固定下来。尤其是项目负责人出资少、占股多，这里面的权利义务，一开始必须在协议中约定清楚。

3. 参股项目，在实际出资不多的情况下，注册资本虚高，增大出资风险，股东至今麻烦不断。虽然自己不是发起人股东，与自己无关，但是必须引以为戒。今后再参股任何一家公司，一定要亲自关注注册资本，亲自签署相关法律文件，不能签一份委托书了事。

面对将要组建的公司，相关问题需要与未来的股东协商决定。王小板初步想法如下。

1. 一定要签署尽可能完备的股东协议（发起人协议）。如果大易答应做顾问，请他把关。

2. 一定要制定个性化的公司章程，重点是明确公司运作机制。具体内容，听完后面的课程再定。

3.关于股权登记，跟全体股东协商，在协议中明确：直接以现金和实物出资作为注册资本（按自己的规划，应该是600万元），按约定持股比例（对应相应的股份）进行登记。股东出资义务，在协议中明确，未缴出资，相当于股东对公司的负债。如果股东未按约定出资，解除部分或全部股权。

这样做的理由：

（1）新公司主要做海外项目，注册资本大小，对业务影响不大。

（2）不欠缴注册资本，降低股东们的出资风险。

（3）不欠缴注册资本，方便后续增资扩股。

（4）非法定出资股东，都是可信度较高的人。

4.全体股东以所持股份行使股东权利。

第四章 掌盘

立法令者以废私也，法令行而私道废。

——《韩非子》

世界上的一切都必须按照一定的规矩秩序各就各位。

——（波兰）莱蒙特

构建科学的公司治理机制，用股权工具促进公司的发展，是老板的第一专业。

——本书作者

第9课　公司治理：企业家的必修课

公司需要有良好的治理机制。好的治理机制，像发电机，可以输出源源不断的动力；好的治理机制，会遏制过分的私欲，把坏人变好人；好的机制，能化解股东矛盾，减少股权战争。

一、法人独立：公司良治的前提

前面讲到，公司是独立法人。法人独立是公司良治的前提，也是股权工具运用的前提。

现实中，一些民营企业老板，没有法人独立的概念，把自己与公私混同，自己的财产与公司财产混同。这样的企业本质上不是公司，相当于个体户，或者个人独资企业。

其实，公司姓"公"不姓"私"，必须维护法人独立。

法人独立，包括法人人格独立和财产独立。法人人格独立，主要是从观念上把老板——包括其他股东——和公司看成完全独立的民事主体，在民事行为中，分清楚什么是公司行为，什么是老板行为。这个不难。我们下面主要讨论财产独立。

（一）破坏财产独立的危害

破坏财产独立带来的问题，主要表现在以下几个方面。

1. 引发股东矛盾

如果公司只有你一个股东，你拿走公司的钱，至少内部没有人找你的麻烦。但是只要存在两个以上的股东，你拿走公司的钱，其他股东不会答应。

我们很多老板，因为从个体户起家，常常把公司的财产和自己的财产"自然混同"，公司有钱就拿走，公司没钱就拿进来。

股东多了之后，只要财产混杂不清，即便你没有贪公司的钱，也难免"瓜田李下"之嫌，其他股东会猜忌，引发股东纠纷。

有一个老板，小股东怀疑他侵吞公司财产，于是举报他一系列罪状，如偷税、合同诈骗等等。他被抓进看守所，待了八个月，费了九牛二虎之力才放出来。出来之后，他说，我比窦娥还冤啊，我哪里贪钱了嘛，我自己就占78%，我贪一块钱，里面有七毛八本来就是我的，我何苦呢！

看起来，这个老板的确是冤枉的，可是他平时跟公司就不清不楚，又不善于跟小股东沟通，怪谁呢？

2. 引发刑事责任

随意拿走公司的钱，可能触碰两个罪，职务侵占罪，或者挪用资金罪，相当于体制内的贪污罪和挪用公款罪。

过去有老板因为这个被判刑，跳起来了，说：公司是我自己的，公司的钱，别人拿走叫职务侵占，我拿走，怎么叫职务侵占？

不错，哪怕只有你一个股东，你随便拿走公司的钱，也叫职务侵占。

法律为什么要这样规定？这跟有限责任制度有关。

我们知道，公司对债权人是承担有限责任的，一旦公司清算，债权人的钱有可能得不到偿还。由于股东对公司只承担有限责任，因此，正常情况下，债权人不能追及股东的个人财产。这有助于提高人们投资的积极性，但对债权人是不公平的。因此，国家运用法律强制力，在允许股东承担有限责任的同时，对股东提出了要求，即，除了承诺投进来的钱（注册资本）必须要投，且不能抽逃外，你不能随便拿走公司的财产，否则不但要返还，还可能被追究刑事责任。显然，这是为了保护债权人权利，也是为了保障整个社会经济秩序正常运行。

如果是个体工商户，个人独资，或者个人合伙，没有注册资本，没有财产独立，也不存在职务侵占或者挪用资金之说。因为投资人承担的是无限连带责任，也就是说，商号或者企业欠钱，最终都会无限制地追到个人身上去。

3. 无法运用股权工具促进公司发展

用股权工具促进公司发展，对外，主要表现为股权融资，对内，主要表现为股权激励。

道理前面已经讲过，外部投资人一旦进来，就是公司股东，你随时有侵犯股东权益的可能性，他如何敢来？

同理，股权激励，就是把员工变成股东，你与公司财产混同，公司的钱随时可以变成你的，员工持股有什么价值？

（二）如何做到财产独立？

现实生活中，侵犯公司法人独立性的，往往是大股东或者实际控制人。

如果你是大股东，实际控制人，你要带头做到以下几点。

1. 股东的财产跟公司的财产分离，不要混同

你是公司创始人，在情感上，你怎么想都行，你可以把公司看作你的孩子、你的爱人，甚至你的生命。但是现实中，公司是公司，你是你，要截然分开，不要混为一谈。作为公司的一个股东，股权是你的，公司资产不是你的。

你要拿走公司的钱，只有几种理由是合法的：第一是分红；第二是分配剩余财产；第三是合法借贷。

分红，分的只能是利润，不能是注册资本；分红之前，还需要提取法定公积金；分红，是全体股东的事情，哪一个股东拿走钱，不能叫分红。

此外，分红，还要上缴20%的个人所得税，你随便拿走钱，逃掉了国家的税款，也可能构成犯罪。

分配剩余财产是公司清算后的事。

借贷，要做到账目、凭据清楚。

你的钱，也不要随便放到公司。如果公司需要，你也愿意把钱放到公司运作，要弄清楚法律关系，要么是股权投资，这得经过一定的法律程序，并且要进行股权变更；要么是借贷，这得有财务手续。

破坏财产独立，还有可能增加税负。如果搞得不明不白，你把钱拿进来，没人管你，你一旦拿走钱，税务机关就会向你要分红所得税。如果是借贷，你收回借款，不存在税的问题。

2. 公司的财产与其他单位的财产分离，不要混同。

对民营企业来讲，母子公司、兄弟公司之间的财产很容易混同。在老板看来，资产放在哪里都一样，左手跟右手的关系。可是如果每个公司有不同的股东之后，他们的看法就不一样了。就算没有其他股东，如果财产混同，每个公司考核经营绩效，实施股权激励，都会有障碍。

3. 老板在公司的劳动报酬要清晰

你在公司任职，该拿报酬拿报酬，该报销费用报销费用，公事公办，往来清晰。

4. 关联交易透明，公允

尽量不要跟公司有关联交易。必要的关联交易，要做到透明、公允，以打消其他股东的疑虑。股东协议或公司章程有特别规定的，要不折不扣地遵守。

公司与个人的资产边界，过去不太清楚没关系，你可以从某一个节点开始，把个人与公司的资产边界厘清，然后，在以后的运作中保持清晰、规范就行了。这种节点很多，例如融资、并购、股权激励等等。

（三）财产独立难点分析

把自己跟公司分清楚，难吗？其实，一点都不难。

首先，从观念上，你要弄清楚，你跟公司的财产关系清晰，不影响你赚钱，赚钱不是靠混同。你有听过马云和任正非跟公司不清不楚，甚至占点公司的小便宜吗？没有吧？可是他们缺钱吗？

其次，我们要明白，所谓清晰，主要是指账上清晰。

你拿走公司的钱，临时周转，打个借条可以吧？同时会计在账上记入"其他应收款"科目。公司缺钱，你把钱放公司里，让公司给你出具收据，可以吧？会计计入"其他应付款"科目。很简单的嘛。

当然，你也不能账上清清楚楚，事实上含含糊糊。公司资产，你不能随便挪用，或者借了长时间不还。只要你有财产独立的概念，账务又是清楚明白的，要做到事实上清晰，也就不难了。

有些企业有两本账——当然这样做是违法的，我们不提倡这样做。但是假如存在这种现象，暂时改不过来，也不影响法人财产独立。你只要在真实的账务层面，按刚才说的去做，做到资产清晰，分红清晰，往来清晰，就行了，如此而已。

二、公司治理机构

目前，市场上很多民营公司，从来没有开过股东会，董事会基本上不存在，监事或者监事会形同虚设，董事长只存在于名片上，只有总经理是实的。

当公司只有一个股东并且由这个股东亲自经营管理公司的时候，这没什么问题，反而更高效。可是当股东越来越多之后，公司就需要有科学的治理机制，而构建科学的公司治理机制，首先要把治理机构梳理清楚。

（一）正常情况下的治理机构及其运作要点

根据我国公司法律制度安排，公司的整体运行机制如下：

由全体股东组成股东会（股份公司叫股东大会，下同），决定公司的重大事项；由股东会选举董事，组成董事会，负责公司的经营决策；由董事会聘任经理——习惯上叫总经理，负责日常管理，实现董事会做出的经营决策；由股东会选举监事，组成监事会，代表股东对董事、经理及其他高管人员进行监督。

股东会、董事会、经理层层负责，监事会向股东会负责。各机构各司其职，互相制衡。

下面是几个主要机构运行规则。

1. 股东会议事规则

股东会，以会的形式运作。要形成决议，需要由股东投票表决通过。股东的投票权利，叫作表决权。

有限公司的表决权按百分比算；股份公司的表决权是按份算的，每股有一份表决权。

不论有限公司还是股份公司，通过决议有两种，一种叫普通多数决，也叫一般多数决或者简单多数决，超过表决权的二分之一即可通过，可以决定股东会职权里面的一般事项；一种叫特别多数决，达到表决权的三分之二才能通过，决定股东会职权里面的重大事项。

有一点要特别注意，有限公司计算通过率是以整个公司的表决权作为基数的，而股份公司是以到会股东所持表决权作为基数的。当然，委托代理投票也是可以的。

2. 董事会议事规则

跟股东会一样，董事会也是以会的形式运作。

董事会一般由单数董事组成。法律规定，有限公司董事会3~13人，股份公司5~17人。实际操作中，董事不要太多，否则会议召集难度大，决策成本高。

董事由股东会选举，董事长由全体董事推举。董事长主持董事会工作。

董事会与股东会不一样。股东会表决，按股东所持表决权投票；董事会表决，是按人头一人一票。董事会表决，由过半数通过。这里的过半数，应该是全体董事过半数，而不是参会董事。

董事长，是董事会的召集人和主持人。在表决时，董事长也只有一票，没有特权。但是董事长的职位特别重要，一方面，作为召集人、主持人，他可以在很大程度上影响董事会的表决结果。另一方面，在董事会不开会的时候，他可以代表董事会检查、督促董事会决议的执行情况，他还可以根据董事会的授权，代行董事会部分职权。

需要注意的是，当董事是有责任的。董事会的决议违反法律、行政法规或者公司章程、股东大会决议，致使公司遭受严重损失的，参与决议的董事要对公司负赔偿责任。但在表决时曾表明异议并记载于会议记录的，该董事可以免除责任。

3. 经理的地位和作用

经理是最高行政首长，公司的具体运行，由经理负责。经理的主要职能是执行，而不是决策，但是，经理绝不是"没脑子"的，相反，经理应纵观全局，明察内外。董事会的议案，大多是由经理提出的。同时，经理对很多具体事务，是有决定权的。

注意，经理是拿着整个工作成果向董事会而不是董事长负责的。当然，在岗位图上，董事长是经理的直接上级。毕竟，董事会不是天天开，在董事会闭会期间，由董事长代行董事会部分职权。

经理是一个人，但是在公司治理构架中，可以看作一个机构。

经理可以个人决定，也可以——但不是必须——和副总经理、财务负责人组成总经理办公会，行使某些经理职权。

我们常说"董、监、高"，经理、副经理以及财务负责人即"董、监、高"里面的"高"——高级管理人员。公司章程可以对高管人员的范围做出具体规定。

（二）公司治理机构的变通运用

实践中，对法律规定的治理机构，可以变通运用，要点如下。

1. 股东会：正常情况下都要有

这是必须要有的。除一人有限公司外，它天生就存在。同时，法律规定，公司的许多职权，必须由股东会行使。例如，你到工商登记机关办理增资扩股登记，必须出示股东会决议。

一个股东的公司不存在股东会，用股东决定代替股东会决议。

2. 董事会：小公司弱化，大公司强化

有限公司，如果股东人数较少，公司规模较小，不用设董事会，设一名执行董事即可。因为既开股东会，又开董事会，往往都是这几个人，效率低，没有必要。

股份公司，法律规定，必须设董事会。

在股东人数较少、公司规模较小的情况下，即便形式上有董事会，也可以把董事会弱化。例如，股东会跟董事会一起开，决定重大事项。会议记录做两份，或者一份写清楚。

在股东人数较多，或者公司规模比较大，经营比较复杂的情况下，要强化董事会。一方面，股东会人多，召集成本大，决策效率低，需要高效的董事会决策。另一方面，公司大了，经营复杂，需要高质量的董事会进行经营决策。

这种情况下的董事会，董事不能随便凑数，必须要有能力，有水平，有互补

性。最好有外部董事，外部董事可以弥补内部董事专业上的不足，同时，外部董事相对比较独立和超然，能够提升决策质量。

我说的外部董事，可模仿上市公司独立董事制度，但外部董事不一定是独立董事。

3. 监事会：做实

有限公司可以不设监事会，而是设置一到两名监事。如果设监事会，由3名以上的监事组成。

股份公司必须由3名以上的监事组成监事会。

董事和高管人员不能兼任监事。每个监事可以独立行使某些监督权。但是监事会要形成决议，跟董事会一样，需要开会、讨论、表决。

监事或者监事会的职能要做实，不要形同虚设。

（三）被多数人误解了的法定代表人

公司治理中，有一个非常重要的职务——法定代表人。

法定代表人有什么权力？有什么责任？有什么风险？

如果你是大股东，你当不当法定代表人？

如果你只是一个参股小股东，让你当法定代表人，你当还是不当？

要是有个老同学跟你说，他要搞一个公司，可是自己不方便做法定代表人，想麻烦你帮个忙，登记为他们公司的法定代表人，你干还是不干？

现实中，很多人对上述问题多有误解，因此专门提出来讲一讲。

1. 公司为什么要有法定代表人？

公司是一个组织，法律上把它看作一个人，因此称法人。法人具有独立性，可是没有头脑，没有手脚，没有嘴巴，因此必须有一个人跟它同时产生，代表它做出意思表示，这个人就叫法定代表人。

有些人管法定代表人叫法人，不对，弄混了。公司才是法人，不要混淆。

法定代表人天生就能够代表公司，反过来讲，公司天生就需要法定代表人来代表。当然，法定代表人可以授权其他人，让他们代表公司去做事情，那些人叫"授权代理人"。在公司里面，除了法定代表人，其他所有人的职务行为，都可以看作授权代理行为。

根据《公司法》的规定，公司的法定代表人由董事长或者总经理担任。一般理解，只能由这两个人当中的一个担任。

澄清一下：法定代表人可以不是股东。其实，"董、监、高"都可以不是股东。

2. 法定代表人有什么权力？

法定代表人的权力没有一般人想象的那么大。法定代表人行使权利的依据是股东会或者董事会的决议。当然，普通的公司行为，法定代表人可以自己判断，决定是否代表公司做出意思表示。

法定代表人对公司没有经营管理权，那是董事长、总经理和其他高级管理人员的事情。

那么，法定代表人重不重要？非常重要。因为只有他可以直接代表公司做出意思表示，其他人都需要授权。

尤其在发生纠纷的时候，法定代表人做或不做意思表示，甚至出面阻止意思表示，都显得很方便。再把话说明白一点，在这种情况下，法定代表人一方拥有很大的主动权。

现实生活中，根据《公司法》，法定代表人同时又是董事长或者总经理，一般是董事长，因此，这个岗位的分量就更重了。

3. 法定代表人承担什么责任？

公司的对外责任，法定代表人是否需要承担？答案是除非他有故意或者重大过失，否则他不承担什么责任。

民事责任，例如公司欠债还不起，不会让法定代表人还。

行政责任，公司有什么事，行政机关要么罚公司，要么罚行为人，不应罚法定代表人。当然，在某些特定领域，如安全生产，某些行政规章规定法定代表人要负责的除外。其实，这种规定，更应该指向董事长、总经理职位，而不是法定代表人职位。

刑事责任，跟行政责任类似，公司犯罪，对公司处罚金，对行为人判刑。除非你是行为人，否则不能仅凭你是法定代表人就判刑。

以前，好多煤老板，担心煤矿出事，于是找一个放羊的，给他点钱，把他的身份证拿来，将其登记为法定代表人，甚至董事长。心里的小算盘是一旦有什么事情，自己逍遥法外。但实际上，如果煤矿真出事了，刑侦机关把法定代表人抓过来，一看，放羊的，啥事儿也不管，啥事儿也不知道，就放了。去抓实际控制人，实际责任人。

4. 法定代表人有什么风险？

如果你是公司的法定代表人，公司有什么事情，你首先会受到怀疑，甚至讯问。这算是一个风险。

此外，如果公司出现破产、执照被依法吊销等情况，你可能被纳入工商黑名单,在锁定期内,不能再担任其他公司的"董监高"职务。公司出现负面信息,你的声誉也可能受损。

还有,这是最重要的,如果公司欠债,不能履行生效裁判文书,公司可能被纳入失信被执行人名单,还可能被限制消费,公司的法定代表人、董事长、总经理等职务会被同时纳入和限制。到时候,你将买不到机票、火车软卧票、高铁票,还会被限制其他高消费。

如果你的出行是因私,比如假期带孩子出去旅游,理论上可以放行,但是等你把各种手续办完,假期都已经过去了。

结论:如果你是大股东、主要操盘者,担任法定代表人,当仁不让,否则应慎重。一般不要去当只是挂名的法定代表人。

三、决策机制:公司的事情谁说了算?

(一)几种常见误区

你是老板,当公司只有你一个股东的时候,什么事情都是你一个人说了算。股东多了,事情谁说了算?

在现实中,经常看到以下不健康、不科学的现象。

现象一:过于独裁

什么事都一个人说了算,常常引发股东矛盾,且决策质量堪忧。

现象二:权力边界不清

几个股东,商量好,一般的事情老大说了算,大事大家一起商量。

可是,没干几天,什么是大事,就搞不清楚了。这个说,老大,你不能这样啊,这么大的事情,不和大家商量商量,你就做了?!老大说:啊?在我看来,这是小事啊。

现象三:过于民主,决策成本高

几个股东说:咱们公司凡是2万元以上的支出,必须几个人共同签字。

开始还好,大家容易达成一致,该签字都签。股东"蜜月期"一过,只要有一个哥们儿不高兴,不签字,事情就做不动。

现象四:权力无序分散

几个股东,谁都是主人,谁都有权利。包括股东的太太、股东的爹都可以在公司里指手画脚。

时间一长，股东之间就会打起来。同时，其他人很难在公司生存。

（二）企业决策机制要点

1. 该独裁独裁，该民主民主

构建科学的决策机制，应保持的态度是：该独裁的独裁，该民主的民主。过分独裁有问题，但是过分民主也未必就好。

公司，尤其是创业型公司，事情多，市场瞬息万变，如果什么事情都需要商量，公司死定了。因此，公司运作中大量的事情需要独裁。

创业型公司，一般来讲，下面三种类型的事务需要民主，也就是由股东会开会决定。其他的事情以独裁为主。

（1）法律上明确规定需要股东会通过，同时外部机关或单位要求出具股东会决议的事项。

例如增资扩股，公司合并分立，公司对外担保（根据章程，可以是董事会）等等。

这类事情，你即便是走形式，也得严格按照法律规定来，别造假，否则，任何股东都可诉你的行为无效。

（2）涉及股东切身利益、容易产生股东矛盾的事项。例如公司股权激励方案、公司利润分配方案等等。

（3）事关重大，或者疑难复杂，需要大家群策群力的。

2. 股东会职权个性化

《公司法》规定了股东会职权，这个规定，一般都会原封不动出现在你们抄来的章程上。但是，公司里面很多事情，很敏感，容易发生矛盾，《公司法》并没有提及。立法者的意思是留给股东自己去规定。因此我们需要在章程里面进行个性化规定。

需要对股东会职权作个性化规定的事项，每个公司不同。以下事项，比较常见，供大家参考。

（1）大额固定资产的购置及处分；

（2）大额对外借贷；

（3）员工股权激励方案；

（4）对外担保；

（5）管理层薪酬奖励方案；

（6）重要规章制度（如财务管理制度）。

上面第4项，按《公司法》的意思，可以放到股东会，也可以放到董事会。

第5项、第6项，按公司法的意思是放到董事会。但是我建议，创业型公司，这些都放到股东会。理由有二，其一，这些问题很重要，往往涉及部分股东的切身利益（某些股东本身就是薪酬奖励的对象），容易发生矛盾；第二，小公司董事会往往是虚的，放股东会比较实在。

另外，《公司法》规定的特别多数决事项，一般理解，你不能往下减，但可以往上增。

按照《公司法》规定，需要特别多数决的有：修改公司章程，增加或者减少注册资本，公司合并、分立、解散，变更公司形式。其他事项都适用简单多数决。股东可以根据需要合理增加特别多数决事项。

3. 股东会通过比例个性化

前面讲过，股东会做出决策，有两种，一种是一般多数决，通过比例要超过二分之一；一种是特别多数决，通过比例要达到三分之二。通说认为，这两个比例，可以往上调，不能往下调。

例如，一个公司大股东持股67%，其他股东说了，老大，你持股比例那么高，公司的事情不论大小，全部是你说了算，这不太好，重大事项不能都你一人说了算，你得拉上点其他人同意你的观点才行。大股东接受，于是在章程中把特别多数调到70%。

究竟调还是不调，要根据公司股东博弈情况和股权结构状况，通过股东协商决定。

总的来讲，可以对大股东有所制衡，但同时要保障公司决策效率，还要防止小股东故意捣乱，影响公司发展。

（三）决策机制注意事项

1. 机构之间，职权不重叠不空白

把股东会职权理顺了，董事会、总经理一层层理下来，就顺畅了。一般来讲，凡是上一级机构"决定""批准"的事项，就需要下一级机构"制订""拟订"，掌握好这个规律就行了。

要做到机构之间职权不重叠不空白，需要一定的经验和技巧。

不重叠，这好办，你多检查几遍，就不会重叠了。

不空白，你用兜底条款搞定，在股东会职权里面，最后写一句：其他股东会认为应由其决定的事项。

在董事会职权里面，最后加上：决定除应由股东会决定以外的其他事项。

在经理职权最后面加上：除股东会、董事会决定事项以外的其他事项。

这样就一网打尽了，不会出现空白，而且有收有放，收放自如。

2. 机制构建要有前瞻性

最后，请注意决策机制，包括后面要讲的管控和监督机制的构建，要有前瞻性，不要只顾眼前。

黄光裕在这方面就吃过亏。当年，国美上市以后，黄光裕准备减持公司股票，但是又害怕丧失控制权，于是亲自主持股东会修改了章程，赋予董事会很多权利，如可以决定定向增发股票，可以决定董事人选，可以决定员工股权激励方案等等。一时间，国美董事会成了"世界上权力最大的董事会"，当然这是在香港的法律体系下才能实现的事情，依中国大陆法律是不可以的。

很明显，黄光裕的意思是，董事会是自己操纵的，今后即便自己的持股减少，也可以通过董事会牢牢控制公司。哪知道，后来自己锒铛入狱，陈晓继任董事会主席，用这些权利对付黄光裕，把黄家搞得很被动。

四、管控和监督机制：让公司更健康

（一）打破面子：管控就该名正言顺

我们中国人顾面子，搞股权合作，一开始都不好意思谈管控。甚至有人提起这方面的问题，都会受到反对。现实中我常常听到这样的腔调：

"咱们两个，谁跟谁呀，那可是睡上下铺的兄弟，你说那些（管控措施），都用不着！"

"咱们几个，都不是把钱看得太重的人，没有问题的！"

我们常开玩笑说，把钱看得不重的人，据说只有两种，一种还没出生，一种已经死了。何况，公司是营利组织，做公司就是为了赚钱，把钱看重一点，其实本身并没有什么毛病。

良好的管控机制，有利于公司风险防控，对公司经营管理者，也是一种保护。

例如，银行账户，如果把控制账户的相关物品、要素——卡、密码、U盾等——都交给一个人保管，就算股东对他放心，可是你放心绑匪吗？他搞定一个人就能得到几百万元，管理者包括他的家人就危险了。如果两个以上的人才能控制一个账户呢？研究表明，罪犯要多对付一个人，他的难度要大好几倍。如果公司的账户由好几个人管，绑匪只能选择放弃。

（二）旗帜鲜明：监督就是基于不信任

一谈监督，就有人说：你怎么不信任人呢？连这点信任都没有，还合作什么呀？

有一个观点要旗帜鲜明：监督，就是基于不信任。

一定程度的信任是合作的基础，但是公司的生存和发展不能仅凭信任，还需要机制。监督机制缺乏，容易发生股东矛盾，对公司操盘者和其他经营管理人员也不是什么好事——贪腐都是培养出来的，贪腐终究会给贪腐者自身带来伤害。

人和人的信任，是相对的，也是变化的。这个人今天值得信任，明天可能就变了，只有机制能够以不变应万变。反过来，适当的监督，可以防控舞弊，消除误会，把股东矛盾消灭在萌芽状态，恰恰有助于维护健康的股东关系，也有利于经理人员的健康成长。

（三）实战建议

这里讲的管控和监督，是公司治理机制，是站在顶层角度考虑的，但是，在讲具体措施的时候，会涉及一些管理手段，因为治理和管理是无缝连接甚至是水乳交融的。

1.股东通过岗位人事权进行管控和监督

基于管控和监督的需要，可以对相关岗位作如下处理。

（1）董事：董事提名权可以在不同的股东之间分配。但是董事是需要能力、知识和经验的，股东对董事只享有提名权，不能直接任免。

在中外合资、合作企业，或者由两方组成的项目公司中，常常看到董事长、副董事长、总经理、副总经理这样的岗位，在两边进行分配，以平衡双方的管控和监督力量。但是，在一般的创业型公司中，不宜将这些岗位的委派权在股东之间分配。

（2）监事：基于股东监督的需要，监事名额可以进行配置，甚至由股东委派。一般情况下，小股东、外部股东更合适拥有监事提名权或委派权。

（3）财务负责人、会计、出纳：这些岗位在管控和监督中地位突出，提名权可以适当分配。

用人事权作为股东管控和监督的手段，应注意以下几个问题。

第一，能不用就不用。基于公司发展需要，选举、聘任合适的人担任合适的职务，任人唯贤，这才是最正常的选择。

第二，股东提名权最好限定在一定时期内（比如三年），不要遥遥无期。毕竟，公司的管控和监督最终还是要靠机制，而不是靠人。反过来，一家公司，某些岗位的提名权长期由个别股东把持，不是好事。

第三，一般情况下，股东只享有某些岗位人选的提名权，而不是任免权。二者不一样。股东提名的人，须根据章程或者管理规章制度任免；如果股东有直接委派权，容易形成山头主义和特权岗位。这一点，要慎之又慎。

2. 加强对证照、印章的管控

证照、印章事关重大，要严加管控。

（1）管、控分离，即管的人没有决定权，有决定权的人不管。管的人只能根据规定，见相应的签批才能使用；

（2）管理人员应做好使用记录；

（3）管理人员应追踪、监督使用结果；

（4）对带章空白合同、空白收据、空白介绍信等，应编号，与印章同等管理；

（5）非特殊情况不得在空白纸页上加盖印章后带出使用。

3. 加强对银行账户的控制

公司账户，要对支票、密码、预留印鉴、网上银行控制装置等实行分岗位管控；要定期盘查，做到账账相符，账实相符。

目前，尽管不符合法律规定，但是，在民营企业，私户公用的情况比较普遍。如果存在这种情况，更要采取合理措施，小心管控。

（1）以相对最可信的人的名义开户，如大股东、法定代表人或其指定人；

（2）开户的人不管卡；

（3）私户一旦公用，私人不能再使用；

（4）用于公用的私人账户，应当在制度文件或其他文件当中载明。这样，账户里面的资金即为公款，明白无误，发生纠纷，不用再举证证明；

（5）研究开户银行的账户使用规则，确定管控点和管控手段，分岗位管控；

（6）视账户额度（如大额账户、备用金账户）分层次管控，制订不同的管控措施。

4. 加强对核心资源的管控

对于公司的核心资源，如重要资产、重要技术、重要配方、重要工艺图纸、客户管理系统等等，要视实际情况制定管控措施，加强管控。

5. 把监事或者监事会做实，不要形同虚设

当监事要负责任，否则一开始就别干。监事要领取工作津贴，同时切实履行职责。监事职责要常态化，如：

（1）监事应每月看账，对异常情况提出质疑；

（2）对负有竞业禁止、关联交易限制义务的人员，进行常规或专项监督；

（3）定时核查公司资金；

（4）随时检查公司采购、费用支出情况；

（5）发现不合理现象及时向董事会或者主要股东通报。必要时提请召开股东会，向股东会报告。

6. 股东不要躺在权力上睡大觉

股东一开始就要养成监督的习惯，如看财务报告、了解公司财务状况、了解公司重大决策等等，有疑问及时提出质询。

监督权一开始就行使，会像呼吸空气一样自然。如果一开始讲面子，你好我好大家好，三年不看报表，不了解公司财务情况，当某一天你说要看看，要了解了解，负责实际经营管理的人会很诧异——怎么回事？谁说我坏话了？不相信人了？

公司内部贪腐是培养出来的。银行要是不关门，街面上会涌现出很多坏蛋。

7. 大股东或实际控制人要自觉接受监督

大股东或实际控制人要主动配合，甚至号召、欢迎股东监督，为股东行使监督权营造条件。

这样做有助于自我约束，自证清白，消除不必要的误会，让股东关系保持健康发展的态势。最终，对大家都有好处。

五、激励机制：为公司装上发电机

这里说的激励机制，是指顶层激励机制。

所谓顶层有三层含义：其一，激励对象是顶层，也就是核心经营管理层；其二，站在更高层面考虑激励态势；其三，激励的手段更高级。

构建顶层激励机制，应注意以下问题。

1. 重视核心经营管理层激励

核心经营管理层，是公司日常运作的实际动力之所在，非常重要。核心经营管理层的激励机制没搞明白，下面员工的激励也搞不好。

2. 作为经营管理者，股东也需要激励

创业型公司的核心管理人员往往包括公司股东，股东也需要激励。

如何做？股东在公司任职，该拿工资拿工资。股东为公司付出，该付报酬付报酬。不要把股东权利（如分红）和薪酬混为一谈。

民营企业，股东，尤其是大股东，在公司干活不拿报酬，或者不认真拿报酬，似乎成了常态。好多人认为，都是股东，何必这么计较呢，为公司做点事情，不是应该的嘛？

我的回答是，肯定有一部分付出是不用计较的，而更多的付出是必须要计较的。我们要提倡不计较，但是我们不要反对计较，甚至要在机制里主动计较清楚，计较明白。

一般公司，股东中有干活的，有不干活的；有干大活的，有干小活的；有干得好的，有干得不好的。股东的持股份额，不可能始终跟他们的付出一致。股东层面，我们不"罚懒"（当然，如果有合同约定遵从约定），但是必须"赏勤"。否则，那些为公司付出的股东，要么停止付出，要么，桌面上吃亏，桌子底下找补，到后来又演变为股东大战。

即便是劳动力出资，也要弄明白，这一点在前面讲股东投入要清晰的时候已经讲过了。除用于出资的劳动力外，应该领取相应的报酬，不要一朝成为股东便理所当然地无休止付出。

对公司持续提供劳动力的，持续提供智力帮助的，持续提供资源的，道理都一样。

有人说，那当股东和不当股东有什么区别呢？有区别。比如，同等情况下，付出更多一些，更积极主动一些，需要做出选择的时候更优先考虑公司的利益，某些付出不一定要求报酬等等。

还有人说，公司创业期，没钱，如何发工资？我说，你那么笨啊，你不会固定工资少一点吗？你把年终利润的30%拿出来给管理层发奖金，不可以吗？毕竟都是股东，好商量嘛。

3. 站在更高的层面营造激励态势

从顶层角度看，最好的激励，是两个希望的合一。

第一个希望，是公司有希望。这是由公司定位、战略和商业模式决定的。公司没希望，激励无从谈起，只剩下买卖——公司花钱，员工干活。

第二个希望，是员工在公司有希望。这是通过分配机制实现的。分配机制，有两部分，一是薪酬，二是股权。如果只是公司有希望，这是老板的希望，跟员工没

关系，这也完不成好的激励。

公司有希望，个人在公司有希望，这两个希望合一，就是最高、最好的激励。

如果再加上工作有意义，公司的激励机制就更加无敌。工作有意义，是通过公司的使命、愿景、价值观来体现的。

关于股权激励，后面再具体讲。

六、如何召开合法、高效的股东大会？

股东会，或者股东大会，会议不合法，造成内部矛盾，甚至法律纷争；会议组织得不好，效率低下，没有成果。

我主要讲股东会，因为股东会更重要、更普遍。董事会和监事会，法律要求不是那么严格，事实上也不必过于拘泥。在遵循合法、简单、高效原则的前提下，参照股东会的方法操作即可。

（一）召集和主持

会议召集本身就是个大事。谁都召集，会出现多头会议，互相矛盾。召集不合法，会议无效。

有限公司首次股东会由出资最多的股东召集和主持。

此后，有限公司的股东会会议分为定期会议和临时会议。定期会议应当依照公司章程的规定按时召开。代表十分之一以上表决权的股东，三分之一以上的董事，监事会或者不设监事会的公司的监事提议召开临时会议的，应当召开临时会议。

有限公司设立董事会的，股东会会议由董事会召集，董事长主持；董事长不能履行职务或者不履行职务的，由副董事长主持；副董事长不能履行职务或者不履行职务的，由半数以上董事共同推举一名董事主持。

不设董事会的，股东会会议由执行董事召集和主持。

董事会或者执行董事不能履行或者不履行召集股东会会议职责的，由监事会或者不设监事会的监事召集和主持；监事会或者监事不召集和主持的，代表十分之一以上表决权的股东可以自行召集和主持。

看到没有，股东会的召集和主持是一种义务，也是一种权利。这个权利或义务是层层递进的，会议不能乱开，也不能不开。

股份公司股东大会的召集和主持，与有限公司基本相同。

（二）会议通知

开会必须提前通知，否则无效。

有限公司召开股东会会议，应当于会议召开十五日前通知全体股东；但是，公司章程另有规定或者全体股东另有约定的除外。

如何通知？如果股东关系和谐，没有矛盾，你怎么通知都行，打个电话，发个微信，大家就来了。

但是，只要有可能出现矛盾，你最好书面邮寄通知，并且留下证据——邮寄单。

法律允许章程或股东协议对会议通知的方式、时间另行规定或者约定。

股份公司召开股东大会会议，应当将会议召开的时间、地点和审议的事项于会议召开二十日前通知各股东；临时股东大会应当于会议召开十五日前通知各股东；发行无记名股票的，应当于会议召开三十日前公告前述事项。

股份公司，单独或者合计持有公司百分之三以上股份的股东，可以在股东大会召开十日前提出临时提案并书面提交董事会；董事会应当在收到提案后二日内通知其他股东，并将该临时提案提交股东大会审议。

注意，股份公司的议题必须在会议通知中列出，股东大会不得对前两款通知中未列明的事项做出决议。这主要是让参会者有必要的准备，甚至以此决定自己参不参会，不能搞突然袭击。

有限公司，法律考虑到人数不多，股东之间容易协调，因此没有就提案做硬性规定。不过现实中最好在会议通知中列出会议主题和议题。

（三）议程掌控

开会时，会议主持人要掌控好议程，确保会议出成果。该讨论清楚的问题必须说透；实在讨论不清楚，或者讨论方向不对，先放下；实在通不过的，就不通过，责成有关人员充实或者另行准备提案后再议。

好多公司，不论开什么会，讨论起来就没个边，甚至离题万里而不觉，最后什么成果都没有。

这也要求，开会前准备要充分，究竟讨论什么议题，要具体、明确。所讨论的议题，要有清晰的提案，也就是方案草案。完全不成熟的议案，不要拿到会议上讨论。发言的人，也应事先进行准备。

不单是股东会，所有的会议都是如此。当然，经营管理中的"诸葛亮会"除外。

（四）正确使用会议记录、纪要、决议

1. 会议记录、纪要和决议的不同作用

股东会必须要做、不可或缺的是会议记录，而不是大家常常以为的会议纪要或会议决议。会议决议或决定的内容其实已经记录在会议记录里面。

会议纪要供内部使用。如果会议很重要，需要在内部传达，有必要整理会议纪要，否则不用。好多公司，连开个周例会，也要做全程记录，整理长篇大论的会议纪要，印发参会人员，实在是人力物力的极大浪费。

会议决议供外部使用。如果需要在外部使用，就整理，反之就不用。

有限公司，如果全体股东一致同意决议内容，可以不召开股东会会议，直接做出决定，由全体股东在决定文件上签名、盖章。

2. 如何做会议记录？

会议记录如何做？多数公司做不好。

会议记录最忌讳的是记流水账，谁如何如何说，谁又如何如何说，等等。难记，难看，没用。

除了会议基本信息以外，关于内容部分，你就记议题和讨论结果。此外，可以加上重要观点和一些主要的争议点。

例如，第一个议题，讨论《股权激励方案》，如果通过了，你就记通过了。没有通过，你就记处理结果，是完全否定，不再考虑呢，还是责成修改。完全否定，主要原因是什么？责成修改，大家的主要意见是什么？由谁负责修改，什么时间完成？在什么地方？交给谁？要记清楚，会后好督办，好追责。

对需要表决的事项，有投赞成票的，有投反对票的，如果参会人不多，可以分别记清楚。如果参会人多，记清楚赞成或反对的票数即可。

记录人坐主持人的旁边，主持人要随时关照记录人，把该记的内容记清楚。一个议题讨论结束，主持人可以重复结果，跟大家确认，可以要求对记录作必要的修改。不清楚的，记录人也可以询问。

一般情况，会议结束，会议记录也基本上整理好了。打印出来，大家签字，不用长时间等待。否则，等你整理出来，人都走了，你找谁签字去？

看到没有？会议记录要简单、清晰、高效。

3. 关于签名或盖章

有限公司，出席会议的股东直接在会议记录上签名。

股份公司，由主持人、出席会议的董事在会议记录上签名就行了。当然，如果

股份公司股东不多，参会股东都在会议记录上签名，也无不可。

会议纪要，按内部规定签发。

书面决议，由公司盖章、法定代表人签字或盖章，不用参会者签字。当然，某些单位，包括行政机关，非要全体参会者签字，如果能满足尽量满足。

4. 注意保存会议文件

会议结束，相关人员应对会议记录、会议签名册、参会人员身份证明、代理委托书等法律文件应妥善保存。

王小板的收获与感悟：一定要从个体户做法中走出来

本课结束，王小板认识到，前面跟大易单独交流时，大易说得对，他组建或参与组建的公司，的确不能算公司，只能算个体户或者个人合伙。

他过去尤其没有做好的，是法人独立。自己的公司，从来不独立，自己的财产与公司完全混同。决策，自己一个人说了算，毫无制约和监督，现在看来，这并不是一个好事。要是有公司的概念，有其他股东的制约和监督，自己也不至于拿着公司的钱到处乱投。

参股公司，股东多了，谁都想说了算，谁都要抓控制权，谁都不放心别人，最后，公司内部运作一片混乱，这也是公司垮掉的主要原因。

大易老师提出的激励机制，最触动王小板的有以下两点。

其一，股东也需要激励。

现成资源项目，配股10%之后，基本上就只给一个象征性的薪酬，缺少动态激励机制。

市场优势项目，自己投90%的资金，项目操作人投10%的资金，持股比例确定为51%和49%，出发点是激励，但是现在看来，这不是激励，这是出资、占股的扭曲。激励应该与实际贡献挂钩。

参股公司，对于干活的股东，激励机制不明确，大家明里不拿暗中拿，搞得乌烟瘴气。即便股权结构不太合理，如果激励机制能跟上，干活的股东，干得好可以理直气壮地拿薪酬，甚至拿股权，结果可能两样。

其二，是两个希望的合一。

自己参与的公司，往往只强调公司的希望，没有彰显员工的希望。想想过去，自己凭感觉、用信封给员工发年终奖金，王小板觉得脸红。

面对将要组建的公司，王小板有如下思考。

1. 今后,公司是公司,自己是自己,公私分明。自己做到了,其他人自然没问题。

2. 构建起层级分明的决策机制,该民主的时候必须民主,其他的独裁。

3. 把董事会做实,邀请大易老师担任外部董事。

4. 把监事会做实,切实履行监督职能。

5. 财务管理规范,透明。尤其是资金管理,要多岗位制约。税收,除了合理避税,该缴的缴。

6. 让股东(尤其是发起人股东)一开始就关注和监督公司运行,以减少股东之间的不信任。

7. 关于激励,公司的希望必须彰显,员工在公司的希望要用看得见的薪酬加股权激励机制去体现。

8. 今后公司开会,通知、会议记录、会议纪要、决议等等,都要规范。一方面是为了防控风险;另一方面也是一种彰显——这不是一家一姓的企业,而是一家公司。

第 10 课　股权流转：问题与对策

一、两种股权变动方式：增资扩股与股权转让

增资扩股与股权转让，是股权流转、变动的两种主要方式。股权融资，股权并购，股权激励，都要通过增资扩股或者股权转让的方式进行。

增资扩股和股权转让，都有对价往来，都可能导致股权变动。因此，实践中，好多人将增资扩股与股权转让混同，造成许多不应该有的错误。

实际上，增资扩股与股权转让是完全不同的。增资扩股，是公司的一种融资行为，简单说就是增加公司资本、扩展股权。股权转让是出让人与受让人之间的一种股权交易。

下面我们来看一下二者的区别，大家可以看看表 4-1。

表 4-1　增资扩股与股权转让的区别

比较项目	决定权	签约主体	对价	资金	公司资产	其他股东权利
增资扩股	公司股东会特别多数	公司	有对价	进公司	增加	参与表决；优先认购（有限公司）
股权转让	出让股东自行决定	出让股东	可以无对价（如赠与）	给股东	不变	同意权和优先购买（有限公司）

1. 决定权不同

增资扩股是一种公司行为，决定权在公司股东会，需要股东会特别多数决。股权转让是股东的个人行为，决定权在出让人。

2. 签约主体不同

增资扩股的签约主体，一方是公司；另一方是出资人。股权转让的签约主体，一方是股东（出让人），另一方是出资人（受让人）。现实中，这一点特别容易搞混，大家要注意。签约主体错误，会使法律关系变得扑朔迷离，给合同的法律效力打上一个大大的问号。

3. 对价不同

增资扩股肯定有对价。股权转让可能有对价，也可能没有对价（例如赠与）。

4. 资金流向不同

增资扩股，资金打给公司，公司资产增加。股权转让，资金打给股东个人，公司资产不变。

5. 其他股东的权利不同

增资扩股，所有股东有权利参与表决，如果是有限公司，原股东有优先认购权。股权转让，其他股东没有决定权，但是，如果是有限公司，其他股东有适当的否决权和优先购买权。

综上，增资扩股与股权转让，这两种股权变动方式是截然不同的。

但是，它们又不是互不相干的。在并购重组活动中，经常会把两种方式合在一起使用。即并购方向公司增资一部分，再从原股东受让一部分股权，共同实现最终的参股或控股结果。

二、增资扩股如何操作？

（一）问题

先看两个案例，大家看，这样的操作错在哪里。

案例一：一家创业公司是有限公司，大股东持股 80%，另外四个股东各持股 5%。公司缺钱，进行股权融资，经与投资人协商，公司估值 1000 万元，投资人往公司投入 200 万元，大股东将自己名下 20% 的股权过户到投资人名下。

案例二：一家公司共有三个股东，其中一个股东起诉另外两个股东，说他们把公司的数百万元资金划到了自己的账下，属于职务侵占，要求返还财产。被告股东答辩称，这些钱是我们借给公司的。同时出示了之前向公司打款的凭证。原告股东说，那些钱是公司增资扩股的时候，他们对公司的投资。但是原告股东没有举出增资扩股的证据，他告诉律师说，当时是几个股东口头说好的，但是后来他们看到公司不好，就把钱抽走了。后来法院判决驳回原告起诉。

我们看第一个案例，他们的操作显然是错误的。投资人的 200 万元投到公司，显然是增资扩股，但是股权是大股东一个人拿出来的，相当于股权转让。如果是增资扩股，计算上也是错的。当然，如果大股东愿意出让自己的股权，把得到的钱无偿给到公司，另当别论。

现实中，弄不清增资扩股与股权转让的区别，把两个法律关系混到一起的，比比皆是。

再看案例二，按原告的说法是增资扩股，既然是增资扩股，就需要走必要的法律程序，否则，发生争议，法院只能认定为借贷。

现实中，这种让人啼笑皆非的错误，非常普遍。

相关问题：

（1）增资扩股需要什么样的法律程序？

（2）如何计算估值、出资额和持股数量？

（3）增资扩股操作中应注意些什么问题？

（二）增资扩股正常程序

增资扩股的程序必须合法，相关法律手续必须规范，以避免不必要的法律纠纷。增资扩股的正常操作程序如下。

1. 初步意向

公司全体股东或主要股东沟通，形成增资扩股意向，初步明确是内部增资还是外部增资。

3. 形成方案

公司与出资人（不论是内部出资人还是外部出资人）谈判、沟通，形成增资扩股方案。方案的核心，是增多少，什么价格。价格又涉及公司估值。关于公司估值，后面再讲。

这一步，可以签订意向协议，待公司内部法律程序完毕后签订正式协议；也可以签订正式增资扩股协议，约定待公司内部法律程序完成后生效。

3. 通过方案

股东会特别多数决通过增资扩股方案。

4. 放弃优先认购

若是有限公司，或者股份公司发起人协议对优先认购有约定的，应当由享有优先认购权的股东书面确认放弃优先认购权。

可以专门写一份声明，也可以将放弃的意思表示写入会议记录，股东在上面签字。

其实，不认购的意思表示，在初步沟通的时候已经明确，否则也不会找其他出资人了。但是，进入实际操作环节，手续不能少。

5. 协议生效、履行

增资扩股协议正式签订，或者生效，出资人根据协议履行出资义务；公司向出资人出具收据，会计做相应的账务处理，公司办理相应的股权登记手续，向出资人签发持股凭证，记入（修改）股东名册。

（三）增资扩股数量计算

1. 有限公司持股比例的增减

总体上讲，根据增资扩股方案，出资人增加一定的持股比例，其他股东原有持股比例相应的减少，增多少便减多少，这就是人们常说的"稀释"。

如果新增出资由原股东同比认购，很简单，不论增多少，大家的持股比例不变。

如果由新股东认购，或者由原股东不同比认购，或者新老股东共同认购，则该增的增，该减的减，最后得出各自的持股比例。总之，总持股比例为100%不变。

2. 有限公司出资、占股和估值之间的数据关系

问题：放出20%的股权能融资多少？由什么决定？当然是由公司估值决定。当估值确定了之后，这个账怎么算？为什么刚才说估值1000万元，持股20%，投入200万元是错的？

增资扩股的计算公式：

投入资金/（估值+投入资金）= 股权比例

看到没有？增资扩股，你得把投进来的钱加进去，形成"投后盘"，最终持股比例，是在投后盘里面看的。

因此，估值1000万，放20%股权，该融250万，而不是200万；如果释放20%的股权，融资200万，则估值只有800万。

上面那个公式，只要知道其中两个值，就可以算出第三个值。你把第三个值设为x，解方程就行了，颠来倒去，都可以用。

如果是股权转让，估值1000万，价款200万元持股20%，是对的，因为，股权转让，公司资本盘没变。

股权转让的计算公式：

投入资金/估值 = 股权比例

实务中，在算清楚账的基础上，怎么谈，都行。你可以先谈估值和释放比例，再算出资额；可以先谈估值和出资额，再算出持股比例；也可以不管估值，直接

谈，投多少，占多少，只要你情我愿，都没问题。

算出来了，再讨价还价，也很正常。

但是你不能把账算错了。在计算错误的基础上少拿钱，就不划算了。

不管你怎么谈，最后，会计还得按照上述公式把账算清楚，按照注册资本，股权价格是多少，溢价多少，或者折价多少，才好入账。到工商登记机关进行变更登记时，也需要算出溢价或折价，做不同处理。

3. 股份公司的计算

前面讲组盘的时候，讲了股份的原理。由于股份公司是用股份数而不是百分比表示股权，因此不存在投前、投后盘的百分比变化，计算极为简单。

股份公司增资扩股的计算公式：

每股价格（股价）＝估值/现有股份数

融资额＝每股价格＊新增股份数，或者新增股份数＝融资额/每股价格

例如，公司股份数为100万股（按公司设立时的注册资本，1元/股），公司估值1000万元，则：

每股价格＝1000万元/100万股＝10元/股

融资200万，就是20万股。或者说，发行20万股，融资额是200万元。

同样，估值、融资额、新增股份数，只要知道其中两个值，就可以算出第三个。

与有限公司不同，股份公司增资扩股和股权转让，计算方法完全一样。

增资扩股，股份只做加法，不做减法。不论谁出资，增加相应的股份数即可，股东原股份数不变。

如果是股权转让，总股份不变，变的是股份持有人。

（四）增资扩股注意事项

增资扩股，应注意以下问题。

（1）签约主体不能错。前面讲了，增资扩股是由出资人跟公司签合同，别搞错了。

（2）增资扩股别弄成了借贷。借贷，出资人手里拿的是借款收据，会计将借入款记入"其他应付款"科目。增资扩股，出资人手里拿的是出资款收据，会计将出资款记入"实收资本"、"资本公积"科目。只有打款凭证，没有其他证据，只能判定为借贷。

（3）不要忽略内部法律程序。关键是要留下证据。股东会会议记录、股东放弃

优先认购权的声明等等，要做好，保留好。防止其他股东事后提出异议，影响增资扩股的法律效力。

三、股权转让风险防控

（一）有限公司股权转让法律规定

我们先看看，法律对有限公司股权转让是如何规定的。

根据《公司法》规定，有限公司的股权转让，在股东之间相互转让，法律不作限制，想怎么转怎么转。向股东以外的人转让，法律适当限制，但是最终并不阻止，目的是保护股东的人合性。

法律对外部转让是如何限制的呢？

首先，出让人应当通知其他股东，征求他们对股权转让的意见，其他股东过半数同意的，可以转让，过半数不同意的，不得转让。同时，法律又规定，其他股东过半数不同意转让的，谁不同意，谁就得购买，不购买的视为同意。

如果通知发出去了，其他股东不说话，怎么办？法律规定，其他股东接到通知后满30天不作意思表示的，视为同意转让。

看到没？法律最终并不想阻止转让。适当限制，不过是为了保护股东的人合性。

这里要特别注意，前面说的过半不过半，是指人头，而不是表决权。大家记住，只要是股东会决定公司本身的事情，都是按表决权；决定股东层面的事项，一般是按人头，这样才科学。

接下来，法律还规定了，经股东同意转让的，在同等条件下，其他股东有优先购买权。两个以上股东主张行使优先购买权的，协商确定比例；协商不成的，按照转让时各自的出资比例行使优先购买权。

同时，《公司法》明确规定：有限公司的章程对股权转让另有规定的，从其规定。

这一点，为《公司法》点赞，它很讲道理，在提供一套规则的同时，允许股东构建另外的规则。

（二）股份公司股权转让法律规定

下面看看，法律对股份公司股权转让是如何规定的。

股份公司，就一般股东转让股权而言，不论是对内还是对外，法律不作任何限制。何也？在立法者眼中，股份公司是"资合"而不是"人合"，不用限制。但是，发起人持有的股份，在公司成立后一年内不得转让。

《公司法》还对董事、监事、高级管理人员持股及股权转让作了限制性规定，包括：

（1）应向公司申报所持有的本公司的股份及其变动情况；

（2）在任职期间每年转让的股份不得超过其所持有本公司股份总数的百分之二十五；

（3）所持本公司股份自公司股票上市交易之日起一年内不得转让；

（4）离职后半年内，不得转让其所持有的本公司股份。

公司章程可以对股份公司董事、监事、高级管理人员转让其所持有的本公司股份做出其他限制性规定。

注意，有限公司的章程可以另行规定，也就是说可以另行构建规则；股份公司的章程可以做出其他限制性规定，也就是说，法律给出的限制性规定不能少，你只能增加限制，谈不上另行构建规则。

其实，封闭期的股份公司，在股权结构和股东关系的维护上，跟有限公司相比，没有本质区别。根据《公司法》规定，章程只能针对董事、监事、高级管理人员做限制性规定，而不能对股东，包括发起人股东做限制性规定。但是，根据合同法，我们以协议约定的方式对发起人股东进行约束是没有问题的。

（三）关于股权转让的建议

根据前面讲的股权转让相关法律规定，针对创业型公司，我提出以下建议，供大家在实际操作中参考。

1. 有限公司，可在章程里作特别规定

有限公司，如果你比较在意设计好的股权结构，可以在公司章程里面对股权转让做出特别规定：股东在内部转让股权，与外部转让同等处理。

也就是说，内部转让，同样需要其他股东行使同意权，其他股东同样拥有优先购买权，股东不能私底下任意转让。

此外，对特定股东，应对其股权转让进行适当限制。这在讲股东权利义务时已经讲过。

2. 股份公司，可以在发起人协议里面进行特别约定

股份公司，在封闭期内，股权转让，有必要参照有限公司进行约束。但是，

法律只允许章程对"董监高"做出更多的限制，没说允许对一般股东做出限制。因此，对"董监高"，利用公司章程对进行限制；对发起人股东，用发起人协议进行约定。

当然，发起人协议只约束发起人。不过，这也就够了。至于非发起人股东，如果你还想限制的话，在增资扩股协议、股权转让协议里面继续约定即可。

封闭期如何界定？建议用挂牌、上市作区隔。以目前中国大陆的情况而论，挂牌（指新三板）、上市（包括科创板、创业板、中小板、主板等）以后，属于开放期，之前都属于封闭期。

3. 股权转让操作中，别忘了约定税费

股权转让时，国家要向出让人征收个人所得税。其计算方法是用转让收入减去投资和必要费用，再乘以20%的固定税率。也就是说，国家收你增值部分20%的所得税。

因此，双方在谈判时应对税费的承担进行约定，以免发生纠纷。

说到税，总有学员很天真地说：过户的时候，合同价款就按注册资本走，没有增值，不行吗？

行啊。可是，税务机关说了，你爱卖多少钱，我管不着，你一块钱卖都可以，可是我有权按公平交易的原则核定转让收入。

一般来讲，他先看你的账面净资产，如果账面净资产不高于注册资本，放行；反之则要收税，如果他认为你的账反映不了资产状况，还可以采取其他方式核定转让收入。

根据规定，对夫妻、父母、子女、祖父母、外祖父母、孙子女、外孙子女、兄弟姐妹以及对转让人承担直接抚养或者赡养义务的扶养人或者赡养人，可以低价转让。

员工将所持限制对外转让的股权在内部转让，低价转让也可以被认同。

4. 避免阴阳合同引发纠纷

股权转让时，一般都是先签订协议，后办理登记。由于种种原因，常常出现登记文件显示的权利义务与前面约定不一致的情况。一旦发生纠纷，究竟按哪个文件确定各方权利义务？这又是一个非常复杂、专家都要争论半天的问题。

本着风险防控"一米线"原则，建议在真实签订的协议里面做出清晰的约定。例如，双方约定：在办理工商登记过程中，各方签署的法律文件，除非明确表示变更本协议，各方权利、义务按本协议执行。

四、股权继承风险防控

（一）股权继承法律问题

当年，著名导演谢晋去世，他在一家影视公司持有 25% 的股权，这笔股权如何处理？谢导的继承人与公司其他股东发生了争议。

继承人要求继承这 25% 股权，成为公司股东。公司（其他股东）认为，继承人不适合作公司股东，希望收购这 25% 股权。谁的诉求合法？

另一个案件，一名股东持有公司 20% 股权。这名股东因一次交通事故去世，家人料理完丧事后，要求继承股权，却被告知，根据公司章程的规定，自然人股东去世后，继承人不能继承股东资格，只能拿走股权对应的出资价款。家人调取工商登记档案，发现这一规定是在股东去世以后才修改的，于是主张章程修改无效，要求继承股权。谁有道理？

以上案例，反映出股权继承的法律问题：自然人股东去世以后，其合法继承人，是继承股东资格，还是只能拿走相应的价款？如何防止继承纠纷影响公司发展？

（二）股权继承法律规定

我们先来看看法律是怎么规定的。

1. 有限公司

根据《公司法》规定，有限公司的自然人股东死亡后，其合法继承人可以继承股东资格；但是，公司章程另有规定的除外。

显然，立法者首先确定了一条路，就是股东资格可以继承，这符合中国人的传统思维习惯。

但是，立法者没有要求你必须走这条路，股东可以在公司章程里面另行规定。例如，章程可以规定，自然人股东死亡后，其合法继承人不能继承股东资格，其股权由公司根据合理价格收购。

《公司法》的这种安排，显然还是考虑到有限公司的人合性——老子适合当这家公司的股东，不等于儿子也适合。

前面讲的谢晋导演的案例，公司章程没有做特别规定，因此，公司的诉求可以理解，但是没有道理。后来在法院的主持下调解结案，确认了谢晋合法继承人的股东资格。

另一个案例，在股东死亡以后修改的章程，其效力应该不能及于已去世股东的股权继承。因为根据继承法，在被继承人死亡的那一刻，继承已经开始，权利已经转移到继承人名下。因此，法院支持了继承人的诉求。

在这里，我们也看到了人性的阴暗面。昔日的同壕战友离去，对于他的后人，优待还来不及呢，怎么可以伤害？即便是基于公司管理需要，不希望继承人当股东，也应当协商，而不是背地里修改章程。

协商拿走价款，应该是按公司现有价值（估值），而不是出资价格。

2. 股份公司

对股份公司，《公司法》没有提这件事。根据继承法，股份显然是可以继承的，而且法律并没有授权公司章程做另外的规定。

（三）关于股权继承的建议

1. 对有限公司

有限公司，如果特别看重公司的人和性，公司设立之初，可在股东协议和公司章程当中，对股权继承问题作出特别规定。

例如：在公司成立后5年内，或者公司做到某种程度以前，事业合伙人股东去世，股东资格不继承，股权由公司收购，继承人继承相应的价款。

同时，有必要对估值方法做出规定。到时候，公司可以高出但不能低于这个估值收购。

之所以这样规定，目的是有利于公司健康发展，而不是损害继承人的权益。因为，放谁身上都一样。

不要规定所有股东的股权不能继承，也不要规定事业合伙人的股权永远不能继承。这不符合中国人的思维习惯，且没有必要。

2. 对股份公司

前面讲到，股份公司，法律没有授权公司在章程里面限制继承，因此，前面同样的内容，可以在发起人协议里面进行约定。

这样的约定，对发起人的合法继承人有没有效？这恐怕又是需要法学家研究、立法者选择的问题。我倾向于有效，这相当于被继承人生前对自己权利的一种处分，且并不违法。

3. 对公司主要股东

公司的主要股东，最好提前制订传承方案。

股权不同于其他财产，股权的继承，必须考虑公司经营管理问题。

提前制订传承方案，一方面对公司和其他股东负责，另一方面也是对亲情负责。方案中对股权处分部分，要以遗嘱的形式体现。

法律对遗嘱形式要求十分严格，弄不好就无效。遗嘱内容，也应当清晰、准确、合法。因此，制订遗嘱应当寻求专业人士帮助。

五、夫妻共有股权分割难题

（一）夫妻共有股权纠纷对公司的危害

当年，土豆网准备在纳斯达克上市。路演的前一天，创始人王微接到消息，他的前妻杨蕾一纸诉状将他告上法院，要求分割他在土豆网的股权，并且对该股权进行了保全查封。

"后院起火"，上市受阻。万般无奈，王微只得中止上市程序，退回来处理股权纠纷。

王微在认识杨蕾之前创办了土豆网。他与杨蕾协议离婚，是一年多以前的事情。离婚的时候，王微给了杨蕾 25 万元作为补偿。

他们俩究竟谁有道理？下面是两方主要观点碰撞。

王微：我们已经协议离婚一年多，为什么还要来纠缠财产问题？

杨蕾：协议离婚时并没有分割共有股权，我现在是依法提起"离婚后财产纠纷"。

王微：土豆网是我婚前创办的，我的股权跟你有什么关系？

杨蕾：虽然股权是你婚前取得的，但是婚前财产的婚后收益属共有财产，我也有份。

王微：土豆网创办至今，从未盈利，也无分红，哪来的收益啊？

杨蕾：公司虽然没有分红，但是你每次融资，股价都翻着筋斗往上涨，这难道不是收益吗？

各位，你说谁有道理？

清官难断家务事。当今社会，婚姻家庭问题并没有变得简单，而是更加复杂。股权问题，也比较复杂。婚姻家庭关系跟股权关系碰一块儿，就更加复杂了。

如果等法院判决，一年或两三年都很正常。如果再拖上一两年，公司死定了，王微拖不起。

因此，王微跟杨蕾达成了和解，王微另补偿杨蕾 700 万美元，杨蕾撤诉。

人们开玩笑说，这叫"赎身费"。

就这样，处理完与前妻的财产分割纠纷，重返上市舞台，已经是十个月以后的事情。这时，纳斯达克的股票市场发生了翻天覆地的变化，尤其是中国概念股，好多都成了垃圾股，这种情况下上市融资对企业十分不利。同时期的好多企业选择了观望。可是土豆网缺钱，不上市也是死路一条，只能硬着头皮上市。因此，土豆网上市后融资额大打折扣。后来土豆网被优酷收购，和这次融资失利有直接的关系。

话题又转回来，杨蕾诉王微到底有没有道理？如何界定夫妻共有股权？离婚时共有股权如何分割？如何防止夫妻股权纠纷给公司带来危害？

（二）如何界定夫妻共有财产？

我们先来看法律规定。

1. 法律如何界定夫妻共有财产？

法律界定夫妻共有财产，首先看取得财产时间。一般来讲，婚前取得的财产属于个人财产，婚姻关系存续期间取得的财产属于共有财产。

除了时间，也看取得财产的资金来源。同样是婚前，如果有证据证明另一方也参与出资，有可能被判为共有财产。相反，同样是婚后，如果有证据证明属于个人财产出资也可能判为个人所有。

以上，当事人有约定的，从其约定。

需要特别说明的是，仅凭工商登记不能判定股权归属。夫妻共有股权登记在一方名下，或者按一定比例登记在两方名下，例如二八开或三七开，如果没有证据表明登记比例就是实际分别所有的比例，法院还是会判定为共有。

根据以上所讲，在土豆网案例中，王微名下的土豆网股权是在婚前取得，的确应该属王微个人所有。

2. 如何界定婚前财产的婚后收益是否属于共有？

杨蕾说，婚前财产的婚后收益，属于共有，有没有道理呢？这一点比较麻烦。

根据婚姻法，婚前财产的婚后收益，的确有可能属于夫妻共有，但并不是说，婚前财产的婚后收益都属于夫妻共有。

如何区分？根据最高院的司法解释，主动收益属于夫妻共有；被动收益属于个人所有。

主动收益就是你要花时间和精力才能产生的收益。例如，房屋出租收取的租金、土地耕作产生的收成、炒股赚来的钱等等，一般会被理解为主动收益。

被动收益就是你放在那里，你睡大觉，它也产生的收益。如银行存款产生利息、房屋涨价、股票不去炒它自动上涨等等，一般会被理解为被动收益。

这些事情，说起来简单，生活中要准确判定，并不容易。例如婚前股票，炒没炒，如何判断？法官没办法，只要你买卖过，就算炒了，没有买卖过，就没炒。这合理吗？不见得合理。可是，如果你是法官，你又会怎么判呢？

再如，房屋涨价，属个人所有，出租收的房租，就是共有。为什么？只因出租需要带人看房、讨价还价、收取房租等等。可是这点劳动，与房子相比，价值几何啊？房子本身，不也是过去劳动的产物吗？就因为带人看房这点劳动，房租就整个儿共有了？

还有那个股票，赚了，赚的钱属于共有，那赔了呢？是不是要算共同损失啊？从目前的司法实践看，赚了算共有，赔了算自己的。因为离婚的时候，只就现有的财产论归属，论分割，赔了的部分，没有了，也就不论了。你说这公平吗？

要不怎么说清官难断家务事呢。你要么别判断，只要一判断，总是不尽合理，不是伤你，就是伤他。

说到这里，我们理解了孔夫子的那句话："听讼，吾犹人也，必也使无讼乎！"

孔夫子说，看人家打官司，我的心情就像当事人一样，听原告一番陈词，觉得原告有道理，原告太可怜；听被告一番陈词，又觉得被告有道理，被告也很可怜。怎么办？最好是"无讼"，别打了。

看来，孔夫子这个人，是当不了法官的，他那个小心脏，受不了。

不过，孔夫子"使无讼"的理念是非常正确的。易经有云：讼，中吉，终凶。打官司，最终没有真正的赢家。

如何才能做到"无讼"，事前预防为主。

3.股权收益属主动收益还是被动收益？

现在来看股权收益。首先，这个股权的收益，除了分红，包不包括价值上涨的部分呢？杨蕾认为要包括，王微认为不包括。从法律上讲，当然包括。股权本身具有财产权的属性，财产可以直接产生收益，也可以增值。

再看，这个非上市公司的股权，婚前取得，在婚姻关系存续期间分红，或者价值上涨，究竟属于主动收益呢，还是被动收益？司法实践中存在争议。

有人主张是主动收益，理由是你得打理公司啊，如果你不去经营管理，他会增值吗？

有人主张是被动收益，理由是股东的义务就是出资，出资完了，就可以睡大觉而享受股权收益。打理公司和经营管理是职业经理的事情，就算股东兼任职业经理，股东的这部分劳动，对应的是工资，而不是价值上涨。同一个公司，那些没有参与管理的股东,他们的股权不也一样在分红,在上涨吗?

根据公司法律制度,结合最高院婚姻法司法解释,股权收益应该属于被动收益。因此,王微那700万美元,从法律上讲,是不应该给的。可是,在司法实践中,许多人把股权收益看作主动收益,这给股权风险防控带来了更大的挑战。

(三)夫妻共有股权分割规则

共有股权,不离婚一般不分割,离婚分割时,原则上一人一半。

这里面有一个问题,如果共有股权之前登记在一方名下,分割时一人一半,另一方可否直接成为股东?

股份公司,没有任何问题。

有限公司,同样要尊重股东的人合性,也就是说,法院要征询其他股东的意见,其他股东过半数(人数)同意的,判决其成为股东;过半数不同意的,不得判决其成为股东。当然,不同意的股东必须收购这部分股权。收购价格,协商确定,协商不成,由法院判决。

(四)夫妻共有股权纠纷预防

综上,建议通过两个层面的约定预防或缓解夫妻共有股权分割对公司造成的危害。一是股东协议约定;二是夫妻财产约定。

股东协议约定,一般有以下两个主要内容。

其一,解决以下问题:站在公司层面,是否接纳股东的配偶成为股东?如果不接纳,如何收购,价格在协商不成时如何确定?

其二,强调以下原则:股东应自行处理好与股权相关的婚姻家庭纠纷。如果夫妻双方纷争得不到和平解决,诉诸法律,导致无法实现上述约定,或者给公司或其他股东造成其他损失的,应赔偿损失。

夫妻财产约定,目的是在不影响公司的情况下,妥善处理共有股权问题。

例如,双方约定,如果离婚,股权归一方所有,向另一方支付补偿等等。这样的约定,不影响公司发展,也有利于股权价值的维护。

这个建议,说来容易做来难,中国人多数接受不了这样的思维方式。

头天晚上还在卿卿我我,海誓山盟,不光这辈子要在一起,下辈子都预订完了。第二天,打电话,要求去律师那里签署协议,约定离婚时财产如何处置,有几个人受得了?尤其是姑娘,十个有九个要跟你拜拜。

王小板的收获与感悟：股权流转风险应以预防为主

听完本课，王小板暗自庆幸——股权流转风险，只要这辈子跟公司打交道，大概率会遇上。按过去蒙昧无知的状态，今后不知道要遇到多少麻烦。好在现在知道了，可以提前预防。

另外，本课有许多常识性内容，如增资扩股和股权转让的计算方法、法律程序、公司估值方法等等，了解它们，对今后运作公司非常重要。

在过往的公司实践中，这些问题都不懂，也没有预防措施。面对将要组建的公司，王小板有如下思考。

1. 关于股权转让

五年内，发起人股东转让股份，不论对内对外，比照有限公司对外转让股权的法律规定处理，并且其他发起人均享有优先购买权。

承担经营管理责任的股东，股权转让比照股份公司相关法律规定执行。

2. 关于股权继承

由于是股份公司，不作特别规定或约定。（心里话：自己是主要发起人、大股东、主要经营者，限制自己继承人的继承权没有任何意义。创业期，真要是自己离世，这家公司必然面临解散或者重组。对财务投资人没必要限制，只剩工程技术负责人和外部顾问，而他们持股不多，限制的意义不大，不如都不限制了。）

3. 关于夫妻共有股权分割

在发起人协议中约定，股东的婚姻家庭纠纷不得给公司或其他股东造成损失，否则应赔偿。其他的依法处理即可。理由同上。

第11课 股权融资：策略与风险

一、股权融资与债权融资的灵活运用

资金是多数创业型公司的紧缺要素，多少创业者资金不足，借贷无门，企业萎缩，壮志难酬。融资难是多数创业者深深的痛。

企业融资有两种最常见的方式——股权融资和债权融资。

下面我们来看看，股权融资和债权融资有什么区别，创业者如何灵活运用两种手段吸引投资人。

（一）股权融资和债权融资的区别

股权融资后投资人获得股权成为股东，创业者要缩减（稀释）自己的持股比例；债权融资后投资人获得债权成为债权人，创业者不用释放股权，但是公司得增加负债。

关键是，同一笔融资，要么股权，要么债权，法律不允许两种关系同时存在。

股权融资和债权融资的区别，请看表4-2。

表4-2 股权融资与债权融资的区别

项目	公司亏损	分红	要求偿还本息	对公司控制权
股权融资（股东）	承受	参与	无权	有
债权融资（债权人）	不承受	不参与	有权	一般情况无

1. 风险不同

债权人不承受公司亏损，无论公司盈亏都得连本带息还钱；股东要承受公司的亏损，公司亏损，股东权益减少。

当然，这是针对正常情况而言。如果企业真的亏损严重，甚至倒闭，债权人也同样面临血本无归的风险。

2. 收益不同

股东有权参加分红，当然，可能多分，可能少分或不分；股东还可以享受企业终极的发展成果，其股权价值，可能几十倍、几百倍暴增，也可能血本无归。

债权人有权要求偿还本金和约定利息，不能多，也不能少。

3. 对企业的控制权不同

股权投资后股东可以行使对企业的控制权，债权人一般情况没有控制权。

债权人什么情况下有控制权？在破产还债程序中。

公司经营正常，债权人的权利有保障，股东说了算；公司要破产，法律让债权人说了算。因此，在破产还债程序中，债权人会议权力最大，股东靠边站。

（二）股权融资的优势

作为创业者，一定要学会利用股权融资。理由如下。

1. 在当今市场形势下，钱不好借

由于债权人同样会面临血本无归的风险，因此，在稍有头脑的投资人看来，反正我的风险都大，我看你行，不如当股东，搏一把；看你不行，我不投，也不借。

找亲朋好友借钱，生活应急，可以理解；搞经营，追逐财富梦想，让亲朋好友去承担创业失败的风险，这是不公平的。

2. 债权融资，创业者风险更大

债权人为了降低风险，往往要求创业者提供连带担保。如此，创业者等于把身家性命跟公司完全捆绑，风险大增。试想一下，如果马云融来的钱都是靠借，同时自己连带担保，也许到今天他还无法实现财富自由。

3. 债权融资挤破头，股权融资相对"人烟稀少"，因为大家都不会。

4. 股权其实就是一张纸，能够把这张纸变成钱才是功夫，才能够源源不断为企业提供资金来源。只会用自己的钱发展，只会借钱发展，还是个体户思维。

（三）融资方式的灵活运用

在企业融资谈判过程中，多数情况下，主动权掌握在投资人手中。毕竟，还是缺钱的人多。创业者的任务是尽量取悦投资人，拿到资金。

因此，除了打造有说服力的项目以外，需要在股权融资的基础上，灵活运用债权融资的某些要素，以吸引投资人。多数时候，即便你不考虑，投资人也会提出来。

1. 优先分红

给股权投资人优先分红权，是有效吸引投资人的一个举措。

举例：你投我公司，你不是希望25%以上的回报率吗？作为创业股东，我们让你优先分红。也就是说，如果公司分红不足投资额的25%，你先按投入资金的25%分红，剩下的，不论多少，我们分。如果每年公司分红超出投资额的25%，仍然按持股比例分。

这样约定，至少表明一个态度，让投资人感受到信心和温暖，表明创始人对公司盈利是有信心的；即便盈利稍差，你优先。

优先分红与债权还是不同的。债权盈不盈利都要支付利息，且利息是固定的；优先分红，只是享有优先权，如果盈利实在太少，你全拿走都不足投资额的25%，那还是有多少算多少；如果一分钱盈利都没有，同样不分，不保底的；万一全赔光，本钱都没了也是有的。

实行优先分红，应注意以下几点。

（1）签约主体要正确

增资扩股协议，公司是签约主体。优先分红，如果是有限公司，需要全体股东一致同意。

股份公司需要修改公司章程。公司法授权国务院对正常股票以外的股票种类做出规定，但是国务院迟迟没有出台相关规定。因此，严格讲，目前优先股没有法律地位。实践中，未上市的股份公司，如果股东全部同意，在法律上应该没有问题。

（2）约定终止日期

优先分红约定，应该有终止日期，不要遥遥无期。特殊的股东权利，如果遥遥无期，对企业后期融资、上市，影响很大。尤其是，如果企业上市，在上市前必须终止。

（3）考虑公积金留存

除了法定公积金，所有盈利全分，还是留一部分任意公积金之后，再考虑优先权，需要在协议中明确。同等盈利情况下，只有确定了公积金比例，才能判定分多少红，是否需要行使优先分红权。

2.债转股

债转股，是吸引投资人的另一种有效的安排。

你是股权投资人，你不是不放心吗？我让你先以债权人的身份投进来，这样，相对来讲，有保障。过两年，如果你看我企业好，你有权将债权转为股权。怎么样？

对投资人来讲，这等于兼顾了股权和债权的优点。这样做并不违法，先债后股，而不是同时拥有两种权利。

债转股，应注意以下几点。

（1）注意法律程序及签约主体

借贷合同，一般不需要股东会通过。债转股，如果采取增资扩股的方式，则须股东会特别多数通过。如果实现债转股时需要原股东按持股份额出让股权，则需要所有股东签字同意。

（2）要有终止期限

债权人决定转还是不转，应当约定期限。不要遥遥无期，让公司股权长期处于不确定状态。如果企业上市，在上市前必须确定。

（3）转股条件约定清晰

债转股，一般需要约定条件。例如盈利水平达到什么程度，市场开拓达到什么程度，专利、商标申请到什么程度等等。

条件成就，是可以转，还是必须转？条件不成就，债权人有没有权利转？要约定清楚。这样双方都有一个合理预期。

也可以不约定条件，全凭债权人自己决定是否转股。

（4）转股额度明确

如何转？这是约定的重点。到转股的时候，如何结算债权总额，如何确定公司估值以计算转股数量，必须提前约定清楚。

（5）股权登记方式明确

以增资扩股的形式进行股权登记，这在法律上是没有问题的，但是具体操作中，某些地方可能会遇到阻力。

变通的方式是创业股东将投资人应得的股权以零对价转让的方式过户到投资人名下。

如果是股份公司，不论增资还是转让，股权手续都在内部完成，会计做好账务处理即可。

用转让方式，税费如何承担，要提前约定，否则会引发纠纷。

3. 股权回购

股权回购是创业者给投资人的一个保障性承诺。

你是投资人，我是创业股东。我承诺，你投资到我公司当股东，如果未来一定时期内，公司没有达到约定的条件，我负责回购你的股权。

跟债转股相反，这有点像股转债。只是有点像，股权回购不同于股转债。债转股是合法的，股转债是不合法的。

股转债，相当于抽逃出资，会危及公司的资本，损伤其他债权人的合法权益，因此法律反对。

股权回购，相当于投资人与股东的一个预期股权交易，实现这个交易，出钱兜底的是股东，不会危及公司资本，也不损伤其他债权人权益，因此是合法的。

股权回购，应注意以下几点。

（1）注意签约主体

增资扩股协议，公司是签约主体。股权回购，承诺回购的股东——全部或部分创业股东或实际控制人——是签约主体。如果还是以公司为主体，回购条款一般会被判为无效。

（2）注意回购期限

股权回购，投资人做出是否要求回购的决定，必须约定期限。不要遥遥无期，让创业股东长久背负回购压力。如果企业上市，在上市前必须确定。

（3）回购条件要清晰

什么情况下要求回购，例如盈利水平达不到什么程度，市场开拓达不到什么程度，专利、商标申请不下来等等。条件成就，投资人有权要求回购。相反，条件不成就，不得要求回购。这样，双方都有一个合理预期。

当然，在双方自愿的情况下也可以约定，在一定时期内，投资人有权要求回购，而不论条件。

（4）如何回购，要明确回购条款，主要包括价格如何计算、如何办理手续、税费谁负责等等。

二、股权融资中如何对赌？

（一）问题：敢不敢赌？能不能赌？

股权融资中，对赌的现象非常普遍。江湖上，你一定听说过不少关于对赌的传说，例如，蒙牛、太子奶、俏江南等等。

所谓对赌，是指投资人和创业团队——创始股东或实际控制人——约定，投资后，如果企业达不到约定条件，创业团队应承担惩罚性义务。一般是赔偿一定数量的股份给投资人，或者要求创业团队回购自己的股权，或者承担其他义务。有些时候，投资人为了刺激创业团队，还约定，如果企业达到了一定条件，投资人奖励一定数量的股份给创业团队。

有的人，包括一些专家学者，干脆就反对对赌。他们认为，站在创业者角度，风险太大，没有必要；站在投资人的角度，赌输了难受，赢了更难受。

对赌，究竟可不可用？

（二）实质：积极的游戏，当赌则赌

对赌条款，又被称为估值调整条款。之所以应用普遍，是因为在现实中，对赌有一定的积极作用。

1. 可以化解谈判僵局

例如，你是投资人，我是创业者。我认为我的企业价值6000万元，你认为只值2000万元。谈了三个月，我说，少了5000万不行，你认为企业最多值3000万。我的确需要投资，你也看好这个项目，因为价格谈不拢，一拍两散，不符合双方的利益。于是，通过对赌，协议达成，双方满意。

2. 使估值更客观

如前所述，双方最终确定，按4000万元估值，你投入1000万元，占20%。但是，你担心公司不值，我担心公司超值。我们约定，在一定期限内，如果企业业绩达到一定数量，约定股份不变；如果达不到，我要补给你多少股份；如果超过多少，你奖励我多少股份。

因对赌发生的股权变化，等于对估值进行了调整，使估值更为客观。

3. 对管理层产生激励作用

对赌协议一旦签订，不努力都不行了。于是，更加努力地工作吧！

（三）操作：江湖险恶，谨慎对赌

对赌，应注意以下事项。

1. 签约当事人正确

投资协议，公司是签约主体。对赌条款，创业股东或实际控制人是签约主体。如果还是以公司为主体，对赌条款容易被判定为无效，即便条款有效，要执行，也将面临重重困难。

2. 对赌期限明确

如果企业上市，在上市前必须作了结，或终止；或中止，上市不成再恢复。

3. 对赌条件清晰、可识别

一般是以营业额、净利润、净利润增长率等财务指标作为对赌条件，也可以设定其他与公司业绩相关的条件，但是条件应清晰、可识别。

不要以上市与否作为条件。上市不可控，企业做得再好，也不一定能上市，创业团队风险太大。俏江南就是以上市作为对赌条件,从而导致对赌失败的。目前,证监会也明确反对以上市与否作为对赌条件。

4. 对赌的结果——股份调整的量要明确

可以约定,不同的结果对应不同的量。

5. 调整方式可操作

有限公司,要对前面整个的增资扩股行为进行重新登记是不可能的,因此,一般采用对赌双方股权转让的方式进行操作。转让价格,可以确定为1元钱。同样,双方要对税费负担做出约定。

6. 应特别注意的是,对赌结果应当公平合理

下面,我们通过俏江南案例来看看对赌当中应注意的问题。关于这个案例,网上说法很多,在这里,我们不用去纠结真实的情况究竟如何,我们引述其中一种流传较广的说法,目的是把道理弄明白,以便大家在操作中注意。

俏江南引进鼎辉投资,双方签订的协议里面,就含有对赌条款。

双方以上市为对赌条件,一旦在规定的时间内不能上市,就引发第一个对赌结果条款——股权回购条款,要求张兰回购投资人的股权,回购价格包含本金和一定量的投资收益。至股权回购条款被触发时,回购价款相比于本金已翻了一倍。

这时张兰无力回购,于是又引发第二个对赌结果条款——领售权条款,意思是,张兰不能回购,鼎辉自己出售,以回笼资金。但是,鼎辉才占10%,如果收购方要求购买更多的股份,比如70%,张兰必须跟着出售60%。我领,你必须跟,因此叫领售权条款。

说到这里,你还没有感受到特别的寒意——你会想,你卖股权,价格也会往高了卖吧,我跟,虽会丧失控制权,但是总会拿回相应的价款吧。等我说完下一个条款,你就会感觉到背脊发凉。

下一个对赌结果条款是清算优先条款。意思是,当企业清算时,投资人要优先收回本金加一定量的投资收益,剩下的,不论多少,才是创始股东的,尽管投资人的持股比例只有10%。

说到这里,也许你同样感受不到特别的寒意。我们再看看协议的名词解释,什么叫清算?除了解散清算、破产清算外,只要整个公司的股权出售达50%以上,即视为清算。

这下,你感觉到背脊发凉了吗?鼎辉领售,只要卖出去50%以上,不论卖多少钱,鼎辉都要拿回自己的本金和收益,剩下的才是张兰的。极端情况下,鼎辉只要卖够自己的钱就行了,至于张兰,即便是净身出户,也有可能。

当然，站在投资机构的角度，基金都有退出期，必须对项目退出早作安排，因此，上述看起来有些苛刻，甚至可恶的投资人权益保障条款，在资本市场并不鲜见。

站在创业者的角度，关键是要避开恶意陷阱。同时冷静估量自己情况，对赌条件实现的可能性，对赌结果的承受能力等等，做出合适的选择。

三、股权融资中如何保持控制权？

（一）做企业的三种情形

江湖上，比较热门的话题之一是创始人出局。

其实，出局不一定是坏事。江湖上有一种说法，办企业有三种方向：当儿子养；当女儿养；当猪养。

当儿子养，把企业做大，保持控制权，传下去。在这个过程中，可能并购别人——相当于娶儿媳妇，但是不能被人并购，更不能卖掉。

当女儿养，把企业做大，打扮得漂漂亮亮，找个好人家，嫁出去，收一笔彩礼，还保持亲戚关系，此后背靠大树好乘凉。所谓嫁出去，也就是被并购，但只是被控股，而不是完全卖掉。

当猪养，做大，养肥，卖掉，收钱，退出江湖，或者重新创业。

不要抱得太死，企业被并购，让它有更好的发展，也是一种豁达的态度。这里面没有对错，只有选择。

（二）预防控制权丧失

我们讨论预防控制权丧失，前提是把企业"当儿子养"。

控制权丧失，创始人出局，往往源于股权融资过程中没有把控好风险。股权融资中，创始人如何保持控制权，防止被别人"鸠占鹊巢"呢？

1.创业者对公司发展要有通盘考虑

古人云：宜未雨而绸缪，勿临渴而掘井。

真正到了没钱的时候，你没有谈判筹码了。人家投200万元，要40%股权，你给不给？不给，拜拜。

你可以参照前面讲的"不要盲目组盘"相关内容。公司发展中的预算、控制，跟组盘时一样。

2. 控制股权出让比例

股权融资中，控制股权出让比例，有助于保持健康的股权结构，从而维护创业者对企业的控制权。

这种控制，表现在两个方面，一是在每一次融资中控制股权出让比例；二是对公司股权融资有通盘考虑和长远打算，当企业做到什么阶段，股权释放到什么程度，做到心中有数。

如果控制权旁落的可能性很大，可以调整企业发展战略，甚至改变商业模式，以减少股权融资，从而保持良好的股权结构，维护自己的控制权。

3. 充分运用相对掌控的原理控制公司

掌控公司不一定要持股三分之二以上或者二分之一以上，当股权分散的时候，运用相对掌控的原理，在持股比例不是太大的情况下，照样掌控一家公司。关于相对撑控，我们在讲股权结构时已经讲过。

4. 在不得已的情况下，通过特别约定实现掌控

例如，通过一致行动协议、股权代持、约定同股不同权、协议控制等，保持对企业的掌控。这部分内容，我们在讲股权结构时讲过。

再次强调，如果你很在意掌控权，我不建议你盲目使用这些招数。绝大多数公司，策划得当，完全可以不通过这些招数保持掌控权。使用这些招数，稍有不慎，会引发纷争，控制权旁落，或者企业发展受损。

另外，除非你做得非常好，企业很有吸引力，否则投资人不会同意这些做法。

5. 注意实际控制

在运作中，要加强对企业的实际掌控力度。

打个比方，即便你是保姆，如果这个孩子离了你又哭又闹，逐渐消瘦，即便孩子的亲爹娘，也不敢随便把孩子从你的手中拿走。

马云把支付宝拿回来，马云要搞奇特的合伙人制，孙正义也好，杨致远也好，是欣然接受吗？不是的，可是最终拿他没办法。为什么？马云能让支付宝活得很好，而孙正义、杨致远不能，如果他们和马云作对，就等于和自己的钱过不去。

无独有偶，当年娃哈哈集团与达能争斗过程中，宗庆后也说：娃哈哈在我手里能赚钱，你拿过去就是死。对此，达能的确也是无可奈何，最后，基本上是按宗庆后的意见和解了事。

（三）掌控是相对的

我们理解创业者保持控制权的某种自私。正是这种自私，促使创业者寻找机

会，努力工作。要是创办企业的人，最终都被赶出局，谁还会辛辛苦苦创业呢？

但是，创业者应该提升到更高的境界。保持控制权，不只是自私，更是无私——为了企业，为了使命。统计数据表明，创业者过早离局，企业垮得快。

同样的行为，出发点不同，力量不同。

同时，创业者应该意识到，所谓掌控是相对的。几十年之后，人都入土了，你上哪儿掌控去？古时候的帝王，希望子子孙孙、世世代代掌控，结果呢？

该掌控的时候，当仁不让，奋力拼搏，完成自己应该完成的使命，如此而已。

最终，股权扩散，公司社会化，这是大趋势。美国和日本的企业，百年以上大公司，创始人家族最终持股三五个百分点而已，有的保持掌控，有的早已不掌控。可是，他们家族后人都不是穷人。

在国家法律和公司治理机制的规范和引导下，股权不断流转，企业能人辈出，始终有人为梦想而战，企业生生不息，永不停止，这才是理想状况。

你传给后人的，不一定是财富，更主要的是鲜活的机制，闪光的精神。百年之后，企业文化陈列室里有你的雕像，江湖上有你的传说……从某种意义上讲，也等于延续了自己的生命。

四、股权融资中如何防止触犯法律？

企业家头上有几把刀，随时可能降落下来，其中一把就是"非法集资"。

其实"非法集资"不是犯罪名称，而是集资类犯罪的统称。非法集资类犯罪，较常见的罪名有三个：集资诈骗罪，非法吸收公众存款罪，擅自发行股票、公司、企业债券罪。

民事问题，钱能搞定；刑事问题，等待你的可能是牢狱之灾。

下面进行简单的解析。

（一）集资诈骗罪

1. 主要特征

集资诈骗罪的主要特征，是有非法占有集资款的目的，且具有诈骗的性质，当然，还要达到数额较大的标准。

本罪最大的特点是以集资为名，骗取别人的钱财据为己有。

骗就是虚构事实，隐瞒真相，这个比较好识别。当然，任何融资文件，不可能百分之百真实。但是你吸引别人投资的主要内容、主要文件应该是真实的。

2. 如何判定非法占有集资款故意?

是否有非法占有集资款的故意,如何识别呢?法官不可能打开你的脑袋来看。法官将根据你的行为来推定你的主观意图。例如,以下行为应推定为具有集资诈骗的故意。

(1)集资后不用于生产经营活动,或者用于生产经营活动与筹集资金规模明显不成比例,致使集资款不能返还的;

(2)携带集资款逃跑的;

(3)挥霍集资款,致使集资款无法返还的;

(4)使用集资款进行违法犯罪活动,致使集资款无法返还的;

(5)抽逃、转移资金、隐匿财产,逃避返还资金的;

(6)隐匿、销毁账目,或者搞假破产、假倒闭,逃避返还资金的;

(7)拒不交代资金去向,逃避返还资金的;

(8)具有其他欺诈行为,拒不返还集资款,或者致使集资款无法返还的。

3. 数额较大标准

关于数额较大标准,根据最高检、公安部的规定,个人集资诈骗,数额在10万元以上,单位集资诈骗,数额在50万元以上,属于数额较大。

4. 处罚

集资诈骗罪的处罚:过去有死刑,因此罪失去生命的企业家不在少数。2015年的《刑法修正案(九)》去掉了死刑,最高刑为无期徒刑。

(二)非法吸收公众存款罪

1. 主要特征

非法吸收公众存款是指违反国家法律法规的规定,非法吸收或者变相吸收公众存款,扰乱金融秩序的行为。这是目前我国发案最多的一种非法集资类犯罪。

2. 行为表现

根据最高院相关司法解释,同时具备下列4个条件的,基本上会被认定为非法吸收公众存款罪:

(1)未经有关部门依法批准或者借用合法经营的形式吸收资金;

(2)通过媒体、推介会、传单、手机短信、网络等途径向社会公开宣传;

(3)承诺在一定期限内以货币、实物、股权等方式还本付息或者给付回报;

(4)向社会公众即社会不特定对象吸收资金。

下列行为,属于变相吸收公众存款行为。

（1）不具有房产销售的真实内容或者不以房产销售为主要目的，以返本销售、售后包租、约定回购、销售房产份额等方式非法吸收资金的；

（2）以转让林权并代为管护等方式非法吸收资金的；

（3）以代种植(养殖)、租种植(养殖)、联合种植(养殖)等方式非法吸收资金的；

（4）不具有销售商品、提供服务的真实内容或者不以销售商品、提供服务为主要目的，以商品回购、寄存代售等方式非法吸收资金的；

（5）不具有发行股票、债券的真实内容，以虚假转让股权、发售虚构债券等方式非法吸收资金的；

（6）不具有募集基金的真实内容，以假借境外基金、发售虚构基金等方式非法吸收资金的；

（7）不具有销售保险的真实内容，以假冒保险公司、伪造保险单据等方式非法吸收资金的；

（8）以投资入股的方式非法吸收资金的；

（9）以委托理财的方式非法吸收资金的；

（10）利用民间"会""社"等组织非法吸收资金的。

3. 追诉标准

根据最高检和公安部的规定，具有下列情形之一，应予追诉。

（1）个人非法吸收或者变相吸收公众存款，数额在20万元以上，或30户以上，或造成存款人直接经济损失10万元以上；

（2）单位非法吸收或者变相吸收公众存款，数额在100万元以上，或150户以上，或给存款人造成直接经济损失50万元以上。

4. 处罚

非法吸收公众存款，最高刑10年。

（三）擅自发行股票、公司、企业债券罪

1. 基本特征

本罪是指未经有关主管部门批准，擅自发行股票、公司债券、数额巨大，后果严重或有严重情节的行为。包括两种情况，一是不具备主体资格擅自发行，二是具备主体资格，但是未经批准擅自发行。

2. 行为表现

根据2010年最高院的司法解释，以下行为，应当认定为刑法规定的"擅自发行股票、公司、企业债券"，以擅自发行股票、公司、企业债券罪定罪处罚。

（1）未经国家有关主管部门批准，向社会不特定对象发行股票或者公司、企业债券；

（2）未经国家有关主管部门批准，向社会不特定对象以转让股权等方式变相发行股票或者公司、企业债券；

（3）向特定对象发行、变相发行股票或者公司、企业债券累计超过200人的；

这个规定第三种情形，把本罪行为放宽了，哪怕是特定对象，超过200人，就有可能被追刑责。这样的规定，是否符合公司法本意，值得商榷，公司法里面的200人是指股份公司发起人的最高上限，不是股东人数的最高上限。

事实上，好多企业在新三板挂牌，股东超200人，不但没有被追究犯罪，还被证监会核准。不管怎样，我们改变不了最高院的规定，只能防控。

3. 追诉标准

根据最高检、公安部的规定，涉嫌下列情形之一，应予立案追诉：

（1）发行数额在50万元以上的；

（2）虽未达到上述数额标准，但擅自发行致使30人以上的投资者购买了股票或者公司、企业债券的；

（3）不能及时清偿或者清退的；

（4）有其他后果严重或者有其他严重情节的。

4. 处罚

本罪最高刑5年。

（四）非法集资类犯罪预防："道""术"结合

如何防控非法集资类犯罪？建议如下。

1. 良性运作是王道

尽量把企业做好、赚钱，不管是借贷也好，股权融资也好，让投资人的权益有保障，有回报，一般来讲，民不告官不究，这是最现实的防火墙。

有的人，一开始并没有想骗别人的钱财据为己有，但是，由于没有做好经营规划，资金缺口太大，为了融到钱，只好承诺高额回报，而事实上企业根本承担不了。到一定时候，一看不行，拿着剩下的钱跑路，形成集资诈骗！

还有的人，一开始是准备好好做企业的，但是迷信一些所谓的商业模式、招商模式、会销模式，收到大把的钱，于是大肆购买豪车、豪宅、名表……越是炫耀，越容易融来资金。如此，把心搞花了，反而不好好做项目，越陷越深，最后兜不住了，一走了之，演变为集资诈骗罪！

2. 做好过程管理

在正常融资的过程中，把事情做规范、做扎实，并留下凭据，以避免"躺枪"。具体包括：

（1）规范内部法律程序，做好股东会会议记录、股东会决议、董事会决议等；

（2）规范外部法律手续，签订好协议，如增资扩股协议、借贷协议等；

（3）做好财务管理，记好账，保留好各种财务资料，如收据存根、银行往来凭证等。

只要好好做企业，各种凭证清晰，哪怕集资行为不太规范，最后因为经营管理不善赔光了钱，也不能随便定为犯罪。

3. 把好"不特定公众"关

预防非法吸收公众存款罪，以及擅自发行股票、公司、企业债券罪，"不特定公众"（即不特定对象）是关键点。

不要"面向不特定公众"，反过来，就只能面向特定对象。什么是特定对象？亲朋好友、合作伙伴、内部员工等说得清楚关系的人。面向特定对象，一般不会触犯这两个罪。

当然，对"特定公众"也要注意。前面说了，根据最高院的司法解释，针对特定对象累计超 200 人的，也涉嫌犯罪。当然，只是涉嫌，不是说一超 200 人就是犯罪。具体还要看其他犯罪构成要件。

搞股权激励，只要方案合理合法，股东超 200 人也不属于犯罪。

4. 融资风险防控中的"术"与"道"

总体上讲，融资过程中，要讲究"术"，但是不应沉迷于"术"。

做企业，要约束自己的欲望和虚荣心，不能去做骗人钱财的事情，这没什么好说的。你一方面害人，另一方面要防控风险，难！正所谓天理昭昭，疏而不漏，你往哪里跑？

反过来，融资时应尽量站在双方角度考虑问题。从大处看，从长远看，你跟投资人更多的不是博弈，是合作。伤害了投资人，即便你赢了，最终也是输了。如果投资人都从你这里赚到了钱，你必然会迎来更大的成功。这便是"道"。

王小板的收获与感悟：庆幸，再庆幸！

听完这节课，王小板同样收获满满。

自己公司倒闭，债务缠身，险些自杀。但是还好，没有触犯刑律。

现在看来，好几次，当公司急需资金的时候，别人建议的融资方式里面，都有非法集资的风险存在，幸好当时没有采纳。

参股项目，公司创业团队向自己融资 50 万元，放出 30% 的股权，导致股权结构恶化，大股东控制权急剧下降，等于是一个活生生的反面教材。

过去，一旦缺钱，只会去借。现在知道，股权融资其实是更好的方式。也知道了股权融资当中的各种花样，如承诺投资人优先分红、先债后股、承诺股权回购等等，同等情况下增加了融资的可能性。

股权融资中的许多风险，如对赌、控制权丧失、牢狱之灾等等，不发生则已，一旦发生，都足以致命。今后，自己的公司一定会用到股权融资，今天这节课，可以让自己绕开致命陷阱。

还有，市场上各种融资模式，五花八门，形形色色，大多涉嫌非法集资。听了今天这堂课，今后再遇到，会有一个清晰的识别。

第12课　股权并购：思路和方法

一、认识两种企业并购方式

并购是企业快速整合资源、快速抢占市场、快速做大企业规模，从而取得竞争优势的重要手段。

企业并购的方式可分为两大类，一类是资产并购，另一类是股权并购。

资产并购是通过整体购买目标公司的资产及业务，以取代目标公司的市场地位的一种投资活动。

股权并购是通过持有目标公司的股权，控制目标公司的经营业务，从而拥有目标公司的市场地位的一种投资活动。具体又有增资扩股、股权收购、吸收合并几种方式。

两种并购方式目的相同，但操作上有很大的不同。二者的区别主要表现在以下几个方面。

1. 交易标的不同

资产并购的交易标的是企业资产，包括动产、不动产及相关知识产权，一般还包括客户资源、业务关系等。股权并购的交易标的是目标公司股权，或者说是目标公司本身。

因此，资产并购，交易什么就是什么，目标公司的资质、声誉、债权债务、正在履行的合同等不一定跟着走。

股权并购，交易的是目标公司全部，其有形无形资产全部跟着走。被并购方的员工，除非与公司解除劳动合同，否则，劳动关系不变，事实上自然变成了并购方的人。

2. 交易主体不同

资产并购是与目标公司在进行交易。

股权并购本质上是与目标公司的股东在进行交易。

3. 操作难度不同

资产并购，目标公司内部程序比较简单，一般不用股东会通过，即便上股东会，除非章程有特别规定，简单多数决即可。

股权并购，根据具体方式不同，往往需要目标公司股东会特别多数通过，股权收购甚至可能需要全体股东通过。

资产并购，如果是动产，交易过程比较简单，交付即可。但是，不动产、特殊动产、登记知识产权等，需要办理过户登记。土地使用权、采矿权等不动产物权，交易难度很大，过户非常复杂。

股权并购，需要办理工商变更登记，工商登记一般并不复杂。

4. 风险不同

资产并购，目标公司可能继续存续，可能解散，不论怎样，其权利义务跟并购方无关。

股权并购，除吸收合并外，目标公司存续，其权利义务不发生变化。看似不变，其实是变了，过去，被并购方股东着急，今后，是并购方着急。即便是采取吸收合并的方式并购，目标公司的债务，还是要由合并后的公司承担连带责任。

因此，资产并购和股权并购，在或然负债上的风险大不相同。

5. 税费不同

资产并购要承担资产交易流转的税费，如土地使用权，可能涉及土地增值税、契税、城建税及教育费附加、印花税、企业所得税等，税负有可能很重。

股权并购转移的只是股权，一般来讲，只需缴纳印花税，并根据股权增值情况缴纳所得税，税负相对较轻。与资产并购相比，有时候差异巨大。

当然，税负的轻重，还是要看具体情况。有时候，资产并购的税负反而要轻得多。

6. 整合难度不同

股权并购的目标公司一般继续存续，其主要团队往往不变，并购方只是派出部分管理人员进驻。因此，在管理、文化、人际关系等方面，整合难度更大。资产并购的目标公司不在并购方系统内存续，目标公司的人员即便过来，也像是嫁过来的媳妇，整合难度较小。

综上，选择并购方式，要根据并购目的以及双方的实际情况决定。一般来讲，如果需要并购的资产很清晰，容易过手，税负不高，目标公司股东关系复杂，或然负债风险大，应采取资产并购。相反，宜采取股权并购。

我们这次课程是股权实战课程，因此以股权并购为主。资产并购如同买卖，不属于我们这次课程的范畴。

二、并购方操作要点及风险防控

在股权并购中,并购方占主动地位,并购活动的发起、推动,最终决定权,主要在并购方。同时,并购方的风险最大。

最好的风控就是让专业人做专业事,聘请专业人员担任顾问,全程参与整个并购活动。并购是一种投资行为,花点钱请专家协助,也是必要的投资。

当然,作为老板,你要看到陷阱,要有解决问题的思路,还要跟包括专业人士在内的各种角色对话,因此,下面的内容非常重要。

(一)并购操作:步步为营

股权并购,并购方应步步为营,切实做好以下操作。

1. 确定并购意向

根据自身发展战略制订并购战略。根据并购战略,谨慎选择目标公司。要根据初步调研了解目标公司拥有的资产和资源,初步确定,目标公司究竟是不是你想要的?是不是适合你并购?

2. 根据并购目标选择并购方式

根据自身需要,当然也要结合对方意愿,确定并购要达到的持股目标,是控股,还是全资?

一般而言,全资并购,适用于需要绝对掌控的情况。控股而不是全资,有助于留住原股东,让他们发挥应有的作用。

根据双方情况,选择并购方式,常见方式有增资扩股、股权收购、吸收合并等,还可以将这些方式进行组合运用。

增资扩股,原股东肯定还在,且企业资本更充盈。股权收购,原股东可能在可能不在,收购之后,往往还需要投入资金到目标公司。

吸收合并,原股东肯定在,而且可以减少现金支付。但是,吸收合并必须对双方进行估值,谈判和操作难度更大。

3. 签署意向协议

签订协议,尤其要注意的是签约主体。一般情况下,意向协议的签约主体也是正式协议的签约主体。

前面我们讲过,再强调一下:增资扩股和吸收合并,对方签约主体是目标公司；股权收购，对方主体是目标公司的股东。

在当事人是目标公司的情况下，目标公司的主要股东或实际控制人也应当作为当事人签约，他们要在协议中承担保密、披露、承诺和保证等义务。

就自己这一方来讲，并购以后谁是持股人？需不需要在当地设立子公司来作为并购方等都是需要考虑的。

实务中，一般会签两次协议。先签意向协议，对并购做出初步的安排，还要对双方工作人员、议价原则和方法、信息披露、尽职调查、日程安排、保密等做出安排和约定。

意向协议的签署，是并购活动的重大转折点，双方从此进入实质性操作阶段。之前，双方都是在"藏猫猫"，此后，开始站出来，坦然相对，既博弈，也合作。

有些人将意向协议约定为没有法律效力，这是错误的。意向协议当中的交易条款不具备实际履行的效力，但是，所有条款对双方都是有约束力的。表现在几个方面，第一，一些说定的事情，只要是继续推进，双方都要善意遵守；第二，双方要据此展开工作；第三，如果说前两个方面只有道德评价、没有法律强制力的话，有些条款是有法律强制力的，如保密条款，一旦违反，要承担法律责任。

反过来讲，也要注意，别把意向性协议签成了需要实际履行的协议。最好的做法是在意向性协议里面清楚地写明：交易意向不具有法律拘束力。

4. 做好尽职调查

尽职调查的范围很宽，包括股权状况，出资情况，股东协议或公司章程特别约定、规定，资产、负债情况，目标公司市场地位和市场表现，运营情况，以及其他与目标公司权益相关的情况，如：担保、抵押情况，纳税情况，劳动关系处理，现有或可能的诉讼、争议等等。

广义的尽职调查，早就开始了。真正的尽职调查一般是在意向协议签订之后才开始。

除了自己的项目团队，应当聘请专业律师事务所和会计师事务所承担尽职调查工作。一般来说，目标公司的经营管理状况主要由自己的项目团队负责，其他事项主要由专业律师和会计师负责。

5. 把握并购谈判重点

除了并购方式选择外，谈判的核心有几点：对方究竟有什么（资产负债情况）？如何作价（估值）？最终持股比例？如何支付和交割？

支付方式，有现金支付、股权支付、其他财产支付。需要根据自身情况确定、谈判。

每次重要谈判，最好都有会议纪要，反映双方谈判成果——哪些达成了共识，哪些还有待磋商。会议纪要跟意向协议的作用类似。

6. 正式协议签订

正式协议要对整个谈判成果进行固定，对整个交易，包括违约责任、争议解决方式等，做出安排。

正式协议的生效要以对方审批为前提。关于这一点，要着重关注以下问题。

（1）增资扩股，或者吸收合并，要敦促对方走内部程序，通过股东会决议。甚至要审查对方章程，在这方面有没有特别规定；

（2）如果是有限公司，股权收购，要关注其他股东的同意权和优先购买权，增资扩股还要关注原股东的优先认购权；

（3）国有企业还要经过国有资产管理部门或者上级单位的批准。这一点非常重要。

在正式协议里面，强调一下对方的两个后续义务：一是原主要股东或实际控制人要在一定时间内辅助目标公司的运作，包括敦促一些重要人员按协议约定去留；二是不竞争条款。尤其是第二条，很重要，把企业卖给你了，他们重新再做一家公司与你竞争，这是最要防备的。

7. 做好履行控制

履行阶段更重要，要如实按照协议约定，不折不扣地推进。现实中，往往前期神经绷得很紧，一旦协议签订，就松弛下来了，很多问题就发生在履行阶段。

履行过程中发现问题，要及时报告，商量对策。

合同签了，不一定必须履行。如果发现对方存在重大问题，可以行使不安抗辩权，中止甚至终止履行。

（二）或然负债风险：并购方的头号敌人

并购方最大的风险是或然负债风险。

或然负债，也叫或有负债，是指股权并购后目标公司可能出现的预料之外的负债。这是股权并购最大、最常见的风险。

或然负债，可能产生于被并购方的恶意——故意隐瞒真实情况，也可能出自无意。不管怎样，一旦出现，既麻烦，又损失。

如何防控？

1. 重视尽职调查，同时强调尽责披露

尽职调查是在尽责披露的基础上完成的。绝大多数情况，他不披露，你根本无从调查。

如实披露信息，要在协议中确定为被并购方的主要义务。违反尽责披露义务，不论善意还是恶意，都要承担违约责任，如赔偿因此而造成的各种损失。这样的约定，对被并购方本身就是一种威慑，促使他如实披露。要是真的违反了，必须要找得到赔偿责任人。

这里说的被并购方主要指目标公司的主要股东或实际控制人。不要把这个责任放到目标公司身上，到时候，目标公司是你的，目标公司承担责任，没有实际意义。

2. 通过履行控制缓解风险

一般来讲，不论任何交易，后履行的一方风险相对较低。就并购合同来讲，越是把支付价款的时间往后移，越有助于防控或然负债风险。

股权并购中，留下一定比例的价款在并购完成后一年甚至更长时间支付，对风险防控大有帮助。虽然，理论上讲，两年、三年甚至更长时间以后，风险都有可能发生，但是，实践中，并购完成后一年以内是风险高发期。以后，发生的几率越来越低。

3. 通过分段操作控制风险

例如，你准备收购目标公司的全部股份，但不要一次完成，而是分两个阶段操作：第一个阶段，先收购51%，之后你的人员进驻，掌控经营，一定时间以后，比如两年、三年后，再收购剩下的49%。这样，他的股权还在，他不会跑，即便产生或然负债，由于他的股权还有49%，可以承担赔偿责任。有鉴于此，发生或然负债的几率要低得多。

这样的操作要注意以下几点。

第一，要在一份合同中把后面的并购安排全部约定清楚。一个企业之所以被并购，或多或少有一些问题，别到时候，你来了，企业好了，他便不想再出让剩下的股权了。

第二，要把到时候如何定价约定清楚。不要采用确定价格，最好约定一个价格机制，公司做得越好，价格越高，反之越低。这样，他对公司发展也会更加积极。

第三，剩下的股权，究竟最终收不收购，主动权最好掌握在并购方手中。当然，得有期限，也可以大大方方承诺，只要不出现特殊情况，肯定收购。同时把排除收购的特殊情况约定清楚。

4. 如果可能，要求对方提供担保，由担保人承担连带责任。

5. 不要仅仅依赖双方约定

有人说并购协议不是约定了吗？之前的债务他负责，之后的我负责。言下之意，前面那些风险防控措施有点多余。

这个约定管用，但只是在你们之间管用，对债权人不管用。对债权人来讲，债务人是目标公司，没有变，他向目标公司追账，没有错。前面讲过了，过去的目标公司被追账，被并购方着急，现在的目标公司被追账，你心疼。

此外，风险防控分几个层面，不能仅仅靠约定。

约定只能分清责任，在对方有履行能力的情况下管用。如果到时候，虽然责任在他，但是他没有钱，负不起这个责任，怎么办？等到发生责任的时候，他人都找不着了，怎么办？法院拿他也没办法。甚至，他涉嫌诈骗罪，你是受害人，他被判了刑，又怎么样？你的损失拿不回来了。

（三）交割风险：不只是心细

并购中的交割，就好像买卖当中的交货，但是比一般的交货复杂。

1. 资产交割

（1）动产。主要是清点、查验、造册、双方签字确认。根据并购安排，有可能变更管理人员，也有可能不变。

（2）不动产。如果登记在目标公司名下，跟动产交割一样。如果登记在目标公司以外的其他主体名下，或者吸收合并导致主体变化，就需要办理变更登记手续。

（3）无形资产。现实中有些企业的商标、专利等没有登记在目标公司名下，需要办理转移登记。某些无形资产，如专有技术，不是移交资料就可以的，还得安排培训，甚至留下技术人员工作一段时间。

（4）应收账款。要核实确认，把债权凭证清理、移交清楚，以后追账要用。

（5）负债。要核实确认，把相关协议、履行凭据清理、移交清楚，以后抗辩要用。

2. 人员控制

根据并购安排，并购方的人员入驻，切实掌控关键岗位，掌控相关的人、事、物。现实中，实际掌控很重要。有的并购方，长时间没有实际掌控，一旦发生纠纷，会很被动。

3. 法律手续

修改公司章程，进行工商变更登记。这部分的重要性不言而喻。

4. 印章处理

在我们国家，印章是权利的标志，身份的象征，非常重要。

印章如何处理？实践中，除非你对风险控制特别有把握，否则，不要做印章的移交！

你不知道他原来的印章，是否存在管理隐患，你甚至不知道他盖了多少空白的A4纸，用来对付你。

因此，你应该重新申请、刻制一套印章。原来的印章，由双方封存，或者销毁。封存或销毁前一定要留下若干印模，由双方签字认可并保存。整个过程留下笔录。

这样做的好处，是今后出了说不清楚的盖章文件，能够很方便地分清责任——凡是老印章，他负责；凡是新印章，你负责。

前面说的印章，包括法定带有公章性质的所有印章，具体包括公章、合同专用章、财务专用章和法定代表人名章。公章和法定代表人名章分别只有一枚，合同专用章、财务专用章可能各有很多枚。其他的，如部门印章，虽然没有对外的法律效力，但是也有证明职务行为的作用，最好一并处理。

对目标公司使用的电子印鉴，也应作相应的技术处理。

带章合同、收据、介绍信等，处理方式同上。

（四）防控其他风险

1. 股权纠纷

股权并购，交易的标的就是股权。股权出问题，整个并购都出问题。

常见的股权纠纷，有权利瑕疵、出资瑕疵、股权代持、股权婚姻家庭纷争等。除了谨慎尽职调查外，大家可以参照前面讲的组盘部分课程内容，进行风险防控。

2. 管理和运作（团队兼容，文化兼容）风险

股权并购，并购方注入的不但是资金和品牌，还有文化和管理模式。文化和模式涉及人，只要涉及人，其复杂性和难度就远远高于物的处理，高于各种手续的办理。现实中，很多并购战略的最终失败，就是源于团队的不兼容。

这方面，很难有规律性的经验可谈，除了并购前后高度重视外，并购方派驻的管理人员，既要坚持原则，又要保持足够的耐心，还不能操之过急。这样，才能达到目标。

3. 关联交易风险

如果目标公司的业务运作依赖于一些特定的交易，尤其是与原股东的关联交易，可能导致成本高效益低，甚至引发生存危机。

因此，在并购谈判中，这些交易，该解除的要解除，该变更交易条件的要变更，以此作为并购的前提条件。

4. 劳动争议风险

根据劳动关系相关法律法规，关于劳动报酬争议，如奖金、加班费等，整个劳动关系存续期间都不受时效限制，直至离职后一年。股权并购，劳动关系也是延续的。因此，你并购一家公司后，劳动争议风险的消除，可以说是遥遥无期。

另外，不签书面劳动合同，可能带来双倍工资，甚至走向无固定期限劳动合同。

因此要加强这方面的调查，劳动合同签订和履行情况，尤其是薪酬、社保等。最好与被并购方的员工面对面沟通，了解情况，发现隐患，及时在并购过程中做出处理。需要离职的，最好在并购完成之前办理相关手续，以减少并购过程中本来就容易发生的劳资对立。

不论离职还是在职，最好由员工书面承诺，过去的劳动报酬已经结清，不存在争议。社保问题靠承诺都不见得有用，要靠查证。

5. 纳税风险

并购前后，目标公司的纳税义务也是延续的，这方面出现问题的可能性也很大。

一方面，要加强尽职调查，必要时委托会计师事务所进行税务专项审计；另一方面，在协议中，要把并购前的纳税义务纳入或然负债赔偿范围。

6. 政府及周边关系

这个也要提早注意。最好在并购发生前，征求当地政府及其管理部门的意见，取得他们的支持，至少不要招致他们的反对。

与目标公司重要的生意伙伴，或者其他重要的相关单位或个人的关系处理也是如此。

（五）"术"解决"术"的问题，"道"解决"道"的问题

你是并购方，按江湖说法你是老大，老大要有老大的风范。在整个并购过程中，以及并购完成以后，你要表现出老大应有的宽容、大气和善意，理解被并购方创业的艰辛，维护他们应有的权益，争取他们的支持，共谋目标公司的良性发展。

你懂的，做大事要靠人。取得地盘丢了人，并非上策。你派出的"自己人"，也只是你的"臣"，你同样需要对他们进行激励和管控。"降将"里面也有"良臣"。

何况，站在更高层次看，哪有什么"君"和"臣"啊，所谓公司，无非是让更多的人实现梦想的平台而已。既然如此，又何必区分新员工老员工呢？

三、被并购方操作要点及风险防控

前面，我们站在并购方的角度讨论了风险防控。正常情况下，并购方的风险的确更大。但是，你们的企业被并购的可能性也很大，因此我们也适当站在被并购方的角度，看看应注意的问题。我说的被并购方，特指目标公司的主要股东或实际控制人。

1. 注意并购后的股权结构问题

作为并购方，特别喜欢要 51% 股权，因为可以花最小的代价取得控股地位。作为被并购方，被控 51% 是最难受的结构——操心吧，控制权没有了；搭便车吧，自己的份额还不小，"牺牲"不起。

因此，站在被并购方的立场上，要求并购方要么多占股，全部或 80% 以上都行；要么对方参股，持小股，我方说了算。

并购方多占股，我拿钱走人，此后，你说了算，我搭便车，只要你不公然侵害我小股东的利益，我保持沉默。退一万步讲，就算剩下那点股权没了，我也无所谓了。

还有一种考虑，并购方反正要留团队干活，我作为被并购方，持股稍多一点，例如大于 34%，一方面，为了这个股权份额，还值得一战，另一方面，对重大事项拥有否决权，对并购方是一种制约。

2. 选择合适的并购方式

前面说了，被人控股，等于把企业当女儿养，然后嫁出去。既然是嫁女儿，就要收彩礼。

什么意思呢？一般情况，并购方乐意把钱投到公司，而不乐意给原股东。但是，站在被并购方角度看，如果你参股，你把钱投到公司，没问题。但是你控股，这孩子跟你姓了，今后你说了算，你只是把钱投到公司，我不干，你应该从我手里受让一部分股权。换句话讲，应采取股权收购而不是增资扩股，至少两种方式并行。总之，我要拿到足够的钱，我才会让出控制权。这对我这么多年的辛苦创业，也算是一个交待。

至于吸收合并，就更要衡量，你有什么，我有什么，合并后有什么好处。既然是吸收合并，显然是你吃掉我，而且我还拿不到钱。因此，除非给我一定补偿，否则一般不走这条路。

3. 警惕商业秘密泄露

一旦并购方开始尽职调查，就危及被并购方的商业秘密。因此，保密协议对被并购方十分重要。前面讲到，意向协议里面，保密条款是最重要的条款之一。有些时候，等不到意向协议，一开始接触就先签保密协议。这可是有法律效力的协议。

除了签协议，过程中，哪些该出示，哪些不该出示，也要有计较。不到并购完成，有些信息对你来讲都是商业秘密。

4. 估值问题

估值是谈判的核心。各种常见的估值法，后面会讲。关键是你要拿出证据来，想方设法证明你公司的价值。

5. 对价支付问题

作为被并购方，首选当然是要钱。股权支付，要看股权是否有价值。股权是否有价值，除了看并购方公司前景外，与并购方主要股东或实际控制人的人品、信誉度，以及公司治理的规范程度等都有关系。

支付时间也是重要的考量因素。越往后，你拿不到钱的风险越大。

6. 身为小股东的权利维护

一旦被控股，你和你的创始合伙人就成了小股东。小股东往往处于弱势，如何保障自己的基本权益，早谈，早安排，并购完成以后再说就晚了。

就好比一个大姑娘，在跟未来丈夫上床以前，该考察的要考察好，该争取的权益要争取。等到上床以后，尤其是过门以后，你就没有筹码了。

小股东权益维护，常见的有以下措施。

（1）内部签订一致行动协议

如果被并购方不止一个股东，对目标公司又没有完全放弃，那么，几个股东应该签订一致行动协议，凑少成多，达到对并购方——以后的大股东相对制衡的目的。否则，本来就小，一分散，更没有话语权了。

（2）通过特别约定保障己方最基本的权利

常见约定有：重大事项否决权、分红特别约定、并购方转让限制、跟售权、反不当稀释条款、人事权约定、薪酬约定等等。

重大事项否决权，例如，被并购方只占30%的股权，正常情况下，在股东会上对并购方没有任何制约。可以提出，今后你是老大，公司的事情你说了算，但是，基于我的创始人地位、持股份额以及未来在公司的作用，重大事项不能你一方说了算。因此在章程里面将特别多数决的通过比例提到70%以上（不含本数），并且在法定条款的基础上，增加几条重大事项，对方同意，咱们就往下走，不同意，就算了。

股权转让限制是约定并购方在一定时间内，未经被并购方同意不得转让股权。

跟售权是指并购完成后一定时间内，并购方要向外转让股权，被并购方有权跟售,甚至优先出售。

就好比我嫁给了你,你不能始乱终弃,任意把我卖给别人,你要走人,咱俩一起走,甚至让我先走。

反不恰当稀释主要是指今后增资扩股时,对价格、优先认购权等进行约定,以防小股东的股权被不恰当稀释。

如果并购协议里面挽留被并购方任职,则应对报酬做出约定。过去,你是老板,薪酬无所谓;今后,你是小股东或者职业经理,薪酬很重要。如果弄得你在以后漫长的时间里,不能离职,报酬又很低,很痛苦。

(3)被并购方,在一些关键事项上,可有意识地保持实际控制权。例如技术、市场等等。

注意:以上建议,不是让你捣乱,你既然选择了对方,就好好经营公司,让公司良性发展,对大家都有好处。我只是建议你维护自己的合法权益,免受欺凌,如此而已。过分的自私自利,勾心斗角,结果只会是两败俱伤。

四、如何进行公司估值?

股权流转中,股权究竟值多少钱?这涉及公司估值的问题。

首先要明确:公司估值是有目的的,例如,用于股权转让、并购重组、股权激励等等。围绕这个目的,公司估值,其实是参与博弈的双方或者多方谈判、妥协的结果。

股权激励,方案一般由公司确定,实际上主要由股东制订,员工不直接参与,因此好像没有明显的博弈相对方。但是实际上也存在博弈,即股东不能不考虑员工的利益和感受,否则你的激励效果堪忧。

另外,估值的这个"估",带有"蒙"的意思。双方或者多方感觉对,表示认同即可。天下没有一个机器能够计算出准确的公司估值。

当然,作为创业者,我们也要了解一些估值的思路和方法,以便"蒙"得更准,"蒙"得对自己更有利,在谈判过程中掌握主动,甚至将小公司估出大价钱。

市场上估值方法五花八门,常见的有以下几种。

1. 净资产估值法

用公司的净资产估值。净资产,又有账面净资产与评估净资产之说。

评估净资产更接近真实价值。例如,公司名下的一块土地,5年前取得的,账面价值为500万元,评估价值可能是3000万元。

净资产估值，相对于公司的真实价值，往往偏低。因此，除非特殊优惠，否则不用。顺便提一下，在司法程序中，净资产估值法常常被采用。

2. 市场价格比较法

用可参照的同类公司价格，进行比较和分析，确定公司估值。这种方法比较接近市场价格，难点是不一定能找到合适的对比样本。

3. 投资收益估值法

从创业者的角度看，投入了多少钱（往往还包括自己的劳动），再加上时间因素，算出最起码应该有的收益。投资加上应有收益就等于公司估值。

缺点：尽管你算的是辛苦钱加上可怜的收益，还未必被承认。

4. 重置成本估值法

从投资人的角度看，假如我不收购你的公司，投资创办一家跟你差不多的公司，会花多少钱？这个数额就等于你公司的估值。

缺点：机会成本，往往算不清。

5. 市盈率估值法

简单说，公司年净利润乘以市盈率（倍数）就等于公司估值。例如，当年公司净利润 100 万元，如果市盈率按照 10 倍算，那公司估值就是 1000 万元。

用过去的净利润，叫历史市盈率。也可以取过去几年净利润平均值来计算。

市盈率倍数，可以参照上市公司市盈率——仅仅参照，但绝不等同，上没上市相差不可以道里计。还可以参照同类发生交易的公司的市盈率。一般来说，未上市的公司，中位数在 10 倍左右。

如果创业者说，我这个公司，前面几年都在打基础，没有盈利，但是未来盈利不可限量，要求用未来某一年，或者若干年平均净利润来计算，这叫未来市盈率，有人开玩笑叫"梦盈率"。未来的利润，也只能是预计和估算。

市盈率只考虑公司的盈利能力，不论资产多少，不考虑其他因素。这符合公司的本质——营利。但是，对一些重资产，利润又比较薄的公司，或者较长时间不盈利但是蓬勃向上发展的公司，这种估值有失公平。

6. 市销率估值法

用年销售额乘以一个倍数，就等于公司估值。这跟市盈率的道理差不多，只是用年销售额取代了年净利润。相应的，倍数也会低一些，这种方法往往针对电商类企业。

7. 综合估值法

就是综合两种以上的方法对公司进行估值。比如，既考虑净资产，也考虑盈利能力。

综合估值法，一般会使估值更加客观。但是究竟如何综合，又要根据公司的实际情况确定，不是那么容易把握。

王小板的收获与感悟：知识储备，未雨绸缪

股权并购，王小板过去没有操作过。如果公司不垮，有两个项目可能会纳入并购考虑。但是，按当时的认知，如果做，大概率会惹上更多的麻烦。

今后，公司发展过程中，肯定会用到并购这种手段。这节课的内容，非常实战，可以作为今后操作指南。

关于公司估值，不论融资，并购，还是激励，都会用到。

股权智慧实战班课程，已经过去三天。这三天，他全力以赴地投入到学习当中。课堂上认真听，认真做笔记，课后主动与同学们交流。每天晚上，他都挤出时间，总结过去，规划未来。

同时，站在学员的角度，王小板更加感受到大易老师的魅力。大易讲课，有以下特点。

1. 不炫。没有激情四射、手舞足蹈，而是相对平静，娓娓道来。

2. 始终紧紧围绕学员的需求，让人听着很受用，很解渴。

3. 课程内容层次分明，逻辑清楚，环环相扣。因此，只要是老板，无疑会被深深地吸引。往往到宣布课间休息时，大家还意犹未尽。

4. 大易讲股权，但不唯股权，而是始终站在整个公司经营管理的高度，站在提升创业者生命价值的高度，去驾驭股权，运用股权。

5. 大易的另一个身份是法律人。在法律风险防控上，大易细致入微，毫不含糊。

大易讲"术"，更讲"道"。每个学员都能感受到大易发自内心的、通过传播股权文化为中华民族的伟大复兴尽一份力的紧迫感和责任感。面对缺少使命感、不懂得运用股权，不愿分享，处于迷途之中，身心疲惫、焦头烂额而又欲罢不能的老板群体，大易有一种悲天悯人的情怀。对那些投机取巧的所谓"术"，大易不敢苟同，向学员耐心解读，力劝抛弃。大易传授的方法，始终充盈着满满的正能量。

课后，学员们感慨：学三天智慧股权，少十年创业弯路。

课程还剩两天，王小板期待着更大的收获。

第五章　聚人

　　天下熙熙，皆为利来；天下攘攘，皆为利往。夫千乘之王，万家之侯，百室之君，尚犹患贫，而况匹夫编户之民乎！

——《史记·货殖列传》

　　上下同欲者胜。

——孙子

　　天下不患无臣，患无君以使之；
　　天下不患无财，患无人以分之。

——《管子·牧民篇》

　　利之所在，虽千仞之山，无所不上；深源之下，无所不入焉。

——《管子·禁藏》

管仲说：天下不患无臣，患无君以使之；天下不患无财，患无人以分之。

作为创业者会分钱比会挣钱更重要一万倍。

换个角度看，股权是一种分钱方式，是最高级、最智慧的分钱方式。

组盘是用股权工具向最初的资源贡献者分钱。

股权融资是在公司发展过程中，用股权工具向投资人分钱。

并购重组是组合更多的股权筹码，并且对股权进行再分配，以整合更多的资源。

下面要讲的股权激励是利用股权工具向人力资源贡献者分钱。

以上板块，从应用的角度上看，相对独立，是并列的。从知识构架上看，前面的知识是理解后面内容的基础，因此又是层层递进的。

股权激励可以说是股权最高级、最重要的应用，大家一定要认真听，并用于自己的企业实践。股权激励的重要性，主要表现在以下方面。

（1）应用广泛。组盘、融资、并购并不是企业常态，股权激励应当成为常态，并且多数企业都需要。

（2）对企业的影响更深远。我要讲的股权激励，其目的是构建共创共享的机制，彻底改变企业的生存发展逻辑。

（3）对老板影响深远。股权激励是老板价值观、人生观的重要体现。

老板这一生究竟要什么？如何获取？老板如何提升人生格局，构建使命感，让生命更有意义？回答这些问题，要求老板重新看待自己与企业的关系，自己与员工的关系，企业与员工的关系，重构这些关系的核心，在于股权激励机制。

（4）股权激励是企业激励的最高形式。

前面我们讲过，激励的最高境界是两个希望的合一，即公司有希望，员工有希望。要让员工有希望，最重要的手段就是股权激励。做好了，股权激励可以变成令企业生生不息、滚滚向前的发动机。

我是经历了改革开放各个时代的人，回顾中国民营经济发展，我曾写过几句话。看看，你属于哪个阶段。

八十年代，个体户，会干就行！

九十年代，暴发户，会钻就行！

零零年代，企业主，会管就行！

一零以后，企业家，会分才行！

第13课　股权激励：三大魔咒，五大问题

一、让员工成为自己人，解除老板三大魔咒

我要跟大家探讨的股权激励，不同于市场上一般的股权激励。最主要的不同是针对的问题不同。我希望解决的是企业老板最终极的问题，我归纳为"三大魔咒"。

下面我们就要来看看，有哪三大魔咒，如何解除这三大魔咒。

（一）盘旋在老板头上的三大魔咒

魔咒一：孤独

企业大到战略、小到执行的问题，只有老板最着急，员工不急。

所谓战略，应该是比较长远的。如果你哪天跟手下的兄弟们喝酒，喝得差不多了，你趁着酒兴，展望未来，豪气顿生：朝着这个方向发展，如此这般，十年、二十年之后，我们一定要成为这个领域的阿里巴巴……这时候你手下的人什么反应？他们表面可能会附和你，可是心里面会想，十年之后的事情，跟我有什么关系？你倒是说说，今年的年终奖发不发、发多少，这才是正事。

执行层面呢？老板说，白纸双面用了再扔。员工觉得单面用更省事。老板说，送货时不是特殊情况，乘公交车搞定。员工觉得打车、约专车更方便，只要能报销。老板说，出差时经济型酒店就行了。员工呢？显然是四星、五星级酒店更舒服，反正企业出钱……

有人做私单、吃回扣、贪污、消极怠工、跟公司直接作对等等，他的敌人只有老板，跟其他人没关系。

企业有什么过不去的坎时，凌晨两点，老板躺在床上，看着天花板，就是睡不着。这时候，你的员工呢？睡得呼呼响！

这就是老板的孤独。

企业里面很多管理问题，执行力低下，责任心不强，考评监督的成本越来越高

等等，都是老板孤独的产物。这个魔咒一天不破，老板一天别想过轻松日子。

魔咒二：用人上的纠结

作为老板，手下人不行，你着急，手下人太厉害，你更着急。

为什么呢？他一走，就是竞争对手。员工离职，人带走，"枪"带走，客户也带走，是常态。

大量事实证明，你手下的人，你带他的时间越长，你把他带得越好，他能力越强，职位越高，离开之后成为竞争对手的可能性越大，对你的破坏性也越大。

于是，"要用比自己更能干的人"，成了遥不可及的梦。

正是这种用人上的纠结，导致了企业停步不前。

魔咒三：苦海无边

企业小，老板累。老板心里就想啊，现在小，没做开，等企业大了，就好了。殊不知，企业做得越大，老板越忙，而且停不下来。即便是年纪大了，身体不好，也只能坚持，真的是"鞠躬尽瘁，死而后已。"

不单自己如此，好多老板，一家人都卷进去，处于无休止的忙和累当中。

有个老板，企业做得很大，他们家在非洲买了一片海岸，建了一个庄园，风景非常美，气候非常好，庄园也建得很漂亮，是永久产权。可是，头几年，刚建好的时候，一家人每年去度一次假，近几年，两三年去不了一次。就算去，还没有安顿好呢，这边电话早就催得不行了，又要忙着回来"救火"。

是什么人在那边享受？他们请的园丁和保姆。

那些人，也不知是哪辈子修来的福，真的是——面朝大海，春暖花开，吃着火锅唱着歌，喝着小酒，搓着麻将——反正老板两三年不来一次。

这种情况并不是个案，而是普遍现象。这就是老板的第三条魔咒：苦海无边。

（二）解除魔咒：让员工成为自己人

1. 员工"过门儿"，魔咒瓦解

新婚之夜，新郎在外面应酬完了，回到洞房。正当他要挑开新娘头上的红盖头的时候，只听得新娘噗嗤一笑。新郎问，你笑什么？新娘说，你看，那个老鼠正在偷吃你们家大米呢！第二天早上，新郎还在沉沉睡梦中，只听得新娘一声大喝：你这个死耗子，敢偷吃我们家的大米！

各位，发生什么事情了？新娘真正过门儿了，成为自己人了。

老板解除三大魔咒的关键，就是要让员工"过门儿"。

员工一旦"过门儿"，你就不再是孤家寡人；员工一旦"过门儿"，你用人就不再左右为难，你可以大大方方接纳人才、培养人才、使用人才；员工一旦"过门儿"，你手底下有人才，而且他们是自己人，不是外人，你的苦和累，就不会遥遥无期，到差不多的时候，你退得下来。

可是，这么些年，我走南闯北，以我的经验看，绝大多数企业的绝大多数员工，并没有"过门儿"，因此老板的三大魔咒，挥之不去。

2. 如何才能让员工"过门儿"？

参照媳妇儿"过门儿"的原理，员工"过门儿"的关键，是老板与员工共享企业终极成果。

什么叫终极成果？企业从市场上收回钱来，发工资，发奖金，搞福利，其实也算是共享成果，但不算共享"终极成果"。

所谓终极成果就是企业经营过程中累积的所有资产和权益。举例，你的商标，注册的时候花了2000元，十年之后，值2000万元，这算是一种终极成果；你的企业，上市之后，价值翻了几十倍，这是一种终极成果；你把企业卖掉，当初投了50万，现在卖5000万，这是一种终极成果。

很多老板，完全不考虑成果共享，直接把愿景、价值观什么的贴到墙上，让员工背诵，还要考试。同时，天天给员工讲主人翁的心态，讲奉献，希望员工以主人的状态干活。

不谈共享终极成果，天天强调愿景，强调奉献，跟耍流氓有何区别？

如何才能共享终极成果？只有一个途径，就是股权机制。员工只有通过持股，才能与老板共享终极成果。

再说一遍，现代企业，员工只有通过股权激励机制，才能与老板共享终极成果。

3. 为什么单用薪酬不能让员工"过门儿"？

江湖上有一个说法，叫作"能用钱搞定，就不用股搞定"。意思很明显，激励员工，老板应该尽量用钱，实在不行才用股。

其实，相比于薪酬，股权是更高级、更智慧的激励手段。听完了我的课，我希望你反过来："能用股搞定，干嘛要用钱搞定？"

（1）只用薪酬，可比性太强。你给100万元的年薪，人家给120万元，人才就流失了。股权没有这样明显的可比性。

（2）只用薪酬，缺乏连接。薪酬不论多少，一旦发出去，老板跟员工，你是你我是我，没有连接；股权一旦给出去，就成了连接的纽带，持股越多，连接越紧，"外人"也就成了"亲人"。

（3）只用薪酬，老板能够为员工展示的希望太小。

薪酬是真正的成本，而且必须给现钱。如果今天出纳跑来跟你说，老板，账上的钱，还没有回来呢。完了，你今天的工资就发不出去。

而股权呢？你要是真正学明白了，取之不尽用之不竭。那个股票，是用A4纸做的，一包纸500张，也就二三十块钱，拿出一张，打印出来，盖上章，签上字，这就成了。如果你有本事把这张纸变得有价值，让员工为此拼命，这是相当高级的功夫。

正因为薪酬属于成本，因此不可能太高。在国内，绝大多数人，拿薪酬，也就是每月还房贷、还信用卡的命，一辈子下来，顶天小康水平；股票属于权益，员工因为股票能够产生的财富梦想，没有边际。

（4）当今时代，只用薪酬，搞不定真正的人才。

时代不同，企业生存的逻辑不同。农耕时代，土地是最重要的经营要素。工业化时代，资金、厂房、机器设备是最重要的经营要素。在这两个时代，地主、资本家是强势群体，干活的处于弱势。因此，老板与员工，就只是劳动力买卖关系，给工钱就行了。

可是现在，到了信息化、知识化时代，人力成了最主要的经营要素。尤其是今天，"大众创业，万众创新"，老板遍地是，而人才难寻。面对员工，老板已不再是强势群体。如何吸引和留住人才，是老板最重要的课题。

尤其是90后00后员工，他们怀揣梦想，根本没想过一辈子打工。只给薪酬，根本留不住真正的人才。

（三）成功的企业家都会用股权分钱

不论中外，真正优秀的企业家都会运用包括股权在内的分钱手段让员工"过门儿"。相反，那些出问题的企业，在这方面往往做得不够。

1. 微软，用股权留人，靠股权传承

没有股权激励，比尔·盖茨不会成为世界首富，更不可能52岁就退休。

比尔·盖茨退休的时候，他的持股比例已经从创业时的60%降到了大约4%，而接他班的鲍尔默，已经从一个员工变成了微软全球第一大个人股东，持股比例为4.72%。你是不是觉得有些不可思议？

比尔·盖茨不只有鲍尔默，他有世界上最豪华的研发团队和管理团队，这些人通过持股，很多都是亿万富翁。

可是，比尔·盖茨吃亏了吗？没有，他曾十多次登上全球首富的宝座。

如果比尔·盖茨一直大比例持股，最终把微软传给自己的女儿，微软的情况会怎么样呢？他女儿会幸福吗？

2. 阿里巴巴，马云越分越富

阿里巴巴大家更熟悉。马云一开始就有十八罗汉，也就是十八个创始股东。马云说过，他自己出那几十万元，完全没问题。可是，他认为，跟他一起创业的人，必须都是股东，不然他不踏实。

后来，为了占据行业制高点，马云团队跟软银、雅虎三分天下，马云和他的团队加起来持股不到三分之一。

就这样，也没有影响马云股权激励的步伐。在上市以前，马云用股票激励了成百上千的骨干员工。据说上市以后，他们的股票价值，平均达100万美元以上。

大家都熟悉的蔡崇信，当年放弃了国外百万美元的年薪，到阿里，每个月拿500元人民币的工资。请问，蔡崇信是来扶贫的吗？不是。他不是创始股东，可是他现在持股3%左右，是阿里全球第二大个人股东，持股地位仅次于马云。

今天，尽管马云持股不到7%，他也时不时登顶亚洲首富。

3. 华为，用股权打造狼性团队

大家都知道，任正非，从100%持股，变成现在只有百分之一左右。那百分之九十九的股权，已经属于几万名员工共同拥有的持股会。因为如此，华为有著名的"狼性团队"；因为如此，华为创造了多个世界第一，成为倍受人们尊重的企业。

我经常跟老板交流，你不是口口声声想学华为吗？先问问自己，愿不愿意把股权从100%降到1%。

狼性团队怎么打造的？不是早晨起来喊喊口号就可以的。

大家都看过一个段子，说一只兔子被猎人开枪打伤了，奋力逃命，猎人让猎犬去追。最后兔子逃回了兔窝，小兔子们都围了上来说，哇，你受了伤，居然还逃回来了，那头猎犬，很凶的，我们都很怕它。而猎犬呢，没追着受伤的兔子，回去挨一顿训，扣一顿饭。

兔子为什么能逃回去？不逃回去就没命，因此他的逃跑状态是——全力以赴；猎犬为什么没追上？追不上，大不了挨一顿训，扣一顿饭，因此他的追赶状态是——尽力而为。全力以赴和尽力而为，结果是天壤之别。

如何才能成为狼性团队？这些年，大家都在总结，什么目标清晰啊，意志坚定啊，团队精神啊，都对。而我的答案是：只有为自己而战才能变成狼，为别人而战，最多成为一头优秀的猎犬！

4. 国美，老部下为何"反水"？

国美电器曾经一度创造辉煌，黄光裕缔造的团队，也是非常了不起的。可是，直到公司上市，包括公司上市四年后，黄光裕入狱之前，那些员工，还都只是员工，没有人享受到股权激励。后来，"陈黄"大战，陈晓决定给骨干员工股权激励，以至于那些跟随黄光裕多年的老部下，一一反水，跟陈晓跑了。大战结束，黄家和国美电器损失惨重。

在痛心疾首、大骂那些忘恩负义的老部下的同时，黄光裕是不是应该自我反省一下？

5. 俏江南，一个人的奋战

俏江南，曾经红极一时，后来张兰惨淡出局，并且官司缠身。除了经营战略问题，融资对赌问题，在我看来，还有一个很重要的原因——分钱机制问题。

一个俏江南的老员工曾告诉我说，张兰其实是舍得分钱的。十几年前，在北京月薪两三千元、四五千元就算不错了，而俏江南，动不动七八千元、一万多元。

可是，张兰舍不得分股，尽管俏江南人才济济，可是都没有"过门儿"。因此，高端战略也好，融资对赌也好，全是她一个人说了算。自然，所有后果也是她一个人承担。在深陷危难的时候，只剩下一个人的奋战。

没"过门儿"的员工，公司换大股东也好，倒闭也好，跟他们没关系。真正能干的员工，换个老板，职位和薪酬也许更高。

二、股权激励：令人头疼的五大问题

前面说到，我们要打开股权"天花板"，实行股权激励。

可是，天花板一打开，阳光可以进来，风雨也可能进来。股权激励是把双刃的剑，弄不好，矛盾纠纷、股权战争、控制权危机等等随之而来。

我们接下来就要看看，股权激励会面临哪些问题。

经过这么多年实践，我总结出，股权激励有五大常见问题："量"的问题、"人"的问题、对价问题、安全问题、效果问题。前面三个是路径和方法问题，后面两个是终极结果问题。

我们国家的股权激励之所以进展缓慢，最主要的就是这五大问题没有很好解决。

下面我们来看看这些问题，看清问题是解决问题的前提。

（一）人的问题：给谁？

股权究竟给什么样的人，让老板纠结。一般来讲，老板有以下困惑。

（1）给的人不一定是对的人。

（2）激励少数人，得罪多数人。

（3）如何才能源源不断地激励后面的人？

（4）已经拿到股权的人离职，股权怎么办？

员工离职，多数老板主张要把股权收回。可是，要收回来，你必须在方案、协议里面提前说清楚，否则到时候无法收回。而你一旦说清楚，他们就不会"过门儿"。因为人总有一走，这个企业最终跟他没关系。

如果不收回，老板又担心，万一他们出去了捣乱怎么办？还有，这边股权越来越少，还需要激励更多的人，怎么办？这个问题任正非也曾经很纠结。

（二）量的问题：给多少？

量的问题又分为两个，一是总量如何确定，二是分量如何确定，即每个人分多少。

总量如何确定？常常令老板为难，拿多了，舍不得，拿少了，人家看不上。你一狠心，拿出30%，就对吗？不一定，可能太多，可能不够。有些人，拿出30%，分掉20%，留10%给以后的人。预留10%就够吗？多吗？少吗？不知道。

分量更难。你拿出20%，手下有5员大将，怎么分？中国有句古话：不患贫而患不均。可你要是"均"——就是平分，肯定不行。平分，你瞬间会得罪手底下最能干的那一个。那又怎么分？

（三）对价问题：如何给？

激励股权，是卖还是送？

大家都知道，送的股权，他不会太珍惜，激励效果有限。

股权的动力有两个，一个是对高额利润的渴望，另一个是对血本无归的恐惧。送的股权，公司赚钱当然好，万一亏了也没关系，反正我也没付出。

卖呢？大概率是，你真正想激励的人，他没钱。就算有钱，他也不一定拿出来购买公司的股权。还有，买股权，考验的是钱和魄力，而激励，考验的是能力和贡献，二者并不是一回事。

再者，花钱买股权，无非是一种交易，交易完成后，员工买来的是权利，而不是义务。可是,你希望他们买完之后好好干活。这不错位了吗?

我知道老板的小算盘:你掏了钱,持了股,总会比以前更好好干活了吧?企业干得好,你多分红,干不好,你的钱可能打水漂。

可是,老板手里持着80%的股权,他们加起来20%,每人一两个百分点,在这种情况下,"搭便车"成了他们最正常的选择。

更主要的是,个人的努力程度,与个人持有的股票价值大小,这个相关性很小,不足以让他非得努力工作。

因此,股票卖出去了,还是你这个当老板的最着急,最累。

(四)安全问题

安全问题更是让老板担心。

首先,激励股权是否进行工商登记?一般情况是,登记,你睡不着;不登记,他睡不着。

其次,老板如何保持控制权?很多老板,担心股权分散了,无法掌控公司,甚至"被出局"。

还有,如何防止小股东不配合,甚至捣乱?开股东会,不来;对公司有益的决议,反对;办什么手续,需要签字,不去,等等,都让老板担心。

(五)效果问题

股权激励的效果是我们最关心的。你的股权给出去了,希望产生激励作用。可是,股权给出去,真有激励作用吗?

回答是:不一定。

尤其是刚给的时候可能有一点激励作用,时间稍长,作用就逐渐消失了,这种情况很普遍。也就是说,股权激励的效果难以持续。

人的天性,不论什么东西,一旦真正得到,效用就开始衰减。

还有,人都有一种惰性,钱少的时候,为了赚钱,努力工作。但是,当他钱多了的时候,可能就失去了工作的积极性,从而躺在股权上睡大觉。怎么办?

三、四种常见的"臭招":损伤效果还不一定安全

接下来,我们看看,市场上常见的一些错误的风险防控方法。这些方法,不一定能够解决安全问题,或者在片面追求安全的同时,让股权激励变"假",失去股

权激励应有的效果。

（一）给股权，但是过于限制权利

经常看到有些老板，一副很大方的样子，说，我不在乎赚多少钱，我希望员工多分钱，我可以给他们股权，但是他们不要管任何事情，不用过问任何事情。

于是，在给股权的同时，过于限制权利，例如，没有知情权、没有表决权等等。不是暂时没有，而是永远没有。

在这种做法下，老板和员工之间，被人为划定了一条鸿沟，员工不会真正"过门儿"。半夜两点，为企业的事情睡不着的还是只有老板，老板的苦和累，还是遥遥无期。

（二）错用股权代持

有些人，担心员工持股后影响公司运作，于是员工持股一律由老板代持。

代持让员工心里面不爽，影响激励效果。既然是给我的股权，为什么由你来代持？

从长远看，代持不能防控风险。如果员工要求老板按自己的意愿而不是老板的意愿行使股东权利，怎么办？如果员工要求终止代持，将股权转到自己名下，怎么办？别忘了，在法律上，代持是一种代理关系，人家有这样的权利。

有人说，代持文件上写得清清楚楚，代持人——也就是老板——有权行使股东权利（例如表决权），而不必征求被代持人——也就是员工——同意，被代持人签了字的。可是，在法律上，这不过是一种授权委托，而授权委托是可以随时解除的。

（三）滥用持股平台

有些人，在搞股权激励的同时，拉开架势，严防死守，老板对公司要保持绝对的控制权，一丝一毫也不能放出，持股员工不能越雷池半步。

最常见的，是搞个持股平台，弄一个有限合伙企业，把那些持股员工，都装到里面，做合伙人。这些所谓的持股员工，对公司没有任何发言权，也不能行使知情权，因为他不是公司的股东，只是公司其中一个股东——有限合伙企业——的合伙人。

为什么持股平台要搞成有限合伙？有限合伙更方便绝对掌控。相关知识我们在讲公司组盘时已经讲过。

很明显,用这样的招数,根本搞不定真正的人才。原理很简单,你是绝对安全了,可员工就绝对没戏了。试想,马云用持股平台能留住蔡崇信?比尔·盖茨用持股平台能留住鲍尔默?

有的老板说,我先用这种方法对付一般员工,等遇到真正的人才,我自然会用别的方法。你永远也不会遇到真正的人才!因为,在外人看来,你的格局已经摆在那里了。

兄弟们一看,哦——老板是永远的老板,他的子孙后代,哪怕是傻瓜也是当然的老板,而我们只是老板希望我们好好干活,勾引我们陪他玩一玩而已,我们永远不可能成为企业真正的主人。

持股平台,不是绝对不能用,而是不能滥用。在十分特殊的情况下可以用。

(四)人一走,股权必须收回

有的企业,给员工股权,但是人一走就必须收回。

这种做法,员工也不会真正"过门儿"。因为人总是要离开企业的,一旦离开,股权就收回,等于说,企业终究跟员工没有关系。

就好比你想娶一个媳妇,你告诉她,我只娶你十年,十年后,你必须离开这个家,你可以拿一笔钱走,但是这个家今后跟你没有任何关系。她会过门儿吗?

在这个问题上,很多人搞混了,搞错了。认为人不在企业做贡献了,还享有企业股权,享受企业分红,天下哪有这种事情?这对正在干活的人不公平。

其实,需要干活才能拥有的是报酬索取权,即薪酬。股权是一种类似于物权的权利,拥有之后,不需要用持续干活来维系,如同当股东不需要持续不断地出资一样。否则,包括老板在内,所有的股东都会失去股权,因为他们都不可能永远在企业干下去。不是吗?

有人会说,老板,包括原股东,人家是出了资的,当然可以保留。

你真的认为只有出钱才算出资,而出力就不算出资吗?员工按照企业的持股计划,通过自己的劳动换来的股权,与出钱获得的股权有什么区别?

这不存在公不公平的问题。前面的人通过出钱、出力拥有股权,享有相应的股东权益。后面的人干活,照样拿报酬,照样通过股权激励计划获取股权,如同后面还可以有人出资获取股权、享有股东权益一样。所有为公司付出的人,各自享有权利,各得其所,互不相伤,而公司越来越发展壮大,这正是公司需要的,也正是股权机制的魅力所在。

无恒产者无恒心,如果员工持股只是阶段性的,员工不会真正关心企业的未来，急功近利，短期行为，势必产生，结果是老板的孤独依旧。

过去，华为的员工离职，股权必须收回。现在已经改了，只要符合一定条件，离职后可以保留股权。

有人说，多数员工，他不就是想赚钱嘛！言下之意，前面讲的这些臭招，不影响激励效果。问题的关键是，你的机制能不能满足那些不只是想赚钱的人？跟刘邦打天下，想封王封侯的人，可能也就一部分，更多的人，可能就是想吃一口饱饭。可是，刘邦一开始得有"跟着我干可以封王封侯"的格局和架势。如果刘邦说，跟我造反的人，都可以吃上一口饱饭，且只能吃饱饭，刘邦不可能得天下。

为什么这些"臭招"会大行其道？说到底，还是我们国家的股权文化刚起步，专业人士不专业，没有吃透公司股权相关的法律法规，找不到既安全又有效的路径和方法。后面，我会教你如何做到不用这些"臭招"照样防控风险。

四、六种常见方式：五大问题依旧

前面，我们提出，老板头上盘旋着三大魔咒，只有通过股权激励，让员工"过门儿"，才能化解，但是，股权激励又面临难解的五大问题。

这部分，我们来认识一下市面上常见的一些股权激励方法。这些方法，有利有弊，但是总体上讲，都没有真正解决五大问题。

之所以要讲，是因为在实践中，总会有人跟你提起，用或不用，都要说得出道理来。再说，有些方法，在特殊情况下可能会用到。

（一）干股：能不用则不用

1. 概念

干股在市场上有不同的说法，不同的内涵。我这里说的干股，是指他不出资，你给他股。注意，我说的是给他真正的股权，不只是分红权。关于分红权，后面再讨论。

2. 利

干股可以对人才瞬间产生吸引力。

3. 弊

（1）干股不干，干股本质上是有出资的——劳动力出资，只不过双方往往没有说清楚，容易发生纠纷。

（2）现实中，要么持股人能力和贡献不如老板的预期，老板后悔；要么持股人贡献很大，或者自认为贡献很大，他不满足。

（3）持干股的人，不存在血本无归的风险，持股动力大打折扣。

（4）干股，从形式上打破了商业社会当中价值交换的基本原则，对员工心态产生不好的影响。

（5）前面的员工给了，后面的员工就会等着给，你不可能永远给下去。

4. 实战建议

干股是一种组盘工具，而不是好的激励方式，一般情况下不能用干股。

公司发展过程中，干股仅仅针对那些极为特殊的人才。什么人才？通俗地说，就是用钱（薪酬）买不来，买不起，买不到位的人才。

买不来，买不起，好懂。什么叫买不到位？就是他这个岗位非常重要，你光用工资，担心他不够努力，或者担心他随时走掉。也就是说，他不持股，你睡不着。同时，这些人，他又不可能出资入股，你慢慢地给他激励股权，搞不定他。对这样的人，可以考虑用干股。

确实有必要给干股时，应当给清楚，给明白。如何做到清楚明白？我们在前面讲"股东投入要清楚"时已经讲过。

（二）限制性股票：显性的博弈

1. 基本操作

限制性股票，就是以优惠价格向激励对象出让（或发行）一定量的股票，同时设置一系列限制条件，条件成就，股票归激励对象所有，条件不成就，股票收回或者部分收回。在这个期间内，被激励对象可以享受分红权，不享受其他股东权利。

限制性股票，一般针对整个核心团队，而不是个别人。这样，核心团队为了拿到股票，便会同心协力，提升业绩，完成持股条件。这正是老板期望的。

所谓限制，有以下几个要点。

（1）限制期，一般不低于三年，不超过五年。

（2）公司层面的限制条件。一般会约定，限制期内，公司的经营要达到什么程度。多数情况下，这个条件表现为财务指标。财务指标不要多，确定核心指标就行。例如利润，可以规定，限制期内，公司每年净利润增长率必须达到多少，或者年平均净利润不得低于多少。如果达不到，所有人手中的激励股票，要被全部或者部分收回。

（3）个人层面的限制条件。可以规定，限制期内，个人不得出现什么样的情形，例如：不得离职、不得严重违纪等等。个人条件不符，只影响到本人，其股票要被全部或部分收回。

前面说的收回，是指收回股票，价款原额退还。

还可以规定，在限制期满之后一定时间内，比如两年内，不得离职，否则，股票会被回购。这时候的回购，一般是平价回购，方案里面可以规定回购价格的计算方式。

2. 利

给的过程就有激励作用，激励与约束并重。

3. 弊

（1）适用的企业不多。这种方法是针对团队进行激励，因此，用这种方法需要相对稳定的团队，团队不健全和不稳定，是不适合的。另外，公司的业务要相对成熟，否则，在经营业绩上，很难设置科学的限制条件。

（2）要做出这样的方案，并不容易。定人、定量、定价、定限制条件都不容易，而且矛盾重重。

（3）类似一锤子买卖，激励缺乏连续性。一个方案出来，涵盖谁就是谁，股票多就多，少就少，缺乏弹性，员工缺乏连续的、合理的预期。

例如，方案出来的时候，张三这个人，还只是一个部门经理，按政策只有10万股，其他人，如总监、总经理等，可能是几十万股。但是，限制期还没结束，张三已经升任总监，或者副总，可是他还是只有10万股。其他没有得到股票的人，这时候也有可能成为核心成员，可是手里并没有激励股票。

要连续不断推出限制性股票政策，也是一件不容易的事情。每次定人、定量、定价、定限制条件都不容易。

（4）从根本上讲，这是一种显性的博弈和交换，老板和员工之间仍然横着一条大大的鸿沟，老板头上的魔咒并未解除。

4. 实战建议

条件合适的企业，尤其是短时间内想冲业绩的企业，可以作为补充方式使用。

（三）优惠购股：交易不等于激励

1. 概念

所谓优惠购股就是便宜卖（或者发行）。员工出钱购买后就是股东。也可以设置一些条件或者规则，违反者，股权将被收回或者回购。这些条件或规则，往往都是针对个人的，这是优惠购股与限制性股票的区别。

这种出钱买的股，有人跟着乔家大院的说法，叫"银股"。

2. 利

（1）可以适当聚集资金，助力企业发展；

（2）可以适当锁定员工；

（3）员工出钱，原股东相对容易接受。

3. 弊

（1）本质上是一种股权交易，员工的心态是出资获益，行为特点是"搭便车"，激励作用有限；

（2）定人、定量、定价都不容易；

（3）受经济能力和风险认知的局限，推行不易。

4. 实战建议

（1）作为辅助手段使用，而不是主要手段。实践中，把员工出钱入股作为主要手段是错误的；

（2）在企业将要上市的情况下，比较好用。一方面，企业需要同心协力，冲刺业绩，确保安全。另一方面，员工有一个相对明确的增值预期，出钱的积极性较高；

（3）如果企业有良好的发展预期，这种预期能够得到员工的认同，可以使用。这其实更应当看作内部集资，做好了，也可能产生一定的积极意义。

（四）股票期权：雾里看花

1. 操作要点

股票期权，适用于上市公司（不含新三板挂牌企业）。要点如下：

（1）确定激励对象。一般针对整个核心团队进行激励。激励对象具体到人。例如张三、李四；

（2）设定一个价格，作为行权价格。这个行权价格，可以是某个基准日的收盘价，也可以是某段时间的平均收盘价。例如 10 元 / 股；

（3）确定行权数量，也就是他能够购买的股份数量。例如张三 10 万股，李四 15 万股；

（4）确定一个等待期，一般是两三年，不超过五年。被激励对象需要在等待期结束以后才能行权。

这是股票期权之所以叫期权的原因——到期才行权，就跟期货一样。如果现在就行权，那就不叫期权，而是现权了；

（5）确定一个行权期，即等待期结束以后，可以行权的期间。例如等待期满后一年，或者两年，被激励对象可以在这个期间内行权，不能早，也不能晚。

为了约束被激励对象，延续激励效果，有的方案还规定，在行权期内，必须分两次，或者三次行权，最后一次行权不得早于行权期满前一定时间，如两个月，并且最后一次行权数量不得少于个人名下总量的一定比例，如40%；

（6）确定行权方式。行权方式一般有两种，一种是掏钱购买，购买后持有，或者卖掉。当然，也可以做一些延伸限制，如购买后多长时间不得转让等等。另一种是不用买，直接算账，拿走差价；

（7）确定股票来源。上市公司的激励股票，可以通过定向发行产生，也可以由公司在二级市场收购。

2. 激励原理

股票期权的激励原理很简单，被激励对象——核心管理团队齐心协力，拼命工作，把公司的业绩做上去，股票升值，大家就能赚钱。

如前所述，行权价格是10元/股，如果到期公司股票涨到30元每股，则每股赚20元，张三10万股，赚200万元。如果股价不涨，甚至下跌，则赚不到钱。当然，这时候被激励对象可以选择不行权。

3. 利

（1）激励逻辑明显，清晰；

（2）方案设计并不复杂；

（3）人们比较熟悉，股东会容易通过，监管机构容易批准。

4. 弊

（1）依靠股市杠杆，只有上市公司能做，非上市公司不能做；

（2）目前国内股票市场，业绩上升与股票价格上涨之间缺乏必然联系，甚至结果大相径庭，导致激励作用降低，甚至消失。

大家累得吐血，公司业绩很好，股价不一定涨；大家躺着干活，公司业绩很差，股价不一定不涨。因此，政策颁布后，大家会想，该怎么干还怎么干吧，反正努力不一定有好结果。

目前，国内上市公司的股票期权激励，变成了一种安慰剂，一种或有福利，激励效果十分有限；

（3）容易促使内部人财务造假，甚至操纵股市。

5. 实战建议

在股市规范以前不建议采用。如果实在要用，应冷静认知其激励作用，并配合其他激励方式提升激励效果。

（五）股份期权：水中望月

1. 概述

我所说的股份期权，是指非上市股份公司，运用股票期权的做法进行股权激励。

由于没有市场价作为参照，行权价可以按制定方案时每股净资产价值确定，也可以按其他方式确定内部估值。

跟股票期权的原理一样，大家努力干，公司效益好，等待期满，公司资产增加，而行权价格是确定的，因此很划算，相当于赚了钱。

2. 利

不受股市畸形的影响，公司实际资产（价值）增加，被激励对象即受益，更具有内在合理性。

3. 弊

（1）缺少价格参照，激励效果不明显。例如，限制期满，被激励对象究竟行不行权？行权能赚多少钱，股票期权一目了然，股份期权不清不楚，很纠结。在这种纠结中，激励效果大打折扣；

（2）被激励对象缺少获利预期，因此激励效果不大。

前面讲了，股票期权，努力干与获利之间的逻辑，被国内不成熟的股市打乱；股份期权，努力干与获利之间的逻辑，可能被很多因素打乱。

例如，老板的投资策略，直接影响企业经营成果。上市公司，有监管机构进行监管，有市场评价——股民可以"用脚投票"——进行制约，而非上市公司，这些都没有，老板的自由度、盲目性增大。

再如，等待期内股东会的分红政策，直接影响被激励对象获益的多少。同样的盈利，分得多，企业留存就少，分得少，企业留存就多，企业留存直接影响等待期满后的企业价值；

（3）一般情况下，员工对花钱购买股票本就热情不高，加上时间拉长，结果未卜，热情度更低。

4. 实战建议

不建议一般创业型公司使用。如果公司业务增长预期明显，公司财务管理规范，老板信誉度很高，也可以用，但方案需要更为详尽。

（六）分红股（身股）/虚拟股：员工不会"过门儿"

1. 概念

分红股就是只有分红权，没有其他权利的所谓"股权"。而且，所谓持股，在职，就有；不在职，就没有。因此，乔家大院里面也管这叫"身股"——跟身份相关联。很多实行分红股激励的企业，方案里面很清楚地规定了"持股"期限，期限一到，即便在职也没有了。

有些人把上述只有分红权、永远不落地的股，叫虚拟股。

虚拟股还有不同的玩法，例如，给被激励对象一定数量的"股份"，约定一个期限，期满按"股份"分享企业增值部分的利益，然后这个"股份"就不存在了。

不管怎么做，这些所谓的股，在法律上都跟"股""股权"没有一毛钱的关系，其性质和作用与奖金差不多，甚至还不如奖金有效。

2. 利

（1）并没有动真正的股权，股东感觉安全；

（2）被激励对象更关心公司的利润。

3. 弊

（1）只能起到类似薪酬激励的作用，员工不会"过门儿"。甚至激励效果还赶不上薪酬——因为薪酬更直接；

（2）分红权在实现的过程中，又会产生诸多问题。例如，利润真实性问题、公积金留多留少的问题等等。（注意，对真正的股东来说，这些问题从根本上讲不是问题。）

4. 实战建议

（1）在老板实在没有能力驾驭股权激励时，可以作为一种过渡；

（2）在分公司中使用。分公司不是独立法人，不存在股权，因此只能用分红权进行激励。但是，如果真要做股权激励，必须同时把这种分红权跟总公司的股权挂钩，形成一个完整的股权激励系统。

王图席卷处，能不话股权？

课间，王小板跟同学们说起大易老师的诗词，同学们追切希望大易老师分享一下。

大易欣然答应，将前年游览井冈山时填的一首词分享给大家，同时希望大家思考：用什么样的方式方法，能够解决前面提到的五大问题？

水调歌头·井冈山

久存拜谒意，今上井冈山。罗霄南岭交汇，重重聚峰峦。曾以藏龙卧虎，卷起镰刀斧头，敢叫天地翻。大笔当空舞，处处留雄篇。

打土豪，分田地，奋争先。蒋公有悔：早学不会来台湾。铁马金戈已息，市场烽烟又起，商战正犹酣。王图席卷处，能不话股权？

王小板的收获与感悟：颠覆了的企业逻辑

本课是这次实战班课程当中对王小板震动最大的一课。

前面学到的内容，以知识和方法为主，虽然，在处理股东关系方面，也涉及"道"，但这种"道"，正常人容易理解，容易做，差别只在程度上。

而今天这一课所讲的"道"，却颠覆了一般人的正常逻辑。不单是王小板自己，他认识的许多创业者都没有认识到这种逻辑。

归纳起来，王小板有如下感悟。

1.当老板的压力都很大，但是都没有清晰地看到为什么压力大，尤其没有看清自己头上的三大魔咒。于是，大家都在"事"上拼命想办法，很少在"人"上做文章。

2.老板更多关注"如何做"，较少关注"如何分"。即便偶有关注，也很少想到"共享终极成果"这个层面。只琢磨用薪酬分钱，很少用股权分钱。

3.老板一旦学会用股权分钱——

过去，员工干得好，给钱；今后，不但给钱，还给股。

钱给了就算完了，员工与公司不再连接；股给了没完，跟公司有连接，给得越多，连接越深。

钱，花完了就没有了；股，只要公司在，永远都在。

股权，实在是妙不可言！

4.惭愧的是，自己连大易老师所说的那些"臭招"都没有用过，甚至没有想过。哪怕是臭招，用的话，说明老板在求索，在实践。还好，今天知道了这些招数的利弊，以后可以少走弯路。

5.对一些股权激励方式，例如干股、期权、身股、银股等等，平常道听途说，今天终于了解了他们的含义及利弊，不再盲目。

王小板想起，第一次见面时大易老师提出的关于企业家、企业主和个体户的问题。大易老师说，企业家、企业主、个体户只是代号，今天，王小板更加深刻地感受到，这些代号下面蕴含的深层含义。

在即将组建的新公司，王小板决定从一开始就构建起能够让员工"过门儿"的分钱机制。至于具体做法，不着急，大易老师在后面的课程中一定会讲。

第14课 "增幅同步"的原理和方法

前面,我们提出,老板头上盘旋着"三大魔咒",常规方法无法化解,解决的方法只有一个:通过股权激励,让员工变自己人。

但是,股权激励又面临五大问题。市面上常见的一些股权激励方法或者做法,无法解决五大问题。

那么,究竟如何解决五大问题,进而解除老板头上的"三大魔咒"呢?答案就在增幅同步。

增幅同步,是我经过多年的探索和实践总结出来的动态股权激励方法,有别于市面上其他股权激励方法。这种方法,对绝大部分企业都适用,尤其是创业型公司更适合用。

总的来讲,这是一种基于增量的、动态的、长期的、安全的股权激励机制。它不是一种股权分配方案,而是一种股权共享机制。

接下来,我们就一步一步地来了解,增幅同步,究竟是怎么一回事。

一、增幅同步:基本原理

(一)基本概念

简单讲,增幅同步就是每年把企业的经营成果量化,提出一定比例,作为股权激励基金,再将股权激励基金按内部估值换算为股票,分配给符合条件的人。

这样,人是动态的,总量是动态的,个人得到的股票数量也是动态的。用动态的人和量,适应不确定的未来。而整个机制是不变的,以不变应万变。

(二)技术基础:股权从不够分到用不完

要理解增幅同步动态激励,首先要搞懂一个技术性问题——股权无限,分配无限。

多数时候,我们会感觉到股权是有限的,不够分,不够用。组盘的时候如此,股权激励中更是如此。

其实，股权多得很，永远也用不完。

股权源源不绝的基本原理是增资扩股，相关的基础知识，前面都已经讲过了。下面，站在股权激励的角度，再和大家一起梳理一下，看看"股权无限，分配无限"，是如何做到的。

多数人习惯用百分比表示股权的量。用百分比看股权，相当于把股权看作一个西瓜，你一块，他一块，越切越少。

今天，我要求你把公司看作苹果树，把股权看作树上的苹果，这个苹果，随着苹果树的长大，是越结越多的。一棵小树可能就结几个、几十个苹果；一棵大树可能结几百个、上千个苹果。你不只可以有一棵苹果树，还可以有几十棵、几百棵，可以有一个大大的苹果园，还可以有更多的苹果园。因此，这个苹果的个数，可以越来越多。

在"西瓜"思维下，增资扩股，那个"扩"出来的股，是通过压缩其他股东的持股比例得出来的，始终在做减法。

在"苹果"思维下，增资扩股，原股东的股份不变，总盘上的股份增加，始终在做加法。

因此，用股权，必须摆脱百分比的束缚，做到股权无限，分配无限。

接下来，大家自然会想到，股东人数是有限的呀，如何能够做到分配无限？

其实，股东人数不是问题。

根据公司法，有限公司股东人数上限为50人，非上市股份公司股东人数上限为200人。

自13年以后，国家已经把股份公司的登记门槛降到没有门槛，把公司登记或者变更为股份公司，易如反掌。一旦成为股份公司，则股东人数上限为200人。200人对于绝大多数民营企业来说，已经足够用。何况，股权激励，操作得当，即使突破200人，在法律上也没什么问题。

如果200人还不够，挂个新三板，股东人数就可以无限多。而挂个新三板，并不难。

可以预见，今后，国家对非上市公司的股东人数管制，会越来越宽松，同时挂牌上市的门槛，会越来越低。

总的来说，在企业发展壮大的过程中，从有限公司到股份公司，从不挂牌到挂牌，从非上市到上市，股东人数限制并不是问题。

（三）基本原理：不是切分股权，而是共享成果

1. 分增量，而不是存量

当年，刘邦打天下，对跟随他的人说，将来我们共富贵。后来，打下了江山，建立了汉朝，封王的封王，封侯的封侯，一封就出去一块土地。分到最后，谁最多？自然是刘邦最多。据说，当皇帝之后，刘邦把他父亲接到皇宫里面，说：爹啊，当年你老是骂我，说我不如两个哥哥，不置田地，今天，你看，我的田地，比起我那两个哥哥，如何啊？

那么我请问，他当初许诺给大家分的，是增量还是存量？显然是增量，是大伙一起打出来的。要是分存量，根本不成立，因为刘邦起兵时一无所有。

事实上，古往今来，打天下，或者类似打天下，建功立业者，都是通过分增量凝聚人才的。

比尔·盖茨，大学辍学开始创业，不分增量分什么？

任正非，起初只投资了两万块钱，不分增量分什么？

马云创业时仅投资 50 万元，在自己家里面办公，不分增量分什么？

他们通过分增量，成就了无数人，而最终成就了自己。

今天，我们搞股权激励，就是要学习他们，分增量，不分存量。

增幅同步，顾名思义，是随着企业的增长，同步激励。我们分的是打市场打出来的成果，不动老板原有的蛋糕。

分增量，其实就是用未来激励现在，而不是对企业现有权益进行分割。我们给员工展示的是"纸上富贵"。

2. 分成果，不分股权

一般的股权激励，都是在切分股权。增幅同步分的不是股权，而是未来的经营成果。股权只是分成果的一种工具。

大家努力工作，不断提升业绩，获取经营成果，这个成果的一部分，以股票的形式兑现给员工，员工拿着这个成果——股票，又去期待更大的成果——分红和股票增值。这就是共创共享的股权激励机制。

其实增幅同步不应该叫作股权激励。股权激励是老板用股权激励员工好好干。增幅同步，是老板和大家一起创造，按约定共享成果，股票只是共享成果的一种工具。因此，我更愿意把增幅同步说成一种股权共享机制，或者叫股权共享系统。

3. 激励未来，而不是奖励过去

股权激励是刺激被激励对象未来好好干，不是说他过去干得不错，你现在用股

权来奖励他。

面对过去，从心态上讲，员工和老板应当相互感恩。但是，根据市场法则，老板和员工在经济上谁也不欠谁。

因此，好多公司做股权激励，论工龄、讲贡献、讲功劳，这个方向不对。

当然，如果老板觉得，能有今天，要感谢某些功臣的努力付出，想要奖励一番，给点股票，完全可以，你送也好，便宜卖也好，都行。我把这种行为叫作股权奖励而不是激励。当然，这样做对功臣及其他人也有一定的激励作用，但不是激励的常态。

激励的重心是面向未来。员工的过去，不过是造就了他现在的岗位。员工现在的岗位，是他能够享受激励股权的条件之一，而不是他获取激励股权的对价。

4. 员工不一定掏钱

想想看，如果当年刘邦说，咱们造反，打天下，完了大家共享富贵，封王封侯，好不好？大家说，好！刘邦说，那好，各位去萧何那里登记，每人交五百两银子。

结果会怎样？没几个人跟着他干，穷人没钱，有钱的恐怕不愿意卖命。

我们好多老板，认死理，认为要持股，必须交钱！

你不是激励吗？人家有热情、有能力、愿付出不就行了嘛，你非得说，要成为我公司的骨干和精英，有热情、有能力、愿付出还不够，还必须拿钱来，认购公司的股票。这样的人，你哪儿去找啊？

记住：掏钱叫买卖，叫出资，不掏钱才是激励。

5. 员工希望无限（没有"天花板"）

刘邦给追随者展现的是没有边的未来，王侯将相，封妻荫子。他没有说，来，咱们打天下，成了我给你五十亩地。

鲍尔默以业务员的身份加入微软，到退休的时候，所持股份比盖茨还多，价值两百多亿美金。

蔡崇信，在阿里巴巴所持股票价值，是他在美国打工几辈子也挣不来的。

如果你看谁行，给他一定量的股权，例如5%，这个5%就成了他的天花板。

增幅同步，老板和员工共同努力，源源不断获取经营成果，每年一次，股票源源不断地分配到员工手里面，"上不封顶，下不保底"。

这个不封顶，可以从两个方面理解：从股份数上不封顶，十万股、二十万股、五十万股……从财富量上不封顶，几百万元、几千万元、几亿元……

其实，还包括持股地位不封顶。我希望，当你想明白之后，你可以拍着胸口对你的员工说：兄弟们，你们不单是持股数量不限，持股地位也不限，超过我都行！——要是这样，你就无敌了。比尔·盖茨就是这样做的。

二、增幅同步：方案要点

（一）股权究竟如何给？

刚才讲到，增幅同步的基本原理，是把企业经营成果的一部分，用股票的形式分配给重要的员工。

下面我们来看看，激励股权究竟如何给。

为了使大家快速窥探增幅同步的全貌，我们先讲要点，再解析一些重点、疑难问题。

激励股权的授予，有五个要点。

1. 不定人，定条件

股权激励中，定人是一个误区，怎么定都可能是错的。因为股权激励是面向未来，而未来，不论是个人，还是团队，都是不确定的。

增幅同步，不定人，定条件。只要符合条件，就可以参与每年末的激励股权分配，反之，不符合条件，就丧失参与分配的资格。

定条件，以岗位识别为主，因此也可以说是"对岗不对人"。

这个条件，要简单、清晰，谁都可以去争取。

例如：同时符合以下条件者，可参与激励股权分配。

（1）转正后连续在公司任职两年以上；

（2）被任命为部门经理以上（含）岗位。

是不是非常简单清晰？

当然，这仅仅是举例，大家不要照搬。例如，关于岗位条件，不一定只是行政岗，如果技术岗、销售岗人员比较多，比较重要，可以专门针对这两种岗位制定出条件。

我们一般还会增加一个弹性条款：特殊人员不符合以上条件者，由总经理提名、董事会批准后也可以参加激励股权分配。

2. 不定总量，定分享机制

股权激励中，定量是一个难题。

增幅同步，不定量，而是确定未来成果的分享机制。每年末，计算出企业的经营成果（即增量），将增量的一定比例用作股权激励基金，把这个股权激励基金按内部估值转化为股票，激励股权的量也就出来了。这叫没有量而有量。

用什么来衡量企业的经营成果（即增量）？

一般会想到利润，我更主张用经济增加值，英语缩写为"EVA"。用经济增加值反映企业经营成果，比利润更科学，更可靠。

特殊企业的特定发展阶段，可以使用其他指标，如市场占有率、渠道和终端情况、客户数量、销售额，甚至是外部融资估值等等。

增量里面，拿出多少比例来作股权激励基金？这个比例，我们又叫激励系数。这要根据你公司的实际情况，根据老板的激励偏好，通过测算确定。

3. 不定分量，定分配规则

股权激励基金如何分配到个人？

一般根据两个维度进行分配，一个是岗位系数，另一个是考评结果。岗位系数反映这个人所在岗位的权重；考评结果反映这个人在这个岗位干得怎么样。

如果公司比较大，还可以先将股权激励基金按一定权重分配到各个板块，比如技术研发板块、生产板块、营销板块、支持管控板块等。或者按一定逻辑分配到事业部、分公司等等。然后，在每一个板块里面，再按岗位系数加考评结果进行分配。

4. 定价，靠机制

股票价格取决于公司估值。我们前面讲过，公司估值不是一件容易的事情。

增幅同步很简单：只需设定估值公式，每年末，由会计算出公司的内部估值，再根据内部估值算出股价即可。

5. 授权

每年，会计在正常核算的基础上计算出激励股权，按既定规则分配到符合条件的员工名下。

授权就是将员工分得的股权激励基金按内部股价兑换为股票，授予给员工。授权的标志是发给持股凭证。

股权就这样授予给员工了。员工并没有花钱，但也不是白送，而是我们前面讲的——共创共享。

以后，每年末，都按上述方法计算和分配一次。

关于财务处理和个人所得税问题，我们在下一课再讨论。

（二）权利行使规则

股权授予给员工了，他就要按一定规则行使权利。增幅同步的权利行使规则，有以下三个原则。

第一，激励和约束并重。股权最终必须能够落地，但是有一个过程，不能一步到位，这个过程，实际上也是一种约束。

第二，员工最终能够拿到与原股东同股同权的股权，但是过程中必须有权利限制。

第三，虽是菩萨心肠，少不得霹雳手段，心术不正者必须受到惩罚。

下面看具体规则。我讲的是一般规则，具体要根据企业实际情况制订。

1. 激励股权分三步落地

第一步，锁定期。

锁定期一般可以定为两年或者三年。锁定期内，员工手里的股票，只有分红权，没有其他权利。

第二步，解锁。

锁定期满，符合条件者，解锁；不符合条件者，无偿收回。

解锁之后，员工手中的股票，除了方案特别限制的部分，在公司内部，与原始股东手中的股票同股同权。

解锁条件，很简单，我们只需列出反面条件即可。这个反面条件，我们叫"污点条款"。只要你不触碰污点条款，一定解锁。一旦触碰污点条款，所有未解锁的激励股票，全部无偿收回，本人从股权激励计划中出局，甚至解除劳动合同。

污点条款是那些公司最不能容忍、员工最不应该做的行为，例如：做私单、吃回扣、倒卖公司资源等等，可以根据企业实际情况确定。

总之，规则清晰透明，是否解锁实际上掌控在员工自己手里。

注意，员工每年得到的股票，都必须经过锁定和解锁两个流程，每一笔股票各算各的锁定期。

第三步，将已解锁的激励股权，办理股权登记。

股权登记，不同类型的公司，做不同处理。

有限公司需要在国家登记机关办理股权登记。由于股东人数上限为50人，而且，有限公司法定规则不利于公司掌控。因此，要对办理股权登记提出相对严格的条件，例如：更高的服务年限、拥有一定数量的激励股权等等。

股份公司非发起人股东不在国家登记机关登记，而在公司股东名册上登记，同时发给正式股票。这个比较简单，解锁就可以实现。

新三板挂牌企业，在中登公司进行登记。这在法律上没什么障碍，只是需要承担一定的费用。

上市公司，按证监会和证券交易所的规定办理相关手续。

2. 知情权限制

锁定期内，只有分红权，没有其他权利，这自不用说。

解锁以后，在内部承认全部股东权利，但是，如果是有限公司，需要适当限制知情权，尤其是限制查账，目的是维护公司正常运作，保护公司商业秘密。

财务信息可以通报，可以质询，而且财务核算结果对原股东和激励股东一视同仁，不搞差别对待。

限制查账并不违法。其一，知情权可以通过其他方式保障；其二，增幅同步股权激励，在法律上本就是附条件的赠与，与出资股东不同。

3. 激励股权流转限制

首先明确，未解锁的激励股权，一律不得流转。这里说的流转，指有偿转让、赠与、质押等。

已解锁的激励股权，可以有限制流转。

（1）非上市公司，受让对象限定在内部人员，包括原股东及享有股权激励资格的人员。

（2）原股东在同等条件下享有优先购买权。

（3）在职人员，每年出让的股票不得超过自己名下股票总量的25%。

（4）非经公司书面同意，离职后一定时期内不得转让。这个限制期，一般为一到两年。这是出于风险防控考虑，因为员工离职前后是与公司矛盾、纠纷的高发期。限制流转，有助于防范员工对公司权益的恶意侵害。

（5）继承：自然人股东死亡，一般来说，有限公司，继承人可以将激励股权换成钱拿走；股份公司，继承人可以在继承股东资格与拿钱之间自由选择。

4. 员工职务变化处理

员工职务变化的，从变化后的次月起，按新的职务享受股权激励。

员工职务变化，导致丧失股权激励资格，劳动合同没有解除或终止的，股权激励从当月中止；重新符合条件的，从次月起继续开始享受股权激励待遇。

5. 员工离职处理

员工离职，分三种情况处理。

第一种情形，合法合规，好说好散。在这种情况下，未解锁的激励股权，提前进入解锁程序；名下已解锁的激励股权，员工有权带走。当然，这种情况，你还可以再附加其他条件，如司龄、持股量等。

第二种情形，严重过错离职。这里说的严重过错，是指违反前面说的污点条款。这种情况下，没有解锁的激励股权，全部无偿收回；已解锁未办理外部登记的激励股权，公司有权强制回购；已办理外部登记的激励股权，可以带走（其实也可以强制回购，只是，如果本人不配合，需要通过诉讼解决，比较麻烦）。

这里说的外部登记，是指公司内部登记以外的登记，如国家登记机关登记、中登公司登记、证券交易所登记等等。

所谓强制回购，是指个人不能拒绝，同时是惩罚性回购，主要是价格惩罚，例如，回购价是上年末内部价的60%，甚至更低。

为什么是强制回购而不是全部无偿收回？有过之人也曾有功，此其一；宽大为怀，事不做绝，中庸智慧，此其二；兔子逼急了会咬人，尤其是小人，要防止其反咬，此其三。

第三种情形，其他情况离职。这种情况，可以根据激励偏好，灵活规定。例如，个人名下的激励股权，按上年末公司内部价格回购；已办理外部登记的激励股权，可以带走。等等。

（三）特殊情况处理规则

公司出现并购重组、股权融资、上市、清算等特殊情况，可以中止或者终止股权激励方案。但是，中止或终止方案，原则上不影响员工既得权益。

（1）公司继续存在，方案中止后又继续，员工名下的激励股权，权利义务继续按方案规定执行；

（2）公司继续存在，方案终止的，员工名下的激励股权，原则上与原股东同股同权；

（3）公司被收购的，员工名下的激励股权，原则上与原股东股权同等处理；

（4）公司解散清算的，员工名下的激励股权，原则上与原股东股权拥有同等的剩余财产分配权；

（5）公司继续存在，但是员工名下的激励股权不能继续存在的，由公司回购。

三、重点、疑难问题解析

通过前期调研，根据企业实际情况，咨询顾问方应提供一份股权激励方案草案，供项目小组审查，研讨。如果没有咨询顾问，应由牵头负责的部门或个人制订方案草案。

项目小组对方案草案进行初步审查，看看方案整体构架，股权激励的方向、原则、主要方法等，是否可行。如不可行，应另行制订。如基本可行，则进入方案重点问题和疑难问题研讨。

每个公司重点问题和疑难问题不同，下面提出一些带有普遍性的问题进行讨论，供大家在实务操作中参考。

下面的内容，要结合前面讲过的"方案要点"来理解。

（一）关于持股资格

增幅同步，全员激励，但不全员持股。关于设定持股资格的问题，这里说明几点。

1. 股权激励对象：树荫下的劳动者。

管理学上有一种说法，员工的劳动有两种，一种是月光下的劳动，另一种是树荫下的劳动。月光下的劳动，一目了然；树荫下的劳动，看得不是太清楚。

很显然，我们股权激励的对象，主要是树荫下的劳动者。

现实中，码砖头、刷墙、搬运物品等等，这些劳动是典型的月光下的劳动，你干和不干，干多干少，一目了然。一般企业中，生产、销售也算是月光下的劳动，其劳动成果容易计量和考核。而高级管理、高级技术、高级策划等等，属于树荫下的劳动，他干没干，干得好不好，你很难计量和考核，因此，他们是股权激励的重点对象。

2. 确定股权激励对象，还要看人才的重要性、稀缺性、可替代性等因素。

3. 一般来讲，不在公司担任管理职务的董事、监事及顾问人员，不属于股权激励对象。但是也有公司例外。

4. 一些特殊职务处理

一般情况下，副职人员可以有持股资格；兼职人员，采取吸收原则，即按照所担任职务岗位系数最高者计算；代职人员，在转正之前，原则上没有持股资格。

5. 股东在公司任职，应当享受股权激励

任何人在公司任职，只要符合条件，都应享受股权激励，这个道理先要明确。

在此基础上，大股东可以在一定条件下放弃，放弃的股权激励基金，由其他人员分享。

（二）关于增量计算

1. 关于经济增加值

增幅同步是建立在增量基础上的利益共享机制。如何计算当年增量（经营成果）？一般情况下，我主张用经济增加值（EVA）。

经济增加值 = 年度利润 − 资本成本

资本成本 = 资本额 × 资本成本率

年度利润一般是指净利润，在股权激励操作中，我们改用税前利润。

资本额等于上年末净资产余额。

资本成本率，需要在做方案时确定。一般公司可在 5%~15 之间考虑确定。确定资本成本率，可参考以下因素：企业资本密集程度、银行利率、市场上的融资成本、一般安全理财收益率、通货膨胀率、行业投资风险系数等等。

2. 使用经济增加值的优势

（1）经济增加值比利润更能反映经营好坏。

例如，有一家企业今年利润 500 万元，你说该奖还是该打？

有人说，那要看去年是多少。我说，假如去年是 300 万元，该不该奖？假如去年是 600 万元，该不该奖？

事实上，你都很难回答。

如果我告诉你，这家公司的资本额是 100 万，而利润是 500 万，显然该奖，哪怕去年利润 600 万，今年利润 500 万，也该奖。

如果说，这家公司的资本额是 2 个亿，利润 500 万，就该打，哪怕去年利润是 300 万，今年 500 万，也该打。

当然，这里说的是正常情况，企业发展的特殊阶段，比如说，业务发展初期的亏损、战略性亏损等，另当别论。

用经济增加值，很好地解决了这个问题。

根据上述公式，假如设定每年资本成本率为 8%，刚才说的第一种情况，资本额是 100 万，则资本成本为 8 万，利润 500 万，经济增加值 492 万；即使利润 300 万，经济增加值也是 292 万，因此该奖。

同样 8% 的资本成本率，刚才说的第二种情况，资本额是 2 个亿，则资本成本为 1600 万，利润 500 万，经济增加值为 −1100 万；即使利润 600 万，经济增加值也是 −1000 万，因此该打。

看到没有，经济增加值，从利润里面减去资本成本，经营成果好坏，一下子现了原形。

（2）经济增加值有助于减轻管理层和股东之间的对立。

如果用利润作为奖励基数，管理层和股东之间常常出现投资拉锯战。

对于管理层来说，利润越高奖励越多。而在其他因素不变的情况下，投入越大，利润越高。因此管理层就会要求股东投入更多。按正常的会计处理方法，股东的投入资金是不算成本的。

一旦采用经济增加值就不同了，股东的投入直接增加资本成本，拉低经济增加值。

因此，只看利润，职业经理会说，老板，投啊，你不投，怎么产出呢？

看经济增加值，职业经理会说，老板啊，把闲置不用的资产和资金拿走吧。

看到没有？经济增加值更容易让老板和职业经理人站到一起。

（3）以经济增加值作为奖励基数更安全。

一般来讲，老板需要有一条线，达不到这条线，不奖励；超出这条线，但奖无妨。

这条线，最自然的就是资本成本线。作为老板，你可以洒脱一点，只要除去资本成本还有钱赚，我就奖。

决定资本成本的，是两个变量，资本额和资本成本率。资本成本率是在做方案时就设定好的，一次设定，一般情况下不再变。资本额是变化的，是客观存在的。因此，资本成本线，相对来说，是变动的、客观的、科学的。

3. 关于增量的误区

误区一：认为增量就是每年递增的利润

这是错误的。没有哪家公司的利润能够永远递增下去。而且，用递增利润作为增量，会造成一个恶果：今年本来可以做得更好，但是不得不悠着点，不然，明年日子难过。让人内心纠结，既踩油门，又踩刹车，这样的制度不是什么好制度。

误区二：制定年度目标，超出目标部分即为增量。

大错而特错！

这会造成老板和职业经理团队每年一次的目标拉锯战。在实现目标的过程中，同样会造成既踩油门，又踩刹车的纠结。

解决方案：启用经济增加值，让资本成本成为一条动态的博弈线，不要人为地去创造博弈线。

今后，每年同样要有目标、有计划，但是，这个目标是一种指南、一种牵引、一种促动，而不再是一种博弈。尤其是，目标数额跟利益分配规则无关。这个目标是老板和员工共同希望达成的，大家全力以赴去实现，毫无顾忌，毫无保留。

（三）关于内部估值

内部估值，用公式搞定，每年末，财务人员根据公式计算即可。

例如，可用以下公式计算公司内部估值。当然，每个企业情况不同，不一定照搬。

公司内部估值 = 公司净资产 + 公司前两年（含本年）平均净利润 × N

其中：

"公司净资产"指确定估值时账面净资产余额，期初数也可以用评估净资产数额。"公司前两年平均净利润"最小值为零。这实际上是把净资产估值法与市盈率估值法进行了一个综合，N相当于市盈率倍数。一般你可以取2~7倍，公司资产比较重的，倍数可以放低一些，资产比较轻的，倍数可以高一些。

倍数为什么不取更高？因为我们加上了净资产，市盈率估值法是不看净资产的。

不要太纠结，更不用斤斤计较。毕竟，这是内部估值，不跟外部发生关系，高一点，低一点，肥水不流外人田。

一般情况，我会劝老板，内部估值尽量偏低一点，让员工感觉到老板的大气。

估值出来之后，股价就好算了，计算公式如下：

每股价格 = 公司内部估值 / 总股份数

总股份数，如果变更为股份公司，一般按注册资本每股1元确定；如果有限公司模拟股份公司做法，可以按初始净资产（账面净资产或者评估净资产）每股1元确定。以后，股份数根据实际情况增减。

（四）测算和调整

1. 测算的重要性

在制定股权激励方案的过程中，有很多值需要设定，如激励系数、初始资本额度、资本成本率、估值公式中的利润倍数等等。这些数据的设定，需要测算。

测算工作，在顾问的指导下，主要由老板（主营经营管理人员）和财务人员完成，必要时邀请其他经营管理人员参加讨论。

要反复测算，反复推演，尽量使各种指标趋于合理。既要照顾到股东的利益，又要考虑对员工的激励强度，实现双赢。

通过测算，还可以清晰呈现"纸上富贵"，向员工展现股权共享的魅力。

2. 经过测算，感觉激励强度过大，股东权益受损，如何处理？

（1）看相关指标是否合理。

在一次股权激励方案班上，一个做广告的老板始终愁眉不展。问其原因，说，打土豪，分田地，应该是向外打，怎么感觉是在打自己。

我一看，他的公司是广告公司，在当地做车站站牌广告、路牌、灯箱广告等等，经营十多年了，广告资源稳定，客户稳定，每年稳赚五六百万，而净资产只有一百多万元。他们将资本成本率设定为5%，则每年资本成本不到10万元，利润基本上就等于经济增加值，激励强度太大。

我说，你这个资产一百多万元不客观。你是轻资产公司，每年能赚五六百万，不只是靠这点看得见的资产，更主要是靠看不见的无形资产，例如广告资源、客户资源等，这是你十多年积攒下来的，这个资产没有算进去，因此你感觉亏得慌。

通过简单的评估，增加一部分无形资产，把企业初始资产额调整到3000万元，每年的资本成本率调整到8%，这样，资本成本增加，经济增加值相应变小，将经济增加值的一部分拿出来做股权激励基金，老板感觉到很合理，眉头一下子舒展开了。

注意，资本额只调整一次，以后每年根据实际发生的数据增减，一般不再人为调整。

其他指标，如估值倍数、资本成本率等等，都需要进行合理性考量。

（2）看看企业的激励弹性。

还有一种情况，企业效益没有增加，而激励股权照样要给出去，股东的权益事实上受损——在收益没有增加的同时要放出激励股权。

通过激励，效益不增加，这叫缺乏激励弹性。这不是激励机制出了问题，是经营出了问题。为什么激励之后效益不增加？一定是企业发展有瓶颈，要找出瓶颈，消除瓶颈，否则，激励股权给出去的确不合算。

如果企业处于成熟期，业绩和利润稳定在一定高位上，难以继续增加，则要考虑寻找新的增长点。

（3）适当调低激励系数。

适当调低激励系数是最直接的方式，但是这种调整是有限的，调到一定程度，就需要找其他方面的原因。

3. 经过测算，发现激励强度太小，如何处理？

激励强度太小，也就是员工通过激励政策，能够得到的预期收益很小，纸上富贵的吸引力不够。

（1）适当调高激励系数，或者适当调低资本成本率。同样，这种调整是有限的，调到一定程度，就需要找其他方面的原因。

（2）如果企业盈利水平太低，就要找经营上的问题，行业选择、定位、商业模式等等。要找出阻碍企业绩效提升的瓶颈，消除它，否则怎么激励都不行。

（3）如果企业处于某些特殊发展时期，例如初创期、特殊投入期等等，不盈利或者盈利较少，分两种情况解决。

其一，如果两三年内会盈利，则增量激励机制照样颁布实施。政策颁布后，老板与大家一起努力，激励成果指日可待。

其二，如果预期长时间不盈利，则在通过经济增加值计算增量的基础上，辅之以其他方式计算增量，以解决激励的即时性需要。

例如通过产品研发进度、客户增长量、公司的市场估值等等，来计算"增量"。这方面，增量计算及股权转换比较复杂，需要专业顾问协助解决。

（4）如果企业资本额过大，包袱（资本成本）过重，要考虑调整业务形态，优化资产配置，必要时进行资产剥离，以便轻装上阵。

（五）股权激励基金的分配

股权激励基金的分配是重点，也是难点。分得好，激励效果明显；分不好，会降低甚至毁掉激励效果。

股权激励基金的分配政策，要结合企业经营管理实际制定，过程中也要反复测算，使分配方案尽量平衡，尽量合理，尽量能够对业绩产生促进和推动作用。

制订分配政策，要注意以下几点。

1. 始终坚持对岗不对人

一旦对人，就很容易得罪人。你手下人跑来问你：老大，为什么我分到的这么少？你很难回答，针对他个人，讲功劳、讲苦劳、讲能力，你都不好讲，只要是分少了，你说什么他都不满意。

一旦是对岗，你就很好说：兄弟，我知道，这样的分法，对你来说，是有点委屈。但是，我是对岗不对人的，很不幸，你恰恰居于这个岗位。如果别人居于这个岗位，或者你居于其他岗位，也是这套分法。

2. 以岗位系数为主要分配依据

岗位系数是一个相对值，它反映岗位权重。岗位权重可以从岗位的重要性、人才稀缺程度、可替代程度等方面进行考虑。

同样职级不同岗位，应该确定不同的系数。

岗位系数要向那些体现公司核心竞争力的岗位倾斜，向对企业目标影响大的岗位倾斜，向开拓性、创造性岗位倾斜。

开拓性、创造性岗位，如研发设计、营销等，无功就是过；有些工作，相对来讲，按部就班，如生产、人事、行政、财务等，无过就是功。那种无功就是过的，要加强激励。当然，这是相对而言。人力资源管理、财务管理在高标准要求下，同样无功就是过。

3. 如果公司的绩效考评是科学的，个人考评结果应作为分配依据

关于绩效考评，比较复杂，不是这次课程主要内容，我们今后有机会再讨论。

4. 关于股权激励基金分配常见的几点疑惑

关于股权激励基金分配，有人提出几点担心，我解释如下。

（1）担心按岗位系数分配，会出现吃"大锅饭"的现象。

这个问题要注意，但是不用过于担心。

其实，在股权激励层面，吃大锅饭并不是那么可怕。大家要认识到，我们正是希望享受股权激励的人，从公司整体利益出发考虑问题，因此，股权激励必须建立在整个公司的经营成果基础上，而不能是条块分割的"业绩"。换句话讲，股权激励，从某种角度上讲，本来就是希望大家吃"大锅饭"，而不要各自为政。

当然，如果公司规模太大，享受股权激励的人员太多，大锅饭会影响积极性。在这种情况下，我们会将公司划分成更多的利益板块，把"大锅"变成"小锅"。例如，设置分公司、子公司、事业部、业务区域等等。

（2）还有人担心，按岗位系数分配，有人会"搭便车"，"占着茅坑不拉屎"。

同样，这个问题要警惕，但是不用过于担心。

过去，有人偷懒，损害的是公司，或者说是老板的权益，跟其他人无关。因此，不容易被发现，不容易被清理。现在，他偷懒，损害的是大家的权益——影响分股票，影响分红，谁也不会待见，因此他在团队中待不住。

只要你在岗位上，没有被拿下，就给你。一旦被拿下，对不起，没了。在增幅同步激励模式下，你想偷懒，可后面想干的人多着呢。要让员工为保住岗位而战！

当然，当公司到了一定规模之后，必要的考核评价必须要有，考核评价结果，与股权激励基金分配挂钩，这可以在一定程度上抑制"搭便车"和"站着茅坑不拉屎"的现象。

（3）在确定岗位系数或者板块权重的时候，岗位之间，板块之间为争夺分配利益，打架，怎么办？

首先我们要认识到，争，不论为自己，还是为部下，都是好事。不争，不见得是好的职业经理人。当然，争要有一个度，过分争抢不利于公司发展。

如何抑制过度争抢？

首先，要进行观念沟通。

参与规则制定的人都是公司的高层，如果不能站在公司整体利益角度考虑问题，就不配做公司高层。只能站在部门的角度看问题，你就永远只能做一个部门负责人。

其次，要进行利益疏导。

别忘了我们争的是股权，而股权是建立在公司整体绩效基础上的。锅里有，碗里才有。因此，就算是自私，也要求各个板块相对平衡，过分削弱某些板块或者岗位的分配权益，会影响公司整体绩效，从而影响个人利益。

第三，引导换位思考。

我们的规则，是对岗不对人。不论是谁，你就肯定自己一直在这个岗位上？就算是不横向变动，你永远不上升吗？如果你是总经理，你怎么安排？

另外，股权激励的目的是把大家变股东。站在股东角度，是不是希望整个公司有效益啊？如果在分配上失之偏颇，公司还有希望吗？

（六）股权激励方式的选择搭配

对于大多数成长型企业，我主张以增幅同步为主进行股权激励。但是，不排除将增幅同步与其他股权激励方式相结合。

对一些急于引进的特殊人才，增幅同步可能显得太慢，吸引力不够。这时候，可以考虑在增幅同步的基础上，再给一定量的干股。

前面讲过，干股要给清楚，给明白。

希望内部融资或者希望与员工快速利益捆绑的企业，可以在"增幅同步"的基础上，辅之以优惠购股。

一种方式最好，两种也行。一般情况下，不建议同时用太多的激励方式。对大多数企业来讲，有了增幅同步，除了上述两种方式，其他方式，不建议采用。

（七）股权激励财税处理

股权激励中，财税处理非常重要，但是也不用过于恐惧。

1. 增幅同步财务处理

增幅同步股权激励的本质是股份支付。股份从哪里来？通过增资扩股产生。由于这个增资扩股专门针对激励对象，因此也叫定向发行。

或者，你这样理解：公司将股权激励基金奖励给个人，个人将这部分钱投入公司，通过增资扩股，获取股权。

因此，在财务处理上，应增加相应的成本费用（工资），同时增加实收资本（票面价格部分）和资本公积（溢价部分）。

2. 其他激励方式财务处理

所有的股权激励大概都通过两种方式实现：增资扩股和股权转让。

在优惠购股方式下，增资扩股的钱是由员工个人拿出来的，不存在增加公司成本费用的问题，而是增加银行存款。当然，如果优惠价格低于正常交易价格，优惠部分应计入成本费用（工资）。

如果激励股权采用股权转让的方式实现，资金在股东之间流动，公司资产不变，不作财务处理。

有一种特殊的股权转让，就是公司收购自己的股票，用于奖励。如此，则公司减少银行存款，增加成本费用。

干股，如果以股权转让（零对价）的形式实现，同样，不影响公司资产，公司不作财务处理。

如果以增资扩股的方式实现，则相当于以劳动报酬增资入股，财务处理方法与增幅同步相同。或者分两步走：第一步，支付劳动报酬；第二步，增资扩股入股。

3. 税务处理

股权激励，员工直接获益部分，税务机关要按照薪酬所得征收个人所得税。以后，所持股权享受分红，应缴纳基于分红的个人所得税。

除合理避税外，税费应当由员工自己承担。

增幅同步，应当在股权激励基金环节计算税费，用缴完税的股权激励基金兑换股票。

特别值得一提的是，为了鼓励企业实行股权激励，国家出台了一些优惠政策。大家要去研究，并充分利用。

最突出的是：2016 年，财政部和国家税务总局出台了《关于完善股权激励和技术入股有关所得税政策的通知》（财税 [2016]101 号）。为贯彻落实这个通知，国家税务总局随后又出台了《国家税务总局关于股权激励和技术入股所得税征管问题的公告》（国税公告 [2016]62 号）。

根据这两份文件规定，只要不属于排除行业，企业股权激励可以享受递延纳税。什么意思呢？就是员工在获得股权时不用缴税，在激励股权变现时再缴，而且是按照出让价减去取得成本乘以 20% 的固定税率缴税。这是一个非常难得的优惠。

我们知道，如果取得时按照薪酬缴税，适用超额累进税率，最高会达到 45%，对于高收入群体来讲，税负很大。变现时再缴税，员工心里面更容易接受。使用固定税率，税负可能大大降低。当然，对工资收入不高的人来讲，也许走薪酬所得税更划算，这需要根据具体情况核算和筹划。

4. 增幅同步股权激励的变通处理

实践中，某些地方，由于税务机关对相关政策、法律、法规的理解不同，加上对股权激励税收业务不熟悉，企业进行正常的财务处理和纳税申报会遇到一些阻碍。

在这种情况下，财务人员应多沟通，窗口工作人员沟通不了，找上级负责人，一般来说，总会找到合理的解决办法。毕竟，股权激励合理合法，并且属于国家鼓励的行为。

不同的企业，可能还有其他一些不便直接处理的原因。

在这种情况下，增幅同步，可以采取变通方式实现激励股权。例如，用原股东转让的方式实现激励股权落地。具体方式，要根据企业实际情况确定。同时，这要求方案和相关法律文件更加完备，以免发生误会和纷争。因此，变通实现应当在专业人士的指导下操作。

四、增幅同步扩展应用——集团公司、分公司、外部合作伙伴激励

前面，我们讨论增幅同步的原理和方法，基本上是针对单一公司而言。下面，我们来看看，针对集团公司、分公司和外部合作伙伴，如何展开增幅同步动态股权激励。

（一）集团公司股权激励

对集团公司，我们的总体思路是：分别激励，打通兑换。

即对核心公司和每个子公司分别制订和实施增幅同步股权激励方案，在集团公司整体方案里面统一做出规定，在特殊情况下，集团公司内部企业之间的股票可以打通兑换。

例如，母公司或者某个子公司将要上市，这时候，允许其他公司的持股人将所持股票兑换成将要上市的公司股票。

这样，既保持各公司经营管理人员的积极性，避免吃大锅饭，又让大家互相关注，最后可以互相融通。

就好像一家人，父母生养了多个孩子，这些孩子长大后，各自成家立业，为自己小家庭的幸福辛勤劳动，各自享受所得，不能吃大锅饭，这样才有积极性。

但是，大家毕竟是一家人，要互相关心，互相爱护，共同孝敬父母，共同维护这个家族的荣光，在某种情况下可以互通有无。

整体方案里面要规定清楚：实行打通兑换的条件、谁有权提出、如何估值、如何实现股权置换等等。

仅承担某种职能——最常见的是销售职能——的子公司，本身并不具备独立性，股权激励可以参照后面将要讲到的分公司股权激励处理。

（二）分公司股权激励

1. 分公司激励的重要性

分公司的股权激励非常重要，甚至更为迫切，原因如下。

（1）在某些商业模式下，分公司大则公司大，分公司强则公司强；

（2）分公司远离总部，管控更难；

（3）分公司主要负责人容易独立。能力强了，钱多了，都容易独立；

（4）分公司负责人容易反水。竞争对手想搞定一个市场，最快的办法就是搞定你分公司的负责人；

（5）分公司之间常常互不关心，甚至恶性竞争；

（6）总公司的人才，需要从分公司产生。

2. 分公司股权激励的常见误区

误区一：将总公司的股份直接分给分公司负责人。

有一家公司，做全国市场。一开始，在全国招募了10名省级分公司经理，公司拿出20%的股权，分给这10个经理，每人2%，希望以此招揽和激励他们。

结果呢？

首先，给的时候就没什么激励作用。给的人拿出这20%很不容易，可是到每个人，就2%，多吗？感觉很少，何况这时候公司要什么没什么，在被激励对象眼中，股权根本不值钱。

其次，干的过程中，在股权这个问题上，大家都"搭便车"，没什么激励作用。分公司经理最主要的任务是把他负责的那一亩三分地做好，而这2%能不能增值，跟他所在分公司好不好，关系很小。很明显，这不符合激励的一致性原则，属于激励错位。

更麻烦的是，一两年后，这 10 个分公司经理中，干得不错的也就两三个。有的干得很差，有一两个甚至已经出局。其他的，处于中间状态。而这 2% 已经给了，不论是收回还是重新调整都非常麻烦。就算公司无所谓，这些人之间都不平衡，干得好的会说：你看，当初公司给的都是 2%，可是现在，我们干得挺好，可是他们几个呢？业绩那么差，甚至都已经不干了，可我们还是 2%，不公平啊！

当公司再招分公司经理的时候，也麻烦，2% 还给不给？给，没有那么多股权来给，不给，不平衡，尤其是对那些干得好的分公司经理。

误区二：锁定分公司合作伙伴，共享分公司股权。

还有的人做分公司，找到一个看起来不错的人，让他参与组建分公司，担任分公司经理，占一定比例的股权。其实，这里说的股权，只是一种约定的权益分享比例，因为分公司不是独立法人，谈不上真正的股权。

这种做法风险也很大。如果这个人不行，分公司做不起来，整个市场被耽误。如果这个人很厉害，这个分公司一定装不下他，他会另起炉灶。

误区三：永远只给分公司股权

前面说过，分公司的股权，不是真正的股权，只是分红权。就算是股权，你等于是把这几个人"钉"在了分公司。他不行，分公司麻烦；他行，你要调动他，股权还不好办。你给到他的发展空间非常有限，你的人才体系建立不起来。

3. 增幅同步下分公司激励思路

增幅同步下分公司激励思路是：

在分公司先给分红权，每年将分红结果的一部分兑换为总公司股票。

分公司一般有两种，全功能分公司和单一功能分公司。不论哪种类型，都不难独立核算分公司利润。方案可以规定：将分公司利润的一定比例作为对分公司主要管理人员的分红，再将分红的一定比例——比如 50%——以现金支付，让他拿回家，另外 50% 用于兑换总公司激励股权，兑换规则跟总公司股权激励规则相同。

这样做，有几个好处：

第一，符合激励的一致性原则。分公司管理人员把分公司搞得越好，得的越多。

第二，分公司负责人与总公司链接越来越紧密。分公司搞得越好，不单是挣钱越多，持有的总公司股份也越多，跟总公司捆得越紧。竞争对手再想挖走他，很难。

第三，给分公司负责人以无限希望。在一家对未来充满希望的公司，作为分公司负责人，谁愿意只是在分公司拥有分红权，而不是在总公司持有股权呢？你正好满足了他们的期望，而且这个股权，可以越来越多，上不封顶。

第四，展开了一张人才的大网。一个人，能干好一个分公司，就有可能干好两个、三个；就有可能管理一个大区，甚至进入总公司，成为总公司的部门负责人、板块负责人、总经理。由于他们在总公司的持股越来越多，利益越来越紧密，不存在利益冲突或者错位的问题。

相应地，干得不好的，自然淘汰。

承担总部市场拓展职能的子公司，也可以参照上述思路进行激励。

（三）市场合作伙伴股权激励

对市场合作伙伴，如经销商、代理商、直销员等也可以进行股权激励。

市场合作伙伴股权激励总体思路是：根据业绩配送股票；所持股票只有分红权，不享有其他权利；所持股票不得要求变现，如果非正常终止合作，公司有权取消；如果公司上市，在上市前或者上市后，在法律、法规、规章允许的前提下，所持股票可以转化为正式股票。

市场合作伙伴与员工不同，市场合作伙伴毕竟是生意场上的对手，他们跟公司合作，首先是为了赚钱。因此，股权激励的目的是锦上添花——让他们在赚钱的同时，顺便赚点股票。赚这个股票的目的还是多赚钱。不能轻易把他们吸收为真正的股东。

市场合作伙伴股权激励规则的重点，是如何通过激励促进业务量，促进回款，促进遵守规则。

如果需要让合作伙伴所持股权在法律上更加有保障，同时又要防控风险，可以考虑使用持股平台。

当然，重要、特殊的市场合作伙伴，也可以吸收为真正的股东。

王小板的收获与感悟：豁然开朗

这一课，扫清了王小板心目中的一些疑惑。

上一课结束，王小板下定决心，要通过股权激励，成就员工，解放自己，铸造辉煌。但是，老师提出的五大问题，似乎很难有"解"。尤其是担心公司失控，担心公司运作秩序受影响，担心股权给出去了没有激励效果。通过这一课的学习，王小板的困惑和担心烟消云散。

具体而言，王小板在以下几个方面实现了认知上的跨越式突破。

1. 股权无限，分配无限

过去，一般都认为，股权是有限的，越分越少。"能用钱搞定就不用股搞定"，这样的观点充斥着市场。

现在，跳出百分比看股权，通过股份增发做加法，老板手中的股权，从随时捉襟见肘到永远也用不完。

弄清这个原理，对股权激励意义重大，在以后整个创业生涯中，更能够运用股权这个工具，整合更多的资源。

2. 增幅同步，让人脑洞大开，天宽地阔

王小板印象最深、触动最大的，有以下几点。

（1）一般方法，对股权进行切分，始终纠结于给多给少的问题；增幅同步，对经营成果进行切分，股权只是分配结果的一个表现形式。

（2）一般方法，始终存在你多我少的问题；增幅同步，你多我也多。

（3）一般方法，先得后干，老板很被动；增幅同步，先干后得，老板很轻松。

（4）一般方法，效果逐步减弱，呈下降趋势；增幅同步，效果越来越好，呈上升趋势。

3. 分饼机制先行

做企业，其实是在画饼、造饼和分饼。按大易老师的方法，画饼的同时，分饼机制一定要先行，然后再造饼。先行的是分饼的机制，而不是对饼进行切分。

4. 关于股权激励方案，聘请专业人员协助制订。

增幅同步的方法，整体上讲，很简单，但是说到具体操作，王小板不一定全部明白。原因有两点，一是专业知识不够，例如，关于财务知识，王小板只是一知半解，一些法律上的问题，也难以清晰把握；二是一些具体规则的制订，需要与企业经营管理实际相结合，课堂上不可能全部弄清楚。

但是，王小板不着急。通过这些日子的学习，他知道专业的人做专业的事，自己不可能，也没有必要把技术问题全部弄明白。

第15课 "增幅同步"优势及注意事项

通过前面的讲解,我们认识到,增幅同步是一种基于增量的、长期的、动态股权激励方法。它不是一种股权分配方案,而是一种股权共享机制。

下面我们来看看增幅同步的优势及注意事项。

一、增幅同步:优势

前面,我们了解了增幅同步的原理和方法,下面看看,与其他方式相比,增幅同步有哪些优势。通过下面的讲解,你应该看到,增幅同步巧妙地解决了前面提出的五大问题,进而能够解除盘旋在老板头上的三大魔咒。

了解这些优势,有助于增进你实施增幅同步的信心和决心,还有助于你对整个股权激励有一个更加清晰的认识和把握。

(一)老板:分得愉快

1. 量的问题迎刃而解

一般的股权激励,总是在量上纠结,分多分少都不合适。

增幅同步,不定量,老板稳坐钓鱼台,不见兔子不撒鹰。

我并没有承诺要拿多少股权来给大家,也没有说要给某个人多少股权,我只是制订了经营成果的分配规则。激励股权总量是多是少,要看公司业绩怎么样;个人是多是少,要看自己干得怎么样。

2. 人的问题不再纠结

一般股权激励,老在人的问题上纠结。

增幅同步,对岗不对人,只要符合条件,就有,只要不符合条件,就取消资格。不是全员持股,却是全员激励——谁都有机会。离职,该带走带走,该留下留下,该惩罚惩罚,清清楚楚,明明白白。

一般方式,老板一旦把股权给出去,心里面就"打鼓"——这就给出去了,这样给值不值啊?这哥们儿行不行啊?他要是不行怎么办?他要是起反作用怎么办?

增幅同步，人是动态变化的，不存在"给错人"的问题。

3. 给得轻松

一般的股权激励，以存量为主，像割肉一样，割一次疼一次，老板很难受，来源于原始股东的阻力很大。

增幅同步，分增量，强调共赢，老板也好，原始股东也好，刹那间就会变得大方、潇洒。

员工获取股票的前提是公司有增量——经营成果。用于分享股票的股权激励基金，只是增量的一部分——一般是小部分，更多的增量仍然属于老板或者说原股东。也就是说，只要你有，我必然更多。

增幅同步，今天财务跑过来跟你说，老板，今年的账出来了，员工拿不到股权，你一定很郁闷。如果财务说，老板，今年员工能拿到好多股票，你会很开心。

（二）员工拿得开心

1. 非送非卖，能力说话

一般人搞股权激励，送也不是，卖也不是，很纠结。增幅同步，不送不卖，共创共享。

站在员工的角度，送，老板舍不得。即便送，也不会太多，而且一旦离开公司，股权往往要被收回，心里面不踏实。

如果是卖，自己没钱，即便有钱，也不一定愿意买。

现在不用纠结了，只要有能力，好好干，不用出资也能赚到股票，只要符合条件，可以和老板同股同权，可以传给后代。

2. 量越来越多

在获取的股票的量上，也不用纠结。这个量，虽不是定量，但是计算规则非常清楚、透明，自己都可以算。而且只要好好干，量会越来越多。

3. 规则清楚明白

一般股权激励，什么样的人能获取，往往让员工捉摸不定。增幅同步，获取的资格条件清清楚楚，明明白白，谁都可以去争取。

其他规则，例如，什么情况下要被收回或者回购、什么情况下能带走股票等等，都是清清楚楚，明明白白。

（三）不但有效，而且长效

现实中，股权给出去了，未见得有效，尤其是很难保证持续有效。弄不好，员工躺在股权上睡大觉。

增幅同步，能够产生很强的激励效果，而且能够让这个激励效果生生不息、源源不绝。

1. 真正的股权，保障激励效果

市场上常见的股权激励，员工拿到手的往往是有瑕疵的股权，甚至根本不是股权。因此，所谓股权激励，效果只相当于薪酬，甚至还不如薪酬（薪酬更直接）。

增幅同步，员工最终可以拿到真正的股权，可以与老板同股同权。这才是真正的"翻身做主人"。

有恒产者方有恒心，只有真正的股权激励，才能产生股权激励的效果，才能解除老板头上的魔咒。

2. 股份动态增加，让激励效果延续

动态激励是增幅同步的灵魂，激励效果的重要保障。

一般股权激励，看谁行，给他一定量的股权，不论给多少，如何给，这个量都会成为他的天花板。同时，基于人性的弱点，不论你给多少，随着时间的推移，激励效果都在衰减，人有了钱，就有可能失去动力。这些都影响激励效果。

增幅同步，每年一次，员工不断获取，股份越来越多，分红越来越多，股票价值越来越大，五十万、一百万、五百万、一千万、一个亿……动力源源不绝。

因此，一般方式，激励效果好比飞机降落，越来越低；增幅同步，好比飞机起飞，越来越高。

3. 全员激励，保障激励效果

搞股权激励，最惨的就是把股权分给少数几个人，然后就像一个寡妇守着几个孩子，心想：可得争气啊，可得好好干啊，股权都给你们了！一旦有人干得不好、离开、甚至做私单、吃回扣，老板便伤心透顶，然后想方设法要把股权收回。收回的过程，往往又是"兄弟"反目，企业元气大伤。

增幅同步，尽管在某一个时点上，有资格享受股权激励的是少数，但是享受股权激励的资格条件清晰透明，谁都有机会，谁都可以来。我管这叫"不全员持股，但全员激励"。

谁都有机会，同时暗示着，谁都可能出局。这对正享受股权激励的人是一种推动。想躺在股权上睡大觉不容易，你不想干，别人还想干呢。如此，激励效果生生不息，源源不绝。

4. 先干后得，保障激励效果

常见股权激励最大的毛病，是先给后干。给完股权之后，让员工好好干的动力

就只来源于两个方面，一是面子、良心，拿了股，从道义上讲，应该好好干。二是条款约束，你不好好干，我就如何如何。前一个太软，后一个太局限。你能用条款捆绑的，往往只是极端情况，什么做私单、吃回扣、离职等等，内在积极性，你很难捆绑。

增幅同步，先干后得。公司业绩不好，得不到；个人干得不好，也得不到；触犯污点条款，丧失得的机会。反过来，干得越好，干得越久，得的越多。干和得之间直接挂钩，无缝连接。

5. 及时呈现，保障激励效果

增幅同步，虽说是分未来，但是见效并不慢。

所谓先干后得，并不是要十年或者二十年之后才得，而是边干边得。方案一出，年底就分股票；第二年，继续干，继续分，并且前面分得的股票，开始享受分红。很多公司，三五年之后，核心员工每年的分红可以等于或大于其薪酬。

6. 长效机制，而不是"一锤子买卖"，激励效果无限延伸

一般的股权激励，容易陷入一锤子买卖。增幅同步是长期激励，每年计算和分配一次股权。

你现在不符合条件，不能享受激励股权，没关系，条件是清晰、透明的，努力干，符合条件以后就可以享受了，而且你可能后来居上，比前面的人还多。

今年公司的效益不好，激励股权不多，没关系，规则是清晰、稳定的，大家明年加油干，效益上去，激励股权自然就多了。

以你现在的职位，拿得少，没关系，只要你有能力，职位高了，拿得就多了。

有人走了，没关系，他走他的，他拿他该得的。继续干的，继续得，二十年之后再相聚，看谁更多。

在长效机制下，一切都活了起来。

二、增幅同步：安全

股权激励，安全是第一要务。

一般搞股权激励，对风险恐惧过度，又没有好的方法，于是完全站在老板的角度，去防、去控、去排除，方法简单粗暴，显现出动机极端自私，最后让股权变"假"，起不到股权激励应有的作用。前面讲过的"臭招"，就是这种思路的集中表现。

增幅同步，同样高度重视安全问题。但是，我们不搞简单粗暴的防控，而是科

学设置防火墙，在不影响激励效果的情况下，保障安全，等于是"鱼和熊掌"兼得。

1. 给的方式本身就很安全

（1）不是一步给到位，而是逐步给，有了（成果）才给，等于说是"不见兔子不撒鹰"，保障安全。

（2）给出去的激励股权不是一步到位，而是分步骤落地，保障安全。

（3）最终能实现同股同权，但是过程中有适当的权利限制，还有无偿收回和强制回购制度，保障安全。

2. 老板掌控不成问题

搞股权激励，老板特别担心掌控权问题，采用增幅同步，掌控权不用担心。

（1）增幅同步，在激励作用明显的情况下，股权释放远远没有你想象的那么大。

增幅同步是共创共享，而不是削弱老板的权益。如前所讲，你有，他才有；他有，你一定更多。拿我辅导做股权激励的公司来看，一般来讲，动态激励，搞上十年，单个员工得到的股票价值，可能高达几百万元甚至几千万元，可是，按百分比衡量，激励股权总量，也就放出去百分之十几、二十多，三十以上的都比较少。而且这部分股权由一群人在分享，最多的也很难超过十个百分点，怎么会威胁到老板的掌控权呢？

还有，前面讲过相对掌控的原理，股权越分散，相对大股东越好掌控。股份公司尤其如此。

有一种情况要注意，公司股权结构原本就有问题，大股东控制权本来就岌岌可危。这种情况，应先解决这个问题，再激励。

（2）你随时可以做终极的、彻底的控制。

增幅同步，激励股权一年一年地给，不是一下子给出去。员工拿到的股权，也不是一步到位，而是分步骤落地。退一万步来讲，如果你在某个时候，感觉到无法掌控，你可以随时终止，只是，终止时不要影响员工既得权益。

当然，我是说，你有权利这样做，但我并不主张这样做，因为正常情况下根本没有这个必要。

（3）不要怕小股东行使权利，这对公司有好处。

很多人，不允许小股东有分红之外的任何权利，实际上没必要。适当的监督、制约，甚至反对意见，对老板和公司都是有好处的。

监督、制约、反对意见可以促使你提升决策质量，遏制贪欲。

自然界，但凡一种动物强大到没有天敌，它离灭绝就不远了。恐龙强大，可是只剩下化石；老虎、狮子强大，可是已经被关进了笼子里，保护起来。

在企业里面，如果你一个人绝对说了算，没有任何制约，要么你危险，要么公司危险。别忘了，市场才是最大的"猎犬"。

3. 不用担心小股东不配合，甚至捣乱。

只要你充分利用好股份公司机制，不用担心小股东不配合。这部分内容，我们在讲公司治理时已经讲过，这里再强调重点。

（1）公司的正常运转，不需要小股东配合。

很多人担心，小股东不配合，影响正常运转。

我们知道，公司不同于个人合伙，其权力运行是有机制、有规则的。

首先，并不是所有的事情都需要股东会决策。换句话讲，不是所有的决策都需要股东参与。

其次，即使由股东会决策，也是股权多数决，不需要每个股东同意。

因此，在公司，有股东不同意，就无法做出决定，这样的认识是错误的。小股东的存在根本不能影响公司的正常决策。

在股权分散的情况下，小股东消极行使权利，不参加股东大会，更不会影响股东大会正常运作。

还记得吗？法律规定，股份公司股东大会表决时，是以参会股东所持表决权为基数计算通过率的。

（2）办理各种手续，不需要小股东配合。

很多人担心，在登记机关、管理机关、银行等单位办理某些手续的时候，小股东不配合签字。

其实，公司是独立法人，公司办理各种手续时，不应该要求所有股东到场签字。

就算有些机关、单位有可能提出这样的要求，这个问题解决起来也很简单。

增幅同步，股权不是一步到位，而是逐步落地的。员工持股要做外部登记，有特别的要求。只要没有登记，就不存在被要求签字的问题，因为这些单位根本就不知道这部分股东的存在。

如果你是有限公司，我提醒过，要谨慎登记，也就是说，激励股权进行登记条件要更加严格。

如果是股份公司，员工股东根本不存在登记问题，因为法律规定，登记机关只登记发起人股东，不登记非发起人股东。而发起人股东的最低人数是2人，根本难不住你。

（3）不用怕小股东捣乱。

股权分散，最让老板担心的是小股东查账，利用查账结果危害公司，甚至威胁老板。

这个问题解决起来非常简单。

前面在讲行权规则时讲过，有限公司会在方案中明确限制激励股东行使知情权的方式。

股份公司，法律规定股东不能查账，只能看财务报告。这个防火墙是法律替我们修建的。

当然，在法理上限制是一方面，在情理上让被激励对象相信、理解又是另一方面。如何在限制股东查账的同时取信于人，我们在股权激励实操落地部分再讲。

（4）越是股东，越不会捣乱。

只给工资，不给股权，他要捣乱，没有顾忌，你手中没有制约他的抓手。越是高级员工，核心员工，他们若危害公司，老板越是无能为力。

而在增幅同步下，方案一颁布，当他开始抱着大大的希望，你已经有了制约他的抓手。随着他持股越多，你越是能够制约他，他越不敢乱来。

注意啊，不是所有的股权激励都能产生这种抓手。如果你拿一点股权出来，把部分员工变成小毛毛股东，很难产生这种抓手。弄个持股平台把员工圈在那里，由于你没有真正给股权，因此你也没有抓手。

更重要的是，员工一开始是怵于规则，不敢乱来，渐渐地，会上升为自觉。因为他从打工者，从被管理对象，逐渐变成股东，变成所有者，乱来等于和自己过不去。

这就是我们常说的，好的机制把坏人变好人。

4. 合"道"才是真正的安全

前面讲的安全措施，主要表现为"术"。其实，真正的安全来源于"道"。

孟子云：得道者多助，失道者寡助。寡助之至，亲戚畔之；多助之至，天下顺之。

过去，公司只承载老板的梦想，有人偷懒、贪污、吃回扣、跟公司打官司等等，等于是跟老板作对，与其他人无关。在这种情况下，老板何谈安全？

在增幅同步机制下，公司承载着更多人的梦想，损害公司的利益，会影响到更多的人分股票、分红，他的违法成本会更大。老板越来越安全。

这就是"道"的力量。正是由于这种力量，任正非可以在深夜自己从机场打车回家。甚至，在互联网上，你要是敢说任正非的坏话，那些八竿子打不着的人，都会站出来骂死你。

这才是真安全！

三、注意事项：三要三不要

（一）老板要提升格局

多数老板认为，股权激励的障碍就是不懂、不会。

其实，你不懂，有人懂；你不会，有人会。搞股权激励真正的障碍是老板的格局不够。这个障碍一除，其他的障碍都不成为障碍。

因此，做股权激励，老板首先要"革自己的命"，提升自己的格局。

下面，我们通过两个案例看老板格局不够的危害。

案例一：死守企业主位置，只许自己吃肉，不让员工喝汤。

我在做咨询的过程中，曾经遇到一个老板，他有几个企业，都准备搞股权激励。

其中一个，净资产不到1000万元，按照他们想要的增长逻辑，十年之后，假如公司上市，假如按照30倍市盈率计算，公司将有60个亿的市值。按照我给他建议的动态股权激励方案，经测算，十年下来，整个管理层会获取大约16%的股权。

各位，如果你是老板，这个激励结果，你能接受吗？

我想多数人会接受。

可那个老板的态度是，坚决不同意，死活不同意！

他说，不行，60个亿，他们拿走16%，就是10个亿啊，不行，不行，他们不能拿这么多！

我说，这只是一个目标，或者叫梦想，是需要大家一起努力去实现的，换句话讲，只是画出来的一个饼。

他不说话，只是摇头。

我怕他没弄懂增幅同步的原理，说，他们的股权是要实现这个结果才有，不实现就会少甚至没有的。

他还是摇头。

我知道他平时对现有团队成员多有不满，我说，你要激励的不单是现在那几个人啊，你不是每天抱怨没人吗？你要激励的是能够帮你实现这60个亿的人啊。

他回答不上来，可还是直摇头。

我问，你担心掌控权吗？你这个企业，不需要融资，不用释放股权，你现在持股90%，就算他们拿走16%，你还剩75%以上，绝对控股，绰绰有余啊。

他不说话，还是摇头。

我再问，你是担心安全吗？安全问题我们已经讨论过，有防火墙，不用担心的呀。

他说不是，同时摇头。

其实，在他公司的股权激励项目上，我们已经一起工作了一段时间，上述问题，他基本上是明白的。

他讲不出什么道理，重复的就是几句话：不行不行，他们不能拿这么多，他们值不了这么多。

连他妻子都急了：你自己现在1000万，十年后变40多个亿，就应该吗？人家可是几十个人哪！如果这个结果明天就呈现在你面前，你不喜欢吗？

不论大家怎么说，他就是摇头。按照他的意思，那些职业经理，他们的薪酬、股权加起来，比市场水平略高一点，就行了。

可惜他企业办公楼外面那几个大字，据说还是老板亲自拟定的企业文化口号，叫作：创造价值，分享价值。他妻子——公司分管人力资源的副总裁，还有总裁——同时是持股10%的小股东，正是因为这个，在听了我的演讲后，认定老板的价值观与我讲的增幅同步不谋而合，因此，才把我请到他们企业去做咨询的。

原来，在老板心目中，我发大财，哪怕几十个亿，是应该的，你们，能够养家糊口，能够脱贫，小康，就行了。

老板感兴趣的是有人给他建议的另一种玩法：跟管理团队签订一个对赌合同，设置非常苛刻的条件，为期五年，条件达成，给管理团队一定数量的股权。但是，设计的时候就知道，这个条件，他们无论如何是达不成的。

这个方案实施不到一年，几个骨干出走，这个板块业务崩塌。

案例二：抓住既得利益不放，最终一无所有。

还有的老板，对增幅同步一知半解，对我说：不管怎么说，我的股权还是出去了啊，我的持股比例是在降低啊。按照过去的逻辑，除了成本费用，赚的钱是我的，股权也全部是我的呀。

真的是你的吗？

针对这种观点，我们再来看一个案例。

有一家公司，大股东持股70%，其他三个小股东持股30%。大股东已经移民澳大利亚，很难回国一次，公司从创办开始，就是由这三个小股东在打理。

公司做得还不错，每年盈利大概2000万。三个小股东多次想推动股权激励，可是大股东一直不答应。

遇到我的增幅同步之后，他们眼睛一亮，认为这下有戏了，于是去说服大股东，说这是增量激励，不损伤原股东固有权益。大股东说，我现在每年分一千多万元，挺好，不用再折腾。再一次拒绝了三个小股东的请求。

在股权问题上，大股东拥有绝对话语权，大股东不同意，三个小股东也没有办法。可是，自从那以后，公司的业务逐渐萎缩，三个小股东逐渐离职。再后来，这家公司彻底停业，而另外一家开展类似业务的公司已经红红火火……

下面，我们再讨论一下，如何从各方面提升自己的格局。

1. 提升格局，要明白：真正的自私，是无私。

没有格局的人，首先是过于自私，而且是小自私。真正的自私，其实是无私。

刘邦打天下的时候，开始是怎么说的？他一定会说，要为兄弟们谋一条出路。后来，又提出，要除"暴秦"，要解救天下苍生。再后来，战果越来越大，兄弟们上书，要推他当皇帝，他还再三推辞，说我不能当皇帝，我这个人，出身很卑微，哪能当皇帝呢？直到兄弟们再三规劝、恳求，说：老大，你当皇帝吧，不只是我们兄弟们，天下百姓都盼着您早登大宝，早安天下呢，您要是不当皇帝，不光会寒了兄弟们的心，天下不知道还要乱到什么时候，老百姓什么时候才能过上太平生活啊！

刘邦这才说，啊，这样啊，那好吧，我就勉强当当这个皇帝吧！

结果，他得到的比谁都多。据说，刘邦当皇帝以后，把他爹接到皇宫来，跟他爹开玩笑，说：爹，你以前老是骂我，说我不像两个哥哥，置办田地，你看，我现在的田地，怎么样啊？

如果刘邦一开始就说，兄弟们，我实在是想当皇帝了，而且我子子孙孙都想要当皇帝，你们帮帮我吧，我给你们工钱，谁要是表现突出，我还有额外的赏金……刘邦能打天下吗？

军事天才韩信，曾经跟过项羽，后来投奔刘邦。

刘邦问他：我和项羽相比，有什么不同，你甘心跟着我干？

韩信说：您啊，说话难听，爱骂人，其实挺让人讨厌的。

刘邦听了，脸色一沉：那项羽呢？

韩信说：项羽打仗身先士卒，平时对人也挺好。

刘邦说：那你们为什么还跟着我呀？

韩信回答：有一点，您跟他不同。您啊，说话算数，舍得奖赏下属，赏官，赏钱。项羽呢，舍不得，好多时候，他准备奖励给下属官职，那个官印都刻好了，就是舍不得发出去，整天拿在手里把玩，玩啊，玩啊，把那个官印的棱角都磨平了，还是没发出去。

随着项羽自刎乌江，那些官印，成为一坨坨废铁。

我们很多企业老板，真是"老板"——老是板着一张脸，脸上写着四个大字："绝对自私"，往大班台后面一坐，那架势就是：企业是我的，永远是我的，你们是给我打工的。但是，我不会亏待你们的，赶快冲啊……你真的以为有人会为你卖命？

其实只有成就他人，才能成就更大的自己。如果你手下出现十个百万富翁，你不上千万都不可能；你手下出现十个千万富翁，你不上亿都不可能；当你公司有成千上万个千万富翁的时候，马云肯定就在你之下。反过来，你是老板，自己开宾利，手下人最好的也就开捷达，你羞不羞啊？

2. 提升格局，要调整人生观。

很多老板，把股权抱得死死的，活着的时候不放，恨不得死了都要抱进棺材。

老板，其实就是你在生命中扮演的一个角色而已。这个角色，要好好扮演，但是不必太在意。你就当玩一把不行吗？豁达一点，玩赢了，你的人生将更加精彩，玩输了，大不了企业垮掉。

其实，中国的民营企业，平均寿命只有两三年。如果你死守个体户和企业主的位置，企业垮掉的可能性更大，垮掉之后，只有你自己疗伤去；如果你有企业家的格局，有成就他人之心，即便企业倒闭，哪天你要从头再来，振臂一呼，必定应者如云。

再说了，带着使命感做事情，怀揣成就他人之心，一直在路上，每天都在赢，永远不会输。

3. 提升格局，有时需要"借假修真"

有人说，我真的提不起使命感，怎么办呀？我教大家一个方法：借假修真。

你可以先"假装"建立起了使命感。

例如，你每天对着镜子说：我办公司是为了成就员工，我办公司是为了成就员工，我办公司是为了成就员工……然后你在公司内外，大会小会，与员工吃饭、散步，你都说，我办公司是为了成就员工。

时间长了，你就会真正拥有了这个信念。

搞股权激励，需要老板有格局。反过来，义无反顾、大大方方实施股权激励，也有助于提升老板的格局。就像坐过山车，或者蹦极，不推自己一把，永远不可能体验另一种精彩。何况，我教给你的动态股权激励，给的方法很科学，安全不成问题，你担心什么呢？

（二）公司要展示希望

老板要让员工看到希望。公司没有希望，股权白送都没人要。

这就要求你，重新审视企业的定位和商业模式，这决定了公司有没有希望，蛋糕有没有可能做大。而且，你还要向大家宣讲，让大家理解，认同。

通过精准定位，优化商业模式，让公司有希望；通过构建共创共享的股权激励机制，让员工在公司有希望。这两个希望的结合就是激励的最高境界。

（三）要尽早

好多股权专业人士认为，企业搞股权激励，要看准时机。说这样话的人，显然是把股权激励看成了股权分配。

如果能够理解到，股权激励是一种顶层机制，一种态度，一种格局，就会认识到股权激励越早越好。

1. 企业越是弱小，越需要股权激励机制

很多老板说，我的企业还小，还没太盈利，股权激励，以后再说。这是极端错误的。小企业实施股权激励，尤为重要。

就好比追姑娘，给不了现在，就给未来。

如果你班上有一个白富美，班花，你想追她，可是班上想追她的人很多，人家都是富二代，开着奔驰宝马追，你是个穷光蛋，连自行车都买不起。怎么办？

如果你说，他们的奔驰宝马算什么？姑娘，你等着，等我将来挣够了钱，我会开宾利来追你。

这样做的结果有两个，一个是你永远挣不到大钱，不敢见人，郁郁而终。另一个是，当你开着宾利来见她的时候，她带着老公，还有几个孩子，款待你。你的身份，永远定格在——老同学。

如果你不放弃，你可以一元钱租个小黄车，骑着去追。怎么追？你给不了现在，唯一的胜算是展示未来。因此，你展示肌肉，展示才华，为她吟诗，向她献殷勤，等于是在告诉她，你要是跟着我，今后一定会幸福，是这样吧？

如果你说：姑娘，我爱你，我想娶你，你看，我不辞辛劳骑着小黄车来追你。但是我也要跟你说实话，你跟着我，也许一辈子就小黄车了。这个正好便宜，一元钱一辆，到时候我给你也租一辆，咱们两个，骑一辈子小黄车。

你觉得姑娘会答应吗？

做企业，对员工，也是如此。股权激励，就是用未来激励现在，正因为你现在弱小，薪酬福利水平不可能太高，才需要激励，给不了现在给未来。你的企业都上市了，大把的钱花不完，薪酬福利提高了，股权激励的意义和态势又另当别论了。

2. 不要等管理规范了才激励

有的人说，我的企业，管理还不太规范，过几年再说吧。

等管理规范了再做股权激励，也是一大误区。

中国的民营企业，三年之内死亡率高达百分之九十以上。两三年时间，能做到管理规范的，有多少比例？如果你要等到管理规范了再搞股权激励，大概率是不用再搞了，因为还没等规范你已经死掉了。

你为什么不给员工以希望，让他们跟你一起来规范呢？

构建良好的激励机制，本身就是规范管理的一大组成部分，而且是最重要的组成部分，为什么不从这里开始呢？

3. 不是有人才之后才激励，而是通过好的激励机制凝聚人才

我在贵阳讲课，有一个老板跟我讲：大易老师，您说得都对，可是，我手下那些员工，就没有一个人，值得我用股权去对付的。

我问他，你干了多少年了，他说12年。

我问他，这12年来，难道就没有一个值得你用股权去对付的人，从你的眼前走过吗？

他低下了头。

我说，走老路，永远都去不了新的地方。

很显然，是先有好的姿态，好的激励机制，然后才会有真正的人才。如果不改变观念，改变机制，永远不会有好的人才。

至于某些员工不值得给股权，这是正常的。应该说，多数员工都不见得适用股权。我们搞股权激励，不是要让所有的员工都"过门儿"，而是要让那些愿意"过门儿"的人能够"过门儿"。

4. 股权激励早到什么时候合适呢？

答案是越早越好。最好在一个员工都还没有的时候，就构建起股权激励机制。

我们举个例子来说明。大家顺便看看企业吸引人才的逻辑。

例如，我有梦想，我自己出资开设了一家公司，现在我要招第一个员工，我想动员过去认识的一个兄弟加盟公司，做公司的第一个员工。你想想看，如果换作是你，你怎么跟他讲？

第一种，简单直接说：兄弟，哥哥我开公司了，来吧，跟我干。

他会来吗？不一定。也许他会想：我这边干得好好的，为什么要去跟你干呢？咱哥俩一起喝酒可以，让我在你那里去打工，还是免了吧。

第二种，转弯抹角，以利相吸，效果也不见得好。

请他喝酒，喝酒的时候转弯抹角说：兄弟，你现在在哪儿干啊？多少钱一个月啊？8000啊，你过来吧，我这里给你9000。

他来还是不来？不一定。也许他会想：你那个公司，刚开始，那么小，说不定哪天就关门儿了。我还是在这里拿8000稳当。

第三种，以梦想相吸，吸引力增大了不少。

你说，兄弟，我这个公司，虽然刚起步，可是，你看，我的定位，我的商业模式，我的优势，我的发展策略……我们以后就是这个领域里面的"淘宝"。你赶快过来吧，跟着我，咱们干点大事。

但是，如果那个兄弟是一个聪明人，他会想，就算你的公司成了淘宝，你成了马云，我呢？

看到没有，前面说到过的，公司有希望，那只是你老板的希望，员工希望何在？

目前，绝大多数老板，给员工展示出来的希望，就是学习成长、提职、加薪、生活小康，如此而已。

我的做法不同，除了前面你说过的那些，我会告诉他：兄弟，我这里不一样，我没打算把公司办成我一个人的，我这里有清晰的游戏规则，只要你符合条件，就可以参与一年一次的股票分配，公司业绩越好，你干得越棒，股票越多，上不封顶。知道微软吧，如果我们把这家公司，做到很牛，假如我是比尔·盖茨，你有可能就是鲍尔默，到头来，你的股权有可能比我多，你甚至可以接我的班，成为一把手。怎么样？

请问，同等情况下，这个兄弟，他跟我走的可能性是不是更大？质量是不是更高。在别的地方，打工一辈子，可预见的未来，最多就是小康；在我公司平台上，他可以构建他一生大大的财富梦想，实现他的人生价值。

讲到这里，你明白了吧？股权激励，作为一种机制，越早越好。

（四）不要急功近利

好多老板，在钱赚得特别欢的时候，从来不考虑股权激励，在公司发展艰难、自己精疲力竭的时候，想到了股权激励，而且希望一下子解决问题。他们常常问：

老师啊，我这个股权激励，都搞了大半年了，怎么效果还不明显啊？

这是错误的，股权激励不是止痛片，更不是万能丹。

如果把激励机制比作一把刀，股权激励更像刀背，不是刀刃。刀刃是薪酬激励。缺少薪酬激励，刀不够快；缺少股权激励，刀不够重。

1. 动态股权激励，效果本身就是逐渐增强的

这种机制，从态势上讲，一颁布就有效。但是，真正的效果要伴随着实实在在的股票分配才能显露出来，这至少需要一个财政年度结束。以后，公司良性发展，股票越来越多，效果会越来越好。

2. 越是在公司发展艰难的时候，股权激励的即时性效果越差

如果，你的方案，激励基金以利润为基础计算，而公司病入膏肓，一两年没利润，激励股票就无从产生，效果就要延后。

甚至，员工会想：你公司能不能活过来还是一回事呢，股权有意义吗？

当然，这不等于说，在这种情况下不能做股权激励。越是在这种情况下，越需要老板有一种态度，越需要公司有一种共创共享的机制，把大家的心收到一起，共度时艰。

3. 不同层面的问题，要用不同的措施来解决

股权激励，只能解决员工积极性问题，公司的业务发展瓶颈，例如行业选择问题，定位问题，商业模式问题，战略策略问题，必须另行解决。

股权激励机制不能直接解决这些问题，但是有助于这些问题的解决。

（五）不要带"病"激励

企业在实行股权激励之前，要对现有股权状况进行清理和优化，不能带"病"激励。

清理、优化的主要内容：畸形股权结构，恶劣的股东关系，影响公司发展的股东特权，影响公司独立性的情况，等等。

科学的公司治理机制，从长远来看，也是实施股权激励要考虑的问题，但是不必当作前置条件，可以逐步构建。

（六）不要言而无信

老板——大股东或实际控制人必须讲信誉，说话算话。

老板必须明白，股权激励是你自己要做的。从法律上讲，你可以不做，但是一旦做，就要保证诚信。

首先，说给，就一定要给。

其次，保证对新老股东使用同一套数据，而不是区别对待。

再次，给出去的权益，一定要保障，不能削弱。假如员工离职，该带走的让人带走，该回购的给人钱，不要到时候舍不得。

要知道，股权激励，这种带远期利益的激励，员工本就担心老板说话不算话，因此，过程中，只要有什么风吹草动，他们会更加担心，影响积极性，甚至离你而去。

因此，老板平时保持做人的诚信，并且时时宣扬这种诚信，对保障股权激励效果非常重要。

有些老板，在困难的时候，想到激励员工，一看到业绩提升了，企业变好了，需要给出去的钱或股票多了，就不想兑现。可是，别忘了，你有所保留，你的激励对象也会有所保留，你的激励效果会大打折扣，甚至荡然无存。至于双方因此而大打出手，对簿公堂，就更是得不偿失。

就算你得逞了，摆平了，以后呢？违背诚信原则，输掉的不单是企业，更会是人生。

王小板的收获与感悟：势在必行

通过本课学习，王小板加深了对增幅同步的认知，这确实是一种非常优秀的机制。构建这种机制，在自己今后的公司，势在必行。

1. 增幅同步解决了一般股权激励不能解决的问题，老板和员工能真正实现双赢。

2. 增幅同步，不但有效，而且能够长效。

4. 增幅同步，确实很安全。

一些让人望而生畏的问题，例如，害怕丧失掌控权、害怕小股东不配合、甚至捣乱等等，其实，根本就没问题。问题来源于两个方面，一是方法不对；二是在股权法律制度上的无知。

另外，大易老师说得对，只讲"术"，永远都有问题。"道""术"结合，就不存在问题。

王小板还有一层考虑，就算是存在问题，甚至有风险，也不能停步。企业经营管理的所有行为，理论上都存在风险，难道就不做了吗？

5. 关于实施"增幅同步"的注意事项，王小板认真地做了检视：

（1）关于老板格局，王小板觉得自己已经没有大的问题。

王小板经历事业失败，险些自杀，后来在大易老师的引导下完成个人角色定位的转变，探索生命动力，让王小板在格局提升方面完成了一次飞跃。尤其是大易老师引导他来到父亲的坟前，完成了与父亲的和解，意义重大。在深层次上讲，这等于完成了与自己的和解，进而完成了与这个世界的和解。自此，王小板感觉到海阔天空，再无阻碍。

王小板很清楚，自己要做事，要做大事，需要更多的人一起来参与。通过成就他人，成就更大的自己，铸造更大的辉煌！

（2）关于公司要有希望，这是王小板需要高度注意的，虽然，前面大易老师陪他一起梳理了公司的定位和商业模式，但是，定位还需要更加精准，商业模式还需要进一步优化，还需要制定具体的战略和策略。王小板相信，这些，都会一步步得到解决。

（3）其他几点，都没问题。

要尽早，不用说，股权激励方案，作为企业顶层设计的一部分，公司成立即产生。

不带病激励，自不必说，公司的组建就按大易老师要求的来做。

讲诚信，更是王小板今后的人生准则。

第16课 股权激励：方案落地实务

一、项目启动

我们应该把构建股权激励机制当成一个项目来运作。这一课，我们就要来讨论，如何实施股权激励项目。

（一）组成项目小组

1.项目小组构成

实施股权激励项目，一般来说，需要聘请外部专业咨询顾问协助。不论是否有外部顾问参与，都应在企业内部成立一个股权激励项目小组。

组长：企业一把手（董事长、大股东或实际控制人）。

副组长：人力资源负责人和财务负责人。

组员：副总、总监、板块负责人和股东代表。

2.项目小组职能

（1）选聘咨询顾问；

（2）推动项目进程；

（3）配合咨询顾问开展项目调研工作；

（4）初步识别咨询顾问提出的方案及相关文件草案；

（5）组织方案（制度）草案讨论（咨询顾问参与），确定最终提交到股东大会讨论的方案草案，确定最终提交董事会讨论的相关制度（细则）草案；

（6）确定方案实施过程中需要用到的相关文本、文件（一般由咨询顾问提供）；

（7）方案经股东大会通过后，组织方案发布、培训（一般由咨询顾问承担主要培训工作）；

（8）组织方案实施（咨询顾问辅导）；

（9）方案试行一年后，向董事会或者股东大会提出方案修改意见。

项目小组一般于方案实施第一年结束即解散。以后的工作由职能部门——主要是人力资源管理部门和财务部门——负责执行。

3. 项目小组分工

项目小组要进行适当的分工，不同的工作由不同的人员参与。

（1）如何"切"（如股权激励基金的计算、估值方式等）：一把手及主要股东为主，财务人员辅助测算；

（2）确定持股资格：总经理提议，项目小组会议讨论决定；

（3）确定如何分：由人力资源负责人提议，财务人员辅助测算，项目小组讨论决定。

4. 项目小组与咨询顾问关系

（1）项目小组是主人，咨询顾问是客人；项目小组是统帅，咨询顾问是军师，项目小组了解企业情况，咨询顾问长于专业知识和经验；

（2）股权激励要以"我"为主，保持独立的思考，同时尊重咨询顾问的专业意见。既不要我行我素，置咨询顾问的专业意见于不顾，也不要对咨询顾问的意见盲目采纳；

（3）咨询顾问既不是上级，也不是员工。不用听其命令，也不要去安排、指挥其工作。

双方是在跳双人舞，不是独舞。双方应互相尊重，互相理解，互相配合，共同完成项目任务，交出满意、漂亮的答卷。

5. 如何选择咨询顾问？

很多人请聘请咨询顾问，特别担心顾问的方案不合适，不能落地。

（1）看专业程度。在选择顾问时，还看不到方案，你主要看他的专业程度。要判断专业程度也不容易，你主要看他提出的基本思路和方法。

（2）看为人。可以看他提出的理念，其他的要凭感觉了。

前面两部分，可以通过咨询顾问的课程、书籍来了解。如果可能，进行简单的沟通。总之，这个基本的判断力你必须要有。

（3）看方案。如前所述，一旦选定顾问，就要跳好"双人舞"。这个双人舞跳下来，方案合不合适，能不能落地，不等实施，你应该已经心中有数。如果对方案没有把握，必须反复商议，重新制定方案。实在不行，更换顾问，绝不能实施一套完全没有把握的股权激励方案。

（二）考量激励偏好

股权激励，看似公司行为，实则老板行为。因此，老板的激励偏好，决定了股权激励的方向。

这里说的老板，是指大股东或实际控制人。

老板的年龄、身体状况、人生观、价值观、人生规划、企业传承考虑、规范、自律意识、在员工心目中的信誉度等等，都影响着股权激励方案的制订。

老板激励偏好，对激励对象选择，激励方式选择，激励强度确定，游戏规则制订等等，都会产生很大的影响。

（三）锁定目标公司

股权，是依附于公司而存在的，因此，股权激励必须锁定一家明确的目标公司。目标公司要求如下。

（1）在登记机关明确登记；

（2）有相对独立的管理系统；

（3）有相对独立的业务。

以上，归纳起来，应该是一套人马，一套业务，一家公司。

几种特殊情况，应分别处理。

（1）一套人马多家公司。

确定一家主要公司承载事业发展，这家公司即股权激励平台公司。其他公司，能够独立的独立，单独激励。不能独立的，所有业务看作平台公司的业务。多余的公司执照，能注销的注销，不能注销的（例如国家对某些业务有资质要求），变成平台公司的全资子公司，如果不方便变更，则应以内部协议的形式将资产归属于平台公司，否则会造成权益上的混乱。在这种情况下，在内部，那些平台公司以外的公司执照，仅仅相当于一个法律工具，而不当成独立的公司看待。

（2）多套人马共享一家公司。

分两种情况。

第一种情况，如果多套人马从事的业务属于一个整体，可以在一家公司、用一套方案进行激励，多套人马，以事业部，或者业务小组的形式出现。

第二种情况，如果多套人马从事的是完全独立的业务，仅仅共用一个公司牌子，则应当对公司进行分立，或者另立公司，保持公司的独立性，否则容易发生权益混乱。

如果属于合法的业务挂靠、承包，则应签好协议，防控风险，将挂靠收入看作公司业务收入。挂靠人及其从业者原则上不属于股权激励对象。

锁定目标公司时，还需要考虑一个问题：被激励对象是直接持股呢，还是间接持股？所谓间接持股，就是通过持股平台持股。

持股平台的弊端，前面已经讲过了。但是，在极为特殊的情况下，也可以考虑使用持股平台。例如，持股员工人数较多，又必须在登记机关进行登记，或者公司对商业秘密保护极度敏感，需要绝对屏蔽持股员工的股东权利等等。股份公司一般用不着持股平台。

（四）确定激励目标

股权激励，站在企业的角度看，最根本的目标，是推动企业快速、健康发展，助力企业经营目标的实现。具体说，股权激励目标，一般有以下考量。

（1）吸引人才；

（2）留住人才；

（3）降低即时支付的薪酬成本；

（4）激发员工积极性、能动性、创造性，发展企业核心竞争力，提升企业绩效；

（5）解除老板头上的"三大魔咒"；

（6）优化股权结构，改善股东关系，提升公司治理水平；

（7）践行企业使命，实现企业愿景，成就更多人的财富梦想和人生价值，助力企业长远发展。

整个股权激励方案，要围绕主要目标来制定。

必须提醒的是，股权激励，长远来看，有助于降低即时支付的薪酬成本，但是绝不可以在实施股权激励方案的同时直接硬性降低员工薪酬。切记！

二、项目调研

设计股权激励方案，必须在充分调研的基础上完成。

项目调研，分内外两部分。内部又分公司和员工两个层面。

各部分主要调研内容如下。

1. 外部环境

（1）所属行业及发展趋势；

（2）主要竞争对手业务发展状况；

（3）主要竞争对手股权结构及公司治理状况；

（4）主要竞争对手薪酬福利状况；

（5）主要竞争对手股权激励状况。

2. 公司层面

（1）基本情况，包括：企业名称、企业性质、企业组织形式、注册资本、企业成立时间、资产负债情况、员工情况等等；

（2）企业经营情况，包括：主要产品或服务、企业发展战略、商业模式、核心竞争力、近几年营业额、营业利润、未来收入及利润预测、融资并购打算、上市打算等等；

（3）股权状况，包括：股权结构、主要股东情况、股权登记状况、股东关系状况、股东权利义务行使状况等等；

（4）公司治理状况，包括：法人独立性、章程个性化状况、治理机构设置及运作情况、特殊人事安排、关联交易状况等等；

（5）老板（大股东或实际控制人）情况，包括：人生目标及核心价值观、能够投入企业的精力、时间、规范、自律意识、如何看待自己与公司、自己与员工关系、与他人共同创造、共享成果的意愿度、在员工心目中的信誉度等等；

（6）企业管理现状，包括：行政管理情况、人力资源管理情况、财务管理状况、财务信息可公开程度、企业文化现状等等；

（7）股权激励项目需求：希望实现的目标、不希望出现的结果、主要矛盾、困难或障碍等等。

3. 员工层面

（1）对行业、公司、老板的整体认知；

（2）对自己在公司发展前景的看法；

（3）对公司管理，尤其是组织、薪酬、福利、绩效考评的看法；

（4）对公司业务发展状况的看法；

（5）对股权的认知，以及对股权激励的认识、担心和期望；

（6）相关建议。

调研方式一般包括访谈、座谈、问卷、资料分析等。

以下资料，应纳入分析：营业执照、股东协议、公司章程、工商登记材料、与股权设计相关的股东会决议、员工劳动合同、并购重组类合同、增资扩股、股权转让材料、公司管理制度、财务资料等等。

调研结束，要形成调研报告，向项目小组呈现。

三、方案完善及通过

（一）完善相关文件

通过方案草案的制订和研讨，所有的疑难问题都得到解决，这时，需要完善相关文件。

1. 制订股权激励方案和股权激励管理制度（实施细则）

正常情况下，需要两份方案性文件，一份是方案，另一份是制度。方案要简洁，以方便股东会审批；制度是细化的方案，利于指导实施。制度由董事会审批。方案太细，不利于股东会审批，也不利于修改，毕竟，召开股东会不容易。

如果股东人数不多，就不用做两份文件，一份详尽的方案足矣。

2. 拟定股权激励协议

每一个参加股权激励的员工，都要与公司签订股权激励协议。

公司与员工，双方的权利义务要通过协议来锁定，方案不能取代协议。

从法律角度看，方案也好，制度也好，都是公司单方面推出的政策，不一定对员工产生法律上的拘束力。协议是双方签订的，非经双方一致同意不能更改，因此可以锁定双方权利义务。

站在公司的角度，要实现一些特殊权利——例如收回和回购激励股权——协议是更加过硬的法律依据。

站在员工的角度，只有通过协议，才能保障自己的权利，例如，公司修改方案、制度，甚至终止方案、制度，不得影响员工的既得利益。

股权激励协议的制订，具有很强的专业性。现实中，有一些非常危险的做法，大家一定要警惕。例如，只有方案，没有协议；或者只有协议，没有方案；协议和方案冲突；协议简单引用甚至照抄方案；把方案作为协议附件等等。

何也？方案可以修改，协议无法随意修改。如何让协议既要固定双方基本权益，又保持一定的灵活性，是一个难题，是一种智慧。

找一份对别人适用的协议，稍加修改自己用，风险很大，因为公司情况不同，方案本身不同。

因此，股权激励协议这种非常重要的法律文件，必须由专业人士起草或审查。

3. 准备其他法律文件

方案实施需要的其他法律文件，如股东会决议、董事会决议、股东名册、持股凭证等，需要在制定方案时一并制订。这些法律文件，不完全是格式文件，需要与方案配套。

（二）方案通过

涉及增资扩股的股权激励方案，应当经股东会特别多数通过。只要有两个以上的股东，这个步骤不能省。如果股东关系和谐，股东对股权激励方案一致同意，可以不开会，但是每个股东必须在决议上签字。

股权激励管理制度（或者方案实施细则），可由董事会或总经理办公会通过。

（三）方案保密

方案在发布前应当保密。如果公司决心做股权激励，可以透露公司将要实施股权激励这回事，但是所有参与方案讨论的人员，必须对方案的具体内容保密。在方案发布后，对方案讨论过程中的一些意见、数字调整、条款取舍等，也需要保密。

方案发布后，方案内容对内不保密，但是方案文件本身，属于公司的商业秘密，不能外传。

四、方案发布、培训

（一）方案发布前的培训

在方案发布前，应对相关人员进行知识、观念及方案内容培训。

1. 对股东

如果股东人数较少，往往在方案制定过程中已经有充分的沟通，一般不需要进行额外的培训。

如果股东人数较多，应当由专业人员对股东进行培训，以便大家提高认识，支持股权激励方案的通过和实施。

培训内容一般包括：股权及公司治理基础知识、股权激励的目的和意义、股权激励的基本原理、激励方式选择、预期激励效果、需要股东配合的事项等等。

2. 对职能部门人员

职能部门人员，主要是财务人员和人力资源管理人员，他们要负责方案实施的事务性工作，还要担负起对员工的宣传、解释工作。因此，他们应当了解相关知识，熟悉相关原理，熟练掌握方案内容。

3.对高级管理人员

高级管理人员，既是股权激励对象，转过身去面向中低层员工时，又是公司的代言人。对高级管理人员进行培训，主要目的是争取他们的认同、理解和配合，要让他们学会运用股权激励这个工具去激励和管理他们的下属人员。培训内容与职能部门大致相同。

（二）方案发布

股权激励方案发布，是一件非常重要的事情。公司应专门召开方案发布会。一般是对全员发布，如果公司人数太多，一线基层人员（如生产工人）可以不参加发布会。无论是否全员参加，方案对任何人都不保密。任何激励机制，激励手段，只有公开，才有力量。

方案发布，分三个步骤。

第一步，董事长讲话。讲愿景，讲情怀，讲共创共享的理念，讲自己实施股权激励的决心，讲希望——人人成主人，人人赚大钱，人人都能够在公司实现自己的人生价值。

第二步，专人讲解方案。如果有顾问，最好由顾问讲解，没有顾问，由公司高层人员——例如人力资源或财务负责人——讲解。

方案讲解环节，要对股权基础知识进行必要的培训。方案不必逐条讲解，讲清楚原理，授权、行权的主要规则即可。对一定假设情况下的员工所得——即"纸上富贵"——要进行清楚的展示。

第三步，问题解答。

（三）方案发布时的全员培训

这部分，最好由顾问来讲。一来更专业，二来外来的和尚好念经，角度不同，更容易让人信服。

以下为常见内容。

1.基本认知

一辈子只挣工资，是很悲惨的，很难实现财富自由。要在睡觉的时候都有钱赚，最好的办法，就是让股份为你打工。这是一个无股不富的时代。

2.基础知识

基础知识包括：股权、股份、股票；股东的权利义务；公司治理基本规则；持股价值。

3. 基本观念

（1）培养市场化思维。工资也好，股份也好，分红也好，不是老板给的，是大家在市场上去"抢"来的。老板能给的是机会，是机制。就好比"打土豪，分田地"，前提是要打，不打，哪来的田地可分呢？商业社会的基本法则是价值交换；天下没有白吃的午餐。

（2）培养全局观和整体观。公司是一个组织，一个整体，不要只想个人，只想自己的部门。锅里有，碗里才有。皮之不存毛将焉附？覆巢之下焉有完卵？

只想个人，你就配做一个员工；能够想部门的事情，可以当部门经理；只有站在公司层面考虑问题，你才配做一个高管。

（3）要正确认识"公平"。天下没有绝对的公平；内部攀比、较劲没有任何意义，要比，和天下人比，最终是和自己比；要想获取更多，唯一的方法是改变自己。

正确看待不公平：你被冤枉一时，不会被冤枉一世，世界上哪个英雄没有被冤枉过？天地间没有白占的便宜，也没有白吃的亏。

4. 个人成长

（1）看大，别看小；看长，别看短；

（2）树立人生紧迫感，珍惜机会，积极进取，建功立业；

（3）感恩的心态。感恩的心态会让自己的生命质量和工作状态得到提升。

（四）方案发布常见问题解答

1. 股权激励基金为什么只是经济增加值的一小部分？

我们的股权激励基金，只是经济增加值的一部分，而且是相对较小的一部分，为什么？

（1）从法律上讲，这部分完全属于股东权益，员工的劳动价值已经通过薪酬体现。实施股权激励，并没有降低原有的薪酬水平，也没有要求员工出资，法律上属于赠与。别人赠你东西，你不能说：给少了，还要更多。

（2）不论盈亏，工资照发，公司的风险由股东在承担。因此，股东的盈利预期，绝不只是收回资本成本。

（3）为股东赚取利润是公司的天职。如果不能为股东赚取利润，公司就没有存在的价值，就会被股东抛弃，也不招投资人待见。被激励对象，今后也是股东，如果公司不能为股东赚取利润，持有公司的股份，有何意义呢？

2. 约束规则为什么那么严厉?

有激励就有约束。方案里面最大的约束,就是"污点条款"。污点条款,你不能碰,否则激励股权不能解锁,还要被无偿收回或者强制回购。这看似很严厉,实则很宽松,而且对大家有好处。

(1)污点条款,范围其实很窄。污点条款上的错误,不是一般性错误,而是基于"人性"的错误。这些错误,古今中外,无论在哪里,都是不能犯的。就好比人类社会,不能杀人放火,不能抢劫强奸,这是天经地义的事情。

(2)老板希望大家在阳光下获取财富,这是对员工负责任的表现,是大慈悲。

老板希望,将来有一天,通过奋斗,大家功成名就,财富自由,你住在海边的别墅里,面向大海,春暖花开,儿孙绕膝。这时候,你可以骄傲地对儿孙们说:你爷爷这辈子,有幸遇到了好的老板,好的事业合作伙伴,大家一起,干成了一番事业,因此才有你们今天的幸福生活。而不是说:你爷爷这辈子,就是趁人不备,贪了几把,因此有你们今天的幸福生活。

在离开人世的时候,你能够获得内心的宁静。你对自己说:这辈子,我通过辛勤的劳动,对社会做了有益的贡献,获取了财富,获取了成功,不愧对天地,不愧对祖宗,不愧对国家社会,亦不愧对自己!

一个人,一辈子,最难得的就是获得内心的宁静。

(3)一个营私舞弊成风的公司,是没有希望的,不可能承载大家的财富梦想。在这样的公司工作都是一件倒霉的事情,更不用说持股,成为股东。

3. 限制了查账权,老板财务造假怎么办?

首先,老板和公司必须保证诚信,在此基础上,可以这样跟员工进行解释。

(1)作为老板,没有必要造假。

股权激励,不是法律规定之必须,老板完全可以不做。股权激励的政策,是以老板为主制订的,老板完全可以少给。没有必要在主动给的同时,又安排财务造假进行克扣。

(2)造假,并不是想象的那样容易。

会计做两套账,已经很困难,(开玩笑的说法,不一定真的存在两套账。)还要让财务再搞一套假账应付被激励对象?很麻烦的。

公司的股东,有的也是被激励对象,如果出两个结果,他们一定会知道,会传出去。

公司的财务人员,不像一般人认为的那样,是老板的人。他们本身就是被激励对象,他们也会离职。如果老板安排造假,传出去,老板一世英名,岂不付诸东流？

（3）造假，未必对老板有好处。

比如利润造假，降低了经济增加值，同时也会降低估值，降低了股价，加大激励股权的释放。相反，如果虚增利润，则估值增加，股价增加，但是，激励基金的量也会增加，还有，如果有员工退出，要多拿走钱。

（4）限制查账，但是并不剥夺知情权。

限制查账，主要是为了保护公司的商业秘密，维护公司正常的运作秩序和安全。但是这并不等于要屏蔽被激励对象的知情权。

每年，每季度，公司都会公布财务情况，接受质询，对大家的质疑做出耐心、合理的解释。

必要时，还可通过外部审计的方式确保财务报告的真实性、准确性。

五、方案实施

（一）方案实施呼唤文化再造

增幅同步股权激励，彻底改变了企业伦理和逻辑。实施增幅同步股权激励，实际上是一次企业文化再造。

文化改变，才是最大的激励。因此，老板要经常宣讲企业文化，开会讲，聚会讲，吃饭讲，散步讲，随时随地讲。

下面一些文化要素，可供大家参考。

1. "舍得"文化

这是针对老板（包括原股东）而言的。有舍才有得，小舍小得，大舍大得。

2. "共享"文化

在公司推行共创共享机制。今后，公司不再是一个人或者几个人的，公司是大家实现财富梦想和人生价值的平台。有了增幅同步，共享就不只是一句口号；增幅同步要实现的是终极共享，而不只是阶段性共享。

3. "老板"文化

人人都有机会成为老板，人人都应该把自己当作老板。这句话，过去也讲，但是有点空。今天，有增幅同步，当老板不再是一句空话。

4. "阳光"文化

既然公司已经打开股权"天花板"，搭上了获取财富自由的"楼梯"，大家必须在阳光下明取，而不能在阴暗中偷拿。否则，"格杀勿论"。

5. "结果"文化

增幅同步，有结果，分；没有结果，不分。结果好，多分；结果不好，少分。如果没有结果还要分，相当于分老板兜里的钱，这是没有道理的。

由此推演开，所有人的工作，要拿出结果，不要老是讲过程，讲理由。讲过程，可以，但目的仅仅是总结经验教训。

市场不承认"苦劳"，只承认"功劳"。

当公司支付不了房租、水电费的时候，市场让你关门，从来不听你的过程和原因。

要为成功找方法，而不是为失败找借口。

（二）方案实施要与企业经营管理相结合

实施增幅同步动态股权激励，要与组织管理、人力资源管理、财务管理、市场业务管理相结合。

组织管理中的岗位设置，岗位职责权限；人力资源管理中的劳动合同签订，人事任免，职务升降，劳动合同解除；财务管理中的预算、核算、财务分析；市场业务管理中的绩效落地等，都与股权激励的实施密切相关。

前面讲到的定位、商业模式和战略，可以理解为"画饼"；薪酬加股权分配，可以理解为"分饼"；具体的市场策略，为实现绩效落地的目标计划管理，可以理解为"造饼"。三者必须有机结合在一起，形成良性循环。

如果你觉得自己的经营有问题，管理有缺陷，不妨借实施股权激励之机，来一次全面升级。

（三）法律手续要严谨清晰

法律手续严谨清晰，包括以下环节。

1. 实施前的法律手续

前面已经讲过，方案通过，方案发布，股权激励协议的签订等等，严谨清晰，一丝不苟。

2. 授权一清二楚

每年，经营结果一出来，立即授权。只要授权，就发给持股凭证。解锁，再换发不同的持股凭证。持股凭证上清晰写明持股人享有或不享有的权利，在保障被激励对象权利的同时，防控风险。

公司内部要建立股东名册，对原有股权和激励股权进行登记。股东名册可以分两部分，一张总表，反映总体持股情况；每个人一张表，反映个人持股变化。在电脑上，运用Excel很方便。每年登记完成后，可以打印一份纸质文件盖章保存。

3. 符合条件的，登记不含糊

只要符合股权登记条件，应毫不犹豫地进行股权登记，因特殊情况提前或延后登记的，应做好解释工作。

有些老板，为了防控风险，怎么做呢？不立文字，不给凭证，不作登记。想：到时候我说什么就是什么。自以为这样很安全，其实，这样做一点都不安全。

从法律上讲，除非你完全不做，否则证据自然会有，不是你想怎么说就怎么说的。

规则不清楚，不透明，徒增因误解而带来的矛盾和纠纷。清清楚楚，明明白白，放开手脚，共创共赢，这是成本最低、效益最高的选择。

风险防控要做在明处——我不负你，你也别黑我。

（四）形象化呈现股权激励结果

现实中，方案颁布后，多数人将信将疑；有的人似懂非懂；有的人，对公司的未来没有信心，这些都很正常，你不要着急，你只管宣讲，只管做好绩效落地，到年底，一算账，结果出来，马上兑现。

每年，股权激励结果要隆重公开、形象化呈现[①]。

人是感性的，当结果呈现的时候，所有的疑虑烟消云散；当结果不断呈现的时候，激情会像火一样燃烧。

王小板的收获与感悟：专业人做专业事

通过这一课学习，王小板对将要实施的股权激励，心中更有数，同时做了一些更加深入的思考。对实施动态股权激励机制，他甚至有些等不及了。

1. 关于股权激励项目的启动和实施，按照大易老师讲授的去做，肯定没问题。

2. 关于股权激励的实施，王小板有如下考虑。

（1）要十分重视企业文化建设。自己和员工之间，要建立起创业合作伙伴关系，公司是大家实现财富梦想和人身价值的平台，要培养员工积极正向的思维模式和行为模式。

---

① 参见第六章相关内容。

（2）一开始建立起清晰、高效的管理模式，股权激励要与其他管理模块有机结合。

（3）股权激励法律手续，一开始就清晰、完备、规范，决不含糊。

3.专业人做专业事，必须借助专家的力量助力企业快速发展。

最好能请到大易老师做顾问。

如果不能如愿，大易老师在课堂上透露，有人正在开发动态股权激励智能软件，企业通过听课、看书搞清基本原理，然后可以借助智能软件，制订自己的股权激励方案。

结业：破浪乘风显英雄

通过五天课程，学员们系统学习了股权设计、股权运用、股权风险防控相关知识。对股权，许多人从一无所知、一知半解到系统掌握，好像破茧的蝴蝶，从黑暗到光明，从封闭、束缚到自由自在，从蒙昧、恐惧到豁然开朗。

大易老师讲知识，同时讲方法；讲理论，同时讲实操；讲"术"，同时讲"道"。一般培训课程，学员主要收获的是"点"，最多是"线"，大易老师的课程，有"点"，有"线"，有"面"，最后是一个整体。

课程即将结束，学员们一一分享心得体会。大家的分享主要包括以下三个层面。

第一，数量庞大的、令人印象深刻的知识点；

第二，通过培训，触发了对过去成功或者失误的回忆以及对未来的思考；

第三，回去立即要付诸实施的事项。

绝大多数学员表示，回去马上要想做的，是优化自己公司的股权设计，在公司内创建共创共享的股权激励机制。

学员们共同的感慨：

老板的第一专业是股权！

学五天股权智慧，储一生事业资粮！

同时，在五天四晚的学习中，同学们一起听课，共同探讨，互相帮助，结下了深厚的友谊。

今日长缨在手，何时缚住苍龙？大家摩拳擦掌，互相鼓励，准备在商海中大展宏图。

看到同学们情绪高涨，大易送给大家一首自己早年写的诗——《英雄》，祝愿大家在今后的征途中，互相帮助，开拓进取，产业报国，争当时代英雄，为中华民族之腾飞做出贡献。

英雄
——和友人

猎猎长缨向苍龙，潇潇易水洒旗风。
中流击水翻白浪，长路放歌伴险峰。
瑶琴鼓意情不断，大耳听音益无穷。
恳挚相邀成守护，破浪乘风显英雄。

注：
瑶琴：指伯牙之琴。钟子期和伯牙曾经共演《高山流水》之雅剧。
大耳：一种深度聆听、全面感知对方语意和心理的"耳"的状态。
守护：教练式的支持和保护。

最后，课程在《股权之歌》的歌声中结束——
……
啊，股权，啊，股权——
我用你点装生命的航船！

在歌声中，在道别时，许多学员眼含泪花……

第六章　优术

合抱之木，生于毫末；九层之台，起于累土；千里之行，始于足下。

——老子

将者，智、信、仁、勇、严也。

——孙子

故兵无常势，水无常形；能因敌变化而取胜者，谓之神。

——孙子

股权智慧实战班结束，王小板收获满满，但是意犹未尽。

在进入实战班之前，王小板跟大易老师的几次会面，解决了他三个重大问题：是什么——角色定位问题；做什么——事业定位问题；为什么做——生命动力问题。

股权激励实战班，从企业顶层设计的角度，解决了"怎么做"的问题。接下来，还需要从实际运作层面解决"怎么做"的问题，核心是如何通过有效的管理提升绩效。

王小板早已经下定决心，要请大易老师担任长期顾问，协助和指导他解决经营过程中的疑难问题。但是，王小板亲眼看到，在实战班课程期间，有几个学员表示想请大易老师做顾问，大易婉拒了，这让王小板很担心。

实战班结束后，王小板争取到一次单独跟大易老师共进晚餐的机会。席间，王小板向大易老师详细汇报了他听课的感悟和收获，重点是他重新组建公司、构建共创共享的股权激励机制的初步想法。对王小板求真务实的态度，大易老师表示赞赏。

随后，王小板有些忐忑地提出，希望聘请大易老师作为公司组织发展战略顾问。没想到大易老师欣然应允，这让王小板欣喜万分。

在大易的参与下，王小板新公司的组建很快完成。

接下来，王小板最急于要解决的是公司基础管理问题。

在公司管理方面，王小板有一定经验，过去还听过一些课程。他和公司人力资源经理一道，拟订了一套管理体系。但是，他知道自己的知识经验远远不够，尤其不一定能适应"增幅同步"共创共享机制下的管理需要。因此，他向大易老师求助。

大易以公司顾问的身份参与到公司管理机制的构建中来。根据公司实际情况，大易教授了一些理念，纠正了一些错误，改进了一些方法。

在大易的指导下，王小板公司构建起了一套简单实用的管理体系。这套管理体系，对王小板后面的成功，起到了至关重要的作用。

第17课 组织、绩效和薪酬

一、组织设计要点：缔造一个聪明、高效的组织

按照王小板与公司人力资源经理原来的设想，在总经理下面设置技术研发部、设计部、采购部、生产管理部、质检部、物流运输部、市场拓展部、销售部、项目管理部、人力资源部、行政部、财务部，共12个部。这些部，大的七八个人，小的一两个人，每个部的负责人，都向总经理汇报工作。公司人力资源经理是某大型合资企业出来的，对此，他美其名曰"扁平化"。

企业需要一个"聪明"的组织，降低成本，提升效益，承载公司的快速发展。

大易反对这种设计，在重新设计前，大易给他们讲授了组织设计的一些要点和注意事项。

（一）管理层级和幅度适度

1. 组织设计的两个要素

组织设计，要考虑两个重要因素，一个是管理层级，另一个是管理幅度。同一个组织，二者基本上成反比关系，即管理层级越多，管理幅度越小，反之亦然。

管理层级和幅度，以适宜为好。

管理层级当然不宜过多，否则管理链条拉长，会增加管理成本。但是管理层级过少，势必导致某些层级的管理幅度过宽，而某些层级的管理幅度又过窄。管理幅度过宽，管不过来；管理幅度过窄，形成浪费。

2. 管理幅度的一般规律

一般来说，被管理对象职位越高，管理幅度越窄，比如，如果你管理的对象是总监，三个左右就差不多了。如果你管理的对象是部门经理，六七个以上，就显得多。如果你管理的对象是车间工人，十几个没问题。

按照王小板他们原来的设计，总经理会累死，而相当多的部门负责人，作为管理者，会闲死。在总经理和部门之间增加一层岗位，例如副总经理或者总监，会增

加管理成本，没有必要，因为公司规模毕竟不大。

就王小板来说，他担任总经理，又要兼任市场拓展和销售两个部门负责人，加上管理幅度这么宽，日子怎么过？

其实王小板也感觉到有问题，但是他二次创业，又拥有一腔血气，准备迎难而上，因此没有反对。

经大易提醒，顿觉不妥。如果一下子陷入具体事务中，真正该自己干的事情，战略、策略等等，势必要被削弱，这对公司来说是非常危险的。

3. 部门太多，会增加管理成本

管理层级过少，扁平化，本来是好事，但是过分扁平化之后，部门会增多，而部门过多会增加管理成本。

有一个部门，一般来说，就必然有一个部门负责人，公司需要十几个部门负责人，会直接增加人力成本。

部门过多，人员会增加。部门的事情，往往需要在部门内解决，不足一个岗，也要设一个岗，也要有一个人。例如，如果两个部门合成一个，5个人足够，但是分成两个部门，每个部门必须3个人才行，这样就会多出一个人的成本。很多公司人力成本居高不下，就是这样造成的。

此外，多一个部门，就会多一道无形的墙，沟通、协调成本上升。多数公司，跨部门沟通与协作难度很大，即源于此。

（二）职能不重叠、不空白

部门职能或者岗位职责，不能重叠，也不能空白。这是刘光起先生"A管理模式"中的一项重要主张，今天看来，仍然非常重要。

职能、职责上的重叠或空白，被称为管理学上的"克什米尔效应"，谁都不管，谁都想管，都会出问题。

按照前面的组织设计，设计部和研发部，生产管理部和质量控制部（由于是委托生产），里面某些职能极易混淆，出现重叠。

市场拓展部是寻找和洽谈场地的，销售部是负责门票销售的，如此，市场调研、竞争对手分析、品牌的推广这些职能归谁？容易出现空白。

（三）立足现实并适当超前

成长型企业组织设计要立足于企业实际，并适当超前。

过于脱离现状，不适用。只看现在，不看未来，随着公司的发展，组织机构和岗位会频繁变化，工作职责、工作流程也随之频繁变化，容易造成管理上的混乱。

一般来说，要画出三五年不过时的机构图和岗位图。

但是，当公司规模较小的时候，图上的岗位不一定全部到位，可以采取"兼、并、代、托、空"的方式处理。

兼，就是兼职。

并，就是职能合并。

代，就是代管。

托，就是将某方面的事务对外委托，例如将法律事务委托给外聘律师而让法律事务部的岗位空缺。

空，就是岗位空缺。岗位空缺会带来两个效果：第一，岗位空职能不空，该岗位的上级自然必须关注该项职能；第二，人力资源部很清楚该岗位的空缺，在适当的时候要补充人力。

说到这里，公司人力资源经理提问：大易老师，既是这样，在原来设计的扁平化组织架构基础上，采取"兼、并、代、托、空"，不一样可以节省人力成本吗？

大易说：不是这样。"兼、并、代、托、空"，是权宜之计，如果将他们当作常态，会增加工作上的麻烦。

（四）职能分工相对清晰但不死板

成长型企业，尤其规模不大的成长型企业，要有清晰的职能分工，同时又不能过于死板，在职能相对清晰的前提下，提倡灵活性。如果老说这不是我的事，这不归我管，事情做不好。

就好比一家人过日子，认真捋一捋，职能其实蛮复杂的。如果完全没有职能分工，男人老是洗衣做饭打扫卫生，女人老是扛煤气罐，老人天天考虑养家糊口的事情，这个家庭的日子不会好。但是，如果要把职能分得清清楚楚，各管各的事情，互不相关，日子也没法过。

如何做到相对清晰规范而又不死板？可以考虑以下方法。

1. 全员都应树立一个观念：公司是一个整体，所有的分工，所有的工作，都是为了实现组织目标，组织目标无法实现，组织将无法存在，工作也就没了。

2. 进行组织设计时，尽量详细周到。

最好根据公司的商业模式，将整个业务按流程进行梳理，把所有的职能摆出来，然后归类，形成部门，区分岗位。事情想明白了，机构、岗位就清楚了。

3. 薪酬设计，也要体现分工协作。

薪酬，尤其是动态薪酬，不要过于条块分割，互不相关，否则大家更容易"各人自扫门前雪，休管他人瓦上霜"。

高层管理者，其动态薪酬必须跟公司整体绩效挂钩。互有关联的工作板块，动态薪酬尽量指向共同的结果。

4. 利用大部概念，几个大的板块覆盖公司所有职能，具体职能在大板块内分配和消化。

5. 设立"不管部"，凡是找不到责任人的工作，先由"不管部"代管。在一般公司里面，行政部就是"不管部"。另外，总经理助理、经理助理这一类的岗位，往往也肩负"不管部"的职能。

6. 岗位职责延伸。每个人的岗位说明书上都有一条：上级安排的其他工作。

7. 在内部形成规则：在紧急情况下，不分岗位和职责，任何人都有责任对眼前发生的事情做出尽可能合理的处理，并报告给上级（重大、紧急事件，应报告能联系到的最高级别上级）。

二、组织设计实际操作：人力成本降低30%

在大易老师的指导下，王小板公司的机构进行了如下调整。

1. 设计技术部（或者就叫设计部）

核心职能是提供产品解决方案，主要负责技术研发、技术改进、产品设计（主要是外联和方案细化）。

2. 市场营销部

核心职能是市场拓展和销售。主要负责：市场调研，市场选择和场地谈判、签约，市场推广和门票销售，招商和外部合作。

3. 工程部

核心职能是提供花灯文化产品。主要负责：采购（由于生产外包，采购量变小），生产管理（与外包厂商联系，签合同，下计划，督促生产，等等），质量检查，物流运输，安装和场内布置，展期内产品、设备的管理和维护。

工程部相对庞大，经理下面设几个主管，分管不同的职能板块。

4. 项目管理部

项目管理部专门负责项目管理，包括：项目部组建和撤销、项目部工作监督和考核评价、项目与项目之间人员和物资协调等等。

每个项目设立项目部，确保项目正常开始、运行和结束。项目部随项目的产生而成立，项目结束即解散。

项目部主要负责：项目进度控制，场内秩序维护，突发情况处理，与场地方、票务、安保、招商合作等外部合作伙伴的协调，项目结束后的善后处理。

项目经理由工程部指派和管理，项目部成员一般由工程部、营销部、技术部人员组成。项目期内，场上所有人员听从项目经理安排，向项目经理负责。

由于项目管理的主要工作是花灯产品提供和维护，因此，前期，项目管理部由工程部代管。

5. 管控和支持系统

设人事行政部和财务部。

这样的组织构架，逻辑十分清晰：设计部门提供更好的产品方案，营销部门将产品推向市场，工程部门落实产品方案。设计部门提供产品方案，其依据又是营销部门市场调研和分析结果。项目部负责每个具体项目的落地。人事行政财务部门，一方面是管控，一方面是服务，支撑业务系统的运作。

根据组织构架，结合公司实际情况，设置具体岗位。

在此基础上，画出机构图和岗位图，机构图反映部门或组织，岗位图反映岗位及编制。机构图对应部门职能描述，岗位图对应岗位职责描述。整个公司的职能职责和管理关系非常清晰，管理层级和管理幅度相对合理。

通过改造，公司的人力成本大约降低30%。

目前实行的是大部制，待公司发展到一定规模之后，可以将几个大部内部的某些职能独立为部门，上面设置中心，中心设总监、副总监或总监助理等岗位，不设机构。例如，设计部变为技术研发中心，市场营销部变为营销中心，工程部变为工程交付中心等等。

三、薪酬设计要点：关注人性，动静结合

薪酬是老板向员工分钱的主要形式。公司什么制度都可以缺，就是不能缺薪酬制度。很多公司弄反了，其他制度一大堆，而且天天强调，改了又改，唯独薪酬制度不明不白，或者草草了事，语焉不详。

大易在讲公司治理机制时讲过，最高的激励是两个希望的合一——公司有希望，员工在公司有希望。员工在公司的希望，主要通过薪酬制度和股权激励制度来体现。

针对王小板和人力资源经理提出的薪酬制度，大易指出了问题，并强调了三条

原则。

（一）绩效工资必须反映真正的绩效

王小板和人力资源经理提出的薪酬制度，设计了"绩效工资"，即将每个员工基础工资的 20% 确定为绩效工资，根据绩效考核结果发放。绩效正常，100% 发放；绩效较差者，可降低到 70%；绩效太差的，取消绩效工资。

这种设计，在市面上很流行，但是并不可取，尤其对中小企业不可取，理由如下。

1. 不能反映真正的绩效

现实中，决定绩效工资的，往往是"考评绩效"，不是企业真正的绩效。考评绩效好，大家绩效工资拿得高，企业真正的绩效未见得好。反之，考评绩效不好，企业最终绩效未见得真的不好。

由于不同管理人员管理风格不同，同样水平的工作，评价结果差异很大，导致考评结果与绩效的失衡。

这样，绩效工资不能起到提升绩效的作用。

2. 激励作用太小

绩效工资浮动并不大。例如，一个员工基础工资 10000 元，其中 2000 元作为绩效工资考核发放，即便是最打脸的结果，下浮 30%，也就少拿 600 元，在 10000 元工资里面占比很少。事实上，很多公司的绩效工资，也就在 10% 甚至 5% 以内浮动。

中国人讲面子、讲人情，一旦涉及钱，谁也下不了狠手。好些公司，一开始认真打分，到后来干脆千篇一律如数发放。

站在员工的角度，干得再好，也就是把绩效工资拿足（少数公司最多可以上浮一定比例）；干得再差，也差不到哪里去。

因此，绩效工资失去了绩效催动作用。

3. 实施成本巨大

为了体现绩效工资差异，得有一套绩效考核制度去陪伴它，这个成本包含三部分：制定制度的成本、执行制度的成本、员工心里抗拒形成的成本。

大费周折之后，差异不大，激励作用很小，得不偿失。

4. 企业压力大

绩效工资本应是"活的"，但是多数绩效工资都变成了"死的"，哪怕企业最终绩效是负数，绩效工资也得照发。这种"死的"绩效工资，让企业压力很大。

真正基于企业绩效的工资，例如销售提成、项目毛利润提成、公司利润提成等，总是要把业绩干出来才有，没干出来就没有，企业压力要小得多。企业不怕支付这种真正跟绩效挂钩的"活的"工资。不但不怕，而且发出去就高兴，发不出去才难受。

（二）薪酬设计：必须遵循一致性和即时性原则

薪酬激励，要遵循一致性原则和即时性原则。一致性原则，要求激励结果跟被激励对象的努力一致，不能错位。即时性原则，要求企业激励及时，同样的激励强度，拖的时间越长，激励效果越差。

王小板和人力资源经理提出的薪酬制度，居然把所有员工的奖金，都跟公司的年终利润挂钩！

他们做了一个表格，把公司年终利润拿出来，像切西瓜一样，10%用于管理层奖金，15%用于市场营销部门奖金，15%用于工程部门奖金，30%用于发展基金，30%用于股东分红。

据说，这还是一个人力资源"专家"建议的。这真是作死的节奏。

1.员工跟股东不是一个利益分享层级

股东分红是基于出资，可能赚取巨额利润，也要承受血本无归的风险；员工拿工资是基于干活，得有基本保障，同时也不可能赚太多的钱。

2.员工薪酬跟股东分红不是一个会计处理层级

员工薪酬（奖金是薪酬的一部分）属于成本，在税前列支；股东分红要在税后进行。中间隔着一道企业所得税，还有法定公积金。

3.普通员工奖金跟公司利润挂钩，违反一致性原则

一个销售人员，签单是他的职责，回款也跟他有关，因此你按合同金额或者回款金额计算提成，没有问题。

工程部的人，把工程保质保量做出来是他的职责，也是他比较能够把控的，因此你以工程如期完工、验收为前提，按照项目毛利计算提成，无可厚非。

可是，你把他们的奖金跟公司利润挂钩，就错了。公司有没有利润，跟他们没有直接关系，他们不应该承担这个后果。

4.员工奖金年底兑现，违反即时性原则

就好像你追一个姑娘，你说对她好，必须现在就表现出来。你现在对她很一般，告诉她，我二十年后一定会对你好的，她不会答应你。

以年终利润为基数计算奖金，必须要到年底才知道有没有奖金，有多少奖金。

营销人员把产品卖出去，工程人员把工程做好，拿不到奖金，也不知道能不能拿奖金，要到年底才知道，多么可怕！

正常情况下，一个业务人员，单还没签呢，已经可以盘算拿多少提成了，甚至同事们都在起哄了：哎，这个单要是做成了，请客啊！当事人也乐不可支，好好好，只要做成了，我请客，地点你们定！——看到没有，我们要的就是那个劲。

违反一致性和即时性原则，是公司作死的节奏。这种做法，结果只有一个，牛人都跑光了。因为天下有很多老板愿意为签单、回款支付提成。

这种要命的政策是怎么出来的？老板压力太大了，又不懂激励；专业人士呢，要么专业水平不够，不懂激励原理，要么职业道德出了问题，一味迎合老板。他们常说：基础工资，不论公司有没有利润，都得发，这个没错，可是，奖金不一样啊，干得好才有啊，公司都没利润，发什么奖金啊？能把工资发了就不错了。老板一听，对啊！于是这个政策就定下来了。

（三）工资要动起来

王小板和人力资源经理确定的工资，缺乏"动"的逻辑，或者说"动"的成分很少，"动"的机制很刻板。

这种情形在市场上很普遍。好多企业，员工工资几年不变，也不知道怎么变。会叫唤的，涨工资，埋头干活的，工资纹丝不动。甚至，老员工工资多年没涨，新员工工资低了招不来，于是出现同样的职级新老倒挂的奇怪景象。这些现象都导致薪酬起不到正向的激励作用，倒是起了反作用。

大易要求企业工资必须动起来。如何动？

首先是奖金，业务提成、管理提成、管理分红等都属于奖金。奖金是工资当中激励作用最为活跃、激励作用最大的部分。

奖金一定要跟企业绩效相关。这个绩效一定是客观数字，例如，签单额、回款额、毛利润、税前利润、净利润等。也可以是用户数、终端网点数、铺货率等。这样，奖金自然就"动"起来了。

有些企业，奖金也在动，怎么动呢？由老板视情况而定。大错！如此，则奖金的多少，与绩效关系不大，而是取决于老板那只分钱的手，激励作用消失，员工跟老板的矛盾倒是与日俱增。

基础工资如何动？这是难点。

其一，将工资分为若干级，每级又分为若干等，与职级（不完全是职务）对应。

其二，公司层面要有"动"的逻辑。每年，公司要进行一次工资分析，必要时普调工资数额。例如，所有级等的岗位工资均上调一定数额；上调津贴、补贴数额；等等。

其三，员工个人层面，要有"动"的逻辑。除了职务的晋升，要有职级的变化逻辑。例如，都是销售员，可具体分为见习销售专员、销售专员、助理销售工程师、销售工程师、高级销售工程师等。都是技术类人员，可具体分为见习技术员、技术员、助理工程师、工程师、高级工程师等。不同的职级，有不同的任职标准，对应不同级等的工资。

要对员工展现出争取高薪的逻辑——你想多拿钱，很好，改变自己，做出成绩来，而不是在那里博弈、抱怨。这样，员工在公司的职业生涯规划也就好做了。

按司龄每年增加一点，例如每年增加 100 元，也是可以的，但数额不能太多，而且应当有封顶的时候，例如十年，或者年满多少周岁就不再增加。

四、薪酬设计实际操作：全员动态薪酬

经过学习，讨论，重构，王小板公司的薪酬方案要点如下。

（一）实行结构工资

员工工资包括以下项目。

1. 基本工资。基本工资是员工基本素质和基本工作时间的体现。分为 15 级，根据学历、年龄、工龄（参考社会工龄）等情况确定。

2. 岗位工资：体现岗位价值。分为 15 级，每级划分为 5 等，一共 75 个级等。

将岗位工资单列，好处是将岗位和工资直接挂钩，员工转岗、离岗，升降职，升降级，工资变化容易体现。

3. 职龄工资：根据员工司龄，每满一年，增加一定数量的职龄工资，满十年不再增加。

4. 补贴：针对特殊工作环境、特殊花费（如交通、通信、饮食等）的一种弥补。

5. 津贴：这是对员工拥有的特殊技能、资质、素质的一种确认。

6. 奖金：是员工超额劳动付出或者优良劳动绩效的一种回报。

（二）奖金计算和分配

实行全员奖金制度。

奖金向一线倾斜，向高层倾斜。反对核心管理层拿过高的死工资。

无功就是过的岗位，奖金占比大；无过就是功的岗位，固定工资占比大。

根据公司业务特点，奖金分为：项目提成奖金、管理分红奖金和其他奖金三大类。

1. 项目提成奖金

（1）提取：每个项目单独核算项目毛利（制度明确规定毛利计算方法），将项目毛利的一定比例提出，作为项目提成奖金。

（2）奖励对象：设计部、营销部、工程部员工。包括项目部人员。

（3）分配：首先按一定权重比例分配到各个板块，在各个板块按照岗位系数（有客观考核评价指标的，参照考核评价指标）进行分配。

项目提成奖金分配是难点，除了各个板块权重、岗位权重外，由于不同的项目可能由不同的人操作，因此要考虑到项目新旧、项目大小、项目环境条件、项目实施时间等因素。但是，只要深入管理实际，把握住激励的方向和原则，总会制订出相对公平的分配细则来。

（4）发放：项目结束的次月发放项目提成奖金的70%，余下30%年终发放。

2. 管理分红奖金

（1）提取：每年将公司营业利润（税前）的一定比例提出，作为管理分红奖金。

（2）奖励对象：总监以上管理人员；管控和支持系统（人事行政部和财务部）员工。

管控和支持系统普通员工享受管理分红奖金，似乎不太符合一致性原则。之所以这样处理，原因有三：其一，在多数公司，这部分人员没有奖金，而我们希望他们有；其二，他们的工作，的确是支撑到整个公司绩效，而非某个项目或板块；其三，他们人数较少，单独制订一套奖励方案没有必要。

（3）分配：按"岗位系数 + 年终考评结果"分配。

（4）发放：季度核算发放30%，余下70%年终结算发放。

3. 其他奖金

（1）新产品研发特别奖金。新产品（指场内销售产品）投放市场后5年内，按照销售额的一定比例提取奖金，奖励给研发人员（含建议、创意、设计、资源提供等，包括研发部门以外的人员）。

（2）市场拓展特别奖金。对场地签约人员，尤其是场地一次性签约三年以上的人员，按一定年限内项目销售额的一定比例给予特别奖励。

（3）建言献策特别奖金。对公司经营管理建言献策，被公司采纳，取得突出成绩的，由公司给予一次性特别奖励。

（4）其他突出贡献奖。员工有其他突出贡献的，给予一定数额的特别奖励。

（三）薪酬确定和调整

1. 新员工定级

根据岗位和入职员工自身情况暂定工资等级，并确定试用期工资，新员工转正时，根据试用情况正式确定工资等级。原则上，试用期工资为转正后工资的80%。

2. 薪酬调整

（1）个别调整：年中，因员工岗位变动或其他特殊原因，进行工资等级调整；

（2）定期调整：每年，公司根据员工实际表现调整部分员工工资等级。定期调整工作在每年3月份完成；

（3）普遍调整：公司根据国家最低工资标准、行业薪酬状况、物价水平等因素，普遍调整薪资额度。

3. 薪酬调整权限

（1）部门负责人以下（不含）员工，由所在部门负责人提议，人力资源部门审查同意后，报总经理审批执行。

前述人员，人力资源部门也可以提议调整。

（2）部门负责人，由总经理或分管副总经理提议，人力资源部门提出审查意见，总经理办公会审批后执行。

（3）总经理、副总经理、总工程师、财务负责人工资级别确定和调整，由董事会做出决定。其中，总经理薪酬调整由董事长提议，其他人员由总经理提议。

（四）薪酬激励与股权激励相结合

（1）薪酬激励，股权激励，一个在"天花板"以下，一个在"天花板"以上，都非常重要。只有二者结合，才能构成一个完整的分钱机制；

（2）薪酬激励与股权激励综合考虑，防止过度激励；

（3）薪酬全员皆有，股权只覆盖少数人，要防止两部分人员收益差距过大；

（4）不宜因股权激励直接降低薪酬待遇，但是长期来看，股权激励有降低即时支付的薪酬的作用。

五、绩效考评机制：五项注意，正本清源

谈薪酬，就绕不开绩效考评。如果员工干好干坏，薪酬都一样按月发出去，想起来就不是滋味。

可是，绩效考评是管理者心中的一个难言之隐。

不敢扔。有时候它像一根救命稻草，当员工偷懒时，当整个组织无法驱动时，当绩效出不来时，只能抓住不放。

靠不住。更多的时候，它像是一根鸡肋，食之无肉。

如果考评结果不跟薪酬挂钩，考评失去了意义，而一旦挂钩，要么考评不清楚，员工怨声载道，抗拒点多多，在激励上起了反作用；要么考评成本巨大，一般的中小企业，根本承受不了。

最终，多数企业的绩效考评流于形式，你好我好，皆大欢喜，发愁的只有老板。

关于绩效考评，在王小板公司，结合他们的问题，大易讲了五点注意事项。

（一）不能为考评而考评

绩效考评不等于绩效管理。绩效管理是企业之必需，绩效考评不是企业管理之必需，它只是绩效管理的一种手段。绩效考评不是为了考评而考评，不是为了整人，不是为了扣工资，甚至也不仅仅是为了驱动大家努力工作。

绩效考评的最终目的，是为了实现企业目标。因此，考评，首先要知道企业究竟要什么，要紧扣企业目标，要产生目标导向作用。

王小板公司，曾把员工"不用等待指示，总是主动找活干"作为一个考核指标，这是公司管理不自信、管理混乱的反映。蚂蚁从不等待，成天在忙，你都不知道它在忙啥。

其实，绩效考评是企业管理中不得已的产物。如何做到不考而考，才是我们的目标。

我们一定要思考，老板本人，为什么不用考评，而跑得比谁都快？家庭里面，为什么不用考评，而每个人都尽心尽力？如何做到不考而考？

（二）绩效考评不要跟岗位评价混同

如前所述，绩效考评，应当直指目标是否实现，其他的，不属于考评范围。

例如，一个销售经理，真正需要考评的是有没有完成销售业绩；一个项目经

理,真正需要考评的是项目是否按时间、按质量完成。也可以加上过程绩效目标,如制度构建、团队打造、资源整合等等。个人德行、勤勉度、知识储备、技术储备、能力提升等属于岗位评价,不属于绩效考评范畴。

岗位评价和绩效考评的区别如下。

(1)绩效考评,直指现在的绩效;岗位评价,跟未来的绩效相关;

(2)绩效考评主要对事,岗位评价主要对人;

(3)绩效考评更注重结果,岗位评价更注重过程。绩效考评,管它白猫黑猫,能抓住耗子就是好猫;岗位评价,一定要区分黑白;

(4)绩效考评,尽量使用客观数字;岗位评价,不一定是客观数字;

(5)绩效考评,随时需要,一个月一次嫌太少;岗位评价,不一定随时做。尤其是全方位的岗位评价,一个月做一次会累死人。

当然,绩效考评和岗位评价也有联系:

(1)绩效可以作为岗位评价的一个组成部分;

(2)二者都跟"人"紧密相关。岗位评价,直接针对人;绩效是人做出来的,绩效结果要由人来负责;

(3)二者的最终目的都是为了提升企业绩效。如实的岗位评价,有助于任用"对"的人,激发人的潜力,是绩效管理的重要组成部分。

(三)绩效考评:该定量的定量,该定性的定性

绩效考评,要把定量与定性结合起来。

1. 公司的最终绩效,都一定是数字化的

例如,年度利润目标,以及分解到季度、月份甚至周、天的利润目标都是数字。

与利润目标相关的一系列目标或指标都是数字。从增收的角度看,销售额、客户数量、单客消费额、重复购买率、准客户开发量、客户拜访量、终端网点数、铺货率、终端优化率、柜员首荐率等都是数字;从节支的角度看,实际发生的成本、费用等也都是数字。

2. 研发绩效怎么看数字?

成长型企业一般是应用型研发,产品总要上市,要经过市场检验,而且研发周期一般不会过长,如此,则新产品销售额,或者销售毛利,便是客观数字。

有些过程中的数字不可取,要警惕。

我到一个企业做咨询,发现他们用编写代码的数量、出错数量、出错率、申请

软件著作权的数量等等，来进行考核、评价软件开发人员的绩效。

这种方法不可取。考核难度不小，这还在其次，最关键的是这些数字其实都不是企业真正想要的。代码的数量很多，出错率很低，申请软件著作权的数量不小，企业也极有可能赔得精光。

当然，如果是做基础研发、战略型试错、战略储备型研发，另当别论。

3. 综合管理人员绩效怎么看数字？

企业高层管理者的绩效，直接跟公司经营成果挂钩，例如利润，经济增加值，其他战略指标，等等，都是数字，这没问题。可是过程中如何进行数字化考评？很难。但是可以定性。如果这个人老是拿不出方案，拿不出策略，老是解决不了问题，老是出错，可以找他谈话，找原因，帮他改进，再不行，拿下！做企业，就跟打仗一样，过程中指挥员的判断就是一切，谁说一定要等数字结果？

4. 支持系统人员如何考核？

人事、行政、财务部门人员，客观数字难以呈现，或者追踪成本太高，但是通过定性看客观结果也不难。

支持系统的工作大致分两类。

一类是常规事务性工作，这部分，只要正常做，能满足公司正常运转就行了。有特殊成绩，褒扬，有特殊过错，贬斥，实在不行，换人。你非要数字化考评他干什么？

王小板公司的人力资源经理听过一堂课，是一个绩效管理老师讲的企业内训课。老师说，任何岗位，都要产生价值，我是向"岗位价值"付酬，不是向"岗位"付酬，而岗位价值，是可以数字化的。这话听起来很对，老师讲得天花乱坠，老板听得眉开眼笑。

接着，老师拿现场一个小女孩举例：比如说，这个小女孩，负责综合管理，她的工作职责之一，是负责订机票，她这项职能的岗位价值，就是要尽可能订到便宜的机票，为公司节省费用。那我就要看，她订的机票，跟正常市场价格相比如何，她为公司节约了多少钱，浪费了多少钱，这个结果，跟她的考核成绩挂钩，最终跟她的薪酬挂钩。

小女孩开始还不住点头，可听到最后，终于憋不住了：老师，好多时候，机票贵，可是不怪我啊，他们跟我说得晚了，机票自然贵，要是提前订，肯定便宜。

一个业务部门员工也站起来说，是的，好多时候，我们说晚了，这不怪她。可是我们也是按上级的安排做事情的，上级临时安排，我们也没办法啊。

老师还试图坚持：这没问题啊，我们在考评的时候，可以区别情况啊，哪些机票贵了，是因为订得晚，哪些是因为采购渠道不对，哪些是因为工作疏忽……

我的天啊！这是一个不到五十人的小公司，订机票只是小女孩工作的一小部分，她还负责办理签证、办公用品采购、员工社保、接待等等。要是这样评下去，每月一次的绩效考评，全公司就考评她一个人，还搞不完。

这个老师的错误在于把更适合通过定性解决的问题，非要去定量。

以订机票为例，我们首先假设这个小女孩是希望把事情做好的，如果发现机票价格偏高，订票渠道不对？教她；粗心大意，提醒她；犯晕，老是做不好，换岗；态度问题，开除她！我哪里有功夫跟你做数字化考评？

支持系统的另一类工作，跟公司整体绩效密切相关，在目标计划管理驱动中，它们逃无可逃，不一定用数字去考核。

例如，连续三周销售业绩不达标，销售部门首当其冲，责无旁贷。可是，销售部门反映，人手欠缺是主要原因。这时候，人力资源部门何在？你的招聘职能何在？如果这样的事情老是发生，或者长时间得不到改善，相关责任人就得辞职，或者被解除职务！

公司要降成本，成本在何处？哪里该降，哪里不该降？必须用数字说话。这时候，财务部门何在？你有没有成本费用分析？你有没有成本费用明细？你的明细，方不方便管理者分析决策？如果没有，观念问题还是能力问题？观念问题，纠正；能力问题，赶紧提升。提升不了？换人！我何必用数字考评你？

上述绩效评价过程，很客观，但不一定是数字。

按上述思路，定量和定性相结合，整个公司的所有岗位，全部被绩效管理调动了起来，一起奔向企业目标。

（四）岗位评价：大胆使用主观评价

1. 岗位评价，应主客观结合

岗位评价，能用客观数字的，尽量用，但是主观评价也无可厚非。

客观数字，某些部分容易取得，某些部分不容易取得。

客观数字，可能出现延迟，过程中如何考核评价？

有些过程中的数字，看起来不错，可是不一定能带来最终想要的结果。

2. 市场是最大的"猎狗"，老板不会胡乱评价

过去有一句话：说你行，你就行，不行也行；说不行，就不行，行也不行。

这是典型的主观评价。这句话对还是不对？看你用到哪里。

用到国企，要警惕。但是用到民营企业，这句话其实是对的。

为什么？

国企中，包括一把手，所有的管理者都是代理人，企业最终经营结果并不由管理者承担，管理者任人唯亲的可能性比较大，要是真做得不好，由全国人民埋单，管理者自己不埋单。

民企的老板是企业所有者，企业最终经营结果跟他自己的财富梦想，甚至后代子孙的福祉紧密相关。老板一般更希望用"行"的人，不会故意把"不行"说成"行"，把"行"说成"不行"。

如果老板出了问题，把"不行"说成"行"，把"行"说成"不行"，他自己很快会被淘汰——市场才是最大的"猎狗"，结果要由他自己承担。

3. 老板应将自己接受的市场压力传递下去，让经理人也不敢胡乱评价

这种传递至少传递给身边一层、两层——如果老板是总经理，两层已差不多到了部门经理一级，够了。于是，直接上级的主观评价，在很大程度上就具备了合理性。

如何传递？很简单，就是要让员工"过门儿"。这就好比张无忌的"乾坤大挪移"，老板不可不知，不可不会。

4. 管理者的个人风格或偏好，应当尊重

有时候，对同一个人，不同的人有不同的评价。这很正常，只要出发点没问题，我们就要尊重。

事实上，你也找不到一个机器，来对行与不行、对与不对做绝对正确的衡量。

何况，直接上级评价之外，还有人力资源部门协助和监督，还有隔级上级的适当纠偏，不用担心。

最后，如果一个管理者识人的眼光老是有问题，或者他的心态有问题，他自己很快会被淘汰，因为他的直接上级随时在对他做出评价。

（五）成长型企业要警惕 KPI

这几年 KPI 比较流行，王小板公司也想引入 KPI 体系，大易反对。

大易认为，KPI 是企业大到一定程度之后，不得已的产物。不是不好，而是不要滥用。

1. 推行 KPI 的难度不容小觑

（1）你的 KPI 指标设定，是否科学，是否能够指向企业想要的结果？而一旦设定错误，危害有多大？

（2）要设定出一套真正科学的 KPI 指标体系，成本有多大？

（3）成长型企业，业务发展和组织变化都很快，今天合适的 KPI 指标系统，明天就不合适了，你怎么办？

（4）实施 KPI，你的管理体系，你的软件系统，是不是跟得上。

（5）好多工作，很难用 KPI 指标卡清楚，你如何面对？

越是复杂劳动，创造性劳动，成果不能即时显现的劳动，越是难以用 KPI 指标卡清楚。

一个策划人员，半夜睡不着，还在想一个创意，你能用 KPI 指标卡清楚吗？

一个创意，一项措施，几年后才大见成效，你能用 KPI 指标卡清楚吗？

那种非同质化劳动，一个公司就他一个人干这项工作，就算 KPI 指标准确，考评结果出来又有什么用？极有可能，结果不太好看，其实人家干得已经很不错了；相反，结果尚可，其实他在偷懒，还有很大改善余地。

拿家庭举例，父母的慈爱，孩子的孝心，夫妻关系的融洽，方不方便用一套 KPI 指标考核评价？

（6）指标评价结果，只要跟钱有关，只要是人在操作，就有水分。

别忘了，那些制订 KPI 指标的人，对 KPI 指标进行评价的人，全是打工的，他们本质上都属于博弈的一方，老板是另一方。这就注定了水分的存在。如何改变这种态势，才是我们要重点考虑的问题。

2. KPI 可能产生的弊端必须警惕

以下现象，不是说使用 KPI 必然会如此，但是事实上往往如此。

（1）工作纯粹成了老板与员工的一种交换。员工用劳动换钱，KPI 指标相当于标准，考评相当于验收。从某种角度上讲，打工拿钱本就是一种交换，可这恰恰是需要我们注意和纠偏的。

（2）把企业管理变成老板和员工之间的一种博弈。我想偷懒，你用各种指标来卡我，那好，你上有政策，我下有对策，你的 KPI 指标是死的，我人是活的。

（3）在企业里面养成斤斤计较、各自为政的企业文化。

既然你拿指标卡我，我着急的就是指标，其他的，不关我的事。

有两家企业，生产规模差不多。一家管理更现代化，结果仓储部门 5 个人，还不够用。另一家管理似乎比较原始，但是压根就没有仓储部门。

前一家，采购物资到了，要卸货，人手不够，找不到人，叫其他部门的人帮忙，答曰：这不归我管。心里话：这跟我的 KPI 考评得分有什么关系？

后一家，货到了，主管一声大喊：兄弟们，快来卸货了。只要是能放下手中活的，都来了，很快搞定。

前一家企业，人力成本居高不下，单人年利润非常低。后一家企业，薪酬水平高而人力成本低，单人年利润非常高。

（4）用KPI不一定能培养真正的人才

KPI指标往往追求四平八稳、面面俱到。在这样的评价体系下，往往只能出工具型人才，出不了真正的人才。

就好比高考，能选拔出学习成绩好的人，但是不一定能出大师。

战争史上的一些大将，打仗很厉害，可是缺点也很多，片面强调综合考评，恐怕都要撤职。

企业毕竟不是学校，岗位评价，要紧扣企业发展需要，不一定求全。

3. KPI热度下的冷思考

客观讲，KPI更适合大规模劳动，简单劳动，同质化劳动。实施KPI需要一套系统，这套系统包括人员、软件、硬件等，不是一件简单的事情。

企业盲目导入KPI，尤其是在大企业干过几天人力资源管理、没有当过一把手、不明白企业管理真谛的职业经理人主导的KPI，危害极大。这些年，就我所见，真的是血迹斑斑，伤痕累累。

这两年流行的积分制管理，也存在上述类似问题。同样，不是说不好，而是需要小心使用，有限使用。

六、绩效管理实际操作：一个前提，三项策略

经过大易点拨，王小板公司放弃了复杂的过程考评系统，构建了类似"不考而考"的绩效管理系统，包括一个前提、三项策略，还有延伸安排。

1. 一个前提

不考而考的绩效管理，以深层次激励为前提。

深层次激励，包括三个要点：第一，工作有意义；第二，公司有希望；第三，员工在公司有希望。

让工作有意义，是通过确立和推广公司的使命、愿景、价值观来实现的。

公司有希望，是通过公司的定位和商业模式实现的。

员工在公司有希望，主要是通过动态薪酬和动态股权激励系统实现的。

2. 三项策略

人是有惰性的，偷懒是多数人的常态。在信仰缺失的时代，希望通过占有他人的劳动而不劳而获的人，不在少数。缺乏进取心，即便给一座金山也不想早起的，

大有人在。

因此，决不要幼稚地认为，指一个方向、抛出一套分钱机制，然后就可以坐等员工呈现良好绩效。

相反，要狠抓过程绩效管理，以确保绩效优良。

过程绩效驱动包含下面三项策略。

（1）用目标计划管理进行过程驱动。

关于目标计划管理，过程中呈现的基本上全是客观数字，无可辩驳。具体操作方法，后面专门讨论。

（2）抓两头，放中间的岗位评价策略。

至少每年（部分内容可以按季度、按月），除了目标计划驱动以外，公司对员工要进行岗位评价。

岗位评价采取"抓两头，放中间"的策略，即评出优秀者，给予奖励；劣后者，予以惩罚；中间部分，适当指出其优劣，期望改进，原则上不奖不罚。

三者比例，可以是3-1-6，也可以是2-1-7，或其他比例。数字反映比例，例如3，即30%，其他数字同理。

奖励，包括通报表扬、授予荣誉称号、提升奖金发放系数、提职、升级等等。惩罚，包括通报批评、降低奖金发放系数、撤职、降职、降级等等。

（3）实施"三点式"万能评价机制。

这也是刘光起先生"A管理模式"中的一项内容。这种机制的好处是，用一套十分简单的规则解决大部分人事管理问题。

三点式万能评价机制要点：对任何一个岗位的评价，以三个点协同完成，即逐级提议，隔级确认，人力部门从旁协助和监督。

其中，直接上级的评价是最主要的，一般情况下，隔级上级会尊重直接上级的评价，同时可以适当纠偏。人力部门协助，是凭借专业知识、方法和工具协助，例如人力测评；监督，是依制度进行监督。

三点式的人事管理方法，可以广泛运用到人事任免、奖惩、升降级等其他方面。

3. 延伸安排

在企业规模不是很大的情况下，一个前提、三项策略足以支撑公司的绩效管理。在公司变大以后，政策要适当调整，否则绩效会降低。

当企业规模变大以后，公司整体目标拉动力变弱，分解目标拉动力也不够，这时候，需要化大为小，在更小的范围内建立利益共同体，让目标拉动力重新变大。

所谓"化大为小",可能是对公司业务进行拆分,形成分、子公司或事业部,可能是在一个终极核算单位内,分割出不同的绩效评价和奖励计算单位。

在企业组织绩效管理上,不要害"大企业病"。可悲的是,有些公司,规模不大,盲目照搬大企业管理模式,提前染上了大企业病。

第18课　目标计划管理

一、目标计划管理五大误区

上一课，大易在给王小板公司辅导绩效管理时说到绩效管理的三项策略，第一项就是用目标计划管理进行过程绩效驱动。

这部分，大易老师将采取教练式的方法对王小板公司进行辅导。

在正式辅导开始之前，大易对王小板和他的团队简单介绍了目标计划管理的常见误区。

误区一：激励机制不到位，霸王硬上弓

分钱机制缺失，或者分钱机制跟目标实现没有关系，在这种情况下谈目标计划管理，没有意义。

这时候的目标，只是老板要的目标，不是员工想要的目标；只有老板主动，其他人都被动。结果可想而知。

误区二：目标制订，成了老板和员工的一种博弈

例如，老板说，兄弟们，今年，只要完成1200万元的利润目标，即如何如何发奖。

这时候，目标已经不是目标，而成了任务，成了老板跟员工的博弈点。老板希望这个点高一些，员工希望低一些。原因很简单：屁股决定脑袋。站在员工角度，目标定得越高，拿到奖金的可能性就越低。

即便目标定下来了，在干的过程中，员工也是两难——如果能冲2000万元，今年倒是可以拿到一定量的奖金，可是明年怎么办？明年的目标肯定会涨到2500万元。怎么办？只能"既踩油门又踩刹车"，悠着点。

到了这个份上，你还觉得自己的管理机制是好的机制吗？在讨论如何提升绩效的时候，你还指望他们全力以赴吗？

还有一种观点，认为绩效等于目标达成率，员工工资、奖金都与目标达成率挂钩。这样做，弊端更是显而易见。我们来看一看公式：

绩效 = 目标达成率 = 实际达成额 / 目标数额

很显然，在上述公式中，绩效要好，有两个途径：实际达成额提升或者目标数额下降。

例如，老板希望将明年的目标定到 1200 万，尽管员工心里面想的也是 1200 万，但是他们希望你的目标定为 800 万。同样是完成 1200 万，如果目标是 800 万，超 50%；如果目标是 1200 万，只是刚好完成；如果目标是 1500 万，只完成 80%。

看到问题的本质了吗？在员工看来，实际完成额不好说，目标数额对目标达成率的影响最直接。于是，目标数额，成了老板和员工的博弈焦点。目标计划讨论，老板和员工，从一开始就站在完全对立的两个方向。

在这种情况下，你不要去怪职业经理格局不够，境界低，人品如何如何，跟这些没关系，利益驱动使然。

同时，目标达成率，同样会造成前面说的"既踩油门，又踩刹车"的纠结。

误区三：参与者的地位和作用错位

目标计划管理，也叫预算计划管理。其中，预算是核心。

许多公司，财务部门负责制订预算，老板，或者董事会，或者总经理办公会审批预算，各部门执行预算。

完全错了！

预算计划管理，从始至终，都应当是全员全程参与。

目标，必须是大家想要并一致认定的目标；计划，必须是大家自己制订出来的计划。

在这个过程中，财务部门实际上只起辅助作用。其职能是：提供历史数据以供参考；在预算计划形成过程中承担数据测算工作；把目标用会计语言数字化，形成预算；从数据上监控预算执行情况。

以总经理为首的直线管理人员，才是目标计划管理的主角。

误区四：离开目标空谈计划，或者不做计划，空谈目标

好多公司，离开具体的目标谈计划，天马行空，不着边际；或者没有切实可行的计划，年年定目标，年年达不到。

离开目标谈计划，计划方向对不对，是否有效，一概不知，到头来，公司经营不见成效。

不做计划谈目标，目标成了空喊出来的口号，缺乏数据支撑，缺少实现目标的措施和方法。眼看着时间飞逝，所定目标，差得很远，到年终，结算结果出来，除了叹息和苦笑，你还能做什么？把员工开除？开除也于事无补。

误区五：条块分割，各自为战

好多公司讨论策略时，各部门、各版块喜欢分开讨论，各自形成自己的市场策略、销售策略、内部管理策略等等。

不对！

策略是一盘棋，分不开的。公司所有的部门、板块，应该说都是为了实现公司整体目标而存在的，他们应该是一个有机的整体。比如谈到增加营收，难道只是销售部门的事情？研发，生产，人力资源，不用配套？

要是各说各的，就很难说到一块去。即便是必须分开讨论，也要在主线条清晰一致的前提下，分分合合。还有，如果不进行整合，即便策略出来，各版块之间也容易扯皮，策略很难落地。

二、绩效动员：公司有希望，个人有希望，团队有信心

导入目标计划管理是王小板新公司运作的第二年。第一年公司筹建、团队组建、业务试运行等于是试点、打基础。

在进行目标计划讨论之前，首先召开了全员参加的绩效动员大会。通过绩效动员让大家有信心、有决心、有动力去迎接绩效挑战。

绩效动员大会主要内容如下。

1. 公司的定位、商业模式及战略决策

这部分由王小板主讲。

结论：公司的"前途"和"钱途"一片光明。

2. 公司的使命、愿景、价值观

这部分还是由王小板主讲。

结论：在公司工作有意义。

3. 公司的分钱机制

这部分主要由大易老师主讲。

结论：在公司工作有盼头、有希望。

4. 员工应有的心态观念

这部分由大易老师主讲。

启发员工端正心态，转变观念，提升自己，与公司同步成长，实现成功的人生。

三、绩效讨论：精准目标，制订"作战地图"

王小板公司的绩效讨论，由主管以上人员以及一些重要的非管理岗位人员参加。

在绩效讨论过程中，大易相当于教练，王小板为首的经营管理团队为被教练对象。

讨论过程，总体上以对话的方式展开。一般情况下，大易是发问的一方，以王小板为首的经营管理团队是答问的一方。在一些关键问题上，伴随脑力激荡式的集体讨论。

大易希望以此方式教大家学会目标计划管理当中的绩效讨论。以后的绩效讨论会，可由董事长或者总经理主持进行。各部门负责人也可以模仿这种模式进行本部门的目标计划讨论。

通过绩效讨论，大家要清晰地看到目标，并且要有实现目标的路径和方法。形象地讲，公司需要一份"作战地图"。

（一）年度目标和关键价值链

讨论会开始。

大易开门见山：公司明年的利润目标是多少？

大概，可能，较高水平，优异成绩……这些都不行，大易要求精准的数字。

经过简单合计，王小板及其团队将明年的税前利润目标确定为500万元。根据新公司运作将近一年的业务数据，加上团队过去的经验，他们认为这个数字是可行的，如果实现，他们会感到很满意。

对此，作为教练，大易不置可否，只是在白板的正中央写下一个大大的数字：500万元。

有了目标，要分析实现目标的关键价值链。

大易（面对财务）：税前利润是怎么算出来的？

财务：税前利润＝收入－成本费用－流转税费。

大易：从公式上看，要提升利润，需要怎么做？

大家：增加收入，减少成本费用，还有税费。

大易：这里面，哪些是我们能做的？

大家：主要是增收和降本。税费，由于业务在国外，国外节税余地不大，国内的文化产品出口，本身就享受国家税收优惠，再节税的余地也不大。

大易：增收和降本，我们先看哪一个？

王小板：增收。

大易（面对财务）：收入是如何计算出来的？

财务：收入＝每个项目（即每一场展会）收入之和。

每个项目收入＝门票销售量（张数）＊门票单价。

目前，公司以门票销售收入为主要收入来源。

大易：要增加收入，我们的努力方向是？

大家：增加门票销量，提高门票单价，多做项目。

大易：还有呢？

有人：增加收入来源。

大易：很好。目前的重点在哪里？

大家（经过讨论）：增加门票销量。

有人：门票单价，有一定空间，例如，在没有明显竞争的地方，一张门票卖15美元，与16美元，在消费者看来，没有太大区别，而我们一场好几万的人流，就可能多出好几万美元的收入。

王小板（经过与大易及主要管理人员商量）：关于定价，责成营销总监牵头，拿出一个方案，下周五以前交到总经办，由总经理办公会讨论通过后执行，这里不再讨论；关于增加场次，涉及公司的资金、人手等问题，会后由总经理牵头形成报告，在董事会层面讨论；关于增加收入来源，前期做过一些努力，效果不佳。这涉及商业模式的改变，放到最后再议。

下面大家集中讨论如何增加门票销量。

（二）策略和方法——增收

讨论继续进行。

大易（面对财务）：目前，每场门票销量是多少？

财务：展会规模不一，中等场，大概7万张。

大易：中等场，一场展会下来，能够容纳多少人次？（一人次等于一张门票）

大家（经过讨论、合计）：到15万人次没问题。（很明显，有足够的容量空间。）

大易：你们目前是如何销售的？

营销负责人：在当地找一家公关公司，签订服务合同，他们每场收取固定费用，由他们出宣传方案，主要是媒体选择和宣传文案，宣传费用由我们另行支付，然后通过票务代理公司代理销售门票。

大易：这里面有哪些改善空间？

大家（经过讨论）：

我们要争取主动。过去太被动了，有点像靠天吃饭，门票销售结果出来，多也好，少也好，只能认命。

应该给公关公司以更大的激励。他们拿固定报酬，结果跟他们没关系，不足以提升他们的积极性。

大易：还有哪些因素影响到门票销售？

大家：市场选择、场地位置、交通状况、停车条件、产品打造等等。

尽量与场地方合作分成，而不是支付租金，这样他们更有积极性宣传推广。

王小板（经过与大易及主要管理人员商量）：市场和场地选择问题，以及与场地方合作方式问题，责成营销总监牵头，拿出一个标准，于12月20日以前交到总经办，由总经理办公会讨论后，由市场拓展人员执行。

至于产品打造，是一个大问题，后面专门召开会议讨论。

大易：关于与公关公司合作问题，如何改善？

大家（经过讨论）：美国的公关公司，习惯收取固定服务费。因此，可以不降固定服务费，但是提要求：明年，我们希望每场从7万张上升到10万张，增加的宣传费用由我们支付，超出部分销售额的10%给公关公司作为奖励服务费。

问公关公司：有没有方案？有方案，拿出来；没方案，或者方案不行，换服务商。

另外，过去，他们出的宣传文案，我们不看，不修改，直接用。今后，要看。他们懂市场，但不如我们熟悉自己的产品，如何才能表达出我们产品的吸引力，我们应该更有发言权。

大易：关于主动出击，我们有哪些措施？

大家（经过激烈的讨论）：

（1）在当地适当增加人手，尤其是需要聘用一个了解美国市场，精通营销，同时对中国文化有一定了解的人就近担任市场部经理；

（2）通过赠票扩大宣传。只要门一开，我们的门票，可以说零成本，可以有目的地赠送一些出去，以扩大宣传。要选择合适的赠票对象，避免给正常销售造成伤害。例如：老兵协会、大学里面汉文化相关专业师生、历史悠久的中学、华人团体等等；

（3）在Facebook等社交媒体上进行宣传；

（4）提前两月开展地面推广活动；

（5）逐渐推行会员制，提高客户黏性和宣传、转介绍动力。

关于聘请市场部经理一事，之前就有人提过，但是内部有争议。

反对的理由，主要是成本增加。在当地，聘请这样一位经理人员，每年差不多得二十万美元，换成人民币，就是上百万元。再加上其他营销措施增加的费用，公司吃不消。

究竟应该如何决策？大家看向大易。

大易（面向财务）：一场展会，总费用大约多少钱？

财务：中等偏上的展会，300万~400万元人民币（以下如无特别标明美元，均指人民币）。

大易：一场中等偏上的展会，可望赚多少毛利润（不算管理费用）？

财务：50万元，60万元，好的100多万元。

大易：增加的人手，包括刚才大家讨论的增收策略，总共要增加的费用，除以今年将要运作的展会场次，每场大约是多少？

财务（经过与其他部门一起测算）：每场大约增加80万~100万元。

大易：如此，可望增加的门票收入，保守一点估计是多少？

财务（经与其他部门测算）：保守一点估计，每场增加门票2.5万张，每张门票按15美元计算，可增加收入约250万元，除去增加的费用，纯收益约150万元。

大易在白板上写下：

300万——100万

100万——150万

很明显，原来每场费用300多万，可望挣100万，现在每场多花费100万，可望多挣150万，增加的花费是值得的。

大易以此告诫大家，在讨论具体策略时，数字是最具魔力的，不要离开数字谈对错。

当然，此一时彼一时，过去的一年，新公司刚开始运作，展会场次很少，来年展会场次增多，摊薄了费用。以后，这一点会越来越突出。这也是大易主张聚焦区域市场的重要原因。

费用增加，涉及公司资金的运转问题，最终决策需要进一步的测算。

（三）策略和方法——节支

下面看如何降本。

大易（对财务）：首先，看一看，我们的成本费用由哪些部分组成。

财务人员经过一番数字摘取、计算，呈现出成本费用构成。

大易要求大家分析，哪些地方成本费用可以降低，如何降低。

大家经过讨论分析，大大小小罗列出四五十个可能降本的点。大易肯定了大家的成绩，同时提醒：如果平均用力，抓不住重点，效果不好。

大易要求：按照"多、快、好、省"的原则，评出三至五个重点，拿出具体方案，形成工作计划，明年运作中一竿子插到底，必须要出成效。至于其他的点，由财务部门牵头，做常规成本费用控制即可。

所谓"多"，就是对目标利润贡献度大。"快"，就是操作快，见效快。"好"，就是没有伤害，比如降工资和降材料费，效益可能来得快，但是有伤害，不可取。"省"，就是省钱、省力。

经过长时间的讨论，大家评出三个重点。

（1）花灯拆装人员、服务人员频繁往返国外和国内，机票和签证费用太高，如果一拨人过去，能够多干上几场再回来，费用就可以大幅降低。这需要营销部优化场次安排，并与工程部协调配合，才能完成。

（2）展期内几个常用设备，过去临时租赁，费用太高，自己采购，重复利用或者用完出售，每场大约会节省7万元到10万元。

以上两项，随着每年场次的增加，成效会越来越显著。

（3）花灯产品尽量重复利用。

其中，争议最大的是第3项——花灯产品的重复利用。这是由大易的质疑引出来的，他看到，每一场400万元左右的费用当中，花灯的生产、远途运输成本要占到70%以上。下面是对话。

大易：展会结束后，这些花灯作何处理？

众人：扔掉。而且要花钱才能扔掉。

大易：这样岂不可惜！为什么不接着利用呢？

众人：不可能。

大易：为什么？

众人：这个行业，从国内到国外，从来就没有重复利用过。

大易：这不是理由。究竟为什么不能重复利用？

有人：重复用，谁看呀！

大易：同一个地方，每年不是只举办一次吗？换句话讲，咱们一年内，是在不同的地方办展，对不对？我们的消费者，从这个城市追到另一个城市看的，多吗？

大家：凭感觉，肯定很少。（看来不是问题）

有人：这个场地与那个场地，大小、高矮，都不一样，这里合适的，搬到那里，就不一定合适了。

有人：重复利用，仓储、运输成本太高。

有人：不同地方的观众，观赏喜好不同，每一场，都是经过分析之后，由外聘设计师和内部设计部门共同打造的。

大易：大家说的都是实际情况。但是，很明显，这点对我们的成本控制至关重要。大家不要轻易放弃。

王小板（经协商）：责成财务总监牵头，各个部门（板块）负责人参加，对重复利用问题拿出一个论证报告，下次会议接着讨论。

大易（强调）：你们在讨论的时候注意：第一，所有人，不能说不行，对别人的意见也不要打击，只能说，如何才行。第二，不要凭感觉，不要纸上谈兵，要进行实际模拟，实际测算。美国的仓储费用、运输成本等等，要委托那边的同事实际调查。

一个星期后，讨论结果出来了：可以全部或部分重复利用。算上节省的钱和多花的钱，明年，因重复利用，花灯成本可节省约四分之一，也就是说，每一场可节省50万~80万元。

随着每年场次的增加，成效会越来越明显，极限利用，主灯产品平均可以使用三到五次，辅灯重复次数更多。也就是说，花灯制造和远途运输成本可降低至原来的三分之一到五分之一，除去增加的费用，可望降低至原来的二分之一甚至更多。

这是多么让人振奋的数字！降下来的，全是利润哪！

当然，要做到重复利用，很不容易，需要各部门通力合作，采取一系列切实可行的措施。会上确定，将重复利用当成一个项目，由总经理亲自挂帅，工程总监直接负责。尤其是要在场地选择、展会时间、资金周转、生产安排等方面进行协调。即日起，总部办公室挂出"作战地图"，让所有的项目信息一目了然。

（四）目标锁定

讨论至此，大易要求财务部门将前面讨论的全部策略数字化，测算出明年的利润目标。

结果让大家大吃一惊——不是原来预计的500万元，而是1500万元！

而且，原则上，从股东层面，并不增加投资，只是公司的费用结构发生了变化，资金利用率增加。

注意啊，这个测算结果，不是顾问策划出来的，不是财务部门闭门造车造出来的，也不是老板压下去的，是大家共同讨论出来的。而且，是伴随着策略和措施出来的。

看到这个结果，大家有点被吓住了。但是，都异常兴奋。

王小板高兴得合不拢嘴。

工程部经理无比激动：哎呀，要是这样干，明年，那个钱，可要赚嗨了啊！

大易笑道：你看，小张已经担心数钱数得手软了。

大易知道，这毕竟是设想，实际上，一定还有诸多脱离实际的地方。他要求财务部门牵头，其他板块主要负责人参与，对前面讨论的所有策略和措施重新审视一遍。这一次要精确到每个项目，要把困难考虑得更充分一些，涉及公司层面的问题，比如资金周转，王小板要亲自参加。

总之，按大易的话说，一定要往实处扎，往细处扎，往深处扎，非要扎出"血"来不可！

又经过一番艰苦卓绝的奋战，最终结果出来了，他们将明年的利润目标锁定在1200万元。

在这个过程中发现了不少问题，这些问题，有的是过去已经存在的，有的是未来可能产生的，对所有问题都力求找到解决方案。如果解决不了，要从预算里面将相应的数字拿掉。

整个预算（目标）制订过程，实际上变成了发现问题、解决问题的过程。不但精准了目标，还一并产生了实现目标的策略、方法。

因此，面对预算目标，大家信心百倍。

（五）展示"纸上富贵"

接下来，大易让财务做了一件非常重要的事情：把新的预算、新的策略和方法以及他们带来的成果，带入原来的股权激励预算中，与原来的预算相比较，看看呈现出什么样的结果。

结果很快出来。从公司层面，十年下来，累计净利润将近增加一倍，在留存同等比例公积金的情况下，累计净资产将近增加一倍，而激励股权只多出不到5个百分点。股东们看到这个结果，除了高兴还是高兴。

对此，有人提出不解，同样的政策，为何业绩增加如此之多，释放的股权比例没增加多少呢？

经大易解释，大家明白了：公司盈利能力增强，资产增加，估值也相应增加，水涨船高，因此，释放的激励股权价值很大，但是股权比例释放不大。

再从员工角度看，十年下来，员工的股权激励所得，差不多也增加一倍，中高层员工获取的股票价值，原来，低的 700 多万元，高的近 3000 万元，现在，低的 1000 多万元，高的 5000 多万元。

而且，这是按内部估值计算的，如果按市场价格，比这要高出许多，如果公司上市，上市之后的股票价值，大概会是内部估值的三到五倍。如此，则很多人的股权财富上亿。

假如大家奋斗十年就退休，去海边城市养老，如果说按原来的业务增长逻辑，可以买公寓养老的话，按现在的增长逻辑，可以买别墅养老了！

这，就是纸上富贵！大家真切地感受到，这一切，都是可以争取的，命运真的掌握在自己的手里！

看到这样的结果，员工能不激动吗？

让人兴奋和激动的事情还没完。正常绩效讨论结束后，大易还跟公司高层一起，讨论了战略调整和盈利模式变化。

两三年后，灯展将不只是文化服务产品，而会变成了一个巨大的人流平台。在这个平台上，广告、招商、合作、跨界发展等等，有无穷无尽的想象空间，自然，公司的"钱景"一片光明。

当全球战略完成，公司将成为一家世界级的文化产品运营商，也是一个世界级的商务资源整合平台。这是当初大易极力劝说王小板放弃制造利润，轻松快跑的主要原因。

当然，说来容易做来难，这要求公司从战略到策略，从经营层面到管理层面，从外部资源整合到内部资源优化，都有质的飞跃，甚至脱胎换骨，凤凰涅槃。尤其是公司将需要越来越多的人才，共创大业。

目前，王小板公司的整个绩效管理体系已经建立，从王小板到公司员工，眼下已经没有任何困难能够阻挡他们的脚步。

乳虎啸林，潜龙腾渊。

一场大戏，已徐徐拉开帷幕……

（六）目标分解和计划制定

公司的年度预算目标一旦锁定，就成了整个团队自己对自己的一种承诺，成了一种向往和追求。在公司管理层面，这就是军令状。

军令如山！完成预算比天大！

实现、甚至超越预算目标，成了全公司唯一重要的事情，其他的都是废话。

目标锁定之后，要对目标进行分解。目标分解包括横向和纵向两部分。

横向分解，首先分解为收入和成本费用控制两大块。然后，内部分解到部门、小组、人头；外部分解到区域、项目。

纵向分解，分解到季度、月份、周。对王小板公司来讲，分解到月，太粗；分解到天，太细，分解到周，比较合适。

有目标，还要有工作计划。在绩效讨论的基础上，计划其实很简单，把绩效讨论时谈到的策略和方法总结、提炼、补充、完善即可。

总经理写公司层面的计划，部门负责人写部门层面的计划，一直到个人。部门以上计划在总经理办公例会上通过，个人计划在部门例会上通过。

目前必须要出来的是年度计划，以后每月月末，总结上月工作的同时，形成下月工作计划。同理，每周，每个工作日，都要有计划。

大易要求，工作计划简单明了，不要长篇大论，摒弃鸡毛蒜皮。否则，写的难写，看的难看。

计划体现行动，其要点跟小学记叙文差不多：时间、地点、人物、事件。什么时间，尤其要写明截止时间，谁是最终责任人，在什么地方，做什么事，呈现什么样的结果，向谁呈现。

这就是工作计划，仅仅是普通手机信息的容量，可全是实打实的东西。

年度目标计划如此，三年、五年、十年的中长期目标计划也一样。只是，越远的目标计划，越是粗略，越近的目标计划，越是具体。

当然，个人根据需要写出更加详尽的计划，甚至做法，即便作为备忘录也是可以的。

特别要注意的是，目标也好，计划也好，绝不只是业务板块，人力、行政、财务这些管控和支持系统板块同样要有与实现公司整体目标相匹配的目标和计划。

四、过程管控：痛并快乐着

目标计划管理实施过程中，财务部时时监控预算目标的实现情况：计划的收入，是否实现；成本费用控制，是否到位。发现问题，及时通报，及时调整。

没有过程，哪有结果？

要让预算计划变成一条绳索，捆住大家；变成一条鞭子，抽打着大家。

别误会，又捆又抽，并不是那么难受，毕竟还有分钱在等着，奖金、股票……

账可以自己去算。

大易说：职场最高境界——痛并快乐着！

公司里面常常出现这样的场景：

营销部经理的门，被轻轻敲开，一看，是财务部负责预算控制的小女孩。经理心里面一沉——莫不是预算没有实现？这个小女孩一出现，准没好事。

果然，小女孩开口了，非常客气，可是经理听起来，如同炸雷：经理，已经连续两周没有实现预算了，这个是具体数字，您先看一下，王总等着您回话呢。

根据规定，连续两周不能实现预算，要向总经理述职。连续三周不能实现预算，要上总经理办公会。连续两个月不能实现预算，董事会必须召开特别会议。

经理送走小女孩，看了看数字，脸色铁青，拿起电话，马上召集部下开会。

两个小时后，经理出现在总经理办公室：王总，我来了。

王总：哦，是小杨，来来来，请坐。数据都看到了吧？

经理：看到了。

王总：找出原因了吗？

经理：找到了。

王总：说说看，什么原因。

经理：第一，……第二，……第三……

王总：解决问题的措施呢？

经理：第一，……第二，……第三……王总，没问题，我们这个月保证实现预算。

王总（感觉经理说的原因和措施都比较到位）：嗯，很好。看起来，你很有把握。我觉得也没问题。我再补充提醒一点，……好了，抓紧时间，好好干吧。看起来，你今年换房子的计划，没有问题。有需要我帮忙的地方，尽管说啊。

王总（感觉经理说的原因和措施有问题）：小杨啊，看起来，问题没那么简单，照此下去，我担心这个月平不了预算，甚至下个月也不行。这样，你回去再研究一下，找原因，想对策。后天，也就是周末，我们开一个专题会，商讨如何解决目前的问题。需要哪些人参加，你说，我来负责召集。

两天后，开会，王总主持。根据杨经理的要求，企划部门、设计部门、工程部门、人力资源部门负责人都参会。当然，还有财务部门负责人。

首先由财务部门负责人发言，公布数据，进行简单的对比分析。

然后是负责销售的杨经理发言，分析原因，提出对策。

主要原因是销售部门工作不力。同时还有几个原因：第一，我们的推广活动，不见成效。第二，有两个场子的工程安装一再延迟，导致退票。第三，据调查，去年这个地方的展会，产品吸引力不够，口碑不太好，影响今年观展的积极性。第四，我们的人手不足。

面对以上问题，企划部门负责人，工程安装部门负责人，设计部门负责人，人力资源部门负责人，有何话说？

这些事情做不好，不论谁掉链子，影响的都是大家拿奖金，分股票，分红。因此，面对问题，找不到原因，拿不出对策的人，压力很大。

如果老是这样，或者这种状态一直持续，就得走人！

用不着老板开口，用不着复杂、繁琐的考核评价。

五、成果分享暨下一轮目标计划管理启动

年末，财务数据出来的时候，是收获的日子，就好比农民伯伯的秋天。

公司年会上，大家尽情地吃、喝、唱、闹，都没有问题，但是有一个环节必不可少，那就是：公布分钱结果。

会计公布奖金获取情况，股票获取情况，分红情况。不但公布整体情况，还要公布到个人。

不只是公布，还要兑现。不只要兑现，还要非常形象地兑现。

如何形象地兑现？

奖金，最好取成现金，会计念：张××，奖金——四十五万。

四十五万！哇——一片掌声响起来。

在掌声中，张××激动地走上台，将一大堆现金抱着往回走。钱实在太多，有几捆还掉在了地上，旁边的人赶紧帮忙捡起来放到他怀里。掌声更加热烈……

当然，这只是举个例子，强调形式的重要性，不一定非要这样做。别的不说，要注意安全。尤其是现在，都不太使用现金了。

但是最好不要悄无声息地转账。

可不可以用网上银行或者手机银行转账，把过程或者截图显示在大屏幕上？只要动脑筋，办法总是有的。

股票，也要讲形式。财务宣布完毕后，所有获取股票的人，上台站成一排，董事长盛装出席，把盖着鲜红印章的持股凭证发到每个人手中，握手，说：谢谢！非常感谢你，在过去一年为公司做出的努力！

拿到股票的人，或面带笑容，或眼含泪花。台下，掌声一片。本来，方案颁布

后，还有人怀疑，担心，甚至不屑一顾，现在，这些负面的东西，在掌声中烟消云散。

第二天，马上召开来年的绩效讨论会，新一年的目标计划管理，又将启动……

六、总结和反思

在这次目标计划讨论过程中，有几个问题需要提出来，总结、发扬，或者反思、改进。

（一）看到了机制的力量

为什么王小板公司的绩效讨论会能够取得这样大的成果？有客观原因，更重要的是主观原因。

下面，以"重复利用"为例进行简要分析。其他版块，道理类似。

客观上，花灯企业都是从国内起步，国内一般是政府采购，国庆、元旦、春节用来装点城市，提升形象，这属于一次性消费，没必要重复使用。

现在，王小板公司已经从生产、销售花灯产品，变为花灯展会运营，一年内在一个区域内不同城市经营的场次越来越多，使重复利用成为可能。

那为什么王小板公司改变业态之后，还是没有实现重复利用呢？这就是管理机制的问题了。

1. 员工成了公司真正的利益相关者

在激励机制不到位的情况下，员工会想：是否重复利用，跟我有什么关系？

现在有关系啦，分奖金、分股票，分红，上不封顶。甚至，在共创共享机制下，跟每个人的子孙后代的福祉都有了关系。

2. 现有机制不存在"目标博弈"，大家可以放开讨论

在王小板公司，目标计划管理的结果，跟分钱、分股票密切相关，但是，目标数字本身，跟分钱、分股票的机制没有任何关系，不存在老板和员工在目标制定上的博弈。

因此，从老板到员工，大家共同的希望是：越多越好。大家可以进行这样放开手脚、挖空心思、畅所欲言的讨论。

3. 目标计划管理带来的系统思考

过去，大家一头扎进各自的工作当中，就连王小板本人，也一头扎进场地选择和谈判当中，忙得不亦乐乎。在这种情况下，大家每天都盯着"树木"，看不见"森

林",整个组织缺乏系统思考,都在想办法"把事情做对",而很少关注"做对的事情"。

4.好的机制激发创造活力

重复利用,实在不容易。不是看在钱和梦想的份上,办法想不出来,即便想出来了,也做不到。

(二)暴露出工作中的问题

通过绩效讨论,过去管理和运作中的一些问题非常清晰地暴露了出来。

这次绩效讨论,前后时间跨度将近三周,集中工作的时间约6天。之所以耗时较长,除了这是首次,大家不熟悉外,过去管理和运作中存在很多问题,耽误了讨论进度。如果能够改善这些问题,今后每年绩效讨论在1~3天即可完成。

这些问题,集中表现在以下两个方面。

第一,财务部门不能随时提供需要的数据,很多必须用到的数据,需要临时整理。

例如"降本"讨论。要降"本",就要知道"本"在何处。

财务账上有成本费用数据,有明细分类,但是这是按照正常的会计处理呈现的,不符合基于管理思路的成本费用分类需要。

例如,有些科目下的费用,过大,数字呈现出来,很难感知到它的合理性。有的费用又分得太细,没有必要,且看起来杂乱。有些预提费用,待摊费用,处理不恰当,导致当期损益偏差过大;有些采购成本,并没有按实际使用情况进入当期费用。等等。

过程中没做好,到用的时候,许多数据需要重新计算,拆分,摘出,有的还需要核实,难度非常大。

类似的情况在讨论收入时也很突出。

第二,一些与目标关系紧密的情况,一线人员说不清楚,需要重新调研。尤其是说不清楚数据。

这种情况,如果说只是影响开会,问题不大。问题的严重性在于,这种模模糊糊,似是而非的状态,反映出平时大家的工作,并没有直指绩效。反过来讲,一些真正指向绩效的事情,大家视而不见,或者不清不楚。

大易借此强调:

经营企业,实际上就是经营数字。经营管理者要向财务靠拢,要学会运用财务思维驾驭企业,要善于利用财务数字进行日常管控。

财务要向经营管理靠拢，财务核算的目的，不只是呈现出最终经营成果，不只是报税，还要支撑到企业经营管理，尤其是对收入、成本费用进行分析，为决策者提供依据。

过去，直线经理人员和财务人员，各干各的，除了报账，除了看报表，老死不相往来，这种情况，必须避免。

今后，直线经理人员，在做计划，执行计划的过程中，必须针针见血，直指绩效，直达目标。

王小板表示，以上问题，从他开始，大家都有份，必须在今后的工作中改进。

（三）管理者都要学做灵活高效的绩效教练

在这次讨论中，大家发现，教练式的工作方式非常有效。

在讨论中，大易以教练式发问为主，引导大家寻找答案。当大家的思路陷入僵局时，他常常从不同的角度进行启发。例如：

再想想看……

假如你的合作伙伴在这里，他会怎么说？

假如你们的同行、竞争对手在这里，他会怎么做？

假如你是一个消费者，你会怎么看？

如果这时候有一把枪对着你，想不出办法就枪毙，你会有办法吗？

想想一个你非常敬佩的人，假设一下，如果他遇到这样的事情，他会怎么做？

……

当大家想出办法之后，他又会一个一个地敲打：

你确认这个办法有效？

假如你是客户（同行、消费者），你会有什么不同的看法？

……

他甚至会组织大家进行角色扮演，进行辩论。

同时，他并不死守教练位置。

当大家对一些知识性、概念性的问题不明白时，他马上讲解。

当会场就某个专题展开讨论的时候，他变身为参与讨论的一员，发表自己的看法。在不熟悉的领域，他直言不懂，耐心倾听，仔细询问。

奇妙的是，正因为他是外行，同时身处局外，思维不受局限，在管理和市场营销方面，他又见多识广，他的意见，常常让大家眼前一亮。

大易告诉大家，当初，他的老师——一个国际知名教练机构的首席专家——告诚，做教练，必须坚守教练位置，不能给意见，也不能试图左右被教练对象的思维方向。在他看来，老师是给知识的；咨询师是给方案的；教练是引发对象自己寻求答案的，几个角色不能混为一谈。

可是，大易坚持认为，在自己的工作环境中，有时候，把这几个角色适当结合是必要的。相反，如果死守教练位置，或者角色转换非要以时空场景转换为前提，太麻烦了，大可不必。经过多次验证，大易证明自己的做法是非常有效的。

大易灵活高效的教练方法，公司经营管理者，完全可以借鉴。王小板提出倡议：从他自己开始，都要学习如何做一个教练式管理者。

第七章　重生

长风破浪会有时，直挂云帆济沧海。
　　　　　　　　　　——李白《行路难》

吾所以有大患者，为吾有身，及吾无身，吾有何患！
　　　　　　　　　　——《道德经》

知者不惑，仁者不忧，勇者不惧。
　　　　　　　　　　——《论语·子罕》

组盘

组盘方案

在大易的参与下，王小板公司的组盘方案要点如下。

1. 总体预算

通过预算，货币资金需求为470万元，比王小板原来预想的多出170万元。协议出资总额为1250万元，其中现金470万元。

2. 能力股

（1）工程技术负责人：持股5%，应出资62.5万元。其中，现金出资10万元，其余用劳动力（薪酬）出资。

根据新的商业模式，将生产和安装外包。虽然外包，工程技术仍然很重要，它关系到设计方案落地，以及必要的工程技术改进等等。这些工作，技术含量高，而且比较个性化，不能完全指望生产承包商。因此，仍然需要一个得力的工程技术负责人加入到创始合伙人里面来，但是持股不用太多。

（2）设计负责人：持股5%，应出资62.5万元。其中，现金出资10万元，其余用劳动力（薪酬）出资。

设计很重要，为什么是5%而不是更多？根据王小板过去的经验，目前找不到能够真正担纲整体设计的人——懂中国花灯的不熟悉国际元素，熟悉国际元素的不懂中国花灯。因此需要中外结合，并且以外为主。公司设计负责人只需对外方的设计方案进行融合、改造，与工程技术人员进行沟通等等。因此，这个岗位重要，但是分量不是那么足。

（3）场地拓展、门票销售，从职能上讲都很重要，但是，相关负责人不进入创始合伙人序列。理由：市场（场地）拓展，前期由王小板亲自负责，其他人只是辅助；门票销售，以当地公关公司和票务代理公司为主，后期再在当地招聘市场总监。

3. 智力股

王小板提出，大易用智力出资，持股20%。大易认为，自己以智力资源入股，持股20%太多，会挤压其他创始合伙人的积极性，5%就够了。后来经过王小板一再坚持，确定为8%，相当于用智力出资100万元。根据约定，这100万元出资，包括辅导公司前期设计，以及公司成立后前三年管理顾问工作。

另外，大易现金出资50万元，持股4%。

4. 资金股

财务投资人出资 200 万元，持股 16%。

其实，整体看，现金出资占股偏高，但是基于两点原因，王小板欣然接受。一是新公司百废待兴，出资人面临极大的风险；二是在自己人生跌入低谷的时候出资，这份信任难能可贵。

5. 王小板本人持股

王小板持股 62%，应出资 775 万元，其中：实物出资 350 万元（经评估），现金出资 200 万元，劳动力（薪酬）出资 225 万元。现金出资 200 万元，对王小板来说有很大压力，但大易和其他股东认为，这正是考验他信心和决心的时候。王小板表示，必须经得起考验。

6. 治理机制

在大易的参与下，股东权利义务、公司治理机制（个性化公司章程）、股权流转规则等等，在王小板课后设想的基础上，都一一落实、细化。

7. 法律手续

（1）各方在充分讨论、充分理解、完全自愿的情况下签署了发起人协议。

（2）关于股权登记，经过商讨，采取更加正规、更实在的方式进行登记。即：注册资本 1250 万元，发起人股东各自根据持股份额认缴相应的出资，不能实缴的，算认缴，根据协议约定确定认缴期限。出资人以薪酬、劳务报酬缴纳出资的，相应的税费，按协议约定承担。

（3）为了避免王小板原来的债务纠纷影响公司运作，在公司注册时有两个举措：其一，选择省会城市而不是王小板所在城市作为公司注册地；其二，王小板的股份暂由其母亲代持。

8. 员工股权激励

以王小板课后设想为基础，在大易的指导下，伴随公司的诞生而产生，由全体发起人股东一致通过，准备在第二年开始实施（第一年为业务试运行）。

资金问题

王小板的事业要重新起步，最紧要的是资金问题。

参加大易老师的"股权智慧"实战班，最大的副产品，就是班上三个同学愿意投资 200 万元，解决了大部分现金来源问题。

大易投入的 50 万元，虽然不多，只是象征性投入，但是对王小板个人是一个莫大的鼓励。他知道，大易在全国讲课，接触的项目很多，希望他参与的项目也很多，能够得到他的认可，并出钱出力参与，很不容易。同时，这对其他投资人产生了很强的带动作用。

在大易的帮助下，王小板清楚了自己的使命和角色定位，明确了企业发展方向，明白了一整套企业经营管理的"道、法、术"。他好像变了一个人，浑身充满了力量。有人评价，现在的王小板跟别人说话时，眼里总是放着光。在这种状态下，他找到过去的生意伙伴，谈了自己的创业打算，很快便借到了需要自己投入的200万元资金。

由于放弃了生产利润，自己不用进行生产性投入。这个行业竞争非常激烈，在生产谈判中，生产商处于劣势，加上王小板公司需要的花灯源源不断，于是可以向生产商要求足够的账期，而门票收入是现钱，不存在应收款，因此，新公司需要的资金量不是太大。

人员问题

新公司开始运作，王小板尽量把之前的骨干员工都请了回来。尤其是曾参与做海外市场的员工，他们是行业里面不可多得的人才。

公司刚散伙那些日子，王小板恨他们。恨他们树倒猢狲散，恨他们落井下石，恨他们抢办公用品，打劳动官司，使自己雪上加霜。但是跟大易学习以后，他从内心认识到，其实错不在员工，错在自己。自己没有当好老板，更没有当好老大。

那些回来的员工，先是受到了新公司的发展方向和理念的吸引——尤其是共创共享的理念。回来之后，他们明显感觉到，他们的老板，言谈举止，所作所为，如同换了个人，因此大家对未来充满信心。

就这样，新公司像一艘整装的战舰，扬帆起航了。

忍辱

王小板要重新站起来，最大的阻力来源于那些债主，他们动用黑白两道，无所不用其极。王小板上峨眉山准备自杀，主要是拜他们所赐。

过去，对那些讨债过分的债权人，王小板一方面是恨；另一方面是逃避，或者金刚怒目似地对抗。

经过大易的开解和劝告，王小板放弃逃避和对抗。只要确实蒙受损失的，不论是否经过法院判决，不论法律上是否能得到确认，甚至从法律上讲不应该由他个人承担的债务，只要有关联，他都一概承担下来。王小板主动找到那些债权人，向他们致歉，请他们原谅，并且陈述了自己的创业打算，希望他们给他时间，偿还债务。

不只是言语上致歉，王小板发自内心地意识到，自己不但给他们带来了经济上的损失，也带来了精神上的痛苦。——自己都被逼得想要自杀，他的债权人拿不到钱，不也一样被人逼吗？

王小板的做法，得到了多数债权人的谅解，王小板给他们打下欠条，承诺了还款日期。

其中有一个债权人，还倒借了50万元给他，做创业启动资金。

也有的人，前期追账追得实在辛苦，而自己也因为资金所累，苦不堪言，因此对王小板不信、不理、不睬。啥也别说，要求马上还钱。

其中一个债权人，当众给了王小板几个耳光！

王小板脸涨得通红，拳头攥得直响，但他很快就平静了下来，给对方鞠了一个躬，转身离去，把债权人愣在了那里。

那一刻，王小板脑海里，迅速出现了几张脸庞：父亲、母亲、自己的女儿，还有大易。

有一个债权人，家大业大，在当地身份、地位显赫。无论王小板怎么说，他都不听，只要求给钱，并且放下话来：要是不给钱，王小板什么事情也别想做。

王小板去了一次，没用，两次，没用。第三次，说到后来，王小板竟扑通一声，跪在了那个人面前！

那个人惊呆了，他活了大半辈子，还没有见过这样坚定而执着的人。

稍停，他的脸色突然缓和下来，将王小板扶起，让座，看茶，详细询问王小板的创业打算。

王小板表述的一些理念，例如股权共创共享、成就他人、解放自己、聚焦战略等等，他很感兴趣。在他的追问下，王小板跟他谈到峨眉山自杀，谈到这段时间以来的曲折经历，自然，也谈到了大易老师。对大易，那个人表现出强烈的兴趣，希望王小板给他引荐。同时，他希望投资王小板公司，成为股东，要多少投多少。

王小板答应引荐大易老师，但是婉拒了他的投资要求，说，公司组建方案已定，以后需要资金再说。

还有一个债权人，王小板说什么他都表示认可，可他自己的确是快破产了。王小板感同身受，从自己借到的创业资金里面拿出50万元，先还他。自己的资金缺口，另外想办法解决。

腾飞

由于公司定位清晰，商业模式合理，激励充分，绩效管控得当，第二年公司净利润就超过1000万元，以后几年都是差不多成倍地增长。

随着公司品牌越来越成熟，掌控的市场越来越多，门票之外的收益，例如招商、合作、广告、赞助等等，占比越来越大。有些市场，门票干脆免费。

昔日的竞争对手，日子越来越不好过，有的成了他的彩灯产品供应商，有的靠着零零星星的展会，苦苦支撑度日，有的干脆倒闭。

适者生存，优胜劣汰，这是大自然的法则，也是商业丛林的法则。

为了促进公司快速占领市场，同时为了引入战略投资者，优化股东结构，公司进行了两轮股权融资。有了充足的资金，公司业务如虎添翼。

尽管实行生产外包，根据业务发展需要，公司并购了两家生产企业，进行一些高技术含量的产品生产。

为了充分利用客户资源，公司作为主要出资方，联合国内外优势资源企业，合资成立了信息技术公司，将花灯展会作为获客入口，开展跨国电商、新零售业务，隔行取利，业务风生水起。

自此，公司步入良性发展的快车道。

阴阳

在母亲的一再催促下，王小板找了新的女朋友。

她是被王小板召回的原公司员工之一。王小板原公司倒闭的时候，她还只是一个处于基层的新人。她亲眼看到王小板从顶峰跌入低谷，再试图站起来，对王小板的才情和毅力很是钦佩。同时，她对王小板有一种深深的同情和怜悯。她似乎觉得，冥冥中有一种力量，驱使着她，要去接近王小板，安慰王小板，抚平他的创伤，给予他向上的力量。

她长得算不上十分漂亮，但是，她的善良和宽容，恬静和温婉，深深打动了王小板。王小板感觉到，在生命中，他迫切需要有一种内在的支撑，而她正好可以给他这种支撑。

年底，他们决定结婚。这时候，王小板不但没钱，还身负两千多万元的债务。

婚礼在一片树荫下的草地上举行，没有钻戒，没有豪华车队，菜肴是朋友赞助的，婚纱是网上廉价购买的。

婚礼仪式上，新郎用一首高亢的民歌邀请新娘入场：啦呀吧——打着山歌过横排，横排路上石崖崖，走了几多石子儿路哎，走烂几双破草鞋……新郎说，这是他寻找爱情和幸福的写照，在人生旅途中，好不容易才找到了自己深爱的人。

一首歌唱完，新娘还没有出来。在来宾的起哄声中，王小板又唱了一首稍作改编的《姑娘我爱你》：长长的头发，黑黑的眼睛，好像在什么地方见过你。身边的玫瑰花开得好美丽，我要捧一束亲手送给你。……头上的彩蝶啊，飞得好甜蜜，想要对你说，我已爱上你。……亲爱的姑娘我爱你，生生世世为你付出一切我也愿意……

对于婚礼之简陋，王小板深感歉疚，而新娘却觉得异常幸福。来宾们也表示，这是他们这些年参加过的最为清新、别致、有意义的婚礼。

最高兴的是王小板的母亲，她笑得合不拢嘴。但是当主持人让她讲几句的时候，她还没开口，便老泪纵横……也许，她又想起了王小板死去的父亲……

结婚之后，妻子在家里尽心照顾母亲，照顾王小板的女儿，在事业上鼓励王小板，帮助王小板处理一些力所能及的事务。王小板则一心扑在了工作上，公司经营越来越得心应手。

又是一个周末，王小板不出差，好不容易能够在家待一天。

夜晚，鸳鸯账内，夫妻二人琴瑟和鸣，如胶似漆，尽享鱼水之欢，直到下半夜，才沉沉睡去。

第二天，太阳出来，两人起床，洗漱完毕，发现母亲给他们留了早餐，带着孙女到小区里玩去了。

看着妻子从厨房端饭端菜，进进出出，眼角眉梢都是幸福，王小板有一种"人生至此，死而无憾"的感觉。

他想起小时候，奶奶常说：男子无妻心无主，女子无夫心无靠。还说：一家人，老少上下是否和睦，家人身体是否健康，牲畜是否好养，庄稼是否好种，钱是否好赚，亲戚邻里关系是否和谐，都是靠女主人的福德。

奶奶的话真是太有道理了。男人的确是需要女人来成就啊。当然，女人也离不开男人的滋养。正所谓"孤阴不生，独阳不长"，一个家庭，阴阳和合，各守其位，方得繁荣和幸福。

抉择

一天，应一个生意伙伴之邀，王小板坐上一辆豪华轿车，去参加一个聚会。

轿车穿过城郊，顺着蜿蜒的柏油路，走了一个多小时，来到半山上一个似乎与世隔绝的院子里。

院子周边是高高的围墙，上面布满了带刺的铁丝。两扇沉重的大铁门，打开，又马上关闭。院外古树参天，院内花木扶疏，十分幽静、漂亮。院子里，靠山的一面，错落着两栋硕大的别墅。

站在这两栋别墅面前，王小板顿时觉得自己是那样渺小。

大厅里聚了十来个人。

即便是经历了一番介绍和寒暄，王小板始终也没太弄清楚，在这个屋里，谁是主人，谁是客人。

谁是最尊贵的人，倒是十分清楚，那是一个年近六十岁、看上去非常和蔼的男人。王小板不清楚他的职务，大家对此似乎讳莫如深，只是口称"领导"。"领导"对人随和，不摆架子。可他越是随和，大家对他越是恭敬。

一个一方大佬模样的人，最像东道主，同时他又像一个大服务员，亲自照顾"领导"，偶尔也招呼大家。王小板不知道，他是这两栋别墅的主人呢，还是只借地请客，甚至不太清楚今天是不是他请客。王小板知道，在某些场合，出钱的人是没有发言权的。

有一点可以分明地感觉到，这些人，或经商，或做官，都不是等闲之辈。

屋子里除了几个态度谦卑的服务人员，还有几个年轻的女孩子，她们衣着得体，打扮漂亮，从一开始，就一直是一众男人开玩笑、打趣的对象。

近几年，王小板的事业做得风生水起。虽然他公司的业务在国外，但是在国内，尤其是在花灯行业，可谓声名鹊起，如日中天。尤其是他的公司治理，极具特色，远近闻名。加上他相对年轻，因此，在现场，他受到了"领导"特别的关注，其他人对他也是客客气气。

简单寒暄之后，便开席了。

桌上，酒菜之豪华和稀有，为王小板平生仅见。

一般情况，这种场合，王小板最担心的就是喝酒环节。

因为父亲的缘故，王小板多年以来滴酒不沾。了解他的，也就罢了，不了解的，往往殷勤相劝，甚至死命相劝。由于他不想对人提起小时候的伤心事，在某些畸形甚至变态的酒文化氛围中，解释和拒绝变得非常困难，尤其是当自己处于"下家"的时候。因此，每当这种场合，王小板总是很尴尬。

但是，今天晚上，出乎预料地，他没有费多少周折，便过了这一关。

桌上的人，大家都看"领导"的脸色行事，而"领导"倡导的"政策"非常宽松。王小板向"领导"和大家告罪,说自己从来就滴酒不沾,带王小板来的朋友也从旁作证。"领导"说,那就别勉强了,其实不喝酒挺好。"领导"本人喝酒也非常文雅,很少干杯,大家也都适可而止,并不过分劝酒。

席间,大家谈饮食、谈健康、谈古今逸闻趣事,却很少谈国家时政,也不谈商务往来,氛围很轻松。

饭后节目是打麻将,"领导"似乎对麻将更有兴趣。在两间屋里,早就支好了麻将桌。

经过简单的客气和推让,包括"大服务员"在内的几个人,与"领导"坐一桌,其他人坐另一桌。几个美女,自然坐入了"领导"这一桌,熟练地帮着递骰子,推麻将。很快,麻将声就响彻整个屋宇。

王小板不会玩麻将,在大厅里和另外两个人聊天,喝茶。

奇怪的是,他的身边也有一个美女作陪。美女跟他靠得很近,不时帮王小板倒茶,拿瓜子、糖果。美女的衣袖和头发偶尔地、自然而然地在王小板身上撩过,这使王小板有些慌乱和不自在。他想推辞,但不知道如何开口。好在美女很知性,除了靠得有点太近以外,只是陪着说话、吃东西,并没有过分的举动。

晚上,大家都不走,王小板不好意思,也不方便独自离开,于是就住了下来。

他洗漱完毕,拉上窗帘,正想上床睡觉。突然有人轻轻敲门,门开了,晚饭后陪他喝茶聊天的女孩飘然而入。王小板有点诧异,但是瞬间又觉得,这是意料之中的事情。

"王哥,今天晚上,我陪你!放心,我是受人之托,要照顾好你,我不要你的钱,也不会找你的麻烦。今天晚上,我是你的,明天,你是你,我是我,咱们互不相干。"女孩开门见山,同时有些调皮地一笑。她直视着王小板,眼神里透着某种真实,也含着一丝挑逗,似乎在问:你想不想?你敢不敢?

女孩看上去二十出头,皮肤白皙,身材苗条,算是一个难得一见的美女。眼下,她身穿一袭玫瑰色半透明纱裙,柳眉轻描,朱唇暗点,脸色微红,很是动人。

这个女孩,尽管言谈举止显得有些"职业",但显然不属于风尘中的女子。

王小板正当盛年,在这样一个远离繁华、似乎与世隔绝的房间,美女在前,香气袭人,呼吸可闻,如何不令他心驰神荡?刹那间,他觉得心跳加速,身体最原始的能量勃然发动,难以自持,直想张开双臂,来一个"软玉温香抱满怀"。

怎么办?王小板心念电转。

这件事本身应该是安全的,显然,在这两栋别墅里,这是再平常不过的游戏。

问题是,自己该不该这样做?

瞬间，他想到了心爱的妻子，还有刚出生不久的儿子。顿时，他的"火气"消了一半。

不知为何，他还想到了空不空，想到大易老师，想到自己的使命和人生。

这几年，王小板常常和大易在一起，受大易的影响非常大，尤其是在做人方面，王小板不知不觉把大易当成了榜样。

王小板想，要是大易遇到这种情况，会怎么做？毫无疑问，大易一定是拒绝。

前不久，在大易的家里，王小板读到一首诗，是大易在旅途中度过 48 岁生日时写的。诗文如下。

祝我生日快乐

一入黄粱四十八，生朝孤旅尚自夸。
窗外孤悬濯情月，庭前漫开解语花。
夫子游历识天命，佛陀苦修解法华。
白云苍狗悠悠过，梦觉此身在谁家？

大易年近五十，整日到处奔波，连过生日也不例外。他不觉得苦，反而甘之若饴，还有心情"自夸"。

"夫子游历识天命，佛陀苦修解法华。"诗中透露出一种超越于普通人的追求。

最后两句，带着禅意，王小板虽然不太懂，却被勾起一种莫名的感触：光阴似箭，人生易老，梦醒之后，人归何处？同时，对人生之外的"人生"，升起一种悠然神往。

"哎，王哥，王总！"姑娘见王小板出神，边喊，边伸出手指，在王小板眼前晃动。

"哦，对不起。"王小板如梦方醒。

"小妹妹，你很漂亮，很可爱。但是，我家里面有妻子和孩子，我爱他们。我有一个老师，他对我期望很大，要求很严格。因此，我不用你陪。你放心，我不会向任何人提起，就当是今天晚上你陪了我。好吧！"王小板直视着小姑娘，亲切，认真，不用怀疑，也不容置辩。

小姑娘有点诧异，但是，很快，一种油然而生的敬意浮现在她的脸上。

她满眼含笑，飞快地上前一步，搂住王小板的脖子，来了个大大的拥抱，然后在王小板脸颊上亲了一下，悄声说："我喜欢你，如果你需要我，随时都可以。"说完，一脸娇艳，看着王小板，停了一下，转身走出门去。

姑娘的举动，又让王小板心神一荡。不过他很快平复下来，关上门，躺到床上，准备睡觉。

可是，经此一出，王小板已经难以入眠，他索性起身下地，来到书桌旁，打开电脑，开始修改一个展会方案……

回去后的第二天，生意伙伴告诉王小板，"领导"对他很是欣赏。他们正准备做一个很大的项目，这个项目，能够整合到的资源，是一般企业想都不敢想的，跟王小板的行业也有关系。今天在场的，不是出资人，就是跟这个项目有其他直接或间接关系的人。他们希望王小板以发起人股东的身份参加进来，并且出任总经理一职。至于王小板的公司，可以用两种方式处理：一是由他们出钱控股，他们可以投入几个亿，让海外业务做得更快、更大；二是继续由让小板控股，他们出钱参股。

生意伙伴特意告诉王小板，这帮人在国内政商两界的能量非同一般，如果能够合作，王小板将来的前程，自是不可限量。"领导"还特意交代，让王小板不用着急回答，想好了再说。

其实，在去那两栋别墅之前，他们早已经把王小板的情况摸了个底朝天。

根据生意伙伴提供的线索，王小板亲自调查了"领导"和其他几个重要人物的背景。正如生意伙伴所说，"领导"真是省里面分量很重的领导，他们这帮人，的确是能量非凡。

怎么办？自己的确需要更多的资金，加快发展，抢占市场；也需要更多的资源，整合国内上下游产业链；那个项目，如果做成，更是"钱"途无量。同时，对方开出的条件，真的非常宽松。

但是，当王小板静下心来，重温了一遍自己的使命、愿景和价值观之后，很快便得出了清晰而坚定的结论。

王小板跟生意伙伴打电话，让他转告"领导"：感谢"领导"的赏识，但是，由于兴趣、爱好方面的原因，自己只想把目前的公司做好，无暇他顾，所以不能从命。对他们即将成立的公司，希望以后有机会在业务上合作。

几天后，生意伙伴来电话，说"领导"很大度，尊重王小板的选择。如果王小板有什么困难，可以随时找他。

一年后，传来消息，那天晚上见面的"领导"，因为经济问题，锒铛入狱，他的余生，都将在监狱里面度过。跟他一起入狱的，有好几十人，那天晚上一起吃饭的人，多数都在其中。

若干年后，每当想起这件事，王小板都暗自心惊。他常想，这要是发生在破产重生之前，他会作何抉择？

又见空不空

自参加股权智慧课程以来，王小板已经很长时间没有梦见过空不空了。他甚至都快把空不空忘了。

在公司成立的第一年末，大易老师辅导完绩效讨论的那天夜里，空不空再一次出现在王小板的梦中。

这一次，王小板不像以前那样，有许多急于寻求答案的疑问。他只是像拉家常一样，跟空不空聊起一些事情，顺便流露出一些困惑。

人生难得一心安

在聊到债务处理时，王小板语气中稍微有一点心有不甘，他觉得，自己认的账似乎太多了点。

空不空开解道：小板，你这样处理，是对的。这些账，或直接，或间接，都跟你有关系。你自己都被逼得自杀，你欠他们的账，他们又欠其他人的账，你想想看，他们就没有想自杀的时候吗？你算是死过一次的人了，几个钱的事情，还想不开吗？就算你多负担了点，又有什么可介怀的？你没听大易说吗，这天地间，没有白占的便宜，也没有白吃的亏。欠下的，要还；给出去的，最终还会回到你的身上，只不过形式不同罢了。再说了，如果他们一直跟你闹，影响你的精力和时间，耽误你二次创业，你的损失不是更大吗？欠别人的，按照某种说法，要是拖到下辈子，还得加上数倍的"利息"，拖得越久，加得越多。即便不谈下辈子，人生在世，求一个心安，多难得啊！

王小板听后，果然释然。

梅花香自苦寒来

王小板跟空不空聊天，自然绕不开大易。谈起大易，王小板无限钦佩，但是也有困惑。经过空不空开解，王小板豁然开朗，对大易的认识，又深了一层。

王小板的第一个困惑：大易专业驳杂，而且似乎都深入骨髓，并非浅尝辄止，让人感到有些不可思议。

对此，空不空做了正面解释。

他对王小板说：大易有如此成就，不是白来的。他从小历经苦难，成年后，人生多次跌宕起伏，加上他勤奋好学，积极向上，从不停止，才有今天。

当今社会，不缺企业家，但缺传道人

王小板的第二个困惑：像大易这样的知识、经验、智慧，他为什么不做自己的企业呢？

对此，空不空揶揄道：是不是你偶尔还有点不服气，心想，你这么牛，怎么不自己做个成功的公司来看一看？

王小板没有说话，像是默认。

空不空说：这个问题，你想得就太简单了。儒家成天在说治国、平天下，请问孔子、孟子、曾子这些人，他们治的国在哪里？平的天下又在哪里？诸葛亮，文能安邦，武能定国，他为什么不自己起兵称帝？

南怀瑾大师有诗云："此身不上如来座，收拾河山亦要人。"

每个人，来到世上，各有各的缘法，各有各的使命。当今中国，不缺企业家，但缺传道人。大易做的事情，正是他应该做的。

再说，一个成功的企业，就好比一个木桶，需要多块木板，哪一块短都不行。大易某些方面很长，但是他有他的短板，他要是真去做企业，未见得会很成功，这很正常。

做有使命感的事，也是需要智慧的

王小板的第三个困惑：大易的表现似乎有点矛盾。

一方面，大易的追求，非常高远，他的人生，非常超脱，他的生活，简单得像个普通农民。可是，另一方面，他在全国各地讲课，做咨询，也收取不菲的课酬；当自己希望他成为股东，给他股权时，他欣然接受。王小板总觉得这两方面加在一起，似乎不太兼容。

空不空笑道：他本来就是一个农民。准确地说，他跟你一样，是农民的孩子，在山里长大，身上有一种农民情结。

关于大易收钱和收股，空不空讲了两个小故事。

话说春秋时期，鲁国的国君，他知道，经过多年的战乱，很多鲁国人流落在国外，生活很凄惨。因此他颁布了一条法令，不论是谁，只要把鲁国的这些子民从外面带回自己的祖国，国家就发给他奖金。

孔子有一个弟子叫子贡，很有才干，而且非常富有。孔子能够周游列国，到处讲学，跟子贡的财务支持是分不开的。既然是孔子的学生，他的品德自然也高尚，他听说鲁国国君的这个政策之后，就自告奋勇，凭借自己的能力、财力，把鲁国流落在外的子民源源不断地带回来，而且不要国家的奖金。

孔子知道这个事以后，把子贡叫过来，臭骂了一顿，说：你这简直就是谋财害命。

子贡大惑不解：老师，我这是在救人啊，我救人不要钱，怎么是谋财害命呢？

孔子说：你想过没有，鲁国的子民流落在外的这么多，就凭你一个人，你能把它们都带回来吗？你不要钱，你有钱，你品德高尚，但是别人呢？如果你不要钱，别人要钱，人们会说，你看，人家子贡都不要钱，他凭什么要钱？原来他是为了钱才救人的。因此，别人也就不好意思要钱了。但是，带人回国，又耗精力又费钱，而一般人并不都像你这么有钱，所以干脆就不干了。你说，你这不是谋财害命是什么？

子贡一听，恍然大悟。原来，做好事也是需要智慧的。

另外一个小故事，据说，一个中国人参加一个国际慈善组织去做慈善。他们到了一个很穷的国家，看到路边的一群儿童，营养不良，面黄肌瘦，非常可怜。他忍不住马上就把车上的食物拿出来，分给他们。这时，一个老外跑过来，大声咆哮：你在干什么？赶紧给我拿回来！

事后这个老外给中国人道歉，说：对不起，刚才我态度不好，请你原谅。可是你不应该那么做，那是在害人。贫穷的人，身体上的贫穷不可怕，精神上的贫穷才要命。你这样把东西直接给他，对接收的人，那是终身的伤害。你等于在培养他不劳而获的心态。

老外是怎么做的呢？来，小朋友，我们有事情请你们帮忙，你们愿意吗？帮忙推车、搬东西等等，反正有事给他干，干完之后说：谢谢你们，这是你们应得的报酬。于是把食品和文具分给他们。

后来，没什么事情可做了，还有好多需要救助的小孩，怎么办？还是要想办法，哪怕是没事找事，也要找一点事情出来，让他们做，然后发给"报酬"。

听了这两个故事，王小板好像明白了。

空不空进一步解释道：对你们这些企业家，免费给你们东西，等于是在破坏你们的财富情商，你以为是好事啊？

再说，天下之人，俗气者居多。大易成天跟你们这些老板打交道，如果真把自己搞成一副穷酸样，有几个人愿意去听他讲课呢？

还有，时间长了你就知道，大易需要用钱去做的事情，多着呢。

大易的孤独

过了一会儿，空不空说：小板，你有没有看到，其实，大易很孤独，很可怜。他那套商业策略，属于"王道"，而当今社会，人们普遍寻求的是"霸道"。他天南地北，到处给人讲股权之道，其实，有几个人能懂，能信，能做？

正如洞山禅师的诗：

> 尽洗浓妆为阿谁？
> 子规声里唤人归。
> 百花落尽啼无尽，
> 更向乱峰深处啼！

大易为了"唤人归"，成天"啼无尽"，甚至"更向乱峰深处啼"。他自己那首《登凤凰山》，也正反映了这种深深的孤独、无助和无奈。

浮生偶得半日闲，只身往顾凤凰山。
浓荫障目才思短，险路齐眉步履艰。
……

你不是参加过大易的实战班吗？班上那么多学员，看起来热热闹闹，都表示受益良多，可是真正能够去实践的有几个？依我看，对多数人，不过是对牛弹琴而已。

像你这样，能用他那套智慧策略做点事情的，真可谓凤毛麟角，这也是他欣然允诺做你顾问的原因。真正能做事情的人，你在找他，他也在找你啊。

钱，本身就是一把筛子

空不空继续说：再回到你关于大易收费的困惑上来，你继续看大易的诗——"安得妙计识人杰，俯仰乾坤话股权。"如何识人杰？除了特殊的机缘以外，钱，本身就是一把筛子。

你们做企业的，常见的有四种人。

其一，不知道自己想要什么，缺乏主见，面对黄金般宝贵的智慧策略，自己无法识别，老是想，不知道别人用没用，有多少人在用，用得如何？

其二，只想索取，不懂得付出。尤其舍不得在"软件"上花钱。花上百万买一辆豪车，毫不手软，花十万元做一套方案，百般不舍。

其三，随时想少花钱，得好东西。

其四，身穷，志亦穷，一副乞丐相——我没钱，怎么办？

至于三顾茅庐，渭水三策，只出现在饭后茶余之中，跟自己永远绝缘。

你想想，这四种人，会是可以"话股权"的"人杰"吗？在商业领域，一个完全不想付出代价，或者老是想捡"地摊货"的老板，你会相信他拥有使命感、责任感和远大的抱负吗，你会相信他能够带领员工生产出有价值的产品或服务吗？

王小板听了，暗自庆幸。自己在穷困潦倒之际认识大易，一次次向他讨教，也是只索取，没什么奉献。好在，自己一开始就认定，大易是能够改变自己命运的人，后来以股相邀，没被"筛"出去。

看到王小板陷入沉思，空不空说：好了，大易跟你有缘，你好好珍惜吧。

大梦沉沉，恍恍惚惚，梦醒何处？

王小板向空不空请教，自己未来的路，情况怎样，结局如何？

空不空说：目前，你自己脚下的路，还不够坚实吗？过去的已经过去，如果不能够很好把握现在，现在也会稍纵即逝。未来，不正掌握在你现在的手中吗？你跟大易那么久，怎么还不知道向内求而向外求呢？

再说了，站在整个人生的角度看，这些都是历练而已，不必太在意。

再换个层面讲，这些，都不过是梦幻泡影，何必太当真？

空不空越往后说，王小板越听不懂，更搭不上话。

说着说着，空不空逐渐隐去，临走时口中还念念有词。王小板只依稀听得——

月在水中云在天，
大梦沉沉两不牵。
雷出地奋实修旅，
恍恍惚惚云水间……

第八章　放下

持而盈之，不如其已。揣而锐之，不可长保。金玉满堂，莫之能守。富贵而骄，自遗其咎。功成身退，天之道。

——《道德经》

至人无己，神人无功，圣人无名。

——《庄子·逍遥游》

思量恶事，化为地狱；思量善事，化为天堂。

——《六祖坛经》

一天，王小板做了一个奇怪的梦，在梦中，大易带他参加一个奇怪的同学聚会。参加聚会的人很多，王小板大多不认识。他们国籍不同，肤色各异，服饰五花八门。

让他惊异的是，刘邦、朱元璋、马云、任正非、比尔盖茨这些赫赫有名的人物也在其中。

一般同学聚会，往往是吃吃喝喝，配上一些不着边际的闲聊，再加上几句半荤半素的玩笑。而这次同学聚会，在吃喝之余，居然有一个研讨环节，研讨的题目是：如何通过顶层设计让一个组织长盛不衰？

研讨的过程当中，大家七嘴八舌发言。大易跟大家是老同学，同时又是演讲嘉宾。他发表了长时间的主题演讲，讲的内容，王小板似懂非懂，但总觉得很有道理。最后，全场爆发出一阵热烈的掌声。

就在掌声中，王小板惊醒过来。梦中大易的讲话，还让他保留着一丝兴奋，细想之下，又感觉很沉重。

近年来，公司业务蓬勃发展，规模越来越大，赚的钱越来越多。越是如此，梦中讨论的话题——如何通过顶层设计让企业组织长盛不衰，越成为他苦苦思索的问题。

王小板努力回忆睡梦中大易的发言，希望有点启发，却什么也想不起来。他想，正好，早就应该去请教一下大易老师了。

两人见面，王小板跟大易讲了自己所做的梦，以及心中的疑惑。

王小板说："这个梦真是荒谬。你明明是我的老师，在梦中却成了同学，而且我们的同学当中，居然有那么一些大名鼎鼎的人物，还包括历史上的帝王。可是，那个问题，的确是我正在探索的。现在，只好当面向您请教了。"

大易笑道："真是'日有所思，夜有所梦'。至于梦中的同学，也不能说荒谬，从某种角度上讲，我们这些人，都可以说是同学。"

王小板笑道："天哪，这些人是同学，那我们老师得多牛啊？"

"牛的老师多了，老子、孔子、释迦牟尼……你今天提出的问题，也要从他们教导的智慧当中去寻求答案。要探讨你提出的这个问题，还真要从你梦中的这几个同学说起。"大易道。

接下来，大易与王小板进行了长时间的讨论。当然，主要是王小板听大易开导。

封建帝王："分"与"舍"的纠结

其实，做企业和坐天下，有相通之处。

你梦中的这几个著名的同学，都是白手起家，而能驱天下智能之士，建不世之伟业，核心就在一个字——分。

刘邦和朱元璋，靠"分"的承诺聚人，分金钱、分名、分权、分利，甚至分地盘……由此击败对手，取得天下。盖茨，马云，任正非，更是分的高手，不但分钱，还分股，分到后来，在自己创办的公司，股份都降到了很少的比例。正因为会分，人才蜂拥而聚，事业如日中天。你自己，有今天的成功，也离不开这个"分"字。

可是，我们不但要知道"分"，还要会"舍"。

分的时候，当然有舍，可是，那还不够。分是把当分的分出去；舍是放下看起来本该属于自己的东西。舍既是得，有即是无，真空即是妙有，这些先贤智慧不能忘记。

刘邦，朱元璋，分了又收，还杀了那么多人，希望自己的子孙后代，江山永固，可是最后结果如何？

他们后代的衰亡，并由此导致国家衰败，民不聊生，其中一个很大的原因是不能"舍"。

1688年，英国发生光荣革命。此时的中国，乃是康熙年间，正是清朝走向鼎盛的时期。可是两个国、两个家的命运大相径庭。

当时，英王室能"舍"，实行君主立宪，因此有了后来的"日不落帝国"。直到现在，英国仍然是世界上有数的发达国家；英国王族，也才能将他们的骄傲和高贵保持到今天，中间历经一战，二战，都没有中断，时至今日，也没有中断的迹象。

清朝皇族，到了19世纪末，仍然不"舍"。戊戌变法失败，六君子被砍头，汉族知识分子彻底心冷，直接导致了大清帝国的灭亡，也把中华民族推向了更加苦难的深渊。大清皇族，到最后连正常生存的机会都几乎丧失。

微软："分"与"舍"的智慧

君主专制时代，普天之下莫非王土，率土之滨莫非王臣。举国精英，不论是为自家利益，还是为天下苍生，都在维护皇帝的家天下，谁要是觊觎皇帝宝座，那可是诛灭九族的大罪。可是，即便这样，你梦中这两个同学的天下，也就支撑了两百多年。汉家天下，虽说是四百多年，可东汉是重新打出来的，西汉东汉分开来看，也都只有两百来年。

一个企业，没有天赋神权之说，没有国家机器可用，更不会有人倾力维护，如何才能持久，这是一个更大的难题。

对于企业来讲，论"分"，最高级，也是最智慧、最终极的形式是股权，这个道理，我们前面已经讨论过。论"舍"，也要在股权上做文章。

这方面，你梦中的同学盖茨做得最好。他 52 岁能够退休，退休时，能够把微软老大的位置传给鲍尔默，同时把自己的持股比例从 60% 降到了 4%，非常难得。尤其是，他能够容忍鲍尔默的股份比他多的事实，这是很了不起的。须知，鲍尔默不是盖茨的亲戚家人，不是公司创始人，也不是公司投资股东。他是以公司业务人员的身份加入公司的，那时公司已经创办五年。

鲍尔默之后，是纳德拉。不出意外，微软会在这样的能人之间传递下去，而这些人，都伴随着不菲的股份持有，而不只是一个职业经理人。

正因为他能舍，因此他能够功成身退，退下来之后，到处发表演讲，做公益，搞教育——在他看来，这些是比做企业"更重要的事情"。

华为：依赖英雄的尴尬

我们来说说你的另一个"老同学"任正非。

任正非愿分，敢分，这一点值得大大地点赞。但是，从任正非的股权实践和关于股权的言论看，他对股权、股份的理解，还不够。这种理解的不足，直接影响他过去的操作，也让他在制订公司传承计划时，缺乏工具和手段。当然，客观讲，这里面，也有国家法律制度局限的原因。

华为公司的股份，长期以来都是按净资产估值对内开放，估值过低，导致股权稀释过快，因此，任正非现在只持有百分之一左右。尽管他是最大的个人股东，但如果真靠股权说话，他要左右股东大会并不容易。

当然，任正非肯定没有问题，他靠的不是股权，而是个人威信。可是他之后呢？

整个公司，只有任正非一个人是真正的、法律意义上的股东，其他人都不是。他们的所谓股权，在法律上都属于工会持股会。持股会的股东权利，事实上是被空置的。

今后，员工的股权有两种走向，其一，还原到个人名下；其二，继续、永远保持持股会代持状态。

第一种走向，公司的股权将极度分散，最大的股东1%，谁能掌控公司？如何掌控？

第二种走向，持股会是绝对大股东，谁能保证它的权利永远闲置下去？一旦不再闲置，持股会自身的"股权"更加分散，谁能掌控持股会？如何掌控？

今后的公司掌舵人，如何产生？他的权利来源是什么？

因此，在华为，以后永远需要"英雄"，这个"英雄"，既要有能力，还要有操守。否则，要么是狗熊，公司危险；要么成了暴君，股东危险。

可是，像任正非这样既有能力又有操守的大英雄，哪里是好找的呀？就算找到这样一个人，下一个呢？再下一个呢？一个公司总是呼唤英雄，依赖英雄，你说这个公司危不危险？

最重要的是，就算英雄存在，这个英雄，谁来确认？第二任好说，任正非确认就行，别人不太可能有异议。以后呢？

刘邦、朱元璋的家天下，子孙当中，谁当皇帝，尽管有非常成熟并且被主流意识拥戴的制度，不也是千古难题并充满血腥吗？

这也是东方文明，尤其是儒家文化里面，老是要强调"仁"的原因，因为我们缺乏更好的机制。在现代西方人的眼里，不用强调这个——你爱仁不仁。你仁，就好好干，不仁，通过机制把你拿下，甚至投进大牢，如此而已。

阿里：隐藏于合伙人制度下的危机

我们再来看你的另一个"老同学"马云。

马云的阿里巴巴，问题就更严重了。

当年，为了市场竞争的需要，马云兵行险着，与雅虎、软银三分天下，他和他的创业团队持股不到三分之一。马云凭着自己的绝世身手，依靠所谓的协议控制，带领公司一路突飞猛进。这种持小股掌大权之路，相当于构建在悬崖峭壁之上，既奇又险，实在不值得一般创业者效法。

后来，公司要上市，协议控制行不通了，怎么办？所谓的"合伙人制度"便诞生了。

阿里的合伙人制度，不同于合伙企业法里面的合伙人，其大意是：公司过半数董事由合伙人提名，甚至在特殊情况下可以直接由合伙人会议任命；公司的奖金分配由合伙人会议决定；合伙人在管理团队内部产生。这样，管理团队就掌控了公司，从而排除其他股东对公司的控制。

这项制度，对马云来说是不得已而为之。单就目前来看，自有其合理性和必要性。这项制度保障了经营管理团队对公司的掌控。就目前来看，以马云为首的创业团队，从能力到操守，都是掌控公司的不二之选。

可是，这项制度，把控制权和所有权分离到了让人惊讶的程度，从长远来看，遗患无穷。

正常情况下，股东大会实行股权多数决，经营管理者由股东大会产生，股东可以对经营管理者起到制约和监督的作用，限制他们作恶——损害公司、剥削股东。股东，由于他们的理性和自利，他们会进行相对让人放心的自我约束，原则上不会危害公司。即使股东想危害公司，也不容易，因为他们不直接享有对公司的经营管理权。同时，股东之间也在互相监督。整个逻辑是闭环的。

而在阿里巴巴，这个逻辑被打断了。真正可能对公司负责的股东靠边站，公司彻底变成内部人控制。

试想，马云之后，或者说第一代创业团队之后，谁来保证公司的发展方向？缺少了强有力的制约和监督，谁来保障所谓的合伙人和他们选出的经营管理者不会作恶？

当马云和他的团队需要保持掌控的时候，合伙人制度帮助他们削弱了其他股东的权利。将来，他们的财产继承人变成被削弱对象的时候呢？

更重要的是，阿里的其他投资人会怎么办？虽然，在合伙人制度设计下，投资人无可奈何，但是，他们无法"用手投票"，难道不可以"用脚投票"，从而抛售公司股票吗？如此，则公司危矣！

国美的黄光裕就吃过类似的亏。当他在位的时候，利用手中的权力和自己的影响力，召开股东大会，修改章程，把国美公司董事会变成"全世界权利最大"的董事会，用意很明显，希望自己将来减持股份以后，还能够牢牢掌控公司。可是，当他锒铛入狱，这套权利落在陈晓手中之后，黄家顿时处于非常不利的地位。"陈黄"大战，黄家虽然险胜，但是国美公司和黄氏家族损失惨重。

马云用他的强大，创造了世界上独一无二的公司治理机制，迫使包括大股东在内的其他股东就范，迫使纽交所低头，迫使资本市场接受，保护了他和他的团队至高无上甚至看起来高枕无忧的控制权。可是，在任何一个生态环境，任何一种力量，当它强大到一定程度的时候，就是这种力量濒临灭亡的时候。灭亡自己的，正是自己的强大。

更可怕的是，为除后患，他设计的这个制度本身又是一个死扣。章程规定，要修改合伙人制度，必须获得出席股东大会股东所持表决权95%以上通过，换句话讲，管理团队只要持股达5%，其他股东，哪怕是全部一致行动，都无法动摇合伙人制度。

我想，这个世界上，除了马云，谁也解不开这个死扣。这恐怕是他有生之年的一个重大课题。不知道，他能不能解得开，有没有兴趣解开。

大盛魁：长盛不衰的秘密

如何才能使企业长盛不衰呢？我们来看一下大盛魁的故事。

一个绵延近三百年的商业王国

中国北方有一个著名的商号，名叫"大盛魁"。这个商号始建于康熙年间，直到民国时期关门，绵延近三百年。

这家商号，在鼎盛的时候，有员工上万人，商队骆驼近二万头，活动地区横跨欧亚，几乎垄断了中国北方地区的商贸活动。

商号的资金曾经极其雄厚，拥有上亿两白银，曾声称可用五十两重的银元宝，铺一条从乌兰巴托到北京的道路。

商号到了最后，并不是倒闭，而是"关门歇业"，歇业的时候，据说还有两大车白银。

关门歇业的原因，不是企业本身经营问题，而是国内国际形势巨变。清朝衰败、灭亡，军阀混战，沙俄入侵，日伪猖獗等等，导致国内市场风云变幻，风雨飘摇。尤其是中俄断交，外蒙古独立，直接导致大盛魁丧失了那两个地方庞大的资产、资金和市场。

还有，大盛魁的近300年，是政治、经济非常不稳定的年代，经营的环境是战乱不断、经济极不发达的边境地区。

大盛魁经营的货物相当复杂，采购遍及全国，物流运输，经历的路线之长，自然条件之恶劣，方法之原始，今天的人是无法想象的。其信息流，资金流，也远没有今天这么方便。

还有，大盛魁自身的发展，整体上是从小到大，稳步向前，越来越好。它的历任大掌柜，无不是才智超群、德能服众之人，就连最后一任大掌柜也不例外。他们都以振兴和发展商号为己任，都能够不断地兴利除弊，开拓进取。至少，他们的底线是决不能成为商号的罪人。

最后一任大掌柜，当他得知大势已去、无法挽回时，禁不住痛哭失声，连称自己是毁坏大盛魁的罪人，"本欲有所作为，而其奈大势何！"。这种精神，在当今商业社会，即便是在任正非和马云的企业里面，也很难得吧？

反观你梦中的同学，刘邦和朱元璋，他们的家天下，真正兴旺鼎盛的，其实也就几十年。那些继承皇位的子孙，一个比一个任性，一个比一个无能，一个比一个奇葩。

奇特的顶层设计：除了财神爷，没有财东，只有掌柜和伙计

那么，是什么原因导致这家商号能够避免一般企业的流弊，绵延近三百年呢？

除了优秀的经营理念和管理方式外，最重要的，是它的顶层设计。这种顶层设计，其实也就是对"分"和"舍"的一种制度性安排。

大盛魁的创始人，以及后来的主要经营者，都是山西人。我们知道，近代山西企业，有银股，有身股。即企业里面有财东，有伙计（包括掌柜）。可是，大盛魁很奇怪，没有银股，只有身股；没有财东，只有掌柜。

相传，大盛魁在初创时，营业很不稳定，赚过钱，亏损也极为严重，合伙人之间矛盾不断。

有一年过大年，在口外，三个创始人已经无家可归，无米下锅，只能在一个破庙里面，喝一些稀粥。

就在这个时候，来了一位游方僧侣，牵着一头毛驴。三人见是过路人，便热情接待，把自己仅有的稀粥让给他喝。

僧侣喝完稀粥，住了一宿。第二天，说是要出去办点事，留下毛驴和一个大驮子，托他们照看，人走了。此后，这个僧侣再未返回。三人打开驮子一看，全是白花花的银子。三人在原地等了七天，不见僧侣踪影。此后一段时间，他们多方查找，亦无下落。

三人商量后，决定暂时挪用僧侣留下的银子作为资本，扩大经营。此后，商号生意十分顺利，赚了不少钱。但是从那以后，再没有那个僧侣的消息。

三人觉得，在他们最困难的时候，一定是财神爷变成僧侣给他们送来了资本。因此，这个商号，银股属于财神爷，他们三人都只是财神爷的伙计，只能享受身股。不但本钱要如数保留，每到账期分红的时候，还必须把 40% 的红利分给财神爷，这部分钱记入"万金账"，作为"护本"，用于周转，参与分红，但谁也不能取出，以后连本带利，要还给财神爷的。

其实，这只是个传说。财神爷送银子的说法，肯定是不可信的。结合大盛魁后来的情况，事实一定是这样的：

三人中的老大王相卿，胸怀远大，志存高远，他决心创办一家真正的"百年老店"。

经过几年商海跌宕，人事沧桑，他发现：商号要长远发展，必须去除财东。

有财东的好处是有人出钱，同时有人对商号负终极责任。但是财东的存在也会给商号带来很多不利的影响，甚至致命的灾难。

首先，是兄弟反目，即财东与财东的矛盾。

这是心脏病，任何时候都足以让商号分崩离析。即便第一代创业者团结一致，第二代呢？或者，就算只有一个创业者，他的子孙们呢？他们出现恶性纷争，是大概率事件。

其次，是君臣之争，即财伙矛盾。

能力和智慧，并不一定掌握在财东的手里。单靠财东，企业做不大。由于财东的存在，"外人"天生受到压抑，进不来，留不住，长不大。即便是出现有能力的"外人"，财伙之间博弈，扯皮，导致效率低下；反叛，敌对，导致商号重创，也是常事。

再次，财东的后代子孙，难免不肖，困扰商号经营，甚至断送商号。

财东拥有的主要是权利，而非义务。财东常常利用手中的权力给商号添乱，而商号真正有事的时候，谁也不会帮忙。在创始人去世、后人缺乏责任感、股权分散的情况下，更是如此。要命的是，财东的地位极其稳固，不像掌柜和伙计，有解职，有退休，有开除。

这里面，最核心的问题是财东的贪婪。由于贪婪，无限追求自己的利益最大化，有可能忽略客户和利益相关者的利益，恶化企业的生存空间；由于贪婪，不愿意充分激励掌柜、伙计，使商号失去动力；由于贪婪，赚了钱就分，使商号缺乏发展后劲和抗风险能力。

怎么办呢？如果他直接订立不设财东的规矩，谁也不会认同。别的不说，身边这两个合作伙伴就不会同意。同时，没有财东，又会带来没有财东的问题，例如，没有人对企业担负起真正的、最终的责任，没有人着眼于企业的长远发展，掌柜的产生极其困难，对掌柜的监督不易等等。

王相卿绞尽脑汁，冥思苦想。终于有一天，他灵光一闪，眼前一亮：按照古老的"天赋神权"的思想，借助财神爷的力量搞定这一切。

他之前经商，是赚过钱的。别的人赚了钱，也许就花了，像他这样有远大理想和抱负的人,一定是把一部分钱存了下来。

于是,他拿出自己的钱,找到一个僧侣,导演了前面传说中的那一幕。

这下好了,财神爷是股东,谁敢不服?财神爷的钱,谁敢贪?财神爷的事业,谁敢不尽心尽力?

于是,大盛魁一系列制度逐步产生了,择其重点如下:

(1)除了财神爷,其他人只有身股,没有银股;只有掌柜伙计,没有财东。身股不能转让和继承,退休后,可以继续分一定时间的红利,然后取消。因此,企业实际上始终是大家的。

(2)资本充实制度。财神爷的本钱,谁也不能抽走。

(3)"公积金"制度。财神爷的分红,计入"万金账",但是不能拿走,只能用于企业经营和补亏。

(4)民主集中制。大掌柜有着至高无上的地位,商号的经营,大掌柜说了算。但是重大事项要经过全体掌柜会议决定。

(5 大掌柜的人选,由上任大掌柜在绩效显著的分店掌柜中提名,经全体掌柜公议通过。大掌柜职务不能继承。大掌柜违反基本号规,同样可以除号。

后来,三位创始人去世,商号掌柜、伙计感念他们的功德,经公议,为三家后人各保留1股永久身股,后来转化为银股——但是区别于其他银股。另为王相卿后人保留半股永久身股。同时规定,三家后人只参与分红,不得入号任职,不得干预商号事务,有点像现在的"优先股"。

凭借这套独特的股权制度,大盛魁成了中国历史上最大的民营商号,除了高额分红,资产在两百年间扩大了几十万倍,成为拥有上亿两白银的商业帝国。

当然,必须要说明一点:不是说这种顶层设计就是企业长远发展的全部。定位、商业模式、战略、决策、选人、用人、机智权谋,一个都不能少。但是,这样的顶层设计,将许多致命的、固有的、大概率要发生的问题消于无形,为企业的长远发展奠定了坚实的基础。

戒贪、大舍与大得

这个制度构建的难度,不在于制度本身,而在于制度构建者的"舍"。

自己出的钱,全部算作财神股,自己当大掌柜,只是顶一股身股。须知,在他做出决定的时候,按规矩,身股是不能继承的,大掌柜职务也不能世袭。他为了创建百年基业,舍去了财东地位,舍去了后代子孙的福祉。在三个创始人中,他也舍去了自己的权利——另两位没出钱,同样顶一股身股。

古代帝王，他们假托天赋神权，是为自己当皇帝找到借口，也为自己子子孙孙、世世代代当皇帝找到理由。而王相卿，是为商号千秋万世的发展找到理由，并舍去了本属于自己和子孙后代的权利。二者相比，实为云泥之别。

正如大盛魁的一副对联——也等于是大盛魁的经营理念和核心价值观——所云：

贪心惹祸，十分仍不满足，乃人生大病；

舍利招财，一味就学吃亏，是处世良方。

王相卿的这种"戒贪"和"大舍"，已经远远超出了一般人对这副对联的理解。

企业文化是可以传承的。在王相卿的后继者中，有一位大掌柜秦钺，"戒贪"和"大舍"在他的身上体现得更加突出。

秦钺为商号的发展立下了赫赫功劳，在商号的建章立制、开拓进取等诸多方面，居功至伟。他在掌柜伙计心目中的地位，丝毫不亚于三个创始人。当时大家一致公推，要给秦钺设立永久身股，他坚决拒绝了。他说：按大盛魁的号规，有所贡献才能当上掌柜，有大贡献才能成为分庄掌柜，大掌柜要从贡献最大的分庄掌柜里挑选。因此，大盛魁的大掌柜都是对大盛魁有特别贡献的人，照此下去，以后每个大掌柜都可以设立永久身股，拥有永久身股的人会越来越多，拿什么给干活的掌柜伙计分红呢？

为了让后来人断了这个念想，秦钺不但自己拒绝，还为商号制定了新规：大盛魁从今往后都不再设立永久身股！

而三个创始人后人的永久身股，正是在他手里设立的。这是多么伟大的情操！

让王相卿没有想到的是，事实上，他们三家后人，尽管后来枝繁叶茂，人数众多，良莠杂陈，但却真正享受到了企业发展带来的福祉，每到账期，几万、几十万两银子的分红，一直未断，而且一享就是二百六十多年！

反观那些自己把股权得抱死死的，哭着喊着要传给后代的人，多数连第二代都传不下去，往往因内乱，纠纷，无能，甚至赤裸裸的崽卖爷田，两三代之后，企业便消失得无影无踪，后人只能去讨口要饭。

同时，这家没有财东的商号，成就了无数"伙计"。他们往往家境贫寒，十几岁就背井离乡，加入商号当学徒，学做事，学做人。两百多年间，商号涌现出许许多多的杰出人才，他们从伙计到店铺掌柜，分庄掌柜，甚至大掌柜，不但财富与日俱增，个人身份地位也不断提升。那些分庄掌柜，大掌柜，在当时当地，享有极高的威望，有的甚至与朝廷一方大员称兄道弟，迎来送往。

还有，商号采购遍及全国，号称"集二十二省之奇货"，货物远销大漠，直达欧洲，对中国乃至世界经济的发展做出了不可磨灭的贡献。

当今企业的挑战与机遇

今天，要让企业具备长远发展的基础，从顶层设计角度看，必须要面对和解决以下问题：

（1）如何分权，让公司能够应对复杂的外部环境？如何分利，以保持各方参与者的积极性？如何让治理机制能够自我纠错和进化？

（2）在企业发展需要极大的资金、资源，股权很快分散的情况下，如何保持创始人对公司的控制权？

（3）当创始人不掌控，或者不能掌控之后，企业如何传承？

（4）在股权分散的情况下，如何防止大股东侵害小股东利益？

（5）在股权极为分散的情况下，如何监控职业经理人，防止他们侵害公司及股东利益？

（6）如何保障企业正确的发展方向（坚持正确的使命、愿景、价值观）？

市场上多数股权设计，多在保持控制、化解纠纷上下功夫，而对公司长治久安思考不够。

事实上，大盛魁的创始人在很大程度上规避或者解决了上述问题。他们解决问题关键点之一，在于财神爷是唯一的股东。可是，当今社会，人们不再相信财神爷了，连基本的人伦道德底线，也很难守住。我们应该怎么办？

我们要学习的，不是大盛魁的制度本身，而是他们的精神。他们的精神，归根结底还是那两个字："分"和"舍"。

总体上，人类追求"真、善、美"的原动力，始终存在。除了财富，伟大的使命，美好的愿景，积极正向的价值观，都可以成为我们凝聚人心的因素。

随着人类文明的向前发展，股权制度，法律制度，越来越成熟健全。我们手里有了越来越多的工具，例如基金会，信托，等等。我们能够做出的制度安排，比大盛魁时期丰富。

今后的世界，和平已成为主流，世界上大规模爆发战争的可能性，已经非常小；私有财产神圣不可侵犯，已经越来越成为国家法律共识和人类社会共识，公司长远发展的外部环境，日益完善。

因此，我们在企业组织的延续上，更有理由胜过大盛魁。

需要强调的是，这里的"舍"，可不是随意放弃，那将是不负责任的。舍比分，更需要大智慧。如果王相卿当年把自己的钱拿出来，然后宣布放弃财东地位，后果不堪设想。

无招之招

大易结合古代家天下的传承，通过对微软、华为、阿里巴巴和大盛魁四家企业的分析，阐述了"分"与"舍"的智慧，王小板深受启发。

但是，自己究竟应该怎么做，王小板还是不明了。

他问："大易老师，我这个公司，究竟要如何才能够更加长远地发展？"

"小板，走到这一步，剩下的事情，需要你自己去实证，去领悟，别人，包括我，已经帮不了你了。"大易回答。

离开的时候，王小板索走了大易的一幅字，上面是大易 50 岁生日时作的一首诗，题为《天命随笔》。

天命未知百事忙，不用鸡鸣自奋强。
抚赡应须还宿债，布施顺带储资粮。
子在东川生慨叹，佛临西土建法幢。
铁轮悬顶终不悔，岂可偷生学楚狂？

王小板的实践

回去之后，王小板一边经营公司，培养人才，一边消化大易的开导，思索公司长远发展的问题，思索自己的人生走向。

由于公司定位准确，管理高效，公司业务发展非常迅猛，短短几年时间，已经成为世界上最大的中华传统文化产品运营商，一个举足轻重的线下商业平台。

与国内国际那些巨头相比，公司的体量并不大，属于典型的"小而美"的企业。

此时，全球商业市场的重心，已经重新转到线下——当然不再是过去的线下，而是融合了线上手段的，多链接的，蕴含着各种解决方案的线下。像王小板这样能够源源不断聚人的线下体验式平台，成了市场上的香饽饽。

又过两年，他的公司成功上市。

一次，经大易推荐，王小板参加了一次为期九天的"传统文化与生命认知"课程。

课上，王小板深深地感受到了儒、释、道中国传统文化的巨大力量。他从易经中了解到物极必反，盛极必衰的道理；从道德经中学到"功成，名遂，身退"乃"天之道"，从佛家思想汲取了"去执"和"戒贪"的智慧。

在先贤智慧的滋养下，王小板对过去一直苦苦思索的难题，似乎豁然开朗。

他陆续实施了以下事项。

1. 发起成立了一家以振兴、传播中华传统文化为宗旨的公益基金会，将自己的绝大部分股份捐赠给了这家基金会。

（1）制订严密的基金会章程，确保健康运作，确保公益方向，确保基金会资产保值增值。

（2）通过个性化的公司章程以及其他法律文件，对公司股权流转进行了特殊的限制性安排，以确保基金会的相对大股东地位。

（3）鉴于基金会的持股量，加上公司章程的安排，在公司的经营发展方向上，基金会拥有一票否决权；基金会对董事会和监事会的组成和运作，能够起到足够的控制和监督作用；但是，基金会不能直接插手公司的具体经营管理事务。

2. 将自己的剩余股票，委托给一家家族信托机构管理。王小板的家人可以——也仅仅只能——从中获得基本生活保障；此外，孩子可以——也仅仅只能——获得教育经费和必要的创业辅助经费。

3. 亲自物色和培养的下一任公司CEO，经过一定时间的观察和试用，已由董事会任命。同时，经由股权激励，他已经是公司持股不菲的股东。其实，这件事情，五年前就已经着手办理。

4. 根据王小板的提议，股东大会通过并将下面条款写入公司章程：公司将长期开展动态股权激励，使后来的经理人有源源不断的工作动力。

至此，在事业和家庭方面，王小板已经没有了后顾之忧，他现在重点要面对的，是自己更高层次的生命质量问题。

在"传统文化与生命认知"课程上，他第一次认识到，除自然科学和社会科学之外，还有一个叫作生命科学的领域。他有一种强烈的"闻法已晚"的感觉。他认为，探究生命的真谛，才是自己真正应该做的事情。他甚至感觉到，自己前半生算是白活了。就好比，上天安排他来到人间，最终是要考"语文"的，结果自己一直在搞"数学"。

他把自己的感受讲给授课老师听，老师告诉他：走过、路过必有痕迹。前面的路，不但没有错，而且于自己的生命成长，于他人，于国家民族，都有积极的意义。一切都是最好的安排，什么时候都不晚，但需要好好珍惜，勇猛精进。老子有云:"上士闻道,勤而行之;中士闻道,若存若亡;下士闻道,大笑之。"在探索生命真谛的道路上,希望你是"上士",勤而行之,就像你实践大易老师的企业经营管理之道一样。

课后,王小板写下一首诗,算是交作业。

欲海昏昏自诩多,忽闻棒喝悔蹉跎。
了凡涤心显智慧,梁帝造寺无功德。
智者心行圆自性,迷人口说染外魔。
掩口停书观自在,一念修真净娑婆。

尾声

入山何处白云深

暮春时节。

王小板独自一人,行走在上山的路上。他在山里面已经走了很久。

他爬上一道坡,一抬头,突然看见一人,端坐在前方不远的一棵大树下。

是大易!

王小板有些惊喜,他跟大易已经好几年不见了。

他紧走几步,高喊:"大易老师!"

大易睁眼,问道:"你这是要去哪里啊?"

"您从哪里来,我便要向哪里去。"王小板答道。

"都安排好了?"

"一切都安排好了。"

大易指指旁边的石板,说:"坐吧。"

王小板坐下。两人一时无话,只是静静地坐着。

"其实,你应该留在山下做事。"良久,大易平静地说。

"我想入山修行,专心探究生命的真相。"王小板说。

"修行,探究生命的真相,不一定要上山的。"大易道。

"话虽如此,在外面,干扰太多,我做不到,必须上山。"王小板比较坚决。

"那好吧,你上山,我可要下山了。咱们就此别过。"大易依然很平静。

"大易老师,我们一起上山吧!其实,您比我更有条件留在山上。您的线下课程,那是永远也讲不完的,就别再开了;您的知识、智慧,已经通过书籍、音频、视频留下来了;您参与的那些公益基金会,运转都非常良好。您也应该为自己考虑考虑了呀!再说,有您在,我会更踏实。"王小板有些动情地说。

"不,我的事情还没有做完。我的道场,在山下,不在山上。"大易平和而坚定地说。

"好吧,大易老师。"过了好一会儿,王小板说:"我一直想请教您一个问题,您知道空不空吗?"

大易身形微微一动,说:"什么空不空啊?"

王小板简单向大易陈述了自己在峨眉山顶自杀、受空不空指点,以及后来几次与空不空梦中相会的事情。说:"大易老师,您一定知道空不空。"

"世界上哪里有什么空不空啊?那是你自己吧。"

"我自己?他那么高明,甚至好像比您还高明,怎么可能是我自己呢?"

"你以为自己不高明啊?释迦牟尼不是说过'一切众生皆具如来智慧德相'吗?"

"可是,在峨眉山顶,我真的听到了他的声音呀,您的名字也是他告诉我的呀。"

"这有多奇怪吗?在特殊情况下,你自己的潜意识发生点作用,神经系统发生点错乱,产生点错觉,不是很正常吗?至于我的信息,网上都有,谁知道什么时候就存到你自己的潜意识里面去了呢。"

说完,大易起身,朝山下走去。

对大易的解释,王小板有些疑惑,但是并不着急。他想,总有一天,他终会明白这一切的。

倒是此时,看着大易略带弯曲的背影,有些蹒跚的脚步,以及头上越来越多的白发,王小板鼻子一酸,流下泪来。

稍停,他擦干眼泪,继续朝山上走去。

山下,传来大易低沉、深邃的歌声,那是台湾歌手谢宇威从南怀瑾先生的诗词中摘句成词、谱曲并演唱的《不堪风雨乱红尘》:

深宵细雨几声钟,
扰攘人间劫火浓。
宵来隐约星河动,

寂寞天心露几重。
……
独坐清斋意可通，
明窗天宇有无中。
个中消息无多子，
情到真时恰是空。
……
几欲乘风归去也，
不堪风雨乱红尘。
入山何处白云深？
入山何处白云深！
……

几年后。一次大型公益集会。大易应邀做完报告，在台下前排嘉宾席就座。

这次活动有些特别，公益活动主要发起人最后上台讲话，致谢。

是王小板！

王小板站上台，首先朝着大易恭恭敬敬地鞠了一躬。二人目光交汇，俱是会心地一笑……

后排，王小板的妻子，带着一个十三四岁的少年，聚精会神地听着台上的讲话……

后记

感恩的心

不想随俗，但忍不住要说。

写这本书，从开始动笔，到完工交稿，历时两年；若论筹划的时间，大概有好几年；若论准备的时间，应该追溯到很久很久以前……其间的艰辛，难以尽述，不提也罢。而感恩之情，却溢于心间，不吐不快。

感恩刘光起先生，我对企业管理的系统认知，是在20年前跟着他学习、工作时开始建立的。那时，清华大学职业经理训练中心刚刚组建，他是"总教练"，我们是"小教练"。直到现在，如果偶尔挤出时间去看望他老人家，一番畅谈，仍然会让我受益匪浅。

感恩中国政法大学的王人博教授，虽然，我的研究生课程方向是民商经济法，但是，在所有课程中，他的宪法课对我影响最深。他让我站在更高的角度审视国家、社会及人类的权力更迭和权利分配的演变规律。

感恩玛丽莲·阿特金森博士，这位精致、博学、不知疲倦的老太太，十年前，她16天的教练课程，至今仍然不时把我从老师和顾问的角色中拽出来，用教练的方式去启发和帮助我的客户，让他们自己寻求想要的答案。

感恩蔡亮华先生，几年前，是他重新唤醒了我对传统文化和生命科学的兴趣。在他的课堂上，我受益良多。

感恩昙谛了尊者，他那感天动地的修行之路，以及济世利人的崇高情怀，不时激励着我去做一些跟赚钱无关的事情。

感恩南怀瑾先生，他是我心目中德行、智慧具足的代名词。他传递的文化智慧，犹如高山下的一汪清泉，甘甜，温润，永无止息；又如浩瀚无边的大海，博大，深邃，包容万物。二十多年来，我在追求生命智慧方面每迈出的一步，无不跟他的教化有关。今天，我依然在他传承的教法下修持、前行。

感恩这个时代的创业者和企业家，尤其是我的学员和客户们，你们在企业经营管理方面的伟大实践，是我在专业研究之路上力量和智慧的源泉。

感恩我的同行——培训师、咨询师、律师，尤其是搞股权专业的众多老师，是你们让我们共同耕耘的这片土地郁郁葱葱、繁花似锦、生机勃勃。

感恩曾经给我以影响或帮助的所有人。

感恩祖先创造的灿烂文明，感恩整个人类的智慧。虽然，我只是一个小学生，但已经受益匪浅。

感恩天地的化育，感恩国家的庇护，感恩这个沸腾的时代……

感恩我的父母，我的太太，他们是我生命和能量的源泉。

感恩我的三个孩子。他们当中，一个远在天边，常常把我的思绪拉得很远、很远；两个近在眼前，每当筋疲力尽、头昏脑涨之际，是他们把我的情感拉得很近、很近。

感恩北京盛世卓杰文化传媒有限公司董事长王景先生，他是我见过最求真务实的出版人，正是他和出版社编辑老师们的热心和忍耐使本书得以与大家见面。

感恩亲爱的读者，你们是我在这本书上所有努力的出发点，也是归宿。

刘国镔

2021 年 1 月 12 日

于旅途中